LE DÉFI DE GOUVERNER

François Hollande

LE DÉFI DE GOUVERNER

La gauche au pouvoir
de l'affaire Dreyfus jusqu'à nos jours

PERRIN

92, avenue de France
75013 Paris
Tél. : 01 44 16 08 00

ISBN : 978-2-262-10548-8

Dépôt légal : septembre 2024
Mise en pages : Nord Compo

Introduction

Le siècle socialiste

Le pouvoir est un miroir pour la gauche. Il l'attire autant qu'il l'effraie. Cette ambivalence, cet éternel aller-retour, scande son histoire.

Le socialisme s'est construit, à la fin du XIXe siècle, dans une perspective révolutionnaire. Jaurès ne repousse pas celle-ci – au moins en théorie – même si, pour défendre la République, il a justifié la présence d'un socialiste dans un « gouvernement bourgeois », comme il a façonné, en 1902, avec les radicaux, le Bloc des gauches pour la consolider. La SFIO (Section française de l'Internationale ouvrière), créée en 1905, prétend clarifier sa ligne : elle entend refuser, à l'avenir, tout compromis avec les « gouvernements bourgeois ». Mais à peine dix ans plus tard, en 1914, elle souscrit à l'Union sacrée, et Jules Guesde, l'intransigeant adversaire de Jaurès, devient ministre d'État.

Après la scission du congrès de Tours, en 1920, les socialistes, gardiens de la « vieille maison », attachés aux formes de la démocratie, restent néanmoins à la merci du chantage des communistes de la SFIC (Section française de l'Internationale communiste)[1] et répugnent à concevoir l'exercice de la responsabilité au plus haut niveau de l'État. Ils résistent à l'idée du

1. Créée en 1920, lors du congrès de Tours, la SFIC deviendra le Parti communiste-SFIC (PC-SFIC) l'année suivante, puis, en 1943, le PCF (Parti communiste français).

réformisme. Léon Blum lui-même repousse les tentations gestionnaires et cultive une forme d'ambiguïté dès qu'il s'agit de la participation de son parti au pouvoir. La SFIO avance alors à pas de loup vers l'occupation de l'État, mais fuit à grandes enjambées quand il lui ouvre exceptionnellement ses portes.

Le Cartel des gauches puis le Front populaire illustrent cette défiance. En 1924, il y a cent ans, les socialistes soutiennent sans participer le gouvernement Herriot, laissant les radicaux seuls face à l'adversité et au « mur de l'argent ». En 1936, les communistes adoptent la même attitude, faisant peser sur Blum le poids de l'échec, malgré les joies fugaces de la conquête. En deux ans à peine, chaque fois, les drapeaux sont pliés, les espérances retombent, et les désillusions s'imposent. C'est le repli en mauvais ordre pour un « cartel » sans vigueur et, par la suite, pour un « front » fissuré au moment le moins opportun : alors que gronde déjà la guerre.

La Libération semble ouvrir un nouveau temps où tout redevient possible. Les nationalisations pour contenir le capitalisme, la Sécurité sociale pour couvrir les aléas de la vie, le dirigisme pour conduire l'économie, la fonction publique pour reconstruire l'État et servir d'exemple au secteur privé. Mais la guerre froide qui s'installe à partir de 1947 et les décolonisations douloureuses, en particulier celle de l'Algérie, divisent profondément la gauche et jettent les socialistes dans des alliances douteuses, quand elles ne les compromettent pas dans des opérations militaires désastreuses.

Seul le moment Mendès France, en 1954, offre l'espoir de voir jaillir une gauche moderne et réformiste. Mais il s'agira d'un feu de paille dont Guy Mollet et le Front républicain étoufferont durablement la flamme.

En 1958, la Ve République semble conçue dans le but d'écarter pour longtemps la perspective d'un changement. Jusqu'ici, en effet, le PCF pesait trop, par sa force électorale et militante, sur la gauche, et la SFIO se jetait dans des envolées marxisantes et des pratiques navrantes, courant en pure perte après le « frère séparé »[2].

Mai 1968 réveille les ardeurs révolutionnaires. Toutefois, dès le mois suivant, celles-ci sont dissipées par la victoire écrasante de la droite gaulliste aux élections législatives. La SFIO n'est alors plus que l'ombre d'elle-même, c'est-à-dire pas grand-chose. Son candidat, Gaston Defferre, recense tout juste 5 % des suffrages à l'élection présidentielle de 1969, quand le candidat du PC, Jacques Duclos, dépasse 22 %.

La refondation du Parti socialiste en juin 1971 à Épinay, lors d'un congrès qui ressemble davantage à un coup politique mené de main de maître par François Mitterrand qu'à un tournant doctrinal, se révèle un acte historique, comme on l'entend d'un événement qui déterminera le destin du pays pendant près d'un demi-siècle.

C'est *pour* le pouvoir que François Mitterrand façonne, à partir des cendres de la SFIO, un parti à sa mesure. C'est *pour* le pouvoir que le PS est structuré, animé et renouvelé. C'est *pour* le pouvoir que cette formation politique encore fragile, conduite par un ancien ministre de la IVe République, adopte une stratégie audacieuse : l'Union de la gauche. C'est *pour* sa conquête qu'il signe le Programme commun avec le Parti communiste, encore dominant et lié à l'Union soviétique. C'est toujours *pour* le pouvoir que le futur président de la République résiste au PC quand ce dernier, comprenant que cette alliance lui fait perdre sa suprématie, rompt le pacte.

François Mitterrand ne s'interroge pas, comme Léon Blum en 1936, sur le risque représenté par l'occupation de l'État et sur les conditions de l'exercice de la responsabilité. Il considère que son rôle est de rendre possible l'alternance dans une République

2. L'élection présidentielle de décembre 1965 qui voit François Mitterrand, candidat unique de la gauche, mettre en ballottage le général de Gaulle, est davantage l'occasion de former un cartel d'opposants de toutes sortes qu'une tentative sérieuse de prise de pouvoir.

qui n'a pas été conçue pour la faciliter. Il estime que, s'il en vient à échouer, malgré plusieurs tentatives, la force politique qu'il a, avec d'autres, construite débouchera « inéluctablement » sur une victoire à la présidentielle. Il se trouve qu'elle lui est revenue et qu'il a présidé la France plus longtemps qu'aucun de ses prédécesseurs ou successeurs et qu'il a pleinement assumé cette fonction, sans états d'âme, quand il disposait d'une majorité parlementaire, et avec un sens élevé de ses attributions lors des deux cohabitations qui lui ont été imposées. C'est l'obtention du pouvoir une longue période durant qui a permis des conquêtes majeures pour le progrès social et les libertés. De la retraite à 60 ans jusqu'à l'abolition de la peine de mort.

Les socialistes, à mesure que François Mitterrand prend nécessairement ses distances avec eux, commencent à entretenir des rapports plus complexes avec l'État. Ils tentent, dans un premier temps, d'en utiliser pleinement la force afin de mettre en œuvre le plus rapidement possible leur programme – de peur qu'il ne leur échappe – puis, contraints par le réel, s'abritent finalement derrière les bastions qu'ils ont conquis pour tenir bon et s'inscrire dans la durée, poursuivant des réformes plus modestes, malgré les inévitables déceptions et les incontournables déconvenues que toute gestion suscite.

Le bref passage dans l'opposition, de 1986 à 1988, n'est pas pour leur déplaire : François Mitterrand retrouve à cette occasion les accents d'un premier secrétaire, exceptionnellement logé à l'Élysée. Ses camarades d'infortune lui ont délégué la conduite de l'éventuelle reconquête jusqu'à accepter bon gré mal gré l'effacement de leur responsabilité programmatique, et ce au bénéfice d'une *Lettre aux Français* à laquelle ils n'ont même pas pu ajouter quelques mots.

Le prix à payer pour redevenir majoritaires se révèle plus élevé qu'ils ne l'avaient imaginé. Et le pouvoir plus ingrat qu'ils ne l'avaient anticipé. Car c'est le projet qui donne sens à un mandat. N'en plus porter, c'est laisser les événements décider des comportements et des choix. Or ils se sont avérés nombreux durant le second septennat de François Mitterrand : l'effondrement de l'Union soviétique, l'accélération de la construction européenne, la course vers la globalisation économique. Mais plus rapide se fait la marche du monde, moins les socialistes, ici comme ailleurs, en contrôlent le rythme et la direction. Le pouvoir, même fermement exercé, apparaît de plus en plus comme le révélateur de leurs propres limites.

Douloureusement sanctionnés aux élections législatives de 1993, les socialistes croyaient être renvoyés pour longtemps dans la minorité, avec la piètre consolation de n'être guère concurrencés à gauche, les communistes n'en finissant plus de liquider leur passé tandis que les écologistes commencent à peine à croire en leur avenir.

Déjà, la tentation de la radicalité les tourmente. Quitte à figurer pour de nombreuses années dans l'opposition, pourquoi se priver du soulagement de la responsabilité et du bonheur d'être vraiment à gauche ? Ils ne sont toutefois pas dénués de contradictions, puisque c'est Henri Emmanuelli qui demande, en 1994, au social-démocrate Jacques Delors (un moment favori des sondages) de « faire son devoir ». Celui-ci décline cet appel, considérant qu'il ne disposerait pas, dans l'hypothèse d'une victoire, de la majorité correspondant à ses orientations.

Lionel Jospin est plus clair dans la conception qu'il a de l'union, à gauche et non au centre, et dans le rapport lucide qu'il veut entretenir avec le pouvoir. Il en appelle à « l'inventaire », revendiquant un réformisme qui tire les leçons des mandats de François Mitterrand.

Au regard de l'ampleur du bilan mitterrandien, il est fondé à croire, au terme d'une législature particulièrement réussie (1997-2002), que les socialistes en ont fini avec la malédiction de l'échec et qu'ils sont débarrassés de l'insidieux soupçon de la trahison. Le PS, dont les formes d'organisation et les liens avec le syndicalisme diffèrent pourtant largement de ceux entretenus par la social-démocratie européenne, est en voie d'adopter, grâce au gouvernement de Lionel Jospin, une culture réformiste. Désormais, le parti semble prêt à admettre le rôle irremplaçable de l'État pour assurer la régulation de l'économie tout en accordant aux partenaires sociaux une large place. Le « coup de tonnerre » du 21 avril[3] ne sera donc pas seulement l'anéantissement d'un espoir – celui de la poursuite d'une politique qui avait fait ses preuves –, mais fera aussi ressurgir les spectres, un temps enfouis, de la mauvaise conscience. Voici revenu l'ère du soupçon – celui d'avoir trop concédé à l'économie de marché en privatisant les entreprises – et du reproche – celui d'avoir laissé largement ouvertes nos frontières en acceptant la mondialisation et de ne pas avoir empêché les fermetures d'usines et les licenciements. Comme si l'État pouvait tout faire. Les plus zélés vont aller jusqu'à prôner une opposition intransigeante, au point d'être prêts à rompre avec le choix européen.

Le référendum sur le traité constitutionnel européen en mai 2005 leur en fournit l'opportunité. Ce texte, qui se contente pourtant de reprendre les traités antérieurs, pose de nouveau aux socialistes la question de leur orientation et, indirectement, de leur rapport au pouvoir.

Le problème ne s'inscrit pas tant dans leur fâcheuse division concernant la réponse à donner. Il y a, pour certains, des considérations tactiques, voire des calculs personnels inévitables, à la veille d'une élection présidentielle. Ces querelles-là ne sont pas les plus insurmontables. La suite l'a prouvé. Le plus grave se trouve ailleurs : une partie des socialistes n'admettent toujours pas les conséquences de la décision de François Mitterrand de mars 1983, confirmée en 1992 par le traité de Maastricht, validée en 1997 par Lionel Jospin avec le traité d'Amsterdam, puis

---

3. Ce jour de 2002, premier tour de l'élection présidentielle, le candidat socialiste Lionel Jospin (16,18 % des suffrages exprimés) est éliminé, précédé par Jean-Marie Le Pen (16,86 %), président du Front national, qui affronte au second tour le président de la République sortant, Jacques Chirac.

avec l'introduction de l'euro en 2002. Pire, ils estiment que les politiques économiques suivies depuis vingt ans, en dépit de leur relatif succès, ont été entravées par la construction européenne.

Là se situe, selon eux, l'explication de nos déboires électoraux et du détachement des catégories populaires par rapport au vote socialiste. L'essentiel est, pour les tenants de cette thèse, d'adopter une posture de radicalité, dans l'espoir de récupérer un électorat populaire et de replier le socialisme français derrière ses frontières. Cette ligne a été vainement portée au PS par Jean-Pierre Chevènement, avant que ce dernier n'en claque la porte et que Jean-Luc Mélenchon ne la reprenne plus tard à son compte en créant les Insoumis.

Bien que le PS, grâce à François Mitterrand puis Lionel Jospin, ait réussi, pour se reconstruire, à faire cohabiter ces deux sensibilités – celle qui exprime un réformisme ouvert et celle qui prône un étatisme plus fermé –, il se déchire, à partir de 2002, en fractions de moins en moins prêtes à la conciliation.

Je me suis efforcé à mon tour de maintenir cette unité en faisant comprendre à ces deux gauches que leur présence dans le même ensemble était la condition de leur retour aux responsabilités et que leur capacité à accepter un compromis entre elles, mais aussi avec les sociaux-démocrates européens, était la condition de leur crédibilité. Le respect de la première engendre la victoire de 2012, et l'oubli de la seconde a provoqué bien plus qu'un nouvel échec : il a précipité l'attrition du socialisme dans la vie politique. Mon quinquennat, au-delà de ses réalisations et de ses insuffisances, a fait ressurgir toutes les contradictions de la gauche, la division, la surenchère et le doute. Bref, la difficulté d'accepter la réalité, surtout quand elle est brutale, comme d'admettre une fois pour toutes l'identité, réelle et réaliste, du socialisme français.

Attendu que j'ai dirigé plus de dix ans le PS avant de devenir le deuxième président socialiste de la Ve République, j'estime qu'il est de mon devoir de raconter la riche histoire de la gauche au pouvoir. Il s'agit pour moi de montrer combien elle a changé la France en la rendant plus juste, plus libre et plus robuste, et comment elle a succombé à ses propres démons, bien plus qu'elle n'a été vaincue par ses adversaires. La gauche, en effet, est tourmentée depuis l'origine par les mêmes interrogations.

La première est celle de son rapport au pouvoir. A-t-elle vocation à protester, à contester, à empêcher, voire à renverser par une révolution un capitalisme prédateur et inhumain, ou a-t-elle, par les valeurs qu'elle porte et les espoirs qu'elle nourrit, le devoir de prendre sa part dans la correction des dégâts d'un ordre qu'elle combat ? La question avait perdu une large part de sa pertinence ou de son actualité quand l'effondrement du communisme ouvrait aux socialistes une perspective d'action sans craindre la surenchère. Mais la mondialisation, la place exorbitante occupée par la finance et la gravité de la crise climatique ont de nouveau ouvert le débat sur la capacité des États, et plus largement celle de la politique, à maîtriser des processus aussi considérables. Ceux-ci ravivent la tentation de la radicalité et la justification d'actes spectaculaires, fussent-ils individuels, pour alerter, dénoncer et bloquer – comme à la fin du XIXe siècle avec la grève générale ou la fuite en avant de l'anarchie. À quoi servirait-il de gouverner si ce n'était que pour corriger à la marge les méfaits d'un système condamné à sa perte ?

La social-démocratie est d'emblée confrontée à la question de son identité comme de sa raison d'être. À elle de démontrer qu'elle est, par ses valeurs, sa doctrine, sa méthode – le *modus vivendi* –, la plus appropriée pour surmonter toutes les crises (internationales, environnementales, sociales comme identitaires…) et de promouvoir une société harmonieuse par le compromis. À elle de convaincre les sociétés accoutumées à l'immédiateté que la durée est nécessaire pour changer la vie et répondre aux aspirations individuelles dans un cadre collectif. À elle, face à la brutalité, à l'outrance, au mensonge, de faire prévaloir le respect, la raison et la vérité. Est-ce là une tâche plus difficile que de défendre, à la fin du XIXe siècle, l'innocence d'un capitaine sous le feu de la vindicte et de la haine antisémite ? Est-ce plus inatteignable que d'avoir voulu limiter, au début du XXe siècle, le temps de travail ? Est-ce plus insurmontable que d'avoir su imaginer, au lendemain de la guerre, un État-providence au sein des économies capitalistes ? Est-ce plus inimaginable que d'avoir contribué à bâtir des systèmes fiscaux qui réduisent significativement les inégalités face aux aléas de la vie, comme sous la Ve République ? La fidélité à son histoire est le premier garant de la pérennité sociale-démocrate.

Gouverner, mais avec qui ? Cette question des alliances s'est posée chaque fois que les socialistes ont approché le pouvoir. Lors du Bloc des gauches, de 1899 à 1905, il s'agissait de soutenir des gouvernements républicains en tolérant le « ministérialisme[4] », puis en admettant une cogestion parlementaire. Lors de la création du Cartel, en 1924, de conclure un pacte électoral avec les radicaux sans prendre le risque de participer à leur cabinet. Le Front populaire, quant à lui, voulait faire en sorte de porter toute la gauche au pouvoir même si les communistes se dérobaient.

Sous la IVe République, avec la fin du « tripartisme[5] » et devant l'impossibilité d'une collaboration avec le PC, la SFIO n'a d'autres choix que de se mettre en retrait ou de gouverner avec le centre, voire avec la droite. Elle prend alors tous les virages… jusqu'à la sortie de route. François Mitterrand, en adoptant l'Union de la gauche plutôt que la « Troisième Force[6] », lave les socialistes de leurs errements d'hier tout en leur ouvrant la perspective de l'alternance.

4. Participation à un gouvernement « bourgeois ».

5. Coalition gouvernementale fondée en 1946-1947 par la SFIO, le PCF et les démocrates-chrétiens du MRP.

6. Coalition gouvernementale suivante, entre 1947 et 1951, incluant la SFIO, les radicaux, l'Union démocratique et socialiste de la Résistance (UDSR), des modérés divers et le MRP.

La victoire acquise, la gauche aurait pu affronter, rassemblée, le réel. Les communistes lâchent prise au bout de trois ans, renvoyant les socialistes à leurs dilemmes stratégiques. Les écologistes tardent à se poser en partenaires de rechange laissant les socialistes seuls. Plus tard, Jacques Delors, pour justifier son renoncement, déplora l'impossibilité d'une relation assumée avec le centre. À l'inverse, Lionel Jospin, pour partir à la reconquête, imagina la « gauche plurielle ». Cette invention fut heureuse, la fin de l'expérience le fut moins. Ce qui était initialement une addition s'était transformé en soustraction dès lors que chaque composante entendait présenter un candidat à l'élection présidentielle.

Cette volonté de dépasser le seul PS fut aussi la mienne en 2012. Mais si les écologistes se déclaraient disponibles, le PC, alors sous la domination de Jean-Luc Mélenchon, se dérobait, sans que le centre soit davantage convaincu, malgré le désistement personnel de François Bayrou, rétrécissant ainsi notre base politique.

Or l'exercice du pouvoir repose sur des alliances. Depuis 2017, le Parti socialiste n'est plus la première force à gauche. S'il s'installe dans cette position secondaire, il survivra sur le plan parlementaire et gardera ses positions locales, mais il ne pourra plus prétendre faire gagner la gauche, faute de lui conférer la crédibilité indispensable. Son hégémonie, hier, tourmentait ses partenaires. C'est elle qui vient à manquer au moment où le Nouveau Front populaire peine à s'incarner et à revendiquer le pouvoir, d'autant que son programme l'isole.

Car la ligne politique reste la question majeure. Le socialisme s'est défini, originellement, comme un internationalisme, non pas qu'il ignore les nations et les frontières, mais au sens où il inscrit le rapport avec le capitalisme dans une confrontation globale et où il imagine, en portant des valeurs universelles, instaurer la paix à l'échelle de la planète, comme l'illustrera la politique étrangère d'Aristide Briand.

Cette dimension, au début du XXe siècle, se limite au continent européen, et la question coloniale reste peu abordée tant se contredisent les considérations civilisationnelles et les postures émancipatrices. Cet irénisme se heurtera cruellement à la réalité... Les socialistes, impuissants à empêcher l'entrée en guerre en 1914, rejoignent l'Union sacrée avant d'être contraints de régler douloureusement leur relation avec la Révolution russe par la constitution d'une Internationale concurrente de celle des communistes. Le second conflit mondial pulvérise les illusions pacifistes, et la guerre froide ne se contente pas de couper le continent en deux. Elle établit aussi un mur entre les gauches. Elle conduit les socialistes à souscrire au traité de Rome, conçu à la fois comme un instrument de prospérité et comme un gage de paix, tandis que les communistes s'opposent, et ce dès l'origine, à cette construction perçue comme un Moloch économique – exigeant l'adhésion à l'économie de marché – et comme une machine atlantiste. François Mitterrand, dès 1971, maintient fermement cet enracinement européen et veille à ce que le Programme commun ne revienne pas sur cet engagement. Il ne peut être question de sacrifier l'Union européenne sur l'autel de l'Union de la gauche.

Mitterrand défend cette position au sein de son parti (notamment contre le CERES de Jean-Pierre Chevènement, mais aussi face à certains de ses amis qui dénoncent la dimension marchande de l'Europe).

En mars 1983, alors président de la République, il doit se résoudre à adopter une politique de rigueur. Les raisons de cette décision tiennent avant tout à sa volonté de préserver l'ancrage de la France à l'intégration monétaire qui s'esquisse. L'Europe devient une source inépuisable de clivages au sein de la « grande maison ». Le référendum de septembre 1992 sur le traité de Maastricht en est une première manifestation, celui sur le traité constitutionnel européen, en avril 2005, une illustration encore plus éclatante. Dès le début de mon quinquennat en novembre 2012, les frondeurs se sont constitués à l'occasion du vote sur le traité budgétaire européen. La NUPES, en juin 2022, a bâti un programme ouvrant, en cas de succès électoral, une démarche de rupture avec Bruxelles. Le Nouveau Front populaire a été plus sibyllin sur la question. Or, au-delà de ces débats récurrents, c'est la question de l'ouverture qui est une nouvelle fois posée.

Le socialisme français, pour rester lui-même, doit-il se concevoir dans un pays protégé par des frontières étanches, libéré de contraintes attentatoires à la souveraineté pour se mettre à l'abri des désordres planétaires comme du néolibéralisme ambiant ? Ou est-ce que sa vocation et son identité le conduisent à prendre la responsabilité de chercher des compromis sans compromissions pour porter un modèle social et écologique au sein d'un espace politique plus large ? Poser la question, c'est y répondre.

Ce débat va bien au-delà des limites de la gauche. La tentation du repli conduirait la France à abandonner son influence en Europe sans lui donner la moindre force supplémentaire. L'intégration sans conditions à l'Union européenne, à l'inverse, lui ferait perdre toute ambition pour mener une politique extérieure conforme à ses valeurs et à ses intérêts. Mais entre l'enfermement et l'alignement, il y a plus que jamais une voie pour le socialisme français. C'est celle de l'exemplarité. D'abord au sein de la nation, par une association plus grande des citoyens aux décisions qui forgent notre destin commun, par une place donnée à la représentation du travail dans l'entreprise comme par des choix écologiques transformant les rapports sociaux. Ensuite, au cœur du continent, pour établir une souveraineté industrielle et militaire. Enfin, en définissant la France et ses alliés européens comme une puissance d'équilibre capable de prendre une part résolue dans le règlement des conflits internationaux et de tisser des relations avec le Sud.

L'histoire de la gauche au pouvoir renvoie l'image de la singularité française, rétive à la réforme, portée à la confrontation séculaire entre conservatisme et révolution. La gauche conçoit l'alternance comme une rupture. Ses victoires génèrent autant d'emballements que de déceptions. Ses expériences s'ajoutent les unes aux autres, sans qu'elles servent de leçons aux suivantes. C'est ce qui explique la répétition désespérante des mêmes erreurs et des mêmes travers : la fatalité de la division, le spectre de la trahison, l'incertitude sur les alliances, la crainte de l'ouverture, le rapport frileux à l'économie et honteux aux entreprises, ainsi qu'une difficulté récurrente à assumer l'autorité et la fermeté.

Mais, tout compte fait, la gauche au pouvoir, c'est surtout une somme de réformes et de progrès qui ont façonné la France. Sans la gauche, la laïcité, le droit du travail, la protection sociale, les libertés publiques, la place de l'école publique, l'égalité entre les femmes et les hommes, la reconnaissance de l'urgence écologique ne seraient pas autant d'acquis aujourd'hui reconnus comme fondamentaux (bien qu'ils ne soient pas forcément irréversibles). Force est de constater que ce n'est pas toujours en participant au pouvoir qu'elle a pu les forger. Ils ont été aussi façonnés ou arrachés par la mobilisation du mouvement syndical ou sont le produit des conquêtes et des luttes engagées par la société civile, l'intervention des associations et l'irruption des citoyens, dans des formes parfois inattendues parce que spontanées. Quelle que soit l'origine de ces victoires diverses, toutefois, ce sont des gouvernements de gauche qui les ont consacrées par des lois et généralisées à l'ensemble de la société.

Si les socialistes s'étaient dérobés, préférant l'incantation à la gestion, le pays aurait sûrement poursuivi sa marche en avant, la droite aurait été sous pression et les forces vives auraient joué leur rôle pour accélérer le rythme, en fonction des possibilités offertes par l'économie, les technologies et le mouvement des idées. Les intellectuels auraient également pesé en suscitant débats et propositions. Mais pas aussi rapidement, pas aussi clairement, pas aussi profondément.

Car il en fallait, de l'audace, pour sortir la France du Concordat, pour fixer une limite à la durée journalière de travail, pour ouvrir le droit aux congés payés, pour introduire l'impôt sur le revenu, créer un prélèvement sur les grandes fortunes, ouvrir un revenu minimum pour les plus démunis et, plus tard, créer une couverture maladie universelle et une prestation pour l'accompagnement du grand âge. Il en fallait, de l'obstination, pour généraliser la Sécurité sociale, pour donner aux salariés une représentation dans l'entreprise et pour offrir aux fonctionnaires un statut. Il en fallait, du courage, pour abolir la peine de mort, pour inventer le pacte civil de solidarité (PACS) et ouvrir le droit au mariage pour tous, pour imposer la gratuité de l'IVG et de la contraception.

Il en fallait, de la clairvoyance, pour maintenir la France dans l'Union économique et monétaire, malgré les disciplines qui lui étaient associées et pour contribuer à un accord historique sur le dérèglement climatique.

Il en fallait, de la résolution, pour décider, y compris dans les périodes les plus difficiles, de se confronter à la réalité parce que la République était en jeu ou que la menace extrémiste obligeait à la responsabilité, quels qu'en fussent les risques.

La gauche, alors, et les socialistes, en particulier, ont eu à cœur de servir la France et de la transformer bien plus qu'ils ne l'avaient cru possible, bien moins qu'ils ne l'avaient imaginé. Ils n'en ont pas toujours été récompensés, mais ils ont inscrit dans la mémoire collective de grandes réformes qui furent autant de progrès majeurs pour la société tout entière, et si parfois les souvenirs s'estompent, les figures qui les ont portées, elles, ne s'effacent pas. C'est cette histoire-là, notre histoire, qui est pour beaucoup la mienne, que je veux à travers ce livre retracer.

1

La longue marche vers le pouvoir

Tout commence avec Dreyfus. Jusque-là, le mouvement socialiste s'était construit dans une très grande diversité de sensibilités : guesdistes, « possibilistes », blanquistes, allemanistes, « indépendants »[1], autour de l'abolition du capitalisme ou, à tout le moins, de l'édification de structures de substitution comme les coopératives ou, d'une autre façon, le socialisme municipal. La fin ou le dépassement d'un tel système, inégalitaire et brutal, devait achever le processus engagé depuis la Révolution française et résoudre mécaniquement les questions des droits de la personne humaine et de l'approfondissement de la démocratie.

L'affaire Dreyfus vient percuter cet ordonnancement doctrinal. Les socialistes doivent-ils refuser de prendre part à la défense d'un officier juif que tout semble accabler, au cœur d'un scandale qui secoue la « République bourgeoise » ? Ou ont-ils l'obligation morale et politique de dénoncer une injustice qui, si elle est couverte, discréditerait les fondements mêmes de la République ?

1. Le débat entre les socialistes se résumait à la querelle doctrinale opposant, dans les années 1880, Paul Brousse et Jules Guesde, les « réformistes » et les « révolutionnaires ». Le premier croit à une action progressive permettant d'« immédiatiser » les revendications socialistes plutôt que de « rester perchés sur les tours de l'utopie ». Le second, au nom de l'orthodoxie marxiste, dénonce les « possibilistes », adeptes d'« un nouveau genre d'opportunisme » s'écartant d'une logique de rupture.

Pendant près de trois années, les socialistes vont se tenir à l'écart de ce qui va devenir « l'Affaire ». Jaurès, en accord avec son éternel rival Guesde sur ce point, signe un manifeste marqué au sceau de la neutralité. « Si le prolétariat n'est pas insensible à l'injustice, il refuse d'être dupe. Ceux qui invoquent maintenant les droits de l'Homme et la dignité humaine sont les mêmes qui ont volé aux travailleurs les garanties qu'ils réclament pour Dreyfus[2]. »

Mais dès que Jaurès, au printemps 1898, est convaincu de l'innocence du capitaine, il lance un appel aux militants. Dreyfus n'est plus un bourgeois ni un officier : il est « dépouillé de tout caractère de classe, il n'est plus que l'humanité souffrante en ce qu'elle a de plus poignant. Il est le témoin vivant du mensonge militaire, de la lâcheté politique, des crimes de l'autorité ». Une génération de militants et d'intellectuels, issus en particulier de l'École normale supérieure, relayée par la naissance des universités populaires ouvertes à tous, ancre le « socialisme d'éducation », célébré par Péguy.

Un socialiste ministre

L'Affaire s'est transformée en « lutte entre les forces de progrès de la République et les forces organisées par la réaction ». Dans ce contexte, l'inconcevable, autrement dit la participation à un gouvernement bourgeois, ou la formation d'une majorité parlementaire avec des radicaux et des républicains modérés, devient envisageable.

C'est ainsi qu'Alexandre Millerand accepte de devenir, en 1899, le premier socialiste « ministérialiste », nommé au portefeuille du Commerce, de l'Industrie, des Postes et Télégraphes au sein du gouvernement de Pierre Waldeck-Rousseau.

---

2. Alfred Dreyfus est condamné pour trahison le 22 décembre 1894 par un conseil de guerre et déporté en février 1895 au bagne de Guyane.

Le nouveau président du Conseil se définit lui-même comme un républicain modéré, mais pas modérément républicain. Député puis sénateur, il a montré de l'autorité comme ministre de l'Intérieur de Gambetta puis de Ferry. Il est surtout reconnu pour avoir fait adopter la grande loi de 1884 autorisant les syndicats professionnels.

Dreyfusard résolu, il est appelé par le président de la République Émile Loubet pour former, le 22 juin 1899, un gouvernement de « défense républicaine » pouvant aller jusqu'à inclure des socialistes[3].

Cette année-là, un congrès réuni salle Japy, dans le 11e arrondissement de Paris, pose à nouveau la question : faut-il « participer » ou non ? La réponse de Jules Guesde, largement adoptée, prend la forme d'un refus catégorique : « La lutte de classes interdit à un socialiste l'entrée dans un gouvernement bourgeois. » Prudemment, un autre texte dispose que, dans « des circonstances exceptionnelles », la question pourra être examinée... Les socialistes savaient déjà ne jamais fermer une porte !

Jean Jaurès, à qui son dreyfusisme avait fait perdre son siège lors des élections législatives de 1898, a approuvé Millerand et se pose en ardent défenseur de la « participation », dès lors qu'elle peut permettre de consolider la République. Lors d'une confrontation publique avec Jules Guesde, à Lille, le 26 novembre 1900, il explicite sa position : « C'est le devoir des socialistes quand la liberté républicaine est en jeu, quand la liberté de conscience est menacée, quand les vieux préjugés qui ressuscitent les haines de race et les atroces querelles religieuses des siècles passés paraissent renaître », c'est leur devoir que de marcher avec les factions bourgeoises qui ne veulent pas revenir en arrière.

---

3. Il fut investi par la Chambre des députés avec 25 voix de majorité. Le concours des socialistes fut décisif.

Jaurès appela à voter la plupart des lois du gouvernement, permettant à Waldeck-Rousseau de disposer pendant plus de trois ans du soutien des socialistes, ce qui fera de son gouvernement l'un des plus longs de la IIIe et de la IVe République réunies. Il incarna même le « triomphe de la République[4] ».

Son bilan est en effet impressionnant. Il rétablit l'autorité civile sur l'armée, en réformant le mode de nomination des généraux. Il encadra le travail des femmes et des enfants ainsi que l'activité journalière des hommes[5], il créa des conseils supérieurs du travail ouverts aux représentants ouvriers. Enfin, et surtout, il donna aux associations leur pleine liberté, grâce à la loi de 1901, toujours en vigueur. Elle avait une portée politique d'autant plus forte que les congrégations religieuses étaient désormais autorisées par la loi. « La loi de 1901, selon les mots de Waldeck-Rousseau, envisage les congrégations au point de vue des services qu'elles peuvent rendre, elle exclut l'intrigue, mais elle n'exclut pas la charité. » Il rassure les milieux d'affaires en marquant son attachement à l'équilibre des comptes, symbolisé par la présence du « brillant » Joseph Caillaux au ministère des Finances.

La première victoire des gauches

Le succès du Bloc aux élections législatives du printemps 1902, avec un taux record de 90 % de participation, met en scène, pour la première fois, une bipolarisation. Les gauches se sont présentées unies à un scrutin face à des droites qui l'étaient tout autant.

---

4. *Le Triomphe de la République (1871-1914)*, Arnaud-Dominique Houte (Seuil, 2014).

5. Le travail était limité à 10 heures là où les usines accueillaient adultes et enfants et à 12 heures là où il n'y avait que des adultes.

Le mérite en revient en grande partie à Pierre Waldeck-Rousseau, mais ce dernier n'en sort pas vainqueur[6]. La modération républicaine s'efface avec son départ, motivé pour partie par la maladie[7] ; en réalité, par l'impossibilité de garder une majorité à sa main. Disparaît avec lui l'un des plus grands hommes d'État de la IIIe République, et sûrement le plus méconnu. Advient le temps des radicaux, décidés à former un « bloc des gauches » pour en découdre avec les congrégations et pour ouvrir un temps de réformes sociales.

Les socialistes, quoique toujours divisés, disposent d'un groupe parlementaire renforcé. Ils avaient soutenu la politique de « défense républicaine », ils sont disposés à faire un pas de plus. Jaurès, qui a recouvré son siège à Carmaux, prend l'initiative de conclure avec le nouveau président du Conseil, Émile Combes, un véritable contrat majoritaire. Se forme alors la « délégation des gauches », au sein de laquelle chaque groupe du bloc est représenté à proportion de son influence. Elle est régulièrement reçue au ministère de l'Intérieur, là où siège le chef du gouvernement, pour peser sur la politique de la majorité.

Même si aucun socialiste ne figure dans le cabinet, Jaurès s'engage pleinement dans cette démarche. Son soutien est constant et inconditionnel. À la Chambre, il déploie son immense talent d'orateur pour convaincre les plus récalcitrants. Non seulement il assure les votes des socialistes auxquels Guesde et Vaillant, ses rivaux, ne dérogent pas, mais il devient au fur et à mesure l'un des chefs de la majorité parlementaire.

La question scolaire mobilise les esprits. Presque toutes les demandes d'autorisation des congrégations enseignantes, prédicantes ou « commerçantes » – « uniquement formées pour réagir contre les principes de la Révolution », selon Émile Combes –

6. La Chambre compte 220 députés radicaux, 50 socialistes, 100 républicains proches de Waldeck-Rousseau, la droite seulement 220.

7. En 1904, il meurt, à 58 ans, d'un cancer du pancréas.

sont repoussées. L'interdiction d'enseignement à leur encontre est totale, sauf sous des formes laïcisées. Plus de 10 000 écoles tenues par des religieux sont fermées. Les hôpitaux ne sont plus autorisés à employer du personnel autre que laïque.

Ce ministère de combat est aussi celui de la rupture des relations diplomatiques avec le Vatican, puis de la préparation de la loi sur la séparation des Églises et de l'État, laquelle sera adoptée le 3 juillet 1905, grâce à la diplomatie d'Aristide Briand et au sens du compromis de Jaurès.

Les excès du « petit père Combes »

Cette « fermeté », cette « énergie », cette « poigne » du gouvernement Combes, rencontre initialement un large soutien des nouvelles classes moyennes de la France radicale qui aspirent à une émancipation par rapport au poids de l'Église et à la sélectivité sociale des établissements sous son influence. Des écrivains et des intellectuels, à l'image d'Anatole France et de Ferdinand Buisson, sont séduits tandis que Péguy, lui, déplore la « dégradation de la mystique en politique ». Le combisme produit des tensions parfois violentes qui finissent par étouffer l'intention originelle et entretiennent le pays dans une logique d'affrontement omniprésente depuis « l'Affaire ». Pendant ce temps-là, l'ordre économique ne s'en trouve pas amélioré...

Le combat exclusif *contre* la religion et non plutôt *pour* la laïcité constitue la dérive du combisme. Déçus de la timidité du Bloc des gauches sur les enjeux sociaux, en particulier sur les retraites ouvrières et sur la création d'un impôt général sur le revenu, dont les projets de réforme sont enterrés et renvoyés à plus tard, les socialistes se détachent. Les grèves se multiplient en 1904, en même temps que le syndicalisme s'organise au sein de la Confédération générale du travail (CGT). Aussi

Jaurès, au congrès de l'Internationale socialiste d'Amsterdam, en août de cette même année, tout en continuant de défendre la participation ministérielle, se résout-il à quitter la « délégation des gauches », au moment où le ministère Combes s'effondre, pris par le scandale de l'« affaire des fiches[8] ». C'en est fini du Bloc des gauches, chacune de ses composantes reprend sa liberté. Le banquier Maurice Rouvier succède à Émile Combes à la tête d'un gouvernement de « concentration républicaine », c'est-à-dire du centre. D'une certaine façon, ce glissement anticipe sur les déboires que connaîtront par la suite le Cartel des gauches et le Front populaire avec cette malédiction qui veut qu'au bout d'un ou deux ans les gauches, sous la pression de l'adversaire conjuguée à l'effet de leurs propres surenchères, se séparent et laissent la fraction la plus modérée amorcer un tournant, entraînant un changement de majorité.

Vers l'unité des socialistes

Le soutien des socialistes au pouvoir, sans participation au gouvernement, aura permis de fonder la République laïque et de régler pour longtemps les relations entre l'État et les religions. En soutenant le « Bloc », Jaurès ne donnera pas seulement une stabilité au gouvernement, il fera date en montrant que les socialistes savent protéger les institutions avec des partenaires dont ils contestent les choix économiques tout en dénonçant leur indifférence à l'égard du monde ouvrier. Cette stratégie n'est donc pas étrangère à la légitimité politique acquise par le Parti socialiste au moment où il scelle son unité lors de son congrès en avril 1905, à la salle du Globe. Il peut d'autant plus aisément renoncer au « ministérialisme »

8. Dans le but d'épurer l'administration militaire jugée antirépublicaine, le ministre de la Guerre, le général André, avait mis au point un système de fichage.

qu'il avait, par son attitude républicaine, gagné les titres qui fondaient sa légitimité.

À compter de ce jour est écartée toute perspective d'alliance avec d'autres partis, à commencer par le plus proche, le Parti radical. Mais si un soutien, ou à tout le moins une abstention, aurait encore pu être envisageable, ils sont rendus impossibles par la politique de répression des mouvements sociaux – grève des mineurs de Courrières, à côté de Lens, révolte des vignerons en Languedoc... – menée entre 1906 et 1909 par le ministère Clemenceau, qui, malgré son dogmatisme laïque et son dreyfusisme militant, bénéficie de l'appui de la droite pour son « radical-césarisme ». Son devoir, « c'est de faire de l'ordre ». Jean Jaurès voit partir sans regret ses anciens camarades Millerand, Viviani et Briand, qui deviennent les principales figures de la concentration des centres sans autre direction que celle du partage des places. La SFIO, quant à elle, en tire avantage sur ses concurrents plus à gauche et empiète sur l'électorat du Parti radical.

La fusion dans l'Union sacrée

Les socialistes s'en tiendront à cette opposition intransigeante sur les principes mais constructive sur l'essentiel, cela jusqu'à l'assassinat de Jaurès le 31 juillet 1914, après qu'il s'apprêtait à signer son dernier éditorial pour sauver la paix. La déclaration de guerre de l'Allemagne à la France, le 3 août, brise tous les tabous. Édouard Vaillant, l'ex-communard, figure majeure du mouvement socialiste, déclare que, « en présence de l'agression, les socialistes rempliront tout leur devoir. Pour la patrie, pour la République, pour l'Internationale ». Le 4 août, alors que les obsèques officielles de Jaurès viennent d'être célébrées, René Viviani, le chef du gouvernement, lisant le message du président Poincaré, proclame l'Union sacrée. Celle-ci se traduit par l'arrivée du plus farouche opposant à la « participation », Jules Guesde, comme ministre sans portefeuille, et par celle de Marcel Sembat comme ministre des Travaux publics, avec Léon Blum en tant que chef de cabinet. Albert Thomas les rejoindra bientôt, qui jouera un rôle décisif au ministère de l'Armement[9]. La SFIO se justifie en considérant qu'« il ne s'agit pas de l'ordinaire participation à un gouvernement bourgeois mais de l'avenir de la Nation ».

Le rêve de Jaurès de voir les prolétariats européens s'allier par la grève générale pour empêcher la guerre s'était écroulé, en même temps qu'il tombait sous le feu de son meurtrier. Nul ne peut prétendre ce que, vivant, il aurait fait pour contenir un processus qui à cette heure semblait irréversible. Mais dans *L'Humanité* du 18 juillet, il indiquait ce qu'aurait pu être son attitude : « Il n'y a aucune contradiction à faire l'effort maximum pour assurer la paix et si la guerre éclate, malgré nous, à faire l'effort maximum pour assurer dans l'horrible tourmente l'indépendance et l'intégrité de la Nation. »

Au fur et à mesure que la guerre s'éternise, le parti pris de l'Union s'émousse et l'hostilité à la « participation » croît, culminant avec la nomination à la présidence du Conseil de Georges Clemenceau, en novembre 1917, et le refus des députés socialistes de lui accorder la confiance[10].

D'abord emportés par leur patriotisme jacobin, les socialistes français renouent progressivement avec le pacifisme internationaliste. La révolution russe d'octobre 1917 marque un tournant et renforce, dans l'immédiat, les partisans d'une sortie rapide du conflit, Lénine et Trotski s'empressant de conclure une paix carthaginoise avec le Reich.

En octobre 1918, à la veille de la victoire, les minoritaires de la SFIO, après avoir suggéré de refuser de voter

---

9. Le révolutionnaire Guesde n'émit aucune objection à l'idée de siéger dans le gouvernement Briand à côté de Denys Cochin, le représentant de la droite catholique.

10. Jules Guesde, comme Marcel Sembat, avait quitté le gouvernement en décembre 1916 ; Albert Thomas, en septembre 1917.

les crédits de la Défense nationale, parviennent à prendre la direction du parti, avec Ludovic-Oscar Frossard, dans l'attente d'un congrès décisif prévu après la conclusion de la paix.

La scission de Tours

Ce fameux congrès eut lieu à Tours, en novembre 1920. Portant essentiellement sur le rapport avec la Russie des Soviets, l'acceptation ou non des vingt et une conditions du Komintern et l'adhésion à la IIIe Internationale, il fut celui de la séparation. Léon Blum, refusant la mise sous tutelle par Moscou du socialisme français et récusant la conception radicale et autoritaire du parti, se résout au départ, sans désespérer d'une unité prochaine : « Nous sommes convaincus jusqu'au fond de nous-mêmes que pendant que vous irez courir l'aventure, il faut que quelqu'un reste garder la vieille maison. »

Mais même dans ce camp-là, celui qui avait fait le choix de la démocratie et de la liberté et qui s'était écarté de la tentation révolutionnaire, la question du rapport au pouvoir restait posée.

Le succès électoral était appréhendé comme un risque, l'accession au pouvoir comme une compromission... et même comme une trahison en cas d'échec de l'expérience.

Le recroquevillement du Parti communiste sur ses bases armées offre vite aux socialistes un espace qui les replace dans une position enviable. Ils n'en subissent pas moins la pression des courants révolutionnaires, à l'extérieur comme à l'intérieur de la SFIO. L'envie de battre la droite les convainc du bien-fondé de l'alliance proposée par les radicaux en 1923, mais la peur les saisit dès que la responsabilité se rapproche. Là se situe l'ambiguïté fondatrice du Cartel des gauches. Elle le fera gagner... puis elle l'emportera.

2

1924
Le Cartel des gauches, ou la construction d'une malédiction

Il y a cent ans, les élections du 11 mai 1924 marquaient la victoire du Cartel des gauches, une coalition associant radicaux et socialistes. Édouard Herriot, le maire de Lyon et président du Parti radical, en est la figure majeure, et il lui revient de former le premier gouvernement de gauche en France depuis le Bloc des années 1902-1905[1].

Moins d'un an plus tard, il sera contraint à la démission, asphyxié par les difficultés financières, assommé par le « mur de l'argent », écartelé par des forces plus contraires que solidaires. S'ensuivra une longue agonie de quinze mois avec deux ministères Painlevé, trois ministères Briand et un ministère Herriot. Pour finir, en juillet 1926, par le retour, à la tête d'un gouvernement d'Union nationale, de Raymond Poincaré, « l'homme du militarisme et de la petite bourgeoisie », « le défenseur des porteurs de valeurs russes[2] » dénoncé par *L'Humanité*. À la débâcle s'ajoute la désillusion, tant l'annonce de cette alliance puis son succès électoral avaient suscité un espoir puissant.

---

1. Voir chapitre précédent.
2. Voir François Roth, *Raymond Poincaré*, Fayard, 2001.

Cette « expérience », selon l'expression en vogue sous la IIIe République, est à l'origine de toute une série de préjugés sur l'inaptitude supposée de la gauche à exercer le pouvoir et, notamment, à maîtriser les finances publiques. Sont également pointés du doigt l'absence de cohésion entre ses composantes, le manque de lucidité et de crédibilité de son programme et l'impréparation de ses dirigeants, dont le courage ne fut pas, il est vrai, la vertu principale et dont la culture n'embrassait pas encore les questions économiques. Le Front populaire, douze ans plus tard, n'échappera pas à la fatalité de l'échec et à cette malédiction de la première année de gouvernement. Depuis, la gauche a intériorisé la précarité du pouvoir. François Mitterrand, après le « tournant de la rigueur » de 1983, ne souligne-t-il pas qu'il est le premier à avoir dépassé cette étape fatidique ?

Le ver est dans le fruit

L'échec du Cartel pointe pour la première fois le rôle funeste du « mur de l'argent », cet étrange édifice qui a eu pour bâtisseurs des puissances financières, au premier rang desquelles figurent les régents de la Banque de France, notamment Édouard de Rothschild et François de Wendel[3]. Ce sont eux qui refusent au gouvernement les avances de la Banque centrale, pourtant indispensables au paiement des échéances de l'État, précipitant un peu plus sa chute. Mais trop souvent, l'invocation du « mur » sert de prétexte pour masquer l'étendue des erreurs. L'historien Jean-Noël Jeanneney en a dressé l'inventaire : « Tendance à diaboliser l'adversaire de droite, à

3. Si le gouverneur de la Banque de France est nommé par le gouvernement, son conseil de régence représente, en réalité, les 200 plus grosses fortunes – celles qui deviendront, sous le Front populaire, « les 200 familles ».

exagérer sa cohérence et la cohésion de ses troupes. Méconnaissance de la loyauté de hauts fonctionnaires prêts à servir une politique nouvelle. Moulinets effrayant les centres sans que les actes suivent, par exemple sur le thème de l'impôt sur le capital ; incapacité à dégager, devant la crise du franc, une politique réaliste, à expliquer au pays[4]. » Avec « plus de lucidité », « plus de franchise », « plus de courage civique », s'interroge-t-il à raison, n'aurait-on pas évité cette triste issue ?

Mais de quelle marge de manœuvre dispose réellement Édouard Herriot ? Le ver n'est-il pas dans le fruit dès la constitution de cette drôle d'alliance où les socialistes consentent aux radicaux un « soutien sans participation » ?

C'est au congrès de Marseille, à la fin de janvier 1924, que Léon Blum emporte l'adhésion de la SFIO à cette ligne, dont on lui reprochera plus tard la frilosité. Il s'agit juste, écrit-il le 29 avril 1924, d'« arracher les brodequins trop étroits dont souffre le pays et rien de plus ». Lui s'en défendra toujours, rappelant les termes de son intervention : « Si le parti se décide à autoriser les cartels, il faudra y entrer de bonne grâce et de plein cœur. Il ne faut jamais faire à demi ce que l'on fait. Ceux même qui trouvent la pilule amère doivent l'avaler sans faire la grimace. »

Et pourtant, cette « pilule amère » à avaler le temps d'« un cartel d'une minute », le temps de passage à l'isoloir pour défaire le bloc national, ne porte-t-elle pas dès l'origine les germes de la suspicion, puis de la fronde ? Combien de chantages, d'heures interminables de négociations auraient pu être épargnés au gouvernement, à commencer par son chef, si avait été signé un accord en bonne et due forme, fondé sur un programme commun ?

---

4. En 1977, Jean-Noël Jeanneney a publié *Leçon d'histoire pour une gauche au pouvoir. La faillite du Cartel (1924-1926)*, Seuil. Voir également, du même auteur, « Cartel des gauches : les leçons d'un échec », *L'Histoire*, Collections n° 27, avril-juin 2005.

« La principale leçon », résume Jean-Noël Jeanneney, c'est qu'« il n'y a pas d'alliance électorale durable entre les diverses composantes de la gauche, s'il n'y a pas de participation de toutes les composantes ». Pourtant, la formule désastreuse du « soutien sans participation » sera resservie par Maurice Thorez, secrétaire du Parti communiste, à Léon Blum, lors de la formation du Front populaire... Les arroseurs arrosés sont légion en politique.

Le vice initial

Le 11 mai 1924, la France bascule à gauche. Le Cartel, bien que minoritaire en voix, l'emporte en sièges, avec un total de 287 députés, ratant de peu la majorité absolue à la Chambre[5]. Il convient d'expliquer cette victoire, en premier lieu, par les déconvenues du Bloc national. Mise en échec par ses alliés en raison de sa fermeté inopportune envers l'Allemagne, et coupable de prises de mesures impopulaires (parmi lesquelles une hausse de 20 % des impôts, cela à quelques semaines seulement du scrutin), la droite est défaite. Ce succès est amplifié par le « miracle » du nouveau système électoral, favorable aux rassemblements[6].

Le Cartel est malgré tout contraint de solliciter le concours du groupe de 40 députés de la « gauche radicale » : des modérés – en dépit de leur nom – souvent élus en dehors des listes du Cartel, et farouchement hostiles, de surcroît, aux socialistes.

Ces derniers peinent à résoudre, quant à eux, la crise d'identité profonde consécutive à la scission du congrès

5. La majorité absolue se situe à 291 sièges. Les 287 élus du Cartel se décomposent en 104 socialistes, 139 radicaux et 44 républicains socialistes.

6. Proportionnelle avec prime à la majorité absolue et répartition des restes à la plus forte moyenne. Avec une proportionnelle intégrale, le Cartel aurait obtenu une cinquantaine de sièges en moins.

de Tours[7]. La SFIO, imprégnée d'une culture marxiste, est désireuse de contribuer à l'établissement d'une société sans classes, où chacun recevra selon ses besoins dans un système de propriété collective des moyens de production (mais, contrairement à ses « frères séparés » communistes, elle n'envisage pas d'autre voie d'accès au pouvoir que l'élection et le changement par la loi). Toutefois, cette rhétorique ne correspond plus à une formation où sont désormais surreprésentées les classes moyennes : employés, fonctionnaires, instituteurs, mais aussi des agriculteurs et des commerçants. Unanimement réformistes, ces électeurs sont moins guidés par la pureté doctrinale que par le souhait de s'éloigner des outrances du Parti communiste et de conjurer la méfiance que leur inspirent les radicaux, compte tenu de leur frilosité sociale.

Aussi Léon Blum tourne-t-il son regard vers Édouard Herriot, qui vient d'amorcer un virage à gauche, en précipitant la chute du gouvernement Poincaré. Par ce geste, le maire de Lyon rompt avec la participation continue des radicaux au pouvoir depuis l'établissement de l'Union sacrée, en 1914. Il avait particulièrement mal vécu le rétablissement de l'ambassade au Vatican, puis l'occupation de la Ruhr, en janvier 1923, qui heurtaient sa sensibilité laïque et pacifiste.

Allant jusqu'au bout de sa démarche, Herriot propose aux socialistes une plate-forme électorale fondée sur quelques objectifs : le retour à la laïcité de l'État et de l'école, l'application stricte des lois sociales sur la durée du travail et l'impôt sur le revenu, le refus des décrets-lois qui réduisent les droits du Parlement, la politique étrangère fondée sur la sécurité collective de la Société des Nations (SDN). Le Cartel se forme et l'emporte sur ces bases. Reste à savoir comment et avec qui gouverner.

7. Après le congrès de Tours, seulement 30 000 militants étaient restés fidèles à la « vieille maison » socialiste. Deux ans plus tard, le nombre avait doublé.

Du côté des socialistes, Léon Blum, qui a « donné toute sa vie au Parti », semble avant tout soucieux de son unité. L'homme redoute, selon le participationniste Joseph Paul-Boncour[8], la réaction des vieux militants, « attachés à cette conception intransigeante et un peu étroite de la lutte des classes [...] ». Pourtant, sur le terrain, relate-t-il dans ses *Souvenirs*, le message des électeurs est clair : « Nous vous avons élus ensemble, vous devez aller au pouvoir ensemble. » À l'en croire, le fond de la pensée de Blum était que, puisque « le Parti socialiste ne pouvait pas prendre seul le pouvoir, [...] il lui fallait devenir d'abord le parti le plus nombreux d'une majorité de gauche, afin d'être en mesure un jour de constituer le gouvernement », et donc de mener une politique qui ne trahirait pas la « confiance » des travailleurs.

Dans la perspective de « ce premier essai de pouvoir partagé », chacun des partenaires jouait au plus fin, cherchant à faire peser sur l'autre la responsabilité d'un refus éventuel, jusqu'à ce qu'ils trouvent un accord : les radicaux gouverneront, les socialistes les soutiendront.

Le cas Millerand

Tout à ses calculs politiques, le Cartel a pour principal ciment l'hostilité au Bloc national, plutôt que sa solidarité interne – c'est, hélas, une constante de la gauche. Quatre personnalités sont dans son viseur : le général de Castelnau, glorieux soldat et président de la très active Fédération nationale catholique (FNC) ; André Maginot, qui plaide pour l'édification d'une ligne de fortifications à la frontière avec

---

8. Joseph Paul-Boncour (1873-1972), secrétaire particulier de Pierre Waldeck-Rousseau (1899-1902), puis député, d'abord socialiste indépendant jusqu'en 1916, puis SFIO jusqu'en 1931 et, enfin, à nouveau, « socialiste indépendant ».

l'Allemagne – on sait ce qu'il en adviendra en 1940 ; Ernest Billiet, défenseur des intérêts du patronat ; et, surtout, le président Alexandre Millerand.

Ex-socialiste, Millerand incarne la figure du traître. Il avait symbolisé, un quart de siècle plus tôt, en 1896, un moment clé de l'histoire de la gauche par sa tentative de rassemblement des familles éparses du socialisme autour d'un même programme[9]. Puis, Millerand avait, aux yeux de ses anciens camarades, renié la gauche depuis sa participation au gouvernement dit « de défense républicaine » de Waldeck-Rousseau et sa dérive « droitière ». Celle-ci l'avait conduit à occuper de nombreux ministères (notamment celui de la Défense) ainsi qu'à devenir chef du gouvernement puis président de la République élu par un Parlement conservateur, en septembre 1920. Un tel parcours – bien qu'il ne fût pas inédit – avait laissé des traces...

S'ajoute une circonstance tout aussi aggravante : Millerand est accusé par la gauche d'avoir présenté une vision extensive de la fonction présidentielle et d'outrepasser ses droits, comme jadis Mac-Mahon[10]. Lors du discours d'Évreux du 14 octobre 1923, il a en effet estimé que le chef de l'État, « s'il ne doit jamais être l'homme d'un parti, peut et doit être l'homme d'une politique arrêtée et appliquée en étroite

9. Dans un discours prononcé à Saint-Mandé, le 30 mai 1896, Alexandre Millerand fixe les bases de l'identité socialiste : l'intervention de l'État pour assurer l'appropriation sociale, la conquête des pouvoirs publics par le suffrage universel et l'entente internationale des travailleurs. Ce texte fait du réformisme la voie vers une union qui n'a même pas besoin d'un parti pour y parvenir.

10. La « crise du 16 mai 1877 » éclate lorsque le président de la République, Mac-Mahon, élu par une Assemblée monarchiste, décide de se séparer du président du Conseil, le républicain Jules Simon, qui dispose pourtant de la majorité dans les deux Chambres. Il fait appel à l'orléaniste Albert de Broglie, dont le gouvernement est aussitôt condamné par un vote de défiance. Il use alors de son droit de dissolution. Après une nouvelle victoire électorale des républicains, Mac-Mahon se « soumet » le 13 décembre en reconnaissant la « république parlementaire », et il finit par se « démettre » en janvier 1879, après la victoire des républicains au Sénat.

collaboration avec ses ministres »[11]. Il sort notamment de la réserve inhérente à sa fonction en pleine campagne électorale et lance une ultime provocation quand il déclare ne pas vouloir rester inerte en cas de victoire du Cartel. Celle-ci acquise, et ce conformément à sa parole, il nomme pour former le gouvernement le ministre des Finances sortant, Frédéric François-Marsal, un proche des milieux d'affaires. Minoritaire, ce dernier est renversé dès le lendemain.

Aussi le premier dossier que le Cartel des gauches va-t-il ouvrir, en ce 12 mai 1924, n'est ni la laïcité ni les lois sociales, pas davantage la fiscalité, mais le « dégagement » du président de la République.

Un véritable bras de fer s'engage. La majorité du Cartel s'oppose à la constitution de tout gouvernement tant que le chef de l'État restera en place. Le 11 juin, Millerand, qui a cherché vainement l'appui du Sénat et qui a renoncé à l'arme de la dissolution, faute de pouvoir disposer d'un avis conforme de la Haute Assemblée, finit par démissionner. Cette première victoire du Cartel est pourtant toute relative.

Le lendemain, les parlementaires de la majorité désignent Paul Painlevé, un républicain socialiste, mathématicien de grande réputation, comme « seul candidat de la discipline républicaine à la présidence ». Les groupes « anticartellistes » soutiennent, de leur côté, la candidature du président du Sénat, le radical très modéré Gaston Doumergue, ancien ministre des Colonies. Or c'est ce dernier qui est élu, par 505 voix contre 309. Il a beau rassurer – « Nul plus que moi ne demeurera au-dessus des partis pour être, entre eux, l'arbitre impartial » –, le Cartel est prévenu : le Sénat lui sera majoritairement hostile.

---

11. « Que le pouvoir législatif se contente de légiférer et de contrôler », proclame-t-il, soucieux de renforcer le pouvoir exécutif, afin de donner plus de stabilité au gouvernement. Plus tard, dans les années 1930, André Tardieu reprendra cette conception des institutions avant que le général de Gaulle, avec le discours de Bayeux de 1946, ne lui donne une cohérence annonciatrice de la Ve République.

La rose, déjà

Logiquement, Édouard Herriot, alors âgé de 52 ans, est chargé de former le gouvernement : celui-ci sera à ossature radicale sans autre présence que celle de quelques républicains[12]. Un mois plus tôt, au lendemain de la victoire, le maire de Lyon avait tendu une fleur à un journaliste du *Progrès*, lui expliquant : « Voilà l'emblème de la situation. » Sa tige était dotée d'épines, ses pétales étaient de velours : il s'agissait d'une rose. La rose, déjà.

Herriot possède des atouts. Il est éloquent. Sa culture est immense. Il est normalien et agrégé de lettres – un point commun avec Blum. Son intelligence est déliée, jamais méprisante. Son physique massif, en particulier son embonpoint de paysan, rassure. Paul-Boncour, un de ses familiers, ajoute : « Sa foi démocratique, sa sensibilité à tout ce qui était juste, généreux, humain, [...] tout jusqu'à sa bonhomie, son chapeau et sa pipe, en avaient fait une figure populaire[13]. » Lui manque toutefois une culture de gouvernement. Ministre éphémère des Travaux publics, du Transport et du Ravitaillement pendant la guerre, il n'a guère eu le temps de faire ses preuves ni de se familiariser avec les rouages de l'appareil d'État. Son peu d'intérêt pour les questions économiques, qui se posent crûment lorsqu'il est nommé, est notoire. Il lui sera fatal. En cette matière, le verbalisme est de peu de secours et le volontarisme de peu de poids. On ne fait pas de politique contre l'économie.

Herriot entend dès le départ renouer ouvertement avec une gauche mise à l'écart par une droite qui avait « acca-

---

12. Camille Chautemps à l'Intérieur, Édouard Daladier aux Colonies et Henri Queuille à l'Agriculture étaient les nouvelles figures radicales !

13. Joseph Paul-Boncour, *Entre deux guerres. Souvenirs sur la IIIe République*, t. II : *Les lendemains de la victoire 1919-1934*, Plon, 1945, p. 87.

paré » le pouvoir à la faveur de la guerre. Première chose promise, première chose due : l'amnistie pour les soldats condamnés pendant le conflit – à l'exception des insoumis et des traîtres –, pour les grévistes poursuivis en 1920 (particulièrement, les cheminots révoqués) et pour les politiques passés en Haute Cour. Parmi eux, deux hommes constituent, symboliquement, un enjeu tout particulier : Joseph Caillaux et Louis-Jean Malvy, dont Clemenceau avait voulu faire des exemples à travers leur comparution devant cette juridiction d'exception, doivent être réhabilités.

Les discussions à la Chambre sur ce projet de loi se révèlent d'une violence inouïe. Chaque séance amène, « sans parler du tumulte, des injures et des rappels à l'ordre, des échanges de coups, des blessures, des vêtements déchirés, des faux cols arrachés[14] ». Alors qu'Herriot s'attendait au vote sans heurts d'une mesure symbolique de réconciliation, il doit affronter une bataille qui fera traîner les débats pendant six mois. Ce n'est qu'en janvier 1925, après d'innombrables obstructions, que le texte est enfin adopté. Un temps précieux a ainsi été perdu pour l'action réformatrice. L'image du gouvernement en sort considérablement abîmée. Tandis que l'opinion se lasse de cette joute interminable, la droite se rengorge. Elle en appelle au drapeau, bien consciente que les anciens combattants de la France sont nombreux et constituent une rente électorale.

Dès lors, les déboires vont s'enchaîner. Le transfert au Panthéon des cendres de Jaurès, destiné à resserrer les liens avec les socialistes, prend en ce 23 novembre 1924 un caractère symbolique. Au son des trompettes d'*Aïda*, le cercueil est hissé sur un pavois de 25 mètres, porté à bras d'hommes par 22 mineurs de Carmaux – le fief du tribun ! – en tenue de travail. La foule présente exulte. Le moment eût été parfait

---

14. Édouard Bonnefous, *Histoire politique de la IIIe République*, t. IV, PUF, 1960, p. 34.

si, à quelques mètres de là, n'avaient pas suivi 50 000 contestataires. Organisé par le Parti communiste, ce défilé parallèle dénonçait l'« accaparement de Jaurès par le Cartel des gauches » et ne tarde pas à dégénérer, faisant place au chahut.

La droite saisit l'occasion pour crier au loup... Le député Pierre Taittinger dénonce ainsi des « saturnales révolutionnaires » et opère un amalgame avec les « concessions » faites à la CGT (l'autorisation donnée aux fonctionnaires de se syndiquer, la création d'un Conseil national économique rassemblant patrons et salariés, et même le soutien aux grévistes des conserveries de Douarnenez). La tension monte encore d'un cran avec l'« incident Doriot ». Ce député, alors communiste, est surpris, durant une intervention d'Édouard Herriot devant la commission des Affaires étrangères, à transcrire les propos tenus malgré leur absolue confidentialité. Des perquisitions sont alors ordonnées à l'École Lénine, le centre de propagande du PCF, tandis que des preuves de contacts avec des nationalistes de Syrie et de Tunisie sont saisies. Édouard Herriot est ainsi pris entre deux feux : la droite et son intransigeance, d'une part, le PCF et ses accents subversifs, de l'autre. À tout cela s'ajoute, par ailleurs, la reprise de l'incendie sur la question scolaire.

La fronde catholique

L'annonce de la suppression du Concordat en Alsace-Moselle[15], la fermeture de l'ambassade de France au Vatican et la dissolution des congrégations non autorisées sont autant de mesures qui passent pour une résurrection du combisme. En

15. Ce régime, entré en vigueur en 1802, après un accord entre Napoléon Bonaparte et le pape Pie VII, reconnaît et organise les cultes. Il permet à l'État de salarier les ministres des cultes catholique, réformé, luthérien et israélite.

septembre, les cardinaux adressent une lettre de protestation à la présidence du Conseil pour dénoncer « des lois de persécution ». La France catholique s'enflamme. L'archevêque de Strasbourg, Mgr Ruch, avertit que le pays et « la civilisation chrétienne sont mis en danger par les nouveaux barbares ». « Toute société qui renie Dieu, creuse sa tombe », ajoute en écho le cardinal-archevêque de Bordeaux, Mgr Andrieu. Le programme radical, même « sous des formes adoucies », n'est-il pas celui « des jacobins et des loges maçonniques » ?

Plusieurs manifestations encouragées par l'épiscopat sont organisées dans tout le pays sous les auspices de l'Action catholique de la jeunesse française, du mouvement pour la Défense des religieux anciens combattants (DRAC) et, surtout, de la Fédération nationale catholique (FNC) du général de Castelnau. Le point d'orgue est atteint le 11 mars 1925 avec la publication, par l'Assemblée des cardinaux et archevêques de France, d'un manifeste[16] remettant en cause ni plus ni moins que la laïcité de l'enseignement, le divorce, la spoliation du clergé, l'interdiction des congrégations... En somme, les fondements de la République.

Herriot est surpris par l'ampleur de la mobilisation. Il concède, il tempère. Il louvoie. Il s'engage à maintenir le Concordat en l'état, et suggère discrètement au Sénat de différer la suppression des crédits de l'ambassade au Vatican. À force de temporiser, quand il ne recule pas, le leader du Cartel parvient, quelques mois à peine après être arrivé au pouvoir, à galvaniser la droite tout en décevant le camp laïque.

16. « Déclaration sur les lois dites de laïcité et les mesures à prendre pour les combattre ».

Face au mur

Derrière la résurrection des vieux clivages, le problème majeur du pays reste celui de la « dette flottante » constituée par les bons du Trésor et les bons de la Défense nationale. Ces derniers représentent, à eux seuls, la moitié des 219 milliards de la dette publique, qui a explosé pendant la Première Guerre mondiale en raison du recours systématique à l'emprunt pour la financer[17]. Il suffit que les souscripteurs, inquiets de la santé économique du pays, s'en débarrassent pour que l'État soit acculé, voire en faillite. Ni plus ni moins.

L'œil rivé sur le cours des changes et sur les prix, les gouvernants tâchent de maintenir l'essentiel en la matière : la confiance. Or celle-ci est ébranlée par les querelles grandissantes entre radicaux et socialistes. Les premiers sont attachés aux lois du marché et à l'initiative privée, ont une inclination timide pour l'intervention de l'État, tout en faisant montre d'une sensibilité sociale. Les seconds, quant à eux, appellent à une intervention volontariste de l'État.

Le ministre de l'Économie, Étienne Clémentel, loyal républicain, d'esprit ouvert, incarne cette double sensibilité. Le socialiste Vincent Auriol, président de la commission des Finances de la Chambre, l'appelle à plus d'audace en matière fiscale et à plus de fermeté face aux financiers. Quelques années plus tard, lors du Front populaire, Auriol, devenu ministre des Finances, sera plongé dans les mêmes affres. À la fin de l'année 1924, Clémentel lance un emprunt de dix ans à 5 %, un de plus depuis la fin de la guerre, afin d'alimenter les caisses de l'État. Le résultat est mitigé, puisqu'un grand nombre de souscripteurs achètent les bons du Trésor avec le fruit de la vente de ceux

17. L'impôt n'a couvert que 15 % des dépenses de guerre, alors qu'il atteint près du double (28 %) en Grande-Bretagne.

de la Défense nationale, selon le principe des vases communicants... En revanche, l'emprunt de 100 millions de dollars placé auprès de la banque Morgan enregistre un véritable succès auprès des souscripteurs. Il ne suffira pas à résoudre la crise de trésorerie. Le gouvernement n'a alors plus d'autre choix que de recourir aux avances de la Banque de France, malheureusement plafonnées par la loi. À force d'être sollicitées, ces dernières finissent par atteindre les limites autorisées. Des jeux d'écritures en maquillent la réalité. En acceptant ce procédé, Herriot « passe la tête dans le lacet destiné à l'étrangler », selon l'expression de Jean-Noël Jeanneney. Il suffit que les régents de l'institution financière révèlent les dépassements consentis pour que le gouvernement soit renversé.

De fait, constatant les écarts grandissants par rapport au plafond, le gouverneur de la banque centrale, Charles-Georges Robineau, menace sans tarder de dénoncer l'ampleur de la dérive et exige le vote d'une loi pour relever le montant des avances consenties. Inquiets, les détenteurs de capitaux se précipitent pour acheter de la livre sterling et du dollar, afin de « se couvrir », déclenchant au passage une chute du franc. Quant aux porteurs de bons, ils sont de plus en plus hésitants à les renouveler, quand ils ne les vendent pas pour s'en débarrasser au plus tôt. C'est la crise des changes. Elle sera fatale au Cartel.

Ferré à sa droite par le banquier central, Herriot l'est tout autant à gauche, par Léon Blum, qui propose un prélèvement sur le capital. Contre toute attente, Herriot y répond favorablement. Se sentant plus menacé que jamais, il préfère « tomber à gauche ». C'est sa façon de sauver l'honneur et de prendre à témoin la postérité. Il inaugure là une pratique qui se répétera dans d'autres « expériences » de gauche. Mieux vaut, pour certains protagonistes, les interrompre la morale en bandoulière plutôt que les faire durer en se coiffant du chapeau de la responsabilité.

L'agonie

Le 2 avril 1925, Clémentel, hostile au prélèvement sur le capital, démissionne, confirmant ainsi une règle selon laquelle les modérés embarqués dans les gouvernements de gauche tiennent jusqu'au moment fatal où les plus fortunés sont sollicités. Il est remplacé par Anatole de Monzie qui, chargé de préparer le budget, n'en aura pas le loisir. Le 10 avril, en effet la Banque de France met à exécution sa menace et publie le montant des dépassements. Le Sénat assène le coup de grâce en rejetant un ordre du jour de confiance. Le premier gouvernement du Cartel, dirigé par son chef Édouard Herriot, démissionne. Moins d'un an après sa formation.

Vaille que vaille, la coalition va se maintenir au pouvoir quinze mois encore. Mais à quel prix ? Celui des querelles internes et de l'impuissance politique. Le président de la République, Gaston Doumergue, fait appel à deux républicains socialistes rompus à tous les arrangements : Paul Painlevé, puis Aristide Briand[18]. Le duo ne devra pas tant se garder de sa gauche que d'Édouard Herriot lui-même qui, à peine élu à la présidence de la Chambre, se comporte en chef de majorité, déterminé à régler en priorité ses comptes. La machine à perdre, sur fond de lutte fratricide, vient de se mettre en marche.

Painlevé forme le 17 avril 1925 un gouvernement de radicaux modérés et de républicains socialistes. Soucieux de se concilier le centre droit catholique et les milieux d'affaires, il confirme le maintien de l'ambassade au Vatican et du Concordat en Alsace-Moselle, tout en abandonnant l'idée d'un nouvel

18. Les républicains socialistes regroupent des parlementaires et des élus, pour certains issus du mouvement socialiste d'avant-guerre (Briand, Painlevé, Viollette, Paul-Boncour), pour d'autres venus plus récemment rejoindre un parti qui, au sein du Cartel des gauches, se situe entre les radicaux et la SFIO, et dont le sens du compromis vire à l'opportunisme.

impôt. Nommé au ministère des Finances, Joseph Caillaux sort d'un purgatoire de huit années. Réhabilité, fort de son prestige retrouvé, ce champion de l'orthodoxie financière semble l'homme le plus capable de rétablir les comptes. Il se pose, par son envergure intellectuelle, comme le seul rival potentiel d'Herriot, lequel lui voue, en retour, une inimitié qui ne s'éteindra pas. La personnalité, rude jusqu'à l'insolence, de Caillaux éclaircit les rangs de ses soutiens, tandis que l'envie de rattraper le temps perdu de celui qui, selon le sénateur de la gauche républicaine Joseph Magnin, est « roué comme les fesses d'un postillon », le conduit à tous les arrangements. Désavoué par les radicaux pour avoir préparé son projet de budget avec le concours de certains députés venus du centre et même de la droite, il entraîne le gouvernement dans sa chute, le 29 octobre 1925[19]. Il n'y sera resté que six mois et douze jours.

Painlevé forme un nouveau gouvernement, sans Caillaux. Il est renversé à son tour trois semaines plus tard, après avoir tenté de faire passer un projet d'augmentation des impôts et de consolidation de la dette. La roue tourne. C'est maintenant à Herriot de former le cabinet. Mais il est confronté à la montée des enchères socialistes, qui conditionnent leur soutien à l'application stricte du programme de la SFIO : établissement de l'impôt sur le capital et transformation des bons à court terme de la « dette flottante » en un emprunt plus long, moins facilement mobilisable. Le Lyonnais finit par renoncer.

Le président Doumergue se tourne alors vers la souplesse toute politique d'Aristide Briand. Ce dernier va s'appuyer sur

19. Battu peu de temps auparavant au congrès de Nice, où il avait brigué la présidence du Parti radical contre Herriot, Caillaux poursuivra, malgré ce double échec, sa vie politique au sein de la Chambre haute. Il sera à l'origine de la chute de Léon Blum en 1937, comme s'il avait voulu lui infliger la même peine que celle que la SFIO lui avait fait subir douze ans plus tôt.

une majorité dite « de concentration[20] », composée de radicaux et de modérés. Son gouvernement – le huitième de sa longue carrière – est constitué le 28 novembre. Ce léger coup de barre agace les socialistes et l'aile gauche du Parti radical, menée par Herriot, toujours frustré de son échec initial et de son incapacité à incarner un quelconque recours. Le ministre des Finances, Louis Loucheur, est à son tour contraint au départ en décembre 1925, victime de propositions économiques et financières jugées trop « droitières ». Il est suivi trois mois plus tard dans sa déchéance par le gouvernement tout entier.

Il revient à Aristide Briand de former le suivant, encore plus au centre. Ce qui ne lui garantit pas davantage de solidité. Cette fois-ci, le bouc émissaire s'appelle Raoul Péret. Ministre des Finances pour à peine trois mois, il tombera lui aussi sur un projet de rétablissement des finances publiques. Nous sommes en juin 1926. C'est l'hallali.

L'acte final

Puisque Herriot semble prendre un malin plaisir à pratiquer l'obstruction, Doumergue va lui prouver par l'absurde l'inanité de sa stratégie. Le 20 juin, ce dernier le charge de former le gouvernement. Le président du Parti radical s'efforce à deux reprises de transformer l'essai. D'abord sur sa gauche, en tentant de reconstituer un gouvernement de cartel. Puis, faute d'y parvenir, il parie à son tour sur un gouvernement « de concentration ».

Herriot présente alors un programme financier hybride et promet, afin de rallier la gauche, un impôt sur le capital – plus exactement, une taxe successorale et une « contribution de

20. Le terme de « concentration », employé pour la première fois par Gambetta, en mai 1881, désigne l'alliance des républicains face aux monarchistes – on parlait alors de « concentration républicaine » – et, par extension, un gouvernement de coalition des centres.

la richesse acquise ». Il entreprend « en même temps » de séduire le centre en allant jusqu'à évoquer une baisse de la pression fiscale, alors même que les comptes sont au rouge. Les parlementaires pressentis pour participer à cet attelage étonnant se récusent les uns après les autres, obligeant Herriot, après une « folle nuit », à renoncer au matin du 21 juin.

Le Cartel est devenu une comédie de boulevard. Aristide Briand revient par la petite porte, chargé par Doumergue de constituer son... dixième gouvernement ! Il exclut d'entrée de jeu les radicaux les plus proches d'Herriot, et conforte au contraire la position de Joseph Caillaux, nommé à un poste créé à sa mesure de vice-président du Conseil, chargé du ministère des Finances. Les contradictions sont à leur comble. Une majorité de gauche est sommée d'adopter un programme que la droite n'aurait pas pu mieux présenter.

C'est sur fond de crise financière et d'instabilité chronique que va se jouer, un mois plus tard, en juillet 1926, le dernier acte du Cartel des gauches.

Caillaux souhaite appliquer le plan de redressement préconisé par un comité d'experts : réduction des dépenses de l'État, augmentation des impôts, mais aussi suppression des mesures de contrôle des capitaux et allègement de la taxation des valeurs mobilières. Classique dans sa forme, ce dispositif comporte une seule innovation : la conversion de la dette flottante en titres amortissables, confiés à une caisse de gestion autonome alimentée par les recettes des tabacs. Pour disposer de toute latitude d'action, le ministre demande au Parlement les pleins pouvoirs financiers. Les députés radicaux, agités par Herriot, se récrient aussitôt contre cette atteinte à leurs droits. Le gouvernement est renversé à l'issue de la séance[21].

21. Herriot, président de la Chambre, abandonne pour quelques moments son fauteuil et, en complet-veston et non en habit, descend du perchoir pour s'en prendre directement à Caillaux.

Herriot, dans une ultime tentative, est appelé à former le futur ministère. Les socialistes se dérobent. Pas plus qu'ils n'étaient dans la participation, ils ne seront dans le soutien. Alors le maire de Lyon s'efforce de former un gouvernement d'union nationale. Il y parvient... mais trop tard. Entre-temps, le gouverneur de la Banque de France a adressé à la présidence du Conseil et au ministère des Finances une mise en demeure. Autrement dit, il lui intime l'ordre de convoquer le Parlement, afin d'obtenir le vote d'une loi autorisant le relèvement du plafond des avances de l'Institut d'émission à l'État. Faute de quoi, la Banque de France cessera ses paiements pour le compte du Trésor. Herriot est dans la seringue. Soit il se soumet à la politique exigée par la banque centrale, soit il s'y refuse et est certain d'être renversé. Il choisit la seconde option, et son gouvernement chute le 21 juillet 1926. L'« expérience » s'achève dans un mélange d'indifférence et de désolation.

Le poids de l'« héritage »

La gauche, pour justifier ce fiasco, cherchera longtemps des excuses. La chute du Cartel ne réside-t-il pas dans cette crise des finances publiques léguée par la guerre et aggravée par le manque de lucidité d'une classe politique broyée par un régime à l'instabilité endémique ? N'est-ce pas la faute de l'héritage laissé par la droite du Bloc national et de la gravité duquel le Cartel aurait dû prévenir les Français ?

Cette imputation à l'« héritage » reviendra souvent dans les explications trouvées plus tard par la gauche, avec François Mitterrand comme avec moi-même, pour justifier les difficultés rencontrées en début de mandat.

Il est vrai que, depuis 1919, les Français ont les yeux rivés sur l'inflation, la valeur du franc et les bons de la Défense nationale (au taux d'intérêt alléchant – 5 % – et émis à hauteur de 50 milliards de francs, un montant équivalent à près de la moitié de la dette publique). Par leur masse, ces bons constituent une véritable manne pour l'État et une promesse de rente pour les souscripteurs. Mais l'édifice se révèle d'une extrême fragilité. Il suffit que la confiance s'envole, que les porteurs en exigent le remboursement, et c'est la catastrophe assurée.

L'abondance de la monnaie en circulation, adossée à la pénurie en produits de première nécessité du fait de la lente remise en marche de l'appareil productif, génère une hausse continue des prix : plus de 29 % en 1918, plus de 22 % en 1919, plus de 39,5 % en 1920[22] ! Seule l'illusion d'un franc fort[23] continue de rassurer les souscripteurs. Les politiques préfèrent s'en remettre à la méthode Coué, ou plutôt Klotz (du nom du ministre des Finances de Clemenceau qui l'a mise en place pendant la guerre) : le « double budget ». Le premier, classique et désormais appelé « budget des dépenses ordinaires », continue d'être financé avec les recettes de l'État. Le second est celui des dépenses extraordinaires liées directement au conflit, et appelé un peu plus tard « budget des dépenses recouvrables », parce qu'elles sont supposées être couvertes à terme par les réparations allemandes prévues par le traité de Versailles. Puisque « l'Allemagne paiera », le gouvernement se convainc, en toute bonne conscience, d'actionner la planche à billets et de financer ainsi la reconstruction.

---

22. Les prix baissent ensuite en 1921 (– 13 %) et 1922 (– 2 %) avant de repartir à la hausse en 1923 (8,9 %), 1924 (14,2 %), 1925 (7,2 %), jusqu'à près de 32 % en 1926 ! Source : https://france-inflation.com

23. Un certain nombre de mesures ont été prises pour masquer la gravité de la situation : convertibilité de la monnaie en or suspendue et interdiction de sortie de l'or pendant les hostilités, puis contrôle des changes.

Pour sortir de l'impasse et apaiser la panique financière qui point en janvier 1924, le président du Conseil, Raymond Poincaré, croit faire œuvre de vérité et de transparence en réunissant les deux budgets. Si vertueuse que soit l'intention, son résultat se révèle contre-productif en ceci qu'il met au grand jour l'ampleur du déficit, accentuant un peu plus la défiance des spéculateurs qui continuent de jouer encore plus le franc à la baisse. Résultat : la livre, qui était revenue à moins de 50 francs en 1922, culmine alors à plus de 122 francs en 1924, lorsque le Cartel arrive au pouvoir.

Ainsi, Poincaré ne s'est pas attelé aux deux problèmes graves légués par la guerre : l'inflation et l'endettement (la « dette flottante », en particulier). Tous ces phénomènes se combinent pour provoquer, en 1925 et 1926, la « crise des changes » qui, on l'a vu, a précipité la chute du Cartel.

Le besoin de trésorerie devient le défaut dans la cuirasse des gouvernements de la gauche. Ils doivent encore et toujours solliciter des avances de la Banque de France, ou chercher à tout prix à placer leurs bons, se heurtant à l'éternel « mur de l'argent ». Les adversaires du Cartel vont utiliser, à chaque occasion, cet argument pour le fragiliser, jouant sur la méfiance notable des rentiers envers une gauche jugée impécunieuse. L'accusation est injuste, car, en la circonstance, elle aura été une héritière bien davantage qu'une initiatrice. Elle a défendu le franc jusqu'à s'asphyxier, et voici qu'elle est suspectée de l'avoir enterré. Quoi qu'il en soit, la légende noire de la gauche dispendieuse et « dévaluatrice » est née à ce moment-là... et elle aura la vie longue. La droite bénéficiera d'une tout autre légende, celle de la bonne gestion, eût-elle à plusieurs reprises dans l'histoire de la République montré sa propension à vider les caisses sans risquer pour sa réputation. À travers l'expérience du Cartel, la gauche constata à ses dépens, comme dans la fable, que, dès qu'elle gouverne, elle ne compte guère d'amis et ne suscite aucune indulgence. L'« état de grâce » lui est chichement compté ; quant à sa légitimité, elle est toujours discutée !

Une politique étrangère audacieuse

En réalité, c'est dans le domaine de la diplomatie que le Cartel a marqué son empreinte. Là où on ne l'attendait pas. Sur la scène internationale, la gauche fait entendre une voix nouvelle. Cette voix est pragmatique puisqu'elle reconnaît l'Union soviétique en octobre 1924 et se saisit du problème des réparations. Elle est aussi en quête d'idéal, puisqu'elle promeut la sécurité collective dans les conflits et encourage le rapprochement entre la France et l'Allemagne.

Dès son arrivée au pouvoir, Herriot entend mener une politique étrangère fondée sur le respect du droit international et le règlement des conflits par l'arbitrage – une idée promue par Léon Bourgeois[24] et inscrite dans les principes de la toute nouvelle Société des Nations (SDN), établie à Genève. La question des réparations allemandes est cruciale. Leur montant global pour les quatre vainqueurs européens, fixé en 1921 à 132 milliards de marks-or[25] – soit autour de 570 milliards d'euros actuels –, est d'emblée jugé irréaliste. Les Allemands s'insurgent contre ce « *Diktat* », qui va alimenter continûment la propagande d'une extrême droite qui prospère toujours sur le ressentiment. Ils ne paieront jamais cette somme. Au bout du compte, la France recevra à peine 10 milliards de marks-or, sur les près de 70 milliards attendus à l'origine. Cette « récupération »

---

24. Ce radical, Prix Nobel de la paix, sera brièvement le premier président de l'assemblée générale de la Société des Nations.

25. Répartis entre la France (52 %), la Grande-Bretagne (22 %), l'Italie (10 %), la Belgique (8 %) et le restant entre les petites puissances alliées.

ne sera en mesure de financer que 30 % des dépenses de reconstruction[26].

L'objectif inavoué de notre diplomatie est de vider son voisin de sa substance énergétique et industrielle (à raison de 2 milliards-or à verser chaque année) pour espérer continuer de dominer l'Europe continentale avec le concours de la plus puissante armée du monde. Pourtant, le pays est exsangue. Il a perdu 1,4 million de soldats, et près d'un tiers avaient entre 18 et 35 ans. La guerre a coûté, au total, 210 milliards de francs-or, l'équivalent de quarante fois le budget de l'année 1913. La dette extérieure a été multipliée par six et le PIB est inférieur de 30 % à celui d'avant-guerre...

Sur la scène internationale, la France – jugée arrogante – perd sa position centrale. Les États-Unis sont revenus à leur « splendide isolement » et exigent des Alliés le remboursement des prêts du temps de guerre. Le Sénat américain a refusé de signer le traité de Versailles et le pacte de la Société des Nations, obérant d'emblée le scénario d'une coalition des démocraties en cas de retour du danger[27]. Parallèlement, la Grande-Bretagne rivalise avec la France dans les territoires anciens ou voisins de feu l'Empire ottoman : en Mésopotamie, au Liban, en Grèce, et bientôt dans le reste de l'Europe.

Faute de garanties alliées, Paris se sent légitimé à exiger le versement des réparations, au moment même où Berlin relève la tête. À la conférence de Spa, en juillet 1920, notre délégation a obtenu une révision à la hausse des sanctions françaises sur le charbon. Deux ans plus tard, le pays a

---

26. « [...] l'Allemagne et ses alliés sont responsables, pour les avoir causés, de toutes les pertes et de tous les dommages subis par les Gouvernements alliés et associés et leurs nationaux en conséquence de la guerre », dispose le fameux article 231 du traité de Versailles.

27. Le président démocrate Thomas W. Wilson a dû affronter les républicains qui s'opposaient, en particulier, à l'article 10 du pacte de la SDN qui faisait obligation de protéger l'indépendance et l'intégrité territoriale des États membres.

retrouvé le niveau de sa production d'avant-guerre. Enhardie, l'Allemagne remet en cause les principaux points du traité de Versailles. La France réagit en voulant se payer sur la bête. Le 11 janvier 1923, les troupes françaises occupent la Ruhr. Face à la résistance passive des Allemands, les Anglo-Saxons imposent une négociation internationale sur les réparations qui débouche sur le plan Dawes[28], signé le 16 août 1924. Celui-ci devient vite un fardeau pour le Cartel des gauches, car, outre la baisse des recettes attendues de l'Allemagne, il constitue « l'instrument de la pénétration en Europe des capitaux d'outre-Atlantique, en même temps que le triomphe de la conception anglo-saxonne de la reconstruction européenne[29] ».

Par ailleurs, le pacte de garantie sur la sécurité avec le Royaume-Uni – en clair, l'aide militaire de celui-ci en cas d'agression – est resté lettre morte. Quant aux deux autres dossiers épineux – l'aménagement de la dette de la France envers les États-Unis et le contrôle du désarmement de l'Allemagne –, ils demeurent au point mort.

Édouard Herriot, qui détient aussi le portefeuille des Affaires étrangères, n'est pas dupe de ces ratés (dont il n'est, d'ailleurs, pas responsable). Mais il estime qu'une politique de conciliation a un prix. Sa priorité est de sortir la France de son isolement. Aussi l'une de ses toutes premières décisions est-elle de se rendre à Londres pour rencontrer le Premier ministre travailliste, Ramsay MacDonald, et participer à la conférence internationale qui s'y tient. Il obtient l'assurance

---

28. Charles Gates Dawes (1865-1951), juriste de formation, en poste dans des banques et au Trésor, est l'acheteur du corps expéditionnaire américain sous les ordres du général Pershing pendant la Première Guerre mondiale. Son travail à la présidence de la Commission des réparations alliées lui vaudra le prix Nobel de la paix en 1925, quelques mois après avoir été élu vice-président des États-Unis, sous la présidence de Coolidge.

29. Serge Berstein et Pierre Milza, *Histoire de la France au XXe siècle*, t. I : *1900-1930*, Perrin, « Tempus », 2009, p. 323.

que la France touchera bien le versement des réparations pendant cinq ans et met ainsi fin à son ostracisme.

Herriot a été moqué pour ses « abandons lyriques » – selon la belle expression de Jean-Noël Jeanneney – et critiqué pour ne pas avoir lié plus strictement les réparations allemandes et les dettes de guerre dues aux Alliés. Mais c'était son devoir de rechercher une voie commune de sortie et de prôner la recherche d'une paix pérenne, et partant équitable. « Notre pays a besoin de repos, nous devons prendre le temps de compenser nos pertes humaines, nous devons veiller aux berceaux de nos enfants. Les mères doivent être rassurées. C'est ça aussi, du patriotisme », explique-t-il. Et s'il a pu céder aux pressions anglo-saxonnes, ce n'est pas par faiblesse à l'égard de l'Allemagne, mais par souhait de vivifier l'amitié avec le Royaume-Uni. Son partenaire a toutefois préféré faire cavalier seul plutôt que de lui donner des garanties militaires pour faire contrepoids à l'Allemagne.

Cette erreur britannique coûtera cher par la suite.

L'invention de l'Europe

Aristide Briand fut l'inamovible ministre des Affaires étrangères à partir d'avril 1925. Il le resta bien au-delà de la fin du Cartel, mais c'est durant les gouvernements radicaux qu'il initia la politique qui finit par porter son nom. Le pacifiste s'est persuadé de la nécessaire réconciliation avec l'Allemagne, préalable indispensable à la paix sur le continent. Le réaliste affirme mener la politique de notre démographie : 40 millions d'âmes, face aux 60 millions d'habitants d'une Allemagne prête à reconstituer son hégémonie sur une *Mitteleuropa* économique. Cette analyse le pousse à faire entrer le Reich, afin de limiter ses appétits, au sein d'ensembles internationaux plus vastes, comme la Société des Nations, mais aussi à élaborer un projet d'« Union européenne » – dont il sera le pionnier –, car, « entre les peuples qui sont géographiquement groupés comme les peuples d'Europe, il doit exister une sorte de lien fédéral ».

Cette politique, élaborée avec son homologue allemand Gustav Stresemann, atteint son apogée en octobre 1925, sous le Cartel, avec la signature du traité de Locarno. La France, l'Allemagne, la Belgique acceptent le *statu quo* frontalier issu du traité de Versailles pour les frontières occidentales du Reich, et la confirmation de la démilitarisation de la Rhénanie. Dans cette circonstance, « Briand emploie sa merveilleuse ductilité, son extraordinaire souplesse à [...] conduire » cette « politique de rapprochement franco-allemand »[30], s'incline Joseph Caillaux.

Cet accord historique ouvre une période d'euphorie diplomatique, marquée, un an plus tard, par l'entrée de l'Allemagne dans la Société des Nations, sous le patronage de la France, avec, en prime, un siège de membre permanent du Conseil[31]. La cérémonie sera l'occasion du discours du « Pèlerin de la paix » passé dans les annales : « Arrière les fusils, les mitrailleuses, les canons ! Place à la conciliation et à l'arbitrage de la paix ! »

Cette vision novatrice de l'équilibre continental est à mettre au crédit de la gauche du Cartel. Elle voulait arrimer l'Allemagne au camp de la démocratie en proposant une nouvelle architecture qui, sans ignorer les nations, était susceptible de maîtriser les passions et de fermer les blessures. C'était l'Europe avant l'Europe. La crise de 1929 et ses conséquences politiques auront raison de ce schéma idéal, enseveli pour deux décennies.

---

30. *Mémoires* de Joseph Caillaux. Édition présentée et annotée par Henri Paul, Perrin, 2024, p. 382.

31. Au grand dam de Varsovie – qui en rêvait – et à l'instar de la France, du Royaume-Uni, de l'Italie et du Japon.

La gauche se voulait ainsi d'emblée européenne, comme elle avait été pionnière de la République et de la laïcité. Elle montrera, dans son histoire, une remarquable constance dans l'accomplissement de cette promesse... de Briand à Mitterrand !

Ni cohérence ni cohésion

La déconfiture du Cartel est autant le produit d'un défaut de conception que la somme de ses erreurs de conduite. Son programme n'en était pas un. C'était une suite d'engagements verbaux autour de la paix, de l'évacuation de la Ruhr, de la justice sociale, avec l'introduction d'un impôt sur le capital, de la laïcité, avec la promesse d'une rupture avec le Vatican et de l'amnistie, notamment des personnes injustement condamnées après la guerre. Il n'y avait ni conquêtes sociales à arracher, ni libertés nouvelles à déclarer.

Rien n'était dit sur la gestion de la dette, la tenue du franc, la relance de l'économie. Comme si la réalité n'existait pas et que seuls la bonne volonté et le sens du bien public pussent vaincre la mauvaise foi et les intérêts privés. À ce niveau, cette croyance confinait à la naïveté. Les régents de la Banque de France ont eu tôt fait d'en prendre la mesure. Le « mur de l'argent » qu'ils ont contribué à élever n'avait pas besoin d'être très haut pour briser de candides velléités.

Pourtant, certaines voix s'étaient élevées à l'époque pour mettre en garde les dirigeants du Cartel. Lorsqu'il est nommé tardivement aux Finances, Caillaux, sceptique sur ce qu'il pourra accomplir, estime que la pire « faute financière et faute politique » du Cartel est d'avoir « négligé d'établir le bilan de la situation financière au moment où les leviers de commande lui étaient remis ». Résultat : « Tenu dans l'ignorance de la situation, le pays ne pouvait s'imaginer qu'une nouvelle et considérable augmentation d'impôts fût inéluctable. Et au lieu de le lui dire courageusement, on se taisait. »

Si « nous avons péché en 1924 », c'est que « nous avons marché à la bataille avec un matériel usagé, fatigué », complétera Paul-Boncour. L'urgence aurait consisté en « une modification des méthodes parlementaires et des habitudes ministérielles ». Faute de l'avoir fait, « les gouvernements, par un honorable scrupule des règles démocratiques, par un respect excessif des droits du Parlement qui n'en étaient que l'abus, se sont laissé copieusement harceler, détourner, gêner par l'incessant contrôle des commissions, des groupes, des sous-groupes, et des importuns ». C'est aussi durant cette période charnière que monte en France une agitation politique avec la constitution de ligues à droite et d'occupations de la rue à l'extrême gauche. Cette montée aux extrêmes entame le consensus autour de la forme républicaine du régime, et de nombreuses manifestations ont vocation à peser par la voie extraparlementaire sur le gouvernement. Pour les derniers jours du Cartel, 5 000 personnes se réunissent ainsi devant la Chambre aux cris de « À bas Herriot ». La gauche au pouvoir découvre la violence qu'elle inspire et la force des mouvements qui veulent la détruire.

Au défaut de cohérence s'ajoute un manque de cohésion. Les socialistes, en ne participant pas au gouvernement, l'ont immédiatement affaibli. Mais ils vont, chemin faisant, le soutenir de moins en moins, au point de ne plus lui accorder leur confiance. Quant aux radicaux, ils se déchirent entre Herriot et Caillaux, jusqu'à renverser leur propre gouvernement. Division et surenchères sont et seront toujours les deux points faibles du Cartel, sans oublier l'opportunisme de ses membres.

L'orgueil est partout, et la responsabilité nulle part. Tomber à gauche devient une fuite, gouverner avec le centre une issue de secours.

Enfin, dans le cadre d'institutions contraignantes, il fallait un chef respecté, audacieux, clairvoyant et rompu aux subtilités financières. Avec Herriot, il n'y avait qu'un habile (non dénué d'idéalisme) et un lettré inapte à la technique, alors même que les questions financières prenaient désormais une place majeure dans la vie publique. L'échec n'était pas probable, il était assuré. Il coûtera cher, car cette première et malheureuse expérience de la gauche au pouvoir la hantera longtemps et entachera durablement son crédit. Voilà qui est injuste, car le Cartel peut s'enorgueillir d'avoir tenu bon face à des adversaires déterminés, d'avoir fait prévaloir des objectifs de paix, et d'avoir jeté les bases d'une première Union européenne. Toutefois, elle ne laisse aucune trace en matière de lois sociales et de droits nouveaux. Ce qui la prive de toute mystique, la condamnant au mépris puis à l'oubli.

Du Cartel, il ne restera que le souvenir d'une gauche empêchée, d'un gouvernement impuissant et d'une politique dont l'idéalisme, loin de le servir, l'aura condamné.

3

1936
Le Front populaire, ou le mythe à l'épreuve

Le Front populaire est au cœur de la mythologie de la gauche. Rien de surprenant qu'il ait été réinventé dans l'urgence après la dissolution du 9 juin 2024. Il possède en effet l'album de famille le plus émouvant : poings levés, cortèges unitaires, usines occupées, bals improvisés, trains bondés et longue file de tandems s'égaillant sur les routes de France pour jouir des premiers congés payés et des bains de mer. Ces conquêtes sociales sont le quatrième identifiant de la gauche après la République, la laïcité et l'Europe (c'est-à-dire la paix). « 36 », c'est aussi Léon Blum, « l'anti-Herriot » : chapeau à large bord, élégance raffinée et voix fluette… frêle comme son gouvernement ! C'est Maurice Thorez, le « fils du peuple » aux allures de héros prolétarien, qui, par tactique et souci de plaire à Moscou, avance que « le Parti radical a raison et qu'il faut cesser la grève ».

Le Front populaire, ce sont aussi des visages de femmes qui, alors même qu'elles sont encore privées du droit de vote, deviennent les premières à siéger dans un gouvernement. Elles sont trois : Irène Joliot-Curie, Prix Nobel de chimie, sous-secrétaire d'État à la Recherche, qui entend soutenir la cause des femmes et celle de la science, Cécile Brunschvicg, sous-secrétaire d'État à l'Éducation nationale, qui créera les premières cantines scolaires, et Suzanne Lacore, sous-secrétaire d'État à la Protection de l'enfance. Durant son mandat ministériel, cette dernière mettra en place nombre de mesures vouées à venir en aide aux enfants défavorisés et handicapés.

1936, c'est aussi le prélude de la guerre, avec l'entrée de la Wehrmacht en Rhénanie démilitarisée, les victoires de l'Italie fasciste en Éthiopie, les Brigades internationales venant au secours de la République espagnole face à la légion Condor, dépêchée par le IIIe Reich au côté des putschistes de Franco.

C'est, enfin, la « non-intervention » au-delà des Pyrénées décrétée par Léon Blum. Destinée à éviter l'escalade du conflit, elle n'y parviendra pas. Ce renoncement constituera la tache majeure de son gouvernement – mais, hélas, pas la seule – et fragilisera le Rassemblement.

Le gouvernement du Front populaire eut beau lever une formidable espérance et aligner des conquêtes qui figurent au panthéon de notre histoire sociale, les désillusions et les désunions eurent raison de lui. Son agonie conduisit 90 de ses 126 députés à voter, le 10 juillet 1940, les pleins pouvoirs au maréchal Pétain.

Aussi la gauche ne retient-elle de cette expérience qu'une seule année, la première, entre juin 1936 et juin 1937. Elle préfère omettre les deux suivantes, pendant lesquelles le président du Conseil radical de juin 1937 à mars 1938, Camille Chautemps, multiplie les concessions au patronat et dévalue, une fois encore, le franc. Par la suite, son successeur, Édouard Daladier, autre figure du Parti radical, trahit l'État de droit en instaurant l'internement des « indésirables étrangers » et de « tout individu » considéré comme « dangereux pour la défense nationale », avant d'entériner, malgré sa lucidité, le dépeçage de la Tchécoslovaquie[1] par la signature des accords de Munich, le 30 septembre 1938. Enfin, la gauche dissimule son manque de courage lorsque Léon Blum, dans une immense solitude, tente de convaincre à Vichy ses camarades de ne pas abjurer la République face au coup de force de Pétain. « Le pire, écrit-il alors, était de sentir à tel point mon impuissance et, à bien peu d'exceptions près, ma solitude. Le poison qu'on voyait agir sous nos yeux, c'était la peur, tout bonnement la peur panique[2]. » Parmi les 80 parlementaires qui diront « non » le 10 juillet 1940, toutefois, 36 étaient socialistes.

« Tout est possible »

En politique, le parfum de l'imaginaire parvient toujours à l'emporter sur les souvenirs laissés par la réalité qui s'impose aux contemporains. La mémoire se met au service de l'avenir. Ainsi le Front populaire est-il associé au rêve, à la conquête, à l'embellie, lorsque soudainement « tout est possible ». Il se confond avec la fête, même fugace, avec le bonheur, même fragile, avec la liberté, même fugitive. Les affiches de films de l'époque résument l'euphorie de la période : *La vie est à nous* de Jean Renoir, ou *La Belle Équipe* de Julien Duvivier, quand la camaraderie est plus forte que tout, que le printemps autorise toutes les chimères. Le jour se lève enfin pour les oubliés, les ouvriers, qui, après avoir longtemps plié, se tiennent enfin debout.

1. Signés par Hitler, Mussolini, Chamberlain et Daladier, les accords de Munich prévoient l'évacuation des Sudètes (50 000 kilomètres carrés) et d'une partie de la Silésie (900 kilomètres carrés) par les Tchèques au profit de l'Allemagne et de la Pologne. À son tour, la Hongrie occupe le sud de la Slovaquie en novembre 1938. Daladier n'était pas dupe de cet accord léonin, mais que pouvait-il faire dès lors que Chamberlain négociait avec Hitler de son côté !

2. Lettre à Cécile Grunebaum, 12 juillet 1940, in *Léon Blum, une vie héroïque*, de Philippe Collin, Albin Michel/France Inter, 2023.

Le Front populaire fut pourtant et d'emblée une épreuve, d'abord pour Léon Blum, qui appréhendait la confrontation avec le pouvoir, au point d'en avoir repoussé plusieurs fois le « calice ». Pour la gauche, aussi, qui, après s'être unie, fracturée, aimée, puis détestée – au point de s'accuser d'une trahison que le temps a fini par effacer –, préféra garder la fierté des avancées plutôt que la honte des abandons[3].

La brièveté du Front populaire a paradoxalement contribué à sa grandeur. Que de progrès accomplis en quelques mois ! Que de transformations produites par la conjugaison d'une victoire électorale et d'un mouvement spontané ! Que de visages éclairés par la liberté conquise et la dignité retrouvée !

Mais la gauche est-elle condamnée, pour rester belle et glorieuse, à cette fulgurance sans lendemain ? La douce mélancolie créée par ce destin interrompu entraverait-elle l'obligation d'inventaire et le besoin d'un rebond ?

Longtemps, le souvenir du Front populaire a entretenu la gauche dans la possibilité d'une répétition, celle de la grève générale, des mouvements de rue, des soulèvements de masse provoqués par une alternance, et même sans elle, comme en Mai 68. Mais il l'a aussi renvoyée à sa malédiction : la « pause », vite décrétée devant l'amoncellement des difficultés et des contradictions, la chute prématurée devant le mur de la réalité, et les procès sans fin sur la responsabilité de l'échec.

---

3. Dans un pamphlet écrit par Maurice Thorez en février 1940, *Blum tel qu'il est*, le dirigeant communiste va jusqu'à prononcer un réquisitoire haineux contre le chef socialiste : « La classe ouvrière ne manquera pas de condamner et de rejeter avec horreur Blum le bourgeois, Blum l'homme de la non-intervention, Blum l'homme de la pause, Blum l'assassin de Clichy, Blum le sbire de la police, Blum l'homme de la guerre. C'est une condition de la lutte victorieuse pour la paix, pour le socialisme. »

À l'origine, le sursaut

Le 6 février 1934, la mobilisation des ligues face à la Chambre des députés dégénère dans une violence extrême, occasionne 15 morts et pas moins de 238 blessés. L'ampleur des débordements, les cris prononcés et les appels lancés contre la République, cette « Gueuse[4] », ne laissent guère de doute. Il ne s'agit pas là d'une simple tentative de renversement d'un gouvernement, ce serait banal, mais du système démocratique dans son ensemble.

Le 9 février, à la manifestation organisée en réaction par le Parti communiste et la CGTU (Confédération nationale du travail unitaire, fruit de la scission de la minorité « bolchevique » de la CGT) se joignent spontanément de nombreux militants socialistes. Cette fusion naturelle est l'expression d'une nécessité et d'une urgence : se rassembler face au fascisme. Trois jours plus tard, le pays défile au cri d'« Unité, unité… », reprenant à son compte la formule prononcée quelques jours plus tôt par Léon Blum à l'Assemblée : « La réaction fasciste ne passera pas. »

Cet élan est amplifié par une série d'initiatives fédératrices. La première en est la création du Comité de vigilance des intellectuels antifascistes (CVIA)[5], le 5 mars 1934, par le physicien Paul Langevin, le philosophe radical Alain et l'ethnologue socialiste Paul Rivet, qui appellent à la mobilisation, au nom de la défense de la République et de la Déclaration des droits de l'homme et du citoyen.

Fin juillet, la SFIO et le PC signent un « pacte d'unité d'action » contre le fascisme et la guerre. Symboliquement, ils

4. Le nom dépréciatif que lui donnèrent les royalistes pendant les guerres de Vendée (1793-1796).

5. Il réunira 6 000 adhérents en 1934 : écrivains, journalistes, universitaires.

commémorent ensemble le vingtième anniversaire de l'assassinat de Jean Jaurès, le 31 juillet 1914, au café du Croissant, rue Montmartre. L'aile gauche du Parti radical, emmenée par la nouvelle génération des « Jeunes Turcs » (Pierre Cot, Jean Zay, Pierre Mendès France), veut se joindre à ce mouvement sans attendre. De son côté, le PCF tend la main aux radicaux, afin de favoriser l'« adhésion de tous ». Daladier, le nouveau président du Parti radical, y consent, appelant à une union entre classe ouvrière et classe moyenne face à la menace qui enfle. Le secrétaire général du PCF, Maurice Thorez, lance alors le mot d'ordre de « front populaire pour le pain, la paix et la liberté »[6].

Un an plus tard, le 14 juillet 1935, un comité unitaire sous la présidence de Victor Basch, président de la Ligue des droits de l'homme (LDH), organise, place de la Bastille, un vaste meeting. C'est l'acte de naissance du Front populaire, relayé, au stade Buffalo de Montrouge, par les Assises de la paix et de la liberté. Les deux rendez-vous réunissent tout ce que la gauche compte de partis, de syndicats (CGT, CGTU, SNI) et d'associations.

Quelques semaines plus tard, le VIIe congrès de l'Internationale communiste consacre le « front populaire antifasciste », rompant avec la ligne « classe contre classe ». Des considérations de politique étrangère ont dicté cette volte-face ordonnée par Staline, dont la priorité est désormais d'endiguer le « militarisme allemand ».

Le PCF s'engage alors dans une entreprise de réappropriation du patriotisme républicain. « [...] Nous travaillons à la véritable réconciliation du peuple de France, déclare Maurice Thorez sur Radio-Paris. Nous te tendons la main, catho-

---

6. Quelques mois plus tôt, Marcel Cachin avait indiqué que les communistes n'étaient pas là pour « défendre une République pourrie ». Jacques Doriot s'était fait exclure pour avoir revendiqué l'unité. Mais dès l'été, « tout a changé en un clin d'œil » (Léon Blum), sous-entendu la position de Moscou.

lique, ouvrier, employé, artisan, paysan, nous qui sommes des laïques, parce que tu es notre frère, et que tu es comme nous accablé par les mêmes soucis. »

En janvier 1936, les radicaux font le pas décisif. En se ralliant au rassemblement populaire, ils font chuter sans grands états d'âme le gouvernement de Pierre Laval, auquel ils reprochent sa politique de « déflation », marquée par une hausse des prix et une baisse des salaires, mais aussi... une augmentation de la production industrielle. Néanmoins, c'est l'un des leurs, Albert Sarraut, qui assure comme président du Conseil la transition jusqu'aux élections législatives de juin, révélant ainsi leur ambiguïté puisqu'ils sont partie prenante de l'équipe précédente comme de la suivante.

Le 12 janvier, un programme commun est signé entre le PC, la SFIO et les radicaux sous la forme d'une liste de mesures immédiatement applicables. Le texte ne prévoit pas d'importantes réformes des structures économiques et sociales. Ainsi, les congés payés n'y figurent pas. Pas davantage les 40 heures et les conventions collectives. En revanche sont annoncées la réorganisation de la Banque de France et la création de l'Office du blé.

Pour Blum, le mouvement et les promesses qu'il augure l'emportent sur le programme. « Le socialisme et le syndicalisme [...], témoignera-t-il, sont la sève montante de la nation et quiconque a vécu dans leur familiarité a senti frissonner dans leurs profondeurs une réserve inépuisable de forces fraîches[7]. »

La campagne électorale s'ouvre dans un climat particulièrement lourd. Le 13 février, des Camelots du roi, qui attendent le cortège funèbre de l'historien Jacques Bainville, icône de l'Action française, reconnaissent dans une voiture à cocarde

7. *L'Œuvre de Léon Blum. Mémoires. La prison et le procès. À l'échelle humaine (1940-1945)*, Albin Michel, 1955, p. 451.

tricolore le « Juif Blum ». Frappé à la tête et au cou, il s'en sortira avec une rupture de la veine temporale. Ce déchaînement de haine préfigure le comportement de l'extrême droite au lendemain du scrutin. La presse – notamment *L'Écho de Paris*, *Gringoire* et *Je suis partout* – appelle à « voter national pour contrer la menace des Soviets ». Au-delà des frontières, la guerre en Abyssinie[8], le *pronunciamiento* en Espagne[9] et la menace nazie donnent à l'élection française une dimension internationale hors norme. Sans attendre, le 7 mars, en violation du traité de Versailles et des accords de Locarno qui prévoyaient la démilitarisation de la Rhénanie, les troupes allemandes occupent la zone. Conscient de risquer un conflit alors qu'il est encore en position de faiblesse militaire, Hitler peut se réjouir : aucune réaction, en effet, ne vient, ni du camp de la France, ni des autres démocraties. Les dictatures savent jouer des dates des élections… des autres !

L'Histoire s'accélère

Le 3 mai, le succès du Front populaire est étroit : le glissement des suffrages de la droite vers la gauche ne représente que 2 % (il était de 3 % en 1924, lors de l'avènement du Cartel !). Mais il est large en sièges : la SFIO passe de 97 à 146 députés, le PCF de 12 à 72, ce qui compense largement les pertes radicales (de 157 à 115 sièges). Léon Blum ne peut plus esquiver ou procrastiner. Le pouvoir est là, offert, et il doit le prendre.

8. La « seconde guerre italo-éthiopienne » (3 octobre 1935-9 mai 1936), en référence à la première, qui s'était soldée par un échec de Rome en 1896, se traduit cette fois par la victoire de Mussolini sur l'empereur Haïlé Sélassié. L'occupation durera jusqu'en mai 1941 et la libération d'Addis-Abeba par des forces britanniques, françaises et belges.

9. Le soulèvement nationaliste des 17-18 juillet 1936 contre la Seconde République espagnole est à l'origine de la guerre civile, qui durera jusqu'au 1er avril 1939, et de l'établissement de la dictature de Franco, jusqu'en 1975.

Sur cette base, les radicaux acceptent de rejoindre le gouvernement, tandis que le Parti communiste décline l'invitation, tout en affichant sa solidarité (il s'agit donc d'un soutien sans participation, la position de Blum à l'époque du Cartel). On ne peut savoir, à ce moment-là, lequel des deux sera l'allié le plus fidèle. Ni l'un ni l'autre, devra-t-on constater au fil du temps ; même si Maurice Thorez, jusqu'au bout, c'est-à-dire jusqu'au pacte germano-soviétique[10], exaltera la défense des valeurs patriotiques et démocratiques.

Les scrupules de Léon Blum et son attachement aux règles formelles le conduisent à différer la présentation de son gouvernement devant la Chambre au terme de la législature précédente, c'est-à-dire le 6 juin, un mois après les résultats du scrutin. En entrant à Matignon, devant la presse, il affirme : « Je ne me présente pas comme un homme accablé d'avance sous le poids des charges et des responsabilités éclatantes. Bien que je les connaisse. Croyez-moi. » Il s'y rendit, fort d'une conception moderne de la fonction de chef de gouvernement, dirigeant et arbitre entouré d'une équipe de hauts fonctionnaires. Mais entre le jour de l'élection et sa prise de fonction, le pays a déjà changé. Ce délai voulu par Léon Blum, loin d'engendrer l'attentisme et l'immobilisme, accélère, au contraire, le cours de l'Histoire. Dès le 11 mai, les premières grèves spontanées éclatent. Dans le but de prévenir les évacuations demandées par le patronat, des ouvriers procèdent à l'occupation des locaux, profitant de cette phase de vacance du pouvoir, peu propice au recours à la force. Le mouvement s'étend dans les

10. Le pacte germano-soviétique, ou pacte Molotov-Ribbentrop, signé le 23 août 1939 entre le IIIe Reich et l'URSS, contient, outre un engagement de neutralité, un protocole secret scellant l'occupation de tout ou partie de territoires en Pologne, Finlande, Bessarabie, et dans les pays Baltes. Ce jour-là, écrit Blum, « Staline avait trahi la paix, et le Parti communiste, en lui restant fidèle, trahissait la France ». Dans l'immédiat, le pacte donnerait carte blanche à Hitler pour envahir la Pologne.

usines automobiles de la région parisienne avant d'atteindre tout le pays et de mobiliser toutes les catégories sociales : employés, artisans, et même les salariés agricoles. Dans la première semaine de juin, on compte plus de 2 millions de grévistes.

Rien de tout cela n'avait été prévu, et ces grèves génèrent un emballement général destiné à étirer la révolution sans sombrer dans la surenchère. À peine ébauchées, les réformes annoncées vont bien au-delà des vagues promesses du programme électoral. Directement issues des revendications du mouvement social, elles entérinent la semaine de travail de 40 heures sans diminution de salaire, l'institution de deux semaines de congés payés et la généralisation des contrats collectifs de travail, les futures conventions collectives. Sont écartées, à ce stade, la création de la caisse nationale de chômage et la constitution d'un régime général des retraites.

Dès le lendemain de son investiture, le gouvernement ouvre une négociation à Matignon entre les représentants de la CGT réunifiée[11] et les dirigeants du patronat. Léon Blum lui-même préside la réunion. Dans la nuit, un accord est trouvé autour de plusieurs principes : des hausses de salaires comprises entre 15 % pour les rémunérations les plus faibles et 7 % pour les plus élevées, la reconnaissance de la liberté syndicale, l'élection de délégués du personnel dans les établissements de plus de 10 salariés et l'introduction immédiate des contrats collectifs de travail.

Ces avancées sont considérables. Elles n'auraient pu être réalisées sans la mobilisation ouvrière, qui a affolé le patronat et l'a conduit à accepter en une nuit ce qu'il refusait jusque-là.

11. À la suite du rapprochement du PCF et de la SFIO et du tournant opéré par l'Internationale communiste en 1934 (passant de l'opposition farouche à la coopération avec la social-démocratie pour lutter contre le fascisme), la CGTU (« unitaire ») minoritaire et « bolchevisée », née d'une scission en 1922, se rapproche de la CGT (« confédérée »), assumant son réformisme.

Reste que cette irruption du peuple inquiète aussi la nouvelle majorité. Les radicaux ne goûtent guère le désordre. Quant au Parti communiste, il préfère la « lutte antifasciste » aux conquêtes révolutionnaires. C'est le sens de la fameuse déclaration de Maurice Thorez, passée à la postérité : « Il faut savoir terminer une grève dès que satisfaction a été obtenue, martèle-t-il, le 11 juin. Il faut même savoir consentir au compromis si toutes les revendications n'ont pas encore été acceptées mais que l'on a obtenu la victoire sur les plus essentielles. »

Le Parlement traduit dans des délais exceptionnellement courts les conclusions des accords de Matignon, et ce à une quasi-unanimité. La droite, désireuse d'en finir au plus tôt avec la désorganisation provoquée par les occupations d'usines, baisse momentanément la tête... pour mieux la relever dès l'automne. Les congés payés et les conventions collectives sont adoptés par les députés le 11 juin, et les « 40 heures » dès le lendemain.

À ses détracteurs, Blum répond : « [...] ce qui pervertit la moralité ouvrière, ce n'est pas le loisir [...]. Le loisir n'est pas la paresse, c'est le repos après le travail », « [...] car il n'y a pas de joie au travail sans la joie de vivre ». Pour cette raison, il « récuse » et « rejette l'accusation [...] d'avoir altéré le sens du devoir par la revendication exclusive des droits ». Cette belle envolée n'a rien perdu de son actualité. C'est au nom du travail « bien fait » que le temps gagné pour la vie peut être au service de la cohésion sociale.

Le souffle réformateur ne retombe pas. Au cours de ce même mois de juin sont votés la prolongation de la scolarité obligatoire jusqu'à 14 ans, le changement de statut de la Banque de France, la nationalisation des industries de la défense. S'y ajoutent un programme de grands travaux et une amélioration du régime des assurances sociales. L'ensemble de ces textes est débattu, voté et promulgué à la fin du mois d'août.

Le monde agricole n'est pas oublié par le Front populaire. Loin de là. Cet épisode est méconnu, mais les campagnes ont elles aussi été touchées par les grèves. Le « prolétariat des champs » a réclamé une réduction des heures de travail et de meilleures conditions de vie. Des conventions collectives départementales reconnaissent alors les premiers droits élémentaires pour les salariés agricoles avec de nouveaux horaires, un repos hebdomadaire et même, pour certains, des congés payés. Jusqu'ici, l'isolement des fermes et le recours à la main-d'œuvre étrangère affaiblissaient toute revendication. C'est le rôle de Georges Monnet, un ingénieur agricole de 38 ans nommé ministre de l'Agriculture, que d'y veiller. Il sera appelé le « ministre des Humbles ». C'est à son initiative qu'est créé l'Office national interprofessionnel du blé (ONIB), qui contribue à faire doubler le prix du quintal de blé. Cet épisode favorable à l'agriculture disparut pourtant vite des récits dans les campagnes, car la droite, s'attachant à défendre l'exploitant agricole plutôt que le salarié, aura tôt fait de s'approprier l'héritage socialiste.

Naissance de l'« état de grâce »

Une action puissante, portée par un rythme rapide : cette méthode consacre à gauche le mythe de l'« état de grâce ». Le principe : mettre à profit les quelques semaines favorables du début de mandat pour faire voter le maximum de réformes, avant que le soufflé ne retombe et que le temps ne finisse par rogner les velléités réformatrices. La formule sera reprise par François Mitterrand et Pierre Mauroy pour faire de « l'été 81 » une copie de « l'été 36 ». Comme s'il fallait réaliser en cent jours le programme d'une législature, de crainte qu'elle n'aille pas à son terme !

Pourtant, c'est le principe même du réformisme que d'utiliser la durée pour changer graduellement et profondément l'ordre des choses, en s'attachant en priorité au bien-être des plus démunis. Les réformes de structures, pour être réussies, supposent des étapes et des compromis pour les atteindre, pas des coups d'éclat ni des feux de paille.

La question mérite d'être posée : sans l'agitation et l'ébullition qui ont précédé son installation, le gouvernement du Front populaire aurait-il été aussi audacieux dans ses choix de réformes ? Sans doute pas. Si la victoire politique a déclenché l'explosion sociale, sans cette dernière le gouvernement aurait été plus prudent.

Il n'empêche. Cette fièvre revendicative explique l'appropriation des acquis de « 36 » par une large partie des Français, au-delà même de l'épisode du Front populaire. À la Libération, le Conseil national de la Résistance (CNR) voudra honorer les promesses qui n'avaient pu aboutir, notamment les nationalisations et la Sécurité sociale. Car les conquêtes de 36 n'ont pas été consenties par le pouvoir d'en haut, mais arrachées par la mobilisation d'en bas. Les avancées n'ont pas été octroyées par un gouvernement cherchant à satisfaire ses électeurs, mais négociées par des forces syndicales investies par les travailleurs, le gouvernement se transformant en arbitre bienveillant plutôt qu'en acteur direct.

Plus qu'à une révolution, on assiste à une « émancipation », selon l'historien Frédéric Monnier. Bien plus que la gauche, c'est la classe ouvrière qui a remporté la partie. La victoire acquise, le peuple avait commencé dès l'automne à prendre ses distances. Car des réformes, si audacieuses soient-elles, ne fournissent pas une réponse à une crise globale conjuguant le désordre démocratique à la montée des extrêmes.

À mesure que les ardeurs sociales s'émoussent avec l'été et que les forces politiques s'échinent à faire rentrer le fleuve dans son lit, la droite commence à s'enhardir, les milieux d'affaires reprennent leur respiration et la gauche redécouvre les contraintes économiques et financières. Celles-là mêmes qui avaient anéanti le Cartel.

Le retour du réel

Léon Blum est convaincu de la pertinence de son programme économique de « reflation ». Son raisonnement est simple : l'augmentation des salaires se répercutera sur la consommation, favorisant la demande, donc l'emploi, puis l'investissement. Il a été séduit par l'« amorçage de la pompe » que vient d'expérimenter avec succès Franklin Delano Roosevelt, alors président des États-Unis, au début du New Deal[12]. Satisfaire la « demande », telle est la priorité. Il ne se soucie guère de l'« offre ». Les mesures sociales de juin vont provoquer la hausse des prix, rendant les produits français de moins en moins compétitifs, aggravant d'autant le déficit extérieur.

D'emblée, le gouvernement peine à placer les emprunts prévus pour financer les dépenses liées aux réformes sociales, d'autant que les spéculateurs parient sur une dévaluation, et ont déjà fait passer leurs capitaux dans la Suisse voisine, suscitant une hémorragie de l'or.

L'ajustement monétaire devient inéluctable, alors qu'il a été refusé catégoriquement pendant la campagne électorale. « Ni déflation, ni dévaluation », proclame alors le Rassemblement populaire, lequel s'engage à mettre fin à la

12. Programme de relance de l'activité qui s'est déroulé entre 1933 et 1938, notamment par de grands travaux et le programme d'assistance sociale d'urgence.

politique de réduction des dépenses et de baisse des salaires de Pierre Laval, tout en garantissant la parité-or d'un franc stabilisé depuis qu'en 1928 Poincaré en a fixé la valeur. C'était là une contradiction majeure : le retour de l'inflation n'était plus compatible avec un système de change fixe.

Léon Blum n'est pas en mesure d'imputer le défi qu'il affronte à ses prédécesseurs (c'est-à-dire à la droite, au pouvoir depuis 1934), car cela reviendrait à s'en prendre à son propre camp – les radicaux, en effet, sont impliqués dans presque tous les gouvernements depuis 1929. Pourtant, l'héritage recueilli rend bel et bien la tâche ardue : depuis 1930, les manufactures tournent au ralenti (– 25 % en cinq ans), les exportations ont chuté de 40 % et la balance commerciale n'a cessé de se dégrader.

Le 27 septembre 1936, le « franc Auriol », du nom du ministre des Finances, devient « élastique » : il varie entre deux limites de poids d'or (43 et 49 mg), ce qui revient à dévaluer la monnaie entre 25 % et 35 %.

Les communistes dénoncent une « capitulation » face aux capitalistes. La droite saisit l'aubaine pour dénoncer les dégâts d'une politique dispendieuse, tout en préférant, sans l'avouer, la dévaluation à un contrôle des changes[13]. Quant aux spéculateurs, qui l'avaient anticipée, ils sont les premiers à en tirer les bénéfices. Le franc devenu plus faible stimule l'industrie et l'emploi, mais pour six mois à peine. Car la dévaluation se révèle trop timide et trop tardive. Les prix français, trop hauts, ne permettent pas de rivaliser avec la livre et le dollar, dévalués respectivement de 30 % et 40 % dès 1931 et 1934, comme une quarantaine d'autres monnaies dans le monde.

---

13. Instrument de lutte contre la spéculation et la fuite des capitaux, le contrôle des changes peut se traduire par plusieurs mécanismes : interdiction de détenir et d'utiliser une devise étrangère, limitation des opérations de change à un certain nombre d'opérateurs, mise en place de taux de change fixes...

Le pari des 40 heures

La loi sur les 40 heures a longtemps été considérée comme la faute économique majeure du Front populaire. C'est ce que répétera inlassablement l'économiste Alfred Sauvy, qualifiant même ce texte d'« acte le plus dommageable depuis la révocation de l'édit de Nantes ». Le même procès sera ouvert pour le « passage aux 35 heures » sous le gouvernement Jospin, au début des années 2000. Trop rigides, les 40 heures ont sûrement limité les capacités de production au moment où la reprise de la demande les sollicitait, mais son objectif était bien de favoriser les embauches plutôt que les heures supplémentaires. Une fois encore, c'est le défaut d'investissements et le manque de compétitivité qui ont empêché l'offre de répondre à la hausse du pouvoir d'achat générée par les augmentations de salaires. Malgré tout, la production industrielle progresse de plus de 13 % pendant cette période et plus de 160 000 emplois sont créés, permettant l'« inversion durable de la courbe du chômage » qui, déjà à cette époque, tourmentait les dirigeants. S'il reste encore plus de 850 000 chômeurs à la fin de l'année 1936, la reprise est indiscutable ; ils étaient 1 million un an plus tôt ! La France présente un taux de chômage équivalent à celui de l'Allemagne, et à peine inférieur à ceux du Royaume-Uni et des États-Unis.

Mais le cercle vertueux que devaient entraîner la stimulation de la demande et le partage du travail n'est pas au rendez-vous, d'autant moins que la surévaluation du franc fait peser une charge trop lourde sur les entreprises françaises.

Cette déconvenue conjoncturelle n'entame pas l'effort de défense. Contrairement à une présentation trop répandue – notamment par le régime de Vichy –, le gouvernement s'engage courageusement dès 1937 dans des dépenses massives en faveur des armées. C'est le Front populaire – et nul autre ! – qui a lancé les fabrications d'armes dont nos forces avaient besoin pour préparer le conflit ! Sans doute trop tard et de manière insuffisante (notamment concernant l'aviation et les chars, dont le colonel de Gaulle ne cesse de réclamer la production)... Mais à qui la faute ? Le Front populaire a donné à nos armées les moyens d'agir ; fallait-il encore ne pas s'abriter derrière la ligne Maginot et ne pas croire à l'infaillibilité de nos chefs militaires...

Face à l'accumulation des charges qu'il doit assumer, le gouvernement se trouve devant une équation impossible. Comment « réarmer » avec des finances publiques délabrées, tout en répondant aux aspirations populaires et en tentant de maintenir la cohésion de la majorité, dont une aile demande d'avancer, et l'autre de reculer ?

Une fin rapide

Le 13 février 1937, huit mois après son arrivée au pouvoir, et des réformes menées au pas de charge, Blum n'a pas d'autre choix que de décréter la « pause ». La décision est cruelle. Elle accable une partie de l'électorat et divise les socialistes. Le mot restera dans l'Histoire comme un aveu d'échec, et le signe d'une malédiction. N'est-ce pas cette formule qu'utilisera Jacques Delors le 29 novembre 1981, appelant à « une pause dans l'annonce des réformes » ?

Mais face aux fuites de capitaux – qui ne se tarissent plus – et à un contexte international aussi menaçant, des corrections s'imposent. Il s'agit d'arrêter la « course des prix et des salaires » et de casser les prises de bénéfices lors de chaque dévaluation. Particulièrement douloureux, ce virage provoque l'abandon de plusieurs engagements, parmi lesquels la création du fonds national du chômage, l'amélioration de la retraite des vieux travailleurs et l'échelle mobile des salaires.

L'erreur fut sans doute de ne pas établir un contrôle des changes, dont le patronat ne voulait à aucun prix, et cela pour prétendument préserver le système monétaire international – tandis que l'Italie fasciste et l'Allemagne nazie avaient recouru sans scrupules à cette technique. S'il avait été fait, ce choix eût limité des sorties d'argent et évité des ajustements monétaires douloureux.

Blum en prend conscience trop tardivement, lors de sa dernière tentative pour sauver ce qui restait du Front populaire, au printemps 1938. Il présente alors au Parlement un programme où figurent précisément le contrôle des changes et l'impôt sur le capital. Ce plan a été préparé par un jeune sous-secrétaire d'État au Trésor âgé de 30 ans seulement : Pierre Mendès France. La Chambre adopte le texte, le Sénat le rejette. Une fois de plus.

Au printemps 1937, le Front populaire est dans une impasse. Tandis que les radicaux s'inquiètent de l'impopularité des 40 heures auprès des classes moyennes, pilier ordinaire de leur électorat, les communistes sont ulcérés par la passivité du gouvernement devant l'aggravation de la guerre civile espagnole. Les socialistes, quant à eux, surenchérissent autour du « frondeur » avant l'heure, Marceau Pivert[14].

Le gouvernement marche désormais sur un fil, lequel peut se rompre à tout instant. C'est ce qui se produit, le 16 mars suivant, lors de la « fusillade de Clichy ». À l'occasion d'une réunion du Parti social français – successeur des Croix-de-Feu dissoutes en 1936 – du colonel de La Rocque, des policiers tirent sur des contre-manifestants de gauche. Bilan : 5 morts et plus de 260 blessés. Les communistes réclament la démission du ministre de l'Intérieur Marx Dormoy, et les jeunes socialistes

14. Celui que Blum avait placé auprès de lui, à Matignon, pour porter la « communication du gouvernement » finit par quitter la SFIO en 1938 et fonder un parti d'extrême gauche après la guerre.

accusent Blum, lequel ne cache pas son trouble : « Pour ma part, dans les heures qui ont suivi Clichy, je vous avoue que le pouvoir m'avait inspiré plutôt une espèce d'aversion. »

Tout se délite alors. Le recours à l'emprunt devient de plus en plus délicat, la défiance s'installe sur les marchés, et des mesures monétaires, une fois encore, s'avèrent nécessaires. Léon Blum et Vincent Auriol demandent, le 15 juin, les pleins pouvoirs pour gouverner par décrets-lois jusqu'au 31 juillet et ainsi mener une politique de relance plus efficace. La Chambre les accorde à Blum par 346 voix contre 247, le Sénat les lui refuse le 21 juin. Il démissionne.

S'en trouve-t-il soulagé ? Quoi qu'il en soit, il s'en prendra par la suite aux « bornés » et aux « médiocres » qui « semblent ignorer ou toujours perdre de vue [qu']aucun gouvernement ne peut rester stable dans une société instable et dans un monde instable ». La nature de la IIIe République ajoutait à la difficulté de gouverner, affirmera-t-il : « Le moteur tournant mal, son rendement était faible, relativement à l'énergie consommée ; le volant était tenu sans décision. » Après l'épisode du Cartel, une fois encore, la gauche succombait aux coups infligés par un régime parlementaire discrédité et des calculs partisans délétères, dans un contexte qui aurait dû les suspendre.

L'agonie du Front populaire se prolongera encore jusqu'en avril 1938. Au leader socialiste succède Camille Chautemps, un radical, qui réinstalle son parti en pivot, comme dans les anciennes combinaisons. Le rassemblement n'est plus « populaire », il est « républicain ». Les apparences sont sauves. Léon Blum devient le vice-président du gouvernement. La SFIO participe et le PC soutient encore, tout en appelant à manifester pour l'« exécution du programme commun ». La seule réforme que cette équipe sera capable de mener à bien sera la création de la SNCF, sous forme d'une société d'économie mixte, détenue à 51 % par l'État.

Jean Zay, au ministère de l'Instruction publique, poursuit sa tâche et porte la scolarité obligatoire à 14 ans, réorganise l'école élémentaire, engage une réforme des programmes, ouvre plus largement l'enseignement professionnel, quand Léo Lagrange, de son côté, développe l'éducation populaire, crée des auberges de jeunesse et multiplie les constructions de stades.

Une nouvelle dévaluation intervient en juillet. Elle se révèle aussi mal calibrée que les précédentes. Non seulement les résultats tardent à venir, mais l'immobilisme s'installe, alors que les dangers s'accumulent. L'aménagement des 40 heures, sous la pression patronale, conduit la SFIO à faire tomber le gouvernement le 13 janvier 1938. Après des semaines d'atermoiements, Blum fait une ultime tentative en mars. Il en appelle à une union groupant tous les partis sans exclusive, de Maurice Thorez à Paul Reynaud. Le PC s'y déclare favorable, mais la droite n'admet pas de siéger aux côtés des communistes. Le gouvernement socialo-socialiste que Blum formera par la suite ne durera qu'un mois. C'est l'échec.

L'Anschluss vient de se produire, l'armée de Hitler a envahi l'Autriche. Le président Lebrun appelle Daladier en avril 1938. Les socialistes n'en sont plus. Les communistes s'en détachent. Cette fois-ci, c'est la fin. Sans un mot pour pleurer, c'est la disparition du Front populaire dans l'indifférence des masses passées à autre chose, et dans la peur générale face à la guerre qui s'annonce.

Malgré ce destin contrarié, il reste des conquêtes que nul, en avril 1936, n'aurait imaginé possibles : les congés payés, les 40 heures, les conventions collectives, le statut de la Banque de France, la nationalisation partielle de la SNCF, le contrôle public des industries d'armement. Mais l'essentiel est ce qu'en retient la mémoire collective : « la revanche de la dignité ouvrière ». La philosophe Simone Weil a saisi ces instants où « la joie sans mélange de se tenir debout » emporte tout[15]. Et si tout n'a pas été réussi, si la désillusion amère fut à la hauteur de l'espérance soulevée, le Front populaire a eu l'immense mérite de resserrer l'attachement des masses populaires au régime républicain et, selon la belle formule de Blum, d'« intégr[er] à la cité ceux qui jusque-là campaient à ses portes ».

L'éternel dilemme du pouvoir

Blum a 64 ans lorsqu'il entre à Matignon (le même âge que Mitterrand quand celui-ci accédera à l'Élysée). Député en 1919, gardien de la « vieille maison » depuis le congrès de Tours, il a pendant quinze ans assuré la synthèse des courants socialistes au sein de la SFIO, entre une aile gauche qui espérait encore l'unité organique avec le Parti communiste (pourtant interdite par la stratégie « classe contre classe » imposée par Moscou) et une aile droite qui aspirait à une participation ministérielle dans les gouvernements radicaux, notamment en 1924 et 1932 – même si elle n'était fondée sur aucune base doctrinale, pas même sur un programme minimal. Blum n'avait pu empêcher une scission avec les « néos[16] », dont il avait compris très tôt que la devise (Ordre, Autorité, Nation) sous laquelle la plupart étaient engagés

15. « Il s'agit, après avoir toujours plié, tout subi, tout encaissé en silence pendant des mois et des années, d'oser enfin se redresser. Se tenir debout. Prendre la parole à son tour. Se sentir des hommes, pendant quelques jours. [La] grève est en elle-même une joie. Une joie pure. Une joie sans mélange. Oui, une joie… » (Simone Weil, *La Condition ouvrière*, Gallimard, 1951).

16. Ce courant, né dans les années 1930, est une réaction, par la planification, à la « myopie » du marché, constatée lors de la Grande Dépression. Il a été incarné par des personnalités aussi diverses que le socialiste belge Henri de Man ou le « néosocialiste » Marcel Déat. Il a ensuite irrigué le programme du CNR (Conseil national de la Résistance) et influencé la conduite de la reconstruction.

allait plus tard conduire une partie d'entre eux vers la tentation fasciste et la collaboration la plus débridée.

Mais en mai 1936, il n'a pas le choix : il faut gouverner. Il s'en convainc « pour installer la raison et la justice là où règnent aujourd'hui le privilège et le hasard ». Il avait formulé, dans un discours prononcé à la Bellevilloise le 11 janvier 1926, les règles que les socialistes devaient se fixer dans cette hypothèse : « La conquête du pouvoir, ce n'est pas la simple victoire à une élection, c'est l'instauration d'un régime socialiste, alors que l'exercice, c'est la formation d'un gouvernement dans le cadre d'un régime bourgeois. La première, c'est la destruction des cadres de la société capitaliste ; la seconde, c'est la conduite d'une action dans le respect de la légalité et sous le régime social actuel. » Il ajoute qu'il peut exceptionnellement y avoir une occupation du pouvoir, à titre défensif, s'il s'agit de barrer la route au fascisme. Ces circonvolutions indiquent bien ses hésitations. Elles ne cessent de le tourmenter, au point de le conduire à chercher à l'avance des justifications à toute décision, quelle qu'elle soit. En mai 1936, Blum se résout à prendre le risque de gouverner, au nom d'un principe simple : « Il s'agit de savoir s'il est encore possible de distribuer une petite ration de justice et de bien-être et une grande ration d'espoir. »

Ce dilemme du pouvoir, qu'il a exprimé avec une sincérité qui n'était pas une position de circonstance ou une prudence de caractère, n'est pas seulement le sien. Il continuera longtemps à hanter la gauche française.

Gouverner, mais pour quoi faire ? Rompre brutalement avec le capitalisme et se lancer dans une aventure sans lendemain, ou diriger loyalement l'État et se dissoudre dans un pragmatisme qui camoufle un renoncement ? Venir pour quelques mois aux « manettes », le temps d'entreprendre de grandes réformes structurelles capables de renverser la table, au risque d'être contraint assez vite à la pause ou à l'échec ?

Ou s'installer durablement pour réaliser par étapes les changements promis, au risque de décevoir et de s'enliser ? Attendre un grand mouvement social pour en prendre la tête, mais sans avoir la certitude qu'il se traduira politiquement ? Ou bien préparer sagement les grandes échéances électorales en faisant le pari que la société se mettra spontanément en action pour amplifier l'audace transformatrice ?

Être ou ne pas être social-démocrate ?

Ce débat renvoie à la définition même du socialisme et aux deux conceptions qui l'ont longtemps divisé : donner toute sa puissance à l'État pour exécuter dans sa totalité un programme ou, au contraire, forger avec les forces vives un pacte pour réaliser un compromis assurant la stabilité et le progrès. Bref, être ou ne pas être social-démocrate ?

Léon Blum épouse les deux thèses à la fois. Conscient que son parti et, surtout, les « masses » qui lui font confiance peuvent légitimement être gagnés par l'impatience, il a su utiliser la spontanéité du mouvement ouvrier pour faire plier en quelques jours un patronat affolé par les occupations d'usines, mais soucieux de placer l'État en arbitre, et instaurer un nouveau cadre de la négociation sociale avec la généralisation des conventions collectives.

Dans un même esprit d'équilibre, il a défini une politique de relance qui s'accommodait des structures capitalistes, tout en introduisant des règles limitant l'arbitraire patronal et ouvrant des droits aux travailleurs. Quant aux nationalisations, il en a limité le champ aux industries d'armement, car l'accélération du rythme des fabrications était indispensable et prioritaire. Ainsi a-t-il écarté, non par principe mais par lucidité, la socialisation des moyens de production. Celle-ci n'était tout simplement pas à l'ordre du jour. « Le socialisme, écrira-t-il lors de sa captivité, est une conception tout humaine, mais qui s'alimente, si l'on peut dire, de la nécessité des choses[17]. »

Face à l'extrême droite

Pour Léon Blum, l'enjeu majeur est de lutter contre le fascisme. À l'intérieur, d'où la dissolution des ligues, puis à l'extérieur, d'où le réarmement. Aussi, il lui importe d'intégrer la classe ouvrière dans ce combat pour qu'elle ne rejoigne pas par désespoir ou par dépit les formations extrémistes.

Avant d'être socialiste, Léon Blum est républicain. Son adhésion profonde à la légalité et son exigence de cohésion nationale le conduisent à refuser, face aux difficultés financières, le moindre passage en force, alors que les mesures dirigistes comme le contrôle des changes sont à sa portée. Par principe et par tempérament, il ne veut brusquer personne, ni ses alliés, ni le Sénat, pas davantage, à l'extérieur, n'entend-il trahir les Britanniques.

Son formalisme n'est pas un abandon, il est la condition pour que la gauche, la sienne, ne soit pas accusée, aujourd'hui et demain – car il pense à ses lointains successeurs –, de mettre en cause les institutions de la République. Il sait qu'entre la Terreur et la Commune il a été reproché aux républicains révolutionnaires de charrier le désordre et la violence.

Il est hanté, « épouvanté » même (pour reprendre un de ses mots utilisés pour dénoncer la dérive des « néos ») par le climat de violence de la société française depuis le 6 février 1934, lorsque des manifestations « monstres » des syndicats ont répondu aux cortèges belliqueux des ligues.

---

17. *L'Œuvre de Léon Blum. Mémoires. La prison et le procès. À l'échelle humaine (1940-1945), op. cit.*, p. 453.

L'Action française se déchaîne en invectives antirépublicaines et en diatribes antisémites. La presse d'ultradroite, parfois alimentée financièrement par l'Italie fasciste, ne retient plus ses coups. Une partie du patronat entretient des groupes factieux. La Cagoule en est la manifestation la plus abominable. Blum lui-même, en mars 1936, a échappé de peu au lynchage.

Lors de la présentation de son gouvernement, il essuie l'expression de l'antisémitisme le plus abject lorsque Xavier Vallat s'autorise à déclarer, dans l'enceinte même du Palais-Bourbon : « Pour la première fois, ce vieux pays gallo-romain sera gouverné par un Juif. » Avant d'ajouter : « J'assume une tâche ingrate de dire tout haut ce que tout le monde pense tout bas – que, pour gouverner cette nation paysanne qu'est la France, il vaut mieux avoir quelqu'un dont les origines, si modestes soient-elles, se perdent dans les entrailles de notre sol qu'un talmudiste subtil. »

Dans les jours qui suivent, le futur commissaire aux questions juives de Vichy recevra plus de deux cent cinquante lettres de félicitations.

La haine se déchaîne également contre Roger Salengro, le ministre de l'Intérieur du Front populaire, accusé injustement d'avoir déserté pendant la Première Guerre mondiale et qui, accablé par la calomnie, met fin à ses jours le 17 novembre 1936. « La lutte politique n'est pas un sport, écrira Blum ; cependant comme toutes les autres formes de lutte [...] elle devient repoussante pour les spectateurs, si elle n'est pas astreinte à un certain nombre de règles et si ces règles n'imposent pas un minimum de correction et de loyauté. »

La non-intervention

La seule frayeur de déclencher une guerre civile explique, au moins pour partie, le refus de Léon Blum d'agir hors du cadre légal. Le choix de ne pas intervenir en Espagne, dont il doit, avec douleur et sûrement remords, se justifier devant ses propres militants, obéit à la même démarche : ne rien faire qui puisse mettre en cause les traités ou déclencher un dangereux engrenage.

Quand, le 17 juillet 1936, le général Franco soulève une partie de l'armée contre le gouvernement républicain issu des élections législatives, il déclenche une guerre civile qui va ensanglanter l'Espagne pendant presque trois années. Spontanément solidaire de son homologue hispanique, Léon Blum lui promet des armes et des avions.

Mais le 26 juillet, le Conseil des ministres revient brutalement sur cette décision. Ce retournement est fondé sur trois craintes. La première est celle d'une escalade qui déboucherait sur un conflit général en Europe. La deuxième est celle de la rupture avec nos alliés britanniques, auxquels Blum est viscéralement attaché, pour sa politique extérieure mais aussi financière – or le gouvernement Baldwin est résolument hostile à toute intervention et manifeste déjà une complaisance coupable à l'égard de l'Allemagne. Enfin, la troisième crainte est celle d'une dislocation du gouvernement un mois après sa constitution, puisque les radicaux font savoir qu'ils ne soutiendraient pas une politique qui exposerait la France à une réaction disproportionnée des forces de l'Axe. C'est ce que déclare explicitement le ministre des Affaires étrangères radical, Yvon Delbos : « On n'a pas le droit de céder à des impulsions sentimentales qui risqueraient d'entraîner un atroce conflit. »

Le Front populaire n'en est pas moins exposé à une implosion, car les communistes mobilisent les volontaires dans les Brigades internationales, tandis qu'une partie des socialistes (autour de Jean Longuet et de Marceau Pivert) dénoncent l'abandon par le gouvernement des « frères espagnols ».

Certes, les livraisons de matériel seront assurées dans les mois qui suivront et des facilités seront données à ceux qui rejoignent les républicains en Espagne, mais elles n'ont rien de comparable avec l'ampleur de l'aide prodiguée aux franquistes par l'Allemagne nazie et par l'Italie fasciste.

Les événements extérieurs s'invitent toujours dans les débats intérieurs. C'est aussi une constante pour les gauches au pouvoir. Elles sont confrontées, en la matière, à des injonctions contradictoires : assumer les conséquences de leurs engagements internationaux au prix d'une remise en question de leurs promesses. Décider d'engager les forces armées dans un conflit, au point de heurter les convictions pacifistes de ses électeurs. Jouer un rôle international conforme à la place de la France dans le monde, et ne pas s'en tenir au règlement des seules questions sociales. C'est l'honneur de la gauche chaque fois qu'elle est capable de trouver un passage.

Le courage de gouverner

Gouverner, c'est savoir prendre des risques et trancher des cas de conscience dans les périodes les plus tumultueuses ou dans les circonstances les plus tragiques. Il n'y a pas d'instants tranquilles ou de doux répits. D'autant moins qu'historiquement la gauche n'accède au pouvoir que lorsque la droite a échoué ou que les crises paraissent insolubles. Il est rare qu'elle y parvienne par temps calme. Dans un célèbre discours prononcé le 6 septembre 1936 à Luna Park, Porte Maillot à Paris, Léon Blum en fait un aveu déchirant. Il appelle les socialistes à agir dans l'intérêt national parce que c'est le devoir d'un gouvernant sans que celui-ci ait besoin de changer de convictions ou de travestir sa conscience. L'enjeu est d'éviter la guerre. Ou, à tout le moins, d'en repousser l'échéance. Quitte à assumer les reproches, y compris le procès en trahison. C'est la rançon qu'il paie pour justifier la poursuite de son action. Il n'en demeure pas moins lucide : « J'ai évité le pouvoir de mon mieux pendant une assez longue suite d'années, je l'exerce aujourd'hui dans des conditions qui ne peuvent guère faire envie à personne. » Cette leçon vaut au-delà de lui. On *choisit* de gouverner. On ne choisit pas les épreuves. Elles s'imposent.

La non-intervention pèsera longtemps dans l'évaluation critique du Front populaire par une partie de la gauche. Comme les 40 heures, dont la droite continue à faire, aujourd'hui encore, le procès.

En 1926, le Cartel des gauches avait sombré sans avoir véritablement engagé de réformes de structures. Il s'était heurté au mur de l'argent sans avoir pu sérieusement l'entamer. Il avait tenté d'établir une paix durable sans en avoir garanti les conditions. Pour toutes ces raisons, il n'a guère laissé de traces dans notre mémoire collective, si ce n'est celle d'une occasion perdue.

Le Front populaire n'encourt pas cette accumulation de reproches. Ses conquêtes restent emblématiques et les symboles qu'il a forgés se transmettent de génération en génération : l'embellie (le « printemps du peuple »), le bonheur de partir en congé, le panache des occupations d'usines, l'hymne à la culture, au sport, aux loisirs, au temps libre… Une fête, belle, radieuse et gâchée, comme toujours, à la fin !

Pourtant, les raisons de sa chute sont analogues à celles de la chute du Cartel, son prédécesseur peu prestigieux : l'impréparation programmatique de la majorité, la faible culture économique de ses dirigeants, les surenchères des uns, les prudences et trahisons des autres, le poids de la « Finance », sans oublier la violence de l'opposition de droite, amplifiée en 1936 par les mouvements extrémistes et les dérives antisémites. Enfin et surtout, les épreuves internationales qui entachent l'héritage, donnant une impression de faiblesse et de démission face au triumvirat des dictateurs victorieux : Franco, Hitler et Mussolini.

Léon Blum pour l'éternité

Le Front populaire a heureusement été rehaussé par la personnalité de Léon Blum qui, en dépit de ses scrupules et de ses introspections, a fait preuve d'une bravoure personnelle et politique hors du commun. Certes, il n'a pas pu aller jusqu'au bout de ses convictions. Il n'a porté aucune grande réforme sociale. Il a malheureusement cédé devant les radicaux sur le droit de vote des femmes. Il n'a pas osé fermer les maisons closes, pas plus qu'il n'a tenté de revenir sur la loi de 1920 qui criminalisait l'avortement. De même, il n'a pas eu le temps de mettre en œuvre le projet de son ministre Viollette étendant la nationalité française à certains Algériens. Tout cela est vrai, mais en à peine un an, comment aurait-il pu ? surtout dans un tel contexte, et devant tant d'adversaires ?

Face à la haine (pas seulement celle de ses opposants), à la lâcheté (y compris de ses propres amis), aux périls (dont beaucoup, à droite, ne comprenaient pas la nature profonde), il a exprimé une force morale et une lucidité politique qui ont préservé son honneur. Il a commis des fautes (la non-intervention en particulier), mais il les a faites en cherchant d'abord l'intérêt du pays et la préservation de son unité. Il a tardé à prendre les décisions économiques et monétaires qui s'imposaient, car il savait combien la paix génère de désillusions. Il ne voulait pas ajouter au marasme ambiant la dévaluation de la monnaie et ainsi rendre la vie plus chère. Il a sans doute été timide devant la spéculation, mais il entendait préserver un système de change dont les désordres favorisaient les régimes autoritaires. Il a continûment cherché à respecter toutes les formes de la démocratie ; c'était sa façon d'être fidèle à « sa » gauche et aux institutions. Il a surtout vécu, même si ce fut fugace, le bonheur de rendre les gens joyeux, en les voyant partir pour la première fois en vacances.

Un grand mouvement social a rencontré une haute figure de la République. Sans l'un, le Front populaire n'eût été qu'une victoire électorale, sans l'autre, qu'un gouvernement de plus.

4

1945
La Libération, ou les victoires sans lendemain

« Ne leur faites pas de politique, ils n'en veulent pas ! » Le 14 juin 1944, sur la plage de Courseulles, en Normandie, le général de Gaulle, chef du Gouvernement provisoire de la République française (GPRF), donne cette consigne au premier commissaire de la République sur cette maigre portion du territoire tout juste libérée.

Saigné, le pays déplore la perte de 600 000 civils et militaires. Morts au combat ou des suites de leurs blessures, victimes de bombardements, fusillés, déportés, exterminés... La liste est tragique et longue. L'urgence, c'est de fournir des vivres, des vêtements, du chauffage ; c'est aussi de reconstruire les 460 000 immeubles détruits et de remettre en marche un appareil productif à terre ou vétuste. Pas d'organiser des élections.

Particulièrement rude, l'hiver 1944-1945 rend la situation encore plus dramatique. « Nos gosses ont faim ! » peut-on lire sur les pancartes des manifestations qui se multiplient.

Voici venu le temps de l'épuration. Et la SFIO n'échappe pas à l'examen de conscience.

Ce n'est pas tant la masse du parti, restée « patriote », qui est visée, encore moins les figures héroïques de la Résistance comme Pierre Brossolette[1], Christian Pineau[2], Daniel Mayer[3] ou Félix Gouin[4], mais les députés et sénateurs qui avaient voté les pleins pouvoirs au maréchal Pétain le 10 juillet 1940. Sur un total de 168 parlementaires, 86 sont exclus définitivement ; 11 suspendus pour une législature et 2 soumis à une enquête complémentaire. Sont aussi écartés les élus locaux demeurés à leur poste sans autorisation explicite, la moitié des membres de la Commission administrative permanente (CAP) – un des deux organes de direction du parti[5] – et le tiers des secrétaires fédéraux. En novembre 1944, le résistant socialiste Édouard Depreux[6] peut se féliciter : « Le parti se présente devant vous épuré, rajeuni, rénové, trempé par l'épreuve qui lui a permis de discriminer les socialistes sincères, convaincus, et les quelques arrivistes qui avaient pu se glisser parmi nous. »

La réalité est plus nuancée. Car la purge suscite de nombreux ressentiments au moment où, enferrée dans la « sclérose », la SFIO semble dans l'incapacité d'accueillir de nouveaux talents.

---

1. Le journaliste Pierre Brossolette (1903-1944), une des voix de la BBC à Londres, est arrêté en 1944 peu après avoir été parachuté. Il préfère se défenestrer plutôt que de parler sous la torture à la Gestapo.

2. Christian Pineau (1904-1995), militant de la CGT, cofondateur du mouvement Libération-Nord, est arrêté, puis envoyé à Buchenwald. Nommé ministre du Ravitaillement dès mai 1945, il sera député jusqu'en 1958, et plusieurs fois ministre sous la IVe République.

3. Daniel Mayer (1909-1996), journaliste au *Populaire* et proche de son directeur, Léon Blum, restructure et anime le Parti socialiste pendant l'Occupation.

4. Félix Gouin (1884-1977), député des Bouches-du-Rhône, maire d'Istres de 1922 à 1958, est l'un des 80 parlementaires qui refusèrent d'accorder les pleins pouvoirs à Pétain en 1940. Au procès de Riom, en 1942, il vient défendre Blum. Il rejoint ensuite le général de Gaulle à Londres, où il représente le Parti socialiste.

5. La direction de la SFIO est partagée entre une CAP élue à la proportionnelle des courants et un Comité national composé de secrétaires de fédérations.

6. Édouard Depreux (1898-1981), avocat, directeur de cabinet de Vincent Auriol, ministre de la Justice du Front populaire, résistant, député de 1945 à 1959, ministre de l'Intérieur de juin 1946 à novembre 1947. Il prend progressivement ses distances avec la SFIO (sur la CED, puis la politique en Algérie) et deviendra secrétaire national du PSU de 1960 à 1967.

Le Parti communiste, auréolé de sa résistance et oublieux du soutien qu'il a accordé au pacte germano-soviétique, n'a pas besoin de faire cet exercice. Interdit au moment du déclenchement de la guerre, il n'a pas à répondre du vote du 10 juillet 1940. Quant aux radicaux, qui peuvent mettre en avant la figure républicaine d'Henri Queuille, vice-président du Gouvernement provisoire, ils choisissent de faire profil bas.

La gauche majoritaire

La politique, n'en déplaise au général de Gaulle, reprend vite ses droits. Le 21 octobre 1945, les Français et, depuis peu, les Françaises[7] sont appelés aux urnes pour élire leurs représentants à la proportionnelle et ainsi former la Constituante chargée de refonder les institutions. Ils sont près de 80 % à se déplacer. Deux questions leur sont posées. Faut-il rédiger une nouvelle Constitution, c'est-à-dire en finir avec la IIIe République ? Dans l'affirmative, l'Assemblée constituante devra-t-elle avoir des pouvoirs limités[8] ? 96 % des électeurs répondent « oui » à la première question, et 66 % à la seconde, signifiant leur opposition à une Chambre omnipotente. De Gaulle, qui avait préconisé cette double consigne comme président du Gouvernement provisoire, gagne la première manche.

Le Parti communiste remporte la suivante, en devenant le premier parti de France, avec plus de 26 % des suffrages (148 sièges, contre 72 en 1936). La SFIO, qui espérait être le « maître de l'heure », selon la formule de Blum, déchante

7. Le 29 mars 1944, l'Assemblée consultative provisoire adopte à Alger l'amendement Fernand Grenier, qui instaure le droit de vote et d'éligibilité de toutes les Françaises.

8. Durée restreinte à sept mois, soumission à référendum du projet constitutionnel, majorité absolue nécessaire pour renverser le gouvernement...

(24,6 % des suffrages et 135 sièges, contre 153 en 1936). Néanmoins, pour la première fois depuis l'avènement du suffrage universel, la gauche dispose de la majorité absolue. Mais elle ne sait que faire, dans un contexte exceptionnel, de cette situation inédite.

Car émerge à ses côtés une nouvelle force centriste : le Mouvement des républicains populaires (MRP), parti qui prône un catholicisme politique. Dans un pays où la démocratie chrétienne n'est jamais parvenue à faire souche, le MRP apparaît comme une curiosité. À qui attribuer ce succès ? Sûrement à ses pères fondateurs, dont le rôle fut crucial au sein de la Résistance. Edmond Michelet a lancé un appel depuis Brive dès le 17 juin 1940, Georges Bidault a été le successeur de Jean Moulin à la tête du Conseil national de la Résistance, et Maurice Schumann, fervent défenseur d'un progressisme imprégné de catholicisme social et fidèle au général de Gaulle, a été le porte-parole de la France libre. L'effacement des droites, compromises à Vichy, offre en outre au MRP un espace qu'il n'hésite pas à occuper.

Avec la gauche, les républicains populaires partagent la volonté d'appliquer le programme du Conseil national de la Résistance[9]. Tout comme les socialistes, ils dénoncent le collectivisme. Toutefois, contre les « laïcards », ces catholiques défendent l'enseignement privé.

Au cœur de cette vie politique renouvelée, le PC est à la manœuvre face au général de Gaulle.

9. La Charte, élaborée par tous les mouvements de la Résistance et publiée le 15 mars 1944, défend « l'instauration d'une véritable démocratie économique et sociale », « l'intensification de la production nationale », « le développement et le soutien des coopératives », « le droit d'accès, dans le cadre de l'entreprise, aux fonctions de direction et d'administration ». Dans le domaine social, elle prône « le droit au travail et au repos », « un réajustement des salaires », « la garantie du pouvoir d'achat », « la reconstitution d'un syndicalisme indépendant », « un plan complet de sécurité sociale », « une retraite », etc.

L'hégémonie du PCF

Fort de son million d'adhérents et d'une organisation à toute épreuve, le Parti communiste a pris, dès septembre 1944, le contrôle de la Confédération générale du travail (CGT). Avec les 5 500 000 adhérents de la CGT, ajoutés à ses 800 000 militants revendiqués, le PCF prétend non sans raison avoir la haute main sur la classe ouvrière. Son influence se répand à travers toute une série d'autres organisations de masse : Union des femmes françaises, Union des jeunesses républicaines de France, associations culturelles... En cette période où l'on manque de tout, les œuvres sociales, les colonies de vacances et les aides aux familles constituent son meilleur agent électoral. Le « parti des pauvres » se prévaut d'être aussi celui des purs et séduit, au-delà de ses sympathisants naturels, bien d'autres « illusionnistes-illusionnés[10] ».

Mais que veut-il véritablement faire de cette force ? S'emparer du pouvoir, comme les « partis frères » s'y emploient déjà en Europe centrale ? Maurice Thorez s'en est toujours défendu, rappelant dès son retour de Moscou qu'il avait entériné la dissolution des « milices patriotiques » (mais avait-il le choix, puisque de Gaulle avait fait de leur disparition le prix à payer pour l'amnistie de Thorez, accusé de désertion en 1940 ?).

La stratégie du PC reprend une partie du discours patriotique de 1936 et vante la reconstruction nationale plutôt que la « révolution socialiste ». Ainsi Thorez multiplie-t-il les discours en faveur d'une armée forte et d'une relance de la production, et ce jusqu'à condamner la moindre forme de protestation ouvrière, de l'absentéisme à la grève. Il est – une

10. Formule employée par François Furet dans *Le Passé d'une illusion*, Robert Laffont/Calmann-Lévy, 1995.

fois encore – en ligne avec les Soviétiques, qui font mine d'être indifférents à l'installation d'un pouvoir communiste dans une Europe de l'Ouest située hors de la zone d'influence que Staline avait arrachée à la conférence de Yalta.

Mais Léon Blum n'est pas dupe. Inlassablement, il dénonce « l'insupportable anomalie que représente l'insertion dans la vie politique d'un parti nationaliste étranger ».

L'impossible Front populaire

En octobre 1945, deux options s'offrent à la gauche majoritaire. Se rallier au « tripartisme » en formant une coalition gouvernementale rassemblant communistes, républicains populaires et socialistes – soit plus de trois quarts des voix –, ou tenter l'expérience d'un nouveau Front populaire (l'idée court, en effet, depuis la Libération).

Le principe de l'« unité organique » entre les deux partis a été relancé dans la clandestinité, puis au grand jour, en novembre 1944. Si le PC a d'abord écarté cette hypothèse, il a fait volte-face après que Staline a prôné la constitution d'un « grand parti ouvrier national ». Mais les socialistes, à leur tour, ont changé d'avis et décidé de se rétracter[11]. Ainsi déclarent-ils, lors de leur premier congrès de l'après-guerre, préférer le « patriotisme de parti[12] » à la fusion, par crainte de disparaître dans un ensemble dont ils n'auraient aucune chance de prendre la direction. La plupart d'entre eux promeuvent une alliance à gauche tandis que d'autres, au premier rang desquels Mayer et Blum, souhaitent encourager un « travaillisme à la française », *a priori* incompatible avec cette stra-

11. Lors du congrès de la SFIO d'août 1945, l'« unité organique » est rejetée par plus de 10 000 mandats contre 274, et 212 abstentions.

12. « La gauche à la Libération », de Jean-Jacques Becker, in *Histoires des gauches en France*, t. II, de Jean-Jacques Becker et Gilles Candar (dir.), La Découverte, 2004.

tégie. Tous s'accordent, cependant, à refuser le tête-à-tête avec le PC et se satisfont de la participation à un gouvernement provisoire associant le MRP sous l'autorité de De Gaulle.

Les communistes se rallient aussi à cette solution, mais munis de leurs propres exigences. De Gaulle refuse de leur confier les ministères régaliens, qu'il attribue aux autres partis. Bidault, le fondateur du MRP, est ainsi nommé aux Affaires étrangères et Michelet, son coreligionnaire, aux Armées. Le socialiste Tixier, quant à lui, obtient le ministère de l'Intérieur. Les communistes héritent, par conséquent, des portefeuilles susceptibles de jauger leur sens de la responsabilité dans la reconstruction : le Travail, la Production industrielle et l'Économie. En compensation, Thorez est nommé ministre d'État.

Les ministres sont tenus à un code de bonne conduite par une « charte du tripartisme ». Mais celle-ci va s'arrêter aux portes de l'Assemblée constituante, au sein de laquelle les partis se laissent gagner par la surenchère. Les débats qui portent sur la nature des institutions futures, et en particulier sur le rôle du président de la République, se révèlent très houleux et continuent de l'être lorsqu'ils s'étendent aux questions économiques et à la politique dans les colonies, surtout au sujet de l'Indochine, où les Vietnamiens se sont soulevés.

Concernant les institutions, un abîme sépare de Gaulle des partis qui composent son gouvernement. Le chef de la France libre est partisan d'un État fort. « Lorsque la France est menacée, et elle peut toujours l'être, confie-t-il, il faut absolument qu'un homme ait la primauté des décisions. » À l'inverse, la gauche reste attachée au principe de la souveraineté totale du Parlement. Cette position prévaut dans le projet de Constitution, dont le but est d'instaurer un régime d'assemblée sans intermédiaire ni arbitre. Dans ce cadre, le président de la République a une simple fonction honorifique.

De Gaulle prend prétexte d'une querelle sur les crédits militaires pour « foutre le camp », selon sa propre expression. Le dimanche 20 janvier 1946, il annonce sa démission. « La France est libérée, le gouvernement est installé dans la capitale, la légalité républicaine est rétablie. La tâche que je m'étais assignée est accomplie. »

La carte Blum

De Gaulle a souhaité, avant que de partir, désigner son successeur. C'est sur un socialiste, et le premier d'entre eux, Léon Blum, que son choix s'est fixé. « Vous êtes le seul homme qui, à la fois, connaisse le jeu parlementaire et sache y inscrire une vue d'ensemble à la mesure de la grandeur de la France, lui avait-il dit. Prenez ma place. » Mais Blum se récuse, invoquant son âge, la maladie et le triste privilège d'avoir été l'« homme le plus haï de France ».

Aussitôt la démission du général de Gaulle annoncée, le Parti communiste annonce la candidature de Maurice Thorez pour mieux négocier sa place dans le prochain gouvernement. Il sait que le MRP mettra un veto sans délai. Mais le PCF et les socialistes entendent préserver le tripartisme. Tout sauf le tête-à-tête.

Quant au MRP, il s'y résout, à la double condition que ne soit pas rouverte la question scolaire[13] et que la préparation de la future Constitution soit réservée à la seule Assemblée constituante.

La responsabilité du gouvernement revient à la formation centrale, c'est-à-dire à la SFIO, en la personne de Félix Gouin, alors âgé de 62 ans, et jusqu'ici président de l'Assemblée.

---

13. Le MRP souhaite notamment des subventions pour les écoles « libres » et la présence d'un aumônier dans chaque établissement.

Socialiste depuis quarante ans – dont plus de vingt passés à la Chambre des députés –, ce Méridional, avocat de profession, apprécié à la fois de Blum et du général de Gaulle, va instaurer, plus par tempérament que par conviction, le « régime des partis ».

Sur un seul sujet, socialistes, communistes et républicains-démocrates semblent pouvoir s'accorder : les contours du futur régime. Tous écartent l'hypothèse d'un renforcement de l'autorité de l'exécutif et d'une diminution des prérogatives du Parlement, souhaités par de Gaulle. Ils ne désirent pas le retour à la IIIe République, que sa fin tragique a discréditée, mais un régime d'assemblée unique sans séparation des pouvoirs, où les représentants de la Nation sont en théorie au seul service du peuple.

Révocabilité des élus, proportionnelle intégrale, disparition du Sénat, présidence de la République réduite à une fonction honorifique… Les chantres de la VIe République aujourd'hui y trouveraient leur modèle !

La roue tourne

Le gouvernement connaît sa première épreuve à travers le rejet par le peuple français du projet de Constitution.

Les réserves bruyantes du MRP, qui a plusieurs fois menacé de quitter la coalition, et le silence éloquent du général de Gaulle convainquent une majorité de Français (près de 53 %) de repousser ce texte, lors du référendum du 5 mai 1946.

Aux élections pour la nouvelle Constituante, le 2 juin 1946, le MRP devient le premier parti de France, avec plus de 28 % des suffrages. Il apparaît comme un rempart face à l'hégémonie du Parti communiste qui, avec 26 % des voix, devance largement la SFIO (21 %). La gauche, qui n'est plus majoritaire (9 500 000 voix contre 10 400 000), a réussi, par ses excès et ses divisions, le tour de force de faire renaître un centre droit qui ne dit pas encore son nom. Une fois encore, la radicalité effraie davantage qu'elle ne mobilise.

La roue tourne. Grâce à l'abstention communiste et aux voix socialistes[14], Georges Bidault est élu président du Conseil. Contre toute attente, ce dernier choisit de faire la part belle au PCF en lui offrant six ministères en plus de la vice-présidence du Conseil accordée à Maurice Thorez. Le nouveau projet de Constitution, publié le 2 août 1946, corrige – bien plus qu'il ne refonde – le précédent : le président est légèrement renforcé dans ses attributions[15] ; une deuxième Chambre est créée : le Conseil de la République, et la dissolution est facilitée. Des évolutions qui n'ébranlent pas les convictions gaullistes.

Charles de Gaulle a exprimé, à peine deux mois auparavant, sa conception du pouvoir. Lors du discours qu'il prononce à Bayeux, le 16 juin 1946, il affirme que le président de la République, véritable arbitre élu par un large collège, doit faire valoir la « continuité au milieu des combinaisons ». « Aux moments de grave confusion », il doit pouvoir en appeler au pays par des élections[16]. Et devant les menaces qui se lèvent à l'est, l'emblème de la France libre estime que seul un exécutif fort sera en mesure d'empêcher que ne se répète l'impuissance publique de 1940.

Le PC comprend alors qu'il doit resserrer les rangs derrière Bidault pour mieux contrecarrer les velléités de retour du Général.

14. La nouvelle assemblée compte 160 députés MRP, 146 PC, 115 SFIO, le Rassemblement des gauches et les modérés se partageant les 62 sièges restants.

15. Élu pour sept ans, il désigne le président du Conseil et préside le Conseil supérieur de la magistrature.

16. Le discours de Bayeux prévoit deux assemblées, la séparation des pouvoirs, la responsabilité ministérielle.

Le refus de la social-démocratie

Pendant ce temps, la SFIO est absorbée par son congrès, qui se tient à la fin août 1946. Daniel Mayer et la direction souhaitent une clarification doctrinale. La critique du capitalisme demeure, mais aux termes « prolétariat » et « lutte de classes » Blum préfère ceux de « monde du travail » et d'« action de classes ». À l'inverse, Guy Mollet répète que les socialistes doivent renouer avec une forme d'orthodoxie marxiste pour retenir leur électorat populaire, qui s'éclaircit à chaque élection, et favoriser le rapprochement avec le PCF, même si l'union n'est envisagée que lorsque les communistes ne seront plus « assujettis à l'État russe ». Ce discours intransigeant séduit, et le rapport moral, soutenu par Daniel Mayer, est mis en minorité[17]. Le secrétaire général sortant n'a d'autre choix que de donner sa démission et de céder la place à Guy Mollet, son rival, un professeur d'anglais de 40 ans qui a fait ses classes dans la Résistance et qui est maire d'Arras. Il demeurera à ce poste jusqu'en 1969.

Le parti a été conquis sur sa gauche par la perspective de l'abolition du régime de propriété capitaliste qui a divisé la société en « classes nécessairement antagonistes ». Mollet espère ainsi récupérer un large électorat et se tient prêt, par ailleurs, à accepter toutes les combinaisons pour maintenir son parti au pouvoir. Malgré ses échecs moraux, cette démarche continue d'inspirer certains esprits : la peur d'être dépassé par une gauche plus à gauche, la volonté d'effacer un passé supposé lourd à porter et la facilité verbale sont autant de maladies du socialisme quand il perd son identité réformiste.

17. Par 2 975 mandats contre 1 365.

La défense de la nouvelle République

Le 13 octobre 1946, le référendum se déroule dans une certaine indifférence (31 % d'abstentions). La Constitution qui fonde la IVe République[18] est approuvée de justesse par 36,1 % des inscrits contre 31,3 %. « Un tiers des Français l'a rejetée, un tiers s'est abstenu, un tiers l'a approuvée », résume le général de Gaulle. « Le résultat est le nôtre et nous avons le droit d'en tirer quelque fierté », déclare pour sa part Léon Blum. La SFIO n'en sera pas récompensée.

Le 10 novembre, l'élection de l'Assemblée nationale confirme le désenchantement général. Le PC redevient le premier parti du pays (28 % des voix), suivi de près par le MRP (26 %). La SFIO fait les frais de ses ambiguïtés (18 %), lesquelles lui offrent toutefois l'opportunité de continuer à jouer les premiers rôles[19].

Le sage Léon Blum est à nouveau sollicité pour sauver un tripartisme en voie de décomposition et contenir le PCF qui a demandé, une fois de plus, la présidence du Conseil. Sur le principe, Guy Mollet n'est pas opposé à ce schéma. Il lui paraît impossible que la SFIO puisse « gouverner sans le parti communiste qui à lui seul représente une grande partie de la classe ouvrière ». Mais Thorez rate l'investiture à une cinquantaine de voix près. Bidault, également candidat, n'y parvient pas davantage. Le Parti communiste n'a plus d'autre choix que de se déclarer partisan d'un gouver-

18. Si le président de la République, élu pour sept ans par le Congrès réuni à Versailles, dispose du droit de dissolution de l'Assemblée, c'est seulement après deux crises gouvernementales survenues à partir de la deuxième année de la législature. Le Parlement se compose de deux chambres : l'Assemblée nationale et le Conseil de la République. Le président du Conseil, désigné par le président de la République, reçoit l'investiture des députés sur son discours de politique générale.

19. Le PCF obtient 171 sièges, le MRP 162, la SFIO 102, les radicaux 42.

nement socialiste, afin de « faire l'union des forces ouvrières et démocratiques ».

Le 16 décembre 1946, Blum forme un ministère de transition exclusivement socialiste. Il durera le temps de la mise en place de la nouvelle République, soit un petit mois. Le lendemain, par 544 voix contre 2, l'Assemblée nationale vote la confiance. *Le Populaire*, dont il assumait jusqu'ici la direction, se fait lyrique : « Avec votre retour, c'est une immense espérance qui se lève pour le socialisme, la patrie et l'humanité entière. » C'est une illusion ! Un mois plus tard, le 16 janvier 1947, au Congrès réuni à Versailles, Vincent Auriol, alors âgé de 62 ans, est élu président de la République.

Député-maire de Muret (Haute-Garonne) depuis trente-deux ans, le nouveau chef de l'État a été ministre des Finances du Front populaire, président de l'Assemblée constituante, puis de l'Assemblée nationale. Sa légitimité est entière, son autorité limitée. Il s'inquiète de l'état de délabrement du pays. « [...] Voici qu'en face des communistes, de Gaulle s'agite à son tour. J'ai fait des approches pour lui demander de suspendre son activité hostile, mais il demeure muré dans son orgueil et il est seul. Qui l'emportera ? J'espère toujours que ce sera la République [...][20]. » Il s'interroge – le sujet n'est donc pas nouveau – sur les classes moyennes, qui « vont à droite quand elles voient leurs intérêts menacés, et à gauche lorsque la République est menacée ». La situation internationale le préoccupe encore davantage : il craint que les « blocs idéologiques » ne conduisent à la guerre.

Il désigne le socialiste Paul Ramadier[21], alors âgé de 59 ans, comme président du Conseil. Cet ancien ministre du Front populaire et homme d'État respecté, juste parmi les justes

20. *Mon septennat 1947-1954.*

21. Député-maire de Decazeville (Aveyron), il participe au gouvernement du Front populaire du 4 juin 1936 au 10 mars 1938. Sous-secrétaire d'État aux Mines, à l'Électricité et aux Combustibles liquides, puis aux Travaux publics,

pour avoir sauvé des Juifs pendant la guerre, ne souhaite pas plus que Gouin diriger un gouvernement. Investi à l'unanimité par l'Assemblée le 21 janvier 1947, il laisse les partis désigner les ministres.

Ramadier confie le ministère de la Défense au communiste François Billoux, mais s'empresse de vider le portefeuille de ses attributions en les répartissant entre trois autres ministères : ministère de la Guerre, ministère de la Marine et ministère de l'Air. Maurice Thorez, comme ministre d'État, représente l'une des cinq familles qui composent l'exécutif. Un jeune ministre de 30 ans, quant à lui, fait son apparition au nom d'un petit parti : l'UDSR (Union démocratique et socialiste de la Résistance). Il s'agit de François Mitterrand, alors en charge des Anciens Combattants. Mais ce rajeunissement peine à dissimuler une forme de restauration du personnel de la IIIe République : outre Auriol et Ramadier, respectivement à l'Élysée et à Matignon, Herriot est élu à l'Assemblée nationale, et Champetier de Ribes[22] au Conseil de la République. Critiqué pour la composition de son gouvernement, Ramadier accepte, en sus, de le soumettre à l'investiture de l'Assemblée, ce qui n'était pas explicitement prévu par la nouvelle Constitution. Revenant ainsi aux mœurs du régime défunt, il ouvre la voie à l'instabilité ministérielle.

Rapidement, les conditions politiques se dégradent. La poursuite de la guerre d'Indochine conduit le PCF à prendre ses distances avec les choix répressifs du gouvernement. Sur le plan international, le discours de Truman, le 12 mars 1947,

---

avant d'être nommé ministre du Travail. À la Libération, il est nommé ministre du Ravitaillement, ce qui lui vaut le surnom de « Ramadiète ».

22. Le démocrate-chrétien Auguste Champetier de Ribes (1882-1947) a été plusieurs fois ministre sous la IIIe République. Il a voté « non » aux pleins pouvoirs au maréchal Pétain et a été membre du réseau Combat dans la Résistance. Membre de l'Assemblée consultative à la Libération, il est nommé par la France, en 1946, procureur au procès de Nuremberg.

marque l'entrée dans la guerre froide et rend problématique la présence, au sommet de l'État français, de personnalités liées directement ou indirectement à l'Union soviétique.

L'inévitable rupture

À l'intérieur, le mécontentement social enfle. Tout manque, même le pain, rationné plus drastiquement que sous l'Occupation. Les prix flambent, notamment ceux des produits alimentaires, dont la hausse dépasse les 40 % quand la progression des salaires[23] n'est que de 10 %. Comment un tel dénuement pourrait-il ne pas susciter la colère de Français au régime sec depuis sept ans ?

Le 25 avril, des mouvements de grève sont enclenchés à partir des usines Renault. Ils prennent de court le Parti communiste qui, depuis la Libération, ne jure que par l'impératif de production. La CGT prend le train en marche quatre jours plus tard, avec le soutien du « parti de la classe ouvrière », qui ne peut se permettre de se dérober. Cette agitation pousse les communistes à critiquer les orientations du gouvernement, mais le comité central hésite à faire partir ses ministres, craignant que la France ne bascule dans le camp atlantiste qui se forme à partir du plan Marshall.

Le président Auriol estime alors que la question de confiance doit être posée. Il y va du respect de la Constitution. Ramadier partage cette conception : sans solidarité ministérielle « se dissoudrait l'esprit de responsabilité et, par conséquent, le principe du gouvernement parlementaire ».

Le 2 mai, le groupe communiste à l'Assemblée ne vote pas la confiance… sans penser créer l'irrémédiable. Le 4 mai,

23. L'indice des prix de détail passe, sur une base 100 en 1938, à 1 350 en décembre 1947 !

Paul Ramadier renvoie les ministres communistes, qui veillent à ne pas rompre tout lien, dans l'espoir d'un hypothétique retour au pouvoir. Il ne se produira pourtant jamais sous la IVe République, et il faudra attendre la victoire de mai 1981 pour que des communistes figurent de nouveau dans un gouvernement.

L'Union de la gauche est devenue impossible à justifier, car le rapport à l'Union soviétique interdit tout travail commun. Cette situation détermine, par conséquent, de nouvelles alliances. Le temps de la Troisième Force est venu : les socialistes acceptent de gouverner sans les communistes et de s'associer aux radicaux, à l'UDSR, aux modérés et au MRP.

La volonté de Moscou de mettre au pas les partis communistes de l'Ouest qui se sont fourvoyés dans la participation ministérielle achève de convaincre le PCF de passer clairement dans l'opposition quelques mois plus tard.

Le 22 octobre 1947, après des élections municipales marquées par une victoire éclatante du RPF du général de Gaulle (38 % des voix) et la bonne tenue du Parti communiste (30 % des voix), le gouvernement Ramadier est en sursis. Il expire un mois plus tard. Les socialistes poussent alors Léon Blum à solliciter l'investiture de l'Assemblée nationale. Il manque de 9 voix sa désignation, pour avoir maladroitement mis sur le même pied le danger communiste et celui représenté par le général de Gaulle. Le MRP ne lui pardonne pas cette confusion.

Dix ans après la fin du Front populaire, c'est le dernier acte politique de la grande figure socialiste. Après avoir conduit le gouvernement le plus à gauche sous la IIIe République, il devient l'incarnation de la défense de la démocratie au nom d'un « front républicain » avant l'heure. Le pionnier de l'Union de la gauche a laissé la place à un homme d'État confronté à la division du monde. Blum reprend ainsi son appel de 1938 pour former un large rassemblement. Cette fois, celui-ci ne serait pas destiné à empêcher la guerre, mais à faire face à la guerre froide[24].

Il imagine une Europe au sein de laquelle la social-démocratie prendrait une place éminente. Lui-même évoque un travaillisme français à l'échelle humaine, c'est-à-dire une doctrine qui se tient à distance d'un capitalisme qui écrase les individus et d'un communisme qui étouffe les libertés.

La méthode Jules Moch

Ce rêve se dissipe vite devant le mur d'airain des réalités. Le 24 novembre 1947, c'est Robert Schuman[25], un MRP, qui est investi à une très large majorité comme chef du gouvernement. Un socialiste occupe le ministère de l'Intérieur : Jules Moch[26]. Confronté au déclenchement de grèves insurrectionnelles qui s'étendent à toute la France, il riposte brutalement, n'hésitant pas à mobiliser policiers et gendarmes… et même l'armée. Il brise des mouvements de plus en plus déterminés, et donne toutes les instructions nécessaires pour écarter les piquets de grève. Cette conception des forces de l'ordre qui, pour être républicaines, n'en sont pas moins

24. Léon Blum participera une dernière fois comme vice-président du Conseil à un gouvernement, celui d'André Marie, du 26 juillet 1948 au 5 septembre. Il meurt quelques mois plus tard, le 30 mars 1950.

25. Robert Schuman, député de la Moselle de 1929 à 1962. Sous-secrétaire d'État en 1940, il a voté les pleins pouvoirs à Pétain, avant d'être arrêté par la Gestapo en 1941 (il parvint à s'enfuir l'année suivante). Il a joué un rôle décisif dans l'engagement européen de la France avec la signature du traité de Paris, le 18 avril 1951, qui a donné naissance à la Communauté européenne du charbon et de l'acier.

26. Député de la Drôme de 1928 à 1936, nommé secrétaire général du gouvernement par Léon Blum en 1936, il a contribué à moderniser l'organisation de l'État et à renforcer les services de Matignon. Antimunichois, spécialiste des questions militaires, il a refusé d'accorder les pleins pouvoirs à Pétain et rejoint la Résistance.

brutales face à des mouvements violents, est restée associée au nom de Jules Moch. Il a illustré la difficulté pour la gauche d'assumer l'ordre – en l'occurrence, l'exercice de la répression – et d'être ainsi du côté de l'État plutôt que de celui des manifestants. Soit elle est accusée de laxisme et de faiblesse devant des agitations dégénérant en révoltes, soit elle est dénoncée comme complice de l'ordre établi.

Jules Moch assume cette tâche sans états d'âme. Sa fermeté fut sûrement décisive pour assurer la reprise du travail, mais sa réputation fut entachée et compromit longtemps la SFIO à l'égard d'une partie de la classe ouvrière.

Ce débat demeure ouvert aujourd'hui. Je l'ai vécu quand il a fallu faire face, à mon tour, à des mouvements violents qui pouvaient prendre des formes incontrôlées. Répondre de façon graduée aux provocations, prévenir les incidents dramatiques susceptibles de heurter l'opinion, assurer coûte que coûte la liberté de manifester, car c'est un droit constitutionnel. Être cohérent au pouvoir en faisant respecter les principes affichés dans l'opposition : c'est toujours là le défi. Vouloir le pouvoir, c'est assumer l'autorité.

Jules Moch scelle ainsi une rupture durable entre le PC, le parti de la classe ouvrière, et la SFIO, « office de la bourgeoisie ».

Au lendemain des grèves de 1947, le mouvement syndical se fracture. La CGT se scinde une nouvelle fois. Force ouvrière (FO) naîtra en avril 1948, avec à sa tête Léon Jouhaux.

Les gauches fracturées

La division politique hâte l'éclatement du syndicalisme en plusieurs organisations, et les socialistes ont les plus grandes difficultés à s'en remettre. Non seulement leur participation à des gouvernements successifs les a coupés d'une base ouvrière de plus en plus influencée par le Parti communiste, mais le pluralisme syndical les prive d'un lien structurel avec une grande confédération de salariés.

Cette distance a contribué à contrarier l'implantation de la social-démocratie en France. Car comment appeler aux compromis, à la négociation, au prioritarisme[27] quand le syndicalisme est à ce point affaibli et discordant, et qu'il se met à ce point en retrait de la politique, au nom d'une indépendance qui devient une commodité ?

Trois ans après la victoire, l'esprit de la Libération se dissipe. Face aux extrêmes, une République centrale se forme, sans autre idéologie que de conjurer le pire et sans autre ambition que d'assurer la reconstruction du pays. Les gauches ne sont pas seulement désunies, elles sont séparées. Le PC s'arroge la défense des travailleurs et celle de l'Union soviétique, comme si les causes étaient indissolublement liées. La SFIO se livre à des combinaisons pour sauver un régime qui, à peine né, paraît déjà exténué, et un socialisme qui, dans la Troisième Force, a perdu ce qui faisait l'essentiel de la sienne.

Le programme du CNR, presque tout le programme

Que peut-on attribuer à ces gauches depuis la Libération ? Ont-elles été motrices pour bâtir un nouveau modèle social ou ont-elles suivi un mouvement qui leur échappait ? Ont-elles forcé le destin ou ont-elles été la simple traduction politique d'une volonté populaire ?

---

27. Système fondé sur la priorité donnée à l'égalité sociale.

Elles peuvent se targuer d'avoir exécuté fidèlement une large part du programme du Conseil national de la Résistance, notamment les nationalisations. Mais convenons que l'œuvre en revient également au général de Gaulle qui, comme chef du Gouvernement provisoire dès septembre 1944, considérait que les « grandes sources de la richesse » devaient revenir à la collectivité sans qu'il faille pour autant renoncer à la libre entreprise.

C'est en décembre suivant que fut constitué un Groupement des houillères du Nord et du Pas-de-Calais, qui deviendra les Charbonnages de France avec l'adjonction des autres sites miniers.

Le 16 janvier 1945, la Régie Renault est étatisée, moins dans une perspective de redressement industriel et de contrôle d'un secteur stratégique que pour punir ses actionnaires de leur collaboration économique avec l'occupant. C'est le même motif qui conduit à la constitution de la SNECMA[28] (en représailles contre les sociétés qui ont travaillé pour les Allemands).

Quant à la création de ce qui deviendra Air France en 1948, elle obéit à une autre logique, celle de la réunion des entreprises du transport aérien dans le même ensemble. Le raisonnement vaut également pour la RATP, même si la pression des syndicats a été déterminante pour lui donner un statut public.

En revanche, la nationalisation du crédit s'opère à l'initiative des partis de gauche présents au sein de l'Assemblée consultative. Elle est acquise par la loi du 2 décembre 1945 et englobe la Banque de France ainsi que les quatre grandes banques de dépôt. Certes, les banques d'affaires échappent au contrôle public, mais c'est après une vive explication entre le général de Gaulle et les partis de sa coalition. Ce trai-

28. Société nationale d'étude et de construction de moteurs d'aviation.

tement particulier ne sera pas sans conséquence. Car c'est ainsi qu'a été établie une distinction entre les établissements financiers selon leurs activités par une réglementation qui perdure encore, comme s'il importait davantage de maîtriser le crédit par peur de l'inflation plutôt que l'investissement, pourtant si nécessaire dans cette phase de reconstruction.

De Gaulle parti, les gouvernements accélèrent le processus : la nationalisation de l'électricité et du gaz est opérée par la loi du 8 avril 1946. Elle doit beaucoup à Marcel Paul, le ministre communiste de la Production industrielle, lequel doit admettre de séparer EDF de GDF, même si les deux entreprises sont placées sous monopole de l'État.

Mais, au-delà du parti pris idéologique qui donne à la puissance publique un rôle majeur dans l'économie au détriment de la sphère marchande, c'est l'impératif de production qui l'emporte. L'urgence, c'est de faire repartir une économie désorganisée et presque détruite par la guerre, et non d'instaurer un mode de gestion socialiste au sein duquel les salariés joueraient un rôle déterminant dans la marche des entreprises. Leurs élus siègent dans les conseils d'administration, mais ils n'en représentent qu'une minorité, et les dirigeants nommés par l'État appartiennent aux grands corps de l'Administration. Ces individus formeront une nouvelle technocratie.

La reconstruction avant la nationalisation

Il s'agit davantage d'une étatisation que d'une nationalisation, d'un planisme résolu que d'un anticapitalisme militant. L'idée d'autonomie des entreprises publiques ou celle d'une participation des travailleurs aux décisions, que les socialistes défendent, sont mises de côté pour mieux servir le seul objectif qui vaille aussi bien pour les communistes que pour de Gaulle, à savoir la reconstruction du pays dans les meilleurs délais.

Cette conception du secteur public aura la vie dure. Il faudra attendre la « nouvelle société » de Jacques Chaban-Delmas, en 1969, pour voir exhumer la nécessaire autonomie des entreprises par rapport à leur tutelle, et 1981 pour réveiller l'aspiration à une démocratisation de leur gestion. Si bien que la gauche cherchera des arguments pour justifier la nécessité d'un nouveau programme de nationalisations. Elle les trouvera dans la lutte contre les monopoles et les féodalités, mais c'était le glossaire du Parti communiste. C'est d'ailleurs sur l'étendue du secteur public que l'actualisation du Programme commun aboutira à la rupture de l'union en septembre 1977.

En réalité, la socialisation d'une partie des moyens de production résume la politique économique et sociale des gouvernements de la Libération. À la fois par le contrôle des tarifs et des prix pour les usagers, et par l'exemplarité des réajustements de salaires pour les travailleurs. Quant aux agents de la fonction publique, ils se voient dotés d'un statut général. Celui-ci est élaboré pour l'essentiel par le ministère de Maurice Thorez et vaut encore plus de quatre-vingts ans après son adoption, alors même que les services publics et les besoins de la population ont considérablement évolué. Sa rigidité a servi, au cours du temps, de prétexte à des externationalisations de plus en plus nombreuses, sans que la situation des agents s'en trouve améliorée.

Le secteur privé est aussi appréhendé par le programme du CNR. Là encore, la gauche et de Gaulle trouvent, non sans mal, un équilibre (pour ne pas écrire une synthèse) dans le but de faire reculer l'arbitraire patronal, sans remettre en cause l'essentiel des pouvoirs des dirigeants.

L'ordonnance du 22 février 1945 impose, dans tous les établissements de plus de 100 salariés (seuil abaissé à 50 en 1946), un comité d'entreprise. Outre la gestion des œuvres sociales, ce dernier donne son avis sur la marche de la société et a accès aux comptes. Mais c'est un organe consultatif et l'autorité du chef d'entreprise demeure intacte. Il n'est soumis à aucun contrôle, et les conseils d'administration n'accueillent pas en leur sein de représentants des travailleurs. C'est un modèle de réconciliation, et non d'affrontement des classes sociales, à un moment où l'unité du pays est essentielle et où seule prévaut la communauté du labeur. Il s'écarte donc d'un schéma dans lequel capital et travail devraient chercher le compromis dans une forme de cogestion ou même de cosurveillance. À aucun moment, il n'est envisagé un actionnariat salarié ou une participation aux résultats. Le comité d'entreprise est renvoyé aux œuvres sociales, et il faudra du temps pour lui faire jouer, avec les lois Auroux, un rôle économique.

C'est le PC qui, dans cette phase où il est encore associé au gouvernement, a privilégié l'affirmation de cette voie d'administration « nationale » plutôt que l'instauration d'un pouvoir ouvrier. Tout devait être fait pour relancer l'économie sans toucher aux rapports de propriété. Et pour réduire ainsi la dépendance de l'Europe à l'égard des États-Unis.

Quant aux socialistes, ils auraient préféré conforter la fonction régulatrice de l'État pour appréhender les conflits sociaux (une méthode chère à Léon Blum qui, déjà lors du Front populaire, l'avait éprouvée en facilitant une sortie des grèves qui avaient suivi sa victoire). Mais l'objectif de reconstruction l'emporte sur tout autre.

La gauche peut également s'honorer, même si elle n'a guère tiré de lauriers en retour de la part de la profession agricole, d'avoir donné, par une loi d'avril 1946, une meilleure protection aux fermiers et aux métayers à travers l'allongement des baux à neuf ans et la distinction enfin établie entre l'exploitation agricole et la propriété du sol.

La Sécurité sociale, une œuvre collective

En réalité, l'acquis majeur de la période, sans qu'il soit possible d'en attribuer le mérite à un seul parti tant le mouvement a été porté par toutes les forces vives de la nation, c'est la Sécurité sociale.

L'acte fondateur date d'octobre 1945. Les ordonnances doivent beaucoup à un conseiller d'État, Pierre Laroque[29], qui, avec le ministre du Travail Alexandre Parodi, élabore, avec sa frêle administration, les textes qui rattachent toutes les assurances sociales constituées avant-guerre dans un organisme unique auquel sont assujettis tous les salariés[30]. Un régime de cotisations réparties entre les travailleurs et les employeurs contribue au financement du système. La Sécurité sociale couvre dès l'origine la maladie, l'invalidité, la vieillesse et les accidents du travail. Les remboursements de frais médicaux atteignent 80 % de la somme avancée, les indemnités journalières sont versées en cas d'arrêt, et le régime général permet aux travailleurs de plus de 65 ans de partir en retraite. Quant aux familles, elles touchent des allocations à partir du deuxième enfant.

Les caisses sont gérées à parité (employeurs-salariés) par les assurés eux-mêmes, qui élisent leurs représentants sans interférence de l'État. Les principes d'universalité et de solidarité sont posés. Ils seront au cours du temps contournés, transgressés et altérés. Les régimes dérogatoires (autonomes

---

29. Pierre Laroque a été un court moment chargé des assurances sociales au cabinet de René Belin (août 1940). C'est à cette date qu'est posé le principe des régimes de répartition pour les retraites. Révoqué parce que juif, il mettra en place ce système à la Libération.

30. Depuis les années 1930, il existait un système d'assurances sociales couvrant le risque de la maladie et des accidents du travail et aussi la vieillesse, mais il était parcellaire et cloisonné.

et spéciaux) se multiplieront, faisant perdre à l'organisation de la Sécurité sociale sa lisibilité et au système son équité.

Il n'empêche, c'est la réforme la plus avancée du programme du CNR qui est alors lancée. C'est elle qui fonde ce qui demeure notre modèle social, en couvrant justement les aléas de la vie et en faisant du travail la base du financement. La Sécurité sociale se traduit, pour le plus grand nombre, par la conviction que le progrès pour chacun est possible grâce à la contribution de tous. Les générations sont ainsi liées les unes aux autres, et des droits personnels sont créés dans un cadre collectif. Une architecture qui conjugue les aspirations individuelles et la cohésion sociale.

Cette avancée majeure aurait pu être mise au crédit d'une social-démocratie, comme ce fut le cas pour les travaillistes britanniques avec le Welfare State ou pour les Scandinaves et, plus tard, pour les Allemands, mais les conditions politiques de la Libération, la forte personnalité du général de Gaulle et le tripartisme n'ont pas permis aux socialistes d'en revendiquer la paternité. Ce fut une œuvre collective conduite par fidélité à la Résistance et à son programme, dont nul ne pouvait s'arroger l'initiative. Le paradoxe a voulu que les Français, au moment où ils tiraient de la Sécurité sociale tous les avantages qu'elle ouvrait dans la durée, n'aient pas crédité la gauche des changements majeurs opérés pour leur protection. Ils affrontent à l'époque, il est vrai, de dures conditions de travail (la durée hebdomadaire allait passer de 40 à 45 heures de 1945 à 1948) et vivent une perte continue de pouvoir d'achat en raison d'une inflation galopante. La course entre les salaires et les prix entretient, de surcroît, une agitation sociale permanente qui rend plus difficile le quotidien, tandis que les grèves quasi insurrectionnelles de 1947 démontrent l'ampleur des souffrances et des mécontentements.

Aussi, dans les mémoires, les années qui ont suivi la libération du pays restent particulièrement noires et renvoient à une période de dégradation générale du niveau de vie. Pourtant, elles signent l'avènement des conditions d'un nouveau bien-être en offrant une couverture sociale aux Français face aux risques de l'existence. Il faudra attendre le milieu des années 1950 pour que la nation prenne conscience de ce que représentait la croissance économique et de ce que signifiait l'entrée dans la « modernité » des Trente Glorieuses, dans un ensemble fondé sur une nouvelle solidarité.

La gauche avait depuis plusieurs années laissé la place à des combinaisons politiques auxquelles Pierre Mendès France, un court moment, avait mis un terme, suscitant un enthousiasme aussi soudain que bref… avant que Guy Mollet n'embarque le socialisme français dans des aventures extérieures et finisse par lui infliger une réputation dont son parti aura le plus grand mal à se défaire.

5

1954
Le moment Pierre Mendès France

Depuis le 7 mai 1954, la France est sous le traumatisme de la défaite de Diên Biên Phu, la « préfecture de la zone frontalière[1] » avec la Chine et le Laos, dans les contreforts du nord-ouest du Vietnam.

Cette cuvette « en forme de stade où les gradins sont l'ennemi », et où près de 20 000 de nos soldats sont positionnés pour contrôler les points de passage du Viêt-minh[2], est le théâtre d'un affrontement qui va durer plusieurs semaines, avant de se conclure par la reddition du corps expéditionnaire français. Le bilan de la débâcle est humiliant : 2 000 morts, 4 000 blessés graves et plus de 10 000 soldats prisonniers. Sept mille ne reviendront pas, enfermés dans des camps aux conditions particulièrement inhumaines.

Humiliée, l'armée nourrira une rancune tenace à l'égard d'une République qui aura abandonné ses hommes et qui aura laissé, sur un champ de bataille devenu inaccessible, les survivants croupir dans les geôles vietnamiennes sans véritable reconnaissance de leurs souffrances.

---

1. Robert Guillain, « Week-end à Diên Biên Phu », *Le Monde*, 14-15 février 1954.

2. Ce mouvement politique et militaire vietnamien créé en 1941 par les communistes indochinois lutte depuis 1946 pour l'unité et l'indépendance du Vietnam, alors sous contrôle français. Son principal dirigeant est Hô Chi Minh, et son armée est commandée par le général Giap.

Cette déroute est aussi vécue douloureusement par une opinion à laquelle on avait fait croire que l'héroïsme des parachutistes serait capable d'inverser le sort de la confrontation. Elle mesure, sans encore l'admettre, l'inéluctabilité de la décolonisation et, partant, d'une négociation, sans qu'aucun responsable du gouvernement ose en prononcer le nom.

Au désastre extérieur s'ajoute une agitation intérieure. Tout au long de l'année 1953, des conflits sociaux provoqués par une inflation persistante et une dégradation des comptes publics (qui a justifié des ajustements budgétaires et fiscaux de plus en plus pesants pour les « petits ») scandent la vie des Français. C'est à cette période que le mouvement Poujade prend son essor et mobilise les commerçants comme les artisans contre les agents du fisc. Les slogans qu'il utilise pour caractériser la colère reprennent les mots de l'avant-guerre contre les « pourris » et les corrompus. Dans le même temps, les départements viticoles sont le théâtre d'actions violentes : des préfectures sont attaquées et les barrages de routes se multiplient. Les éleveurs ne sont pas en reste.

À l'été, les grèves se sont étendues à l'ensemble du secteur public, d'abord aux PTT, puis à la SNCF et, enfin, à EDF, dans le but d'obtenir des augmentations de salaires. Le pays est paralysé, mais ne s'en émeut pas outre mesure... car il est en vacances. C'est pourtant le plus grand mouvement social depuis la Libération (si l'on fait abstraction des grèves insurrectionnelles de 1947-1948, qui étaient à l'initiative des communistes). Là, ce sont des travailleurs d'abord soucieux de leur pouvoir d'achat qui expriment leur ulcération devant les sacrifices, sans qu'ils aient besoin de se référer à un parti.

Ce n'est pas une répétition de « 36 », puisqu'il n'y a ni occupation d'usines ni bienveillance de l'État. Au contraire, alors même que la contestation est dirigée contre lui, l'État fuit devant ses responsabilités. Et ce sont ses propres agents qui cessent le travail, non pas les salariés du privé qui, eux, restent plutôt sages.

Le régime n'en sort pas affaibli, il l'est déjà. Les majorités fluctuantes qui se succèdent, les présidents du Conseil qui se suivent et se ressemblent et l'instabilité ministérielle renforcent un peu plus à chaque fois le sentiment d'impuissance des gouvernements. Au point que c'est la République elle-même qui semble, de remaniement en remaniement, devoir sombrer.

En décembre 1953, il ne faut pas moins de douze tours de scrutin pour que le Parlement, réuni en Congrès, élise un président, le modéré René Coty. Celui-ci succède au socialiste Vincent Auriol, dont le mandat, au cours duquel il a laissé faire plus qu'il n'a tenté, ne s'est conclu par aucune initiative d'envergure. Mais comment aurait-il pu en être autrement ? À l'instar du régime, la SFIO s'étiole. La désaffection politique est alors à son comble ! Le discrédit du régime et des partis franchit un nouveau palier.

Un nouvel espoir

Au printemps 1954, un espoir, pourtant, se lève. Il a pour nom Pierre Mendès France. Le député radical, maire de Louviers, vient de prononcer, à l'Assemblée nationale, le réquisitoire qui a fait tomber le gouvernement de l'« indépendant » Joseph Laniel, accusé de n'avoir pu éviter le pire en Indochine et d'être resté inerte devant l'accumulation des revendications exprimées lors des grèves qui ont désorganisé le pays[3].

Mendès France avait déjà, lors d'un discours qui avait marqué les esprits l'année précédente, lancé des avertissements et

3. « Les mêmes hommes gouvernent et poursuivent la même politique dans tous les cabinets qui se succèdent. Les désastres de la patrie les consolident au gouvernement, c'est comme s'ils les cimentaient sur leurs socles ministériels. La France n'a pas mérité cela. »

pris date, même s'il avait manqué de peu l'investiture[4]. Selon les jolis mots de Françoise Giroud, il avait « la voix pure de ceux qui sont certains d'avoir raison ». La solution, à ses yeux, réside dans la conclusion d'un accord politique avec le Viêt-minh. Cette fois-ci, c'est en homme d'État sûr de lui et détaché des partis qu'il s'avance pour offrir une solution à une nation qui doute de son destin. La priorité, avance-t-il, « est de transférer l'effort de l'improductif au productif, du moins utile au plus utile, non pas pour donner l'illusion de la grandeur mais pour que la parole de la France soit entendue et rapportée ». Faute d'options et conscient que seul Mendès peut avoir le courage de procéder au désengagement de la France du bourbier indochinois, le président Coty en appelle au député radical.

La force de Pierre Mendès France, c'est son indépendance. Ce sera aussi son talon d'Achille.

En cet instant, l'Assemblée n'est pas fâchée de se décharger d'une responsabilité qui l'écrase et d'une impopularité qui la gagne. Elle investit massivement le nouveau président du Conseil, par 419 voix contre 47 (143 abstentions). Le centre gauche (la SFIO, les radicaux et l'UDSR[5]) constitue le noyau de cette nouvelle majorité, qui s'élargit au point de comprendre les gaullistes sociaux, les ultramarins et quelques parlementaires venus de la droite. Quant aux communistes, pour la

---

4. Le 3 juin 1953, s'inscrivant dans l'héritage de Léon Blum, il affirme que les principaux problèmes français doivent être considérés comme un tout, que leur solution est une. C'est dans ce discours qu'il lance une formule qui inspirera bien des proclamations de gouvernants dits modernes : « On ne peut pas tout faire à la fois. Gouverner, c'est choisir, si difficiles que soient les choix. »

5. L'UDSR (Union démocratique et socialiste de la Résistance), née au lendemain de la Libération, est un petit parti du centre dont François Mitterrand et René Pleven sont les dirigeants et les rivaux pour en déterminer la direction. L'un plus à gauche, l'autre plus à droite. Ce qui permet à ce groupement d'être dans toutes les combinaisons de la IVe.

première fois depuis 1947, ils consentent à apporter leurs suffrages (99 voix) à un ministère « dans l'intérêt de la paix ».

Mendès, pour ne pas être lié à un parti qui entretient des relations étroites avec Hô Chi Minh, annonce qu'il ne tiendra pas compte de cet apport pour constater la légitimité de son investiture. Il veut pouvoir conduire la négociation qui s'ouvre à Genève les mains libres, sans aucune pression de l'Assemblée ni aucune suspicion quant au rôle que pourrait jouer le PCF dans le soutien qu'il accorde à son gouvernement.

Si sa majorité est large, elle n'en est pas moins traversée de positions contradictoires et divisée sur chaque sujet. Son opposition est certes réduite à la droite et au MRP, mais elle est véhémente : c'est le camp des coloniaux, des nostalgiques et des vaincus.

Son hostilité à la personne de Mendès France est à la hauteur de sa rancœur à l'égard de son audace politique. « PMF » a 47 ans en 1954 et, même s'il est député depuis 1932 et a occupé des fonctions importantes, mais brèves, avant et après la guerre, il représente le renouveau au sein d'une République dans laquelle les vieux partis se sont réinstallés et où les personnalités, parfois brillantes, se consument à mesure de leur participation à des gouvernements éphémères. Son caractère novateur tient aussi à son tempérament et à sa méthode. Doté d'une large culture économique et d'une fine connaissance de la scène diplomatique, il est clair, précis et décidé.

C'est une rupture par rapport à ses prédécesseurs qui louvoyaient, atermoyaient et sursoyaient sans comprendre l'économie moderne.

Son mode de communication est inédit, lui aussi : ses causeries radiophoniques sont l'occasion pour lui, affirme-t-il au peuple français dans son premier message sur les ondes, « de [s']adresser régulièrement à [lui], pour [lui] parler en toute simplicité [...] et [le] tenir au courant de ce que fait et de ce que pense le gouvernement qui est [son] gouvernement ».

L'originalité de Mendès France réside également dans un rejet de la IVe République, bientôt conjugué à une méfiance à l'encontre de la Ve. La première a donné trop de pouvoir à l'Assemblée nationale, la seconde au président. Contraint d'abandonner le doux rêve d'un parfait équilibre entre les principaux organes de l'État, il finit par consentir à un gouvernement de législature. Dans ce cadre, l'Assemblée est liée au gouvernement par un contrat qui stipule que l'existence de l'un prend inévitablement fin avec celle de l'autre.

Pierre Mendès France ne s'inscrit pas dans la tradition de la gauche. Non pas en raison de sa volonté de mettre à distance le Parti communiste (à cette époque, celui-ci ne peut constituer un partenaire tant son alignement à l'égard du Kremlin et son soutien à toutes les agitations sociales le rendent infréquentable), mais parce qu'il prétend faire sans les partis – y compris le sien – et préfère associer des personnalités qui dépassent les clivages traditionnels (de Jacques Chaban-Delmas à François Mitterrand, en passant par Edgar Faure). Son entourage n'est pas constitué de collaborateurs militants ou de cadres de parti, mais de technocrates venus de l'Inspection des finances. Incarnation de l'exigence républicaine et de la morale en politique, le président du Conseil des ministres exclut tout marchandage. La SFIO le soutient largement, sans participer toutefois ; Guy Mollet ne peut pas négocier, comme à son habitude, les portefeuilles ministériels, et le reproche à PMF.

Ses appuis, il les recherche au-delà du Parlement, et notamment chez les journalistes : *L'Express*, créé en 1953 par Jean-Jacques Servan-Schreiber et Françoise Giroud, sert franchement sa démarche, et ses lecteurs se considèrent comme les adhérents à un mouvement mendésiste qui n'existe pas encore.

Soixante ans après avoir conduit un gouvernement dont la composition et l'équilibre étaient au centre, Mendès France demeure une référence pour la gauche. De même, il est encore réputé pour ses positions keynésiennes et ses choix économiques audacieux[6]. Pourtant, il n'en fera, faute de temps, aucune démonstration convaincante, puisque l'essentiel de son action fut consacré à sortir la France des pièges diplomatiques dans lesquels elle s'était enfoncée.

Sortir du bourbier

D'abord l'Indochine. Le nouveau chef du gouvernement s'installe séance tenante au ministère des Affaires étrangères, dont il assume également la charge. Il s'est fixé une échéance : faire la paix avant le 20 juillet, soit à peine plus d'un mois après son accession à Matignon. Il précise que, si aucune solution satisfaisante n'a pu être trouvée à cette date, il remettra sa démission.

Son pari est le suivant : utiliser la Chine comme intermédiaire et l'installer au cœur de la négociation pour peser sur les Vietnamiens. Dans cet esprit, il prend l'initiative de rencontrer Zhou Enlai à Berne, c'est-à-dire en terrain neutre, puisque la France, en 1954, ne reconnaît pas encore la République populaire de Chine – il faudra attendre dix ans et la décision du général de Gaulle qui marque toujours favorablement, j'en ai moi-même eu l'expérience, les relations entre les deux pays. Le calcul est doublement gagnant : la Chine fait pression sur Hô Chi Minh pour fixer la ligne de position du Vietnam au niveau du 17e parallèle et, en contrepartie, elle acquiert un statut international de premier plan.

Dans le même temps, Mendès doit convaincre les États-Unis, qui s'inquiètent des concessions françaises, du bien-

6. C'était le seul homme politique à l'époque à avoir lu John Maynard Keynes, qu'il avait rencontré aux réunions du Fonds monétaire international. Il ne cachait pas pour autant son admiration pour la politique financière de Raymond Poincaré et avait préféré démissionner de ses fonctions de ministre de l'Économie au lendemain de la guerre, faute d'avoir été suivi par de Gaulle sur son plan de redressement monétaire.

fondé de sa démarche. Fidèles à leur stratégie d'endiguement du communisme, ils sont déjà prêts à prendre le relais… Ce qui leur coûtera cher quelques années plus tard !

Le 20 juillet 1954, la conférence de Genève débouche sur un cessez-le-feu et un accord général qui englobe aussi le Cambodge et le Laos.

Pierre Mendès France a respecté l'engagement pris devant l'Assemblée lors de son investiture[7]. Côté français, la guerre d'Indochine est finie. Notre pays aura dépensé dans ce conflit l'équivalent de 8 % de son budget annuel et aura affaibli ses capacités d'investissement à un moment clé de la reconstruction du pays. Il aura perdu une large part de son crédit sur la scène internationale et ouvert dans les pires conditions le processus de décolonisation. Les pertes humaines sont encore plus douloureuses : 92 000 tués ou disparus sur un effectif de 180 000 hommes engagés[8], sans compter les milliers de prisonniers qui reviennent ravagés à jamais par les conditions de leur détention dans les camps du Viêt-minh.

C'est Pierre Mendès France qui, grâce à son audace et à sa rapidité d'action, sauve ce qui nous restait d'honneur dans la conclusion de cette tragédie.

En finir avec la CED

Aussitôt réglée cette épineuse question, il entreprend d'accorder l'autonomie à la Tunisie et d'offrir le gouvernement aux nationalistes du Néo-Destour d'Habib Bourguiba. Fin juillet, il se rend lui-même à Carthage et parvient à ses fins, ce qui lui permet d'arracher la confiance de l'Assemblée.

---

7. L'Assemblée adopte la conclusion de la conférence de Genève par 462 voix contre 13 avec 134 abstentions venant, pour l'essentiel, du MRP.

8. Dont 20 000 Français, 11 000 légionnaires, 15 000 Africains et 46 000 Indochinois, et au moins 500 000 pertes du côté Viêt-minh.

Après six semaines d'exercice du pouvoir, le *tempo* adopté par le président du Conseil semble le rendre, à en croire François Mauriac, « invulnérable ». Lui-même se sent porté par l'opinion. Sur la scène intérieure, le sujet clé n'est pas tant le pouvoir d'achat ou la lutte contre la pauvreté[9] que la controverse sur la Communauté européenne de défense (la CED). Ce traité, signé par la France en 1952 mais non encore ratifié par le Parlement[10], vise à ouvrir la voie vers le réarmement allemand, dans le cadre d'une armée européenne intégrant toutes les composantes nationales. Elle doit être placée sous les ordres du commandement supérieur des forces atlantistes, et relève d'une institution à caractère fédéral, sur le modèle de la CECA[11].

Ce projet présente l'avantage de fonder l'Europe sur une conception éminemment politique, puisqu'il met en commun ce qu'il y voit de plus « souverain » pour un État, à savoir ses forces militaires. Il comporte cependant, dès l'origine, deux défauts majeurs ; et ce, même pour des proeuropéens (Mendès France l'est incontestablement, mais dans une version plus gaulliste que fédérale). Le premier problème est qu'il subordonne à l'OTAN les décisions militaires des pays membres de la CED, ce qui revient à mettre l'industrie française de l'armement sous tutelle américaine. Le second est qu'il oblige insidieusement la France à renoncer à son programme nucléaire, puisque l'acquisition de la bombe permettrait à l'Allemagne d'y accéder aussi, ce qui lui a été catégoriquement refusé au lendemain de la guerre. Le Royaume-Uni, qui n'est pas partie prenante de la CED, serait la seule puissance

9. L'abbé Pierre a lancé un appel à « l'insurrection de la bonté » le 1er février 1954 pour venir en aide aux plus démunis.

10. La Belgique, les Pays-Bas, le Luxembourg, l'Allemagne, l'Italie sont également parties prenantes.

11. La Communauté européenne du charbon et de l'acier. Jean Monnet était d'ailleurs l'inspirateur de la CED.

du continent à refuser toute délégation de souveraineté, et donc à disposer de la force de dissuasion.

La querelle ne peut donc, au regard des enjeux, que s'amplifier. Elle éclate dès le dépôt du texte devant le Parlement pour ratification. Tous les présidents du Conseil qui se succèdent à partir de l'été 1952 renvoient le rendez-vous à plus tard. À l'exception des communistes, vent debout contre le « retour de la Wehrmacht » et des gaullistes, hostiles dès l'origine à la CED. Le MRP est unanimement pour, et tous les autres partis sont morcelés.

Au sein de la SFIO, par anticommunisme et proatlantisme, Guy Mollet adhère au projet, tandis qu'Alain Savary, Daniel Mayer et même Vincent Auriol se mobilisent vigoureusement contre (ces mêmes protagonistes s'opposeront de nouveau plus tard, de manière semblable, à propos de la guerre d'Algérie puis du retour de De Gaulle, en mai 1958).

La droite est tout autant divisée, comme les radicaux. Chez ces derniers, Edgar Faure est pour, Mendès est contre. Le président de l'Assemblée lui-même, Édouard Herriot, sort du silence qu'il s'était imposé et descend du « perchoir » pour prononcer un réquisitoire contre la CED.

Pierre Mendès France, dont le gouvernement est lui aussi plein de courants contradictoires, décide de ne pas esquiver et d'en terminer une bonne fois avec une affaire qui immobilise la République et fragmente la Nation. « Aucun choix n'est exempt de risques, souligne-t-il en août 1954, mais l'indécision est un signe de faiblesse que le destin ne pardonne pas[12]. » Il tente de convaincre les autres pays signataires de modifier les clauses du traité. Devant leur refus, il ouvre enfin, le 30 août, le débat devant l'Assemblée et invite les députés

12. https://www.lemonde.fr/archives/article/1954/08/17/aucun-choix-n-est-exempt-de-risques-mais-l-indecision-est-un-signe-de-faiblesse-que-le-destin-ne-pardonne-pas-declare-m-pierre-mendes-france_2024092_1819218.html

à se prononcer sur « un des plus graves cas de conscience du pays ». Les anticédistes proposent le vote d'une question préalable pour écarter la discussion du texte. Par 319 voix contre 264, la CED est enterrée. Elle ne reviendra plus.

Près de soixante ans plus tard, la guerre en Ukraine vient relancer l'idée d'une Europe de la défense au sein de l'Alliance atlantique, mais avec toujours la même question : de quelle autonomie stratégique l'Union pourrait-elle disposer par rapport aux États-Unis ? Et si l'OTAN devait se recomposer et l'Amérique s'éloigner, les Européens seraient-ils prêts à se défendre par eux-mêmes ?

Avec la CED, l'Europe aurait sûrement pris une dimension plus politique... Mais serait-elle devenue plus souveraine ?

Pierre Mendès France, en parvenant à mettre un terme à une crise qui avait miné la majorité du Parlement, a néanmoins gagné. La France a enfin répondu clairement à la question posée, et c'est sa position qui l'a emporté, sans porter préjudice à la défense du continent. Car l'OTAN fournira le cadre d'une sécurité collective sans qu'il soit nécessaire de créer une armée européenne. C'est sur une autre base et une autre orientation que l'Europe va se constituer. En 1957, le traité de Rome ouvre la voie au Marché commun et donne ainsi à la construction européenne une direction dont elle aura plus tard à souffrir puisqu'elle repose sur des ressorts essentiellement économiques et une philosophie libérale qui aurait exigé des contreparties sociales.

Cette victoire de Mendès laisse un goût amer aux partisans du traité de la CED, qui ne lui pardonneront pas le « crime du 30 août ». Ils n'ont pas encore les moyens d'armer leur vengeance... C'est l'Algérie qui le leur permettra.

« L'Algérie, c'est la France »

Les attentats du 1er novembre 1954 commis par le FLN annoncent l'insurrection algérienne[13] et prennent le gouvernement de court. Sa réaction traduit l'incompréhension d'une génération qui, confrontée à l'aspiration pourtant irréversible des peuples à disposer d'eux-mêmes, pense qu'il sera possible de composer et de faire cohabiter dans la même assemblée des populations aux statuts différents sur le plan politique et aux écarts de situation insupportables sur le plan social.

À relire la déclaration de Mendès France prononcée le 12 novembre devant l'Assemblée nationale, on reste néanmoins troublé, pour ne pas dire gêné et même peiné, par autant de cécité : « Les départements d'Algérie constituent une partie de la République française. Ils sont français depuis longtemps et d'une manière irrévocable… Il n'y a pas de sécession concevable. Jamais la France, aucun gouvernement, aucun Parlement, quelles qu'en soient d'ailleurs les tendances particulières, ne cédera sur ce principe fondamental. » François Mitterrand, ministre de l'Intérieur, ajoute : « L'Algérie, c'est la France, et la France ne reconnaîtra pas chez elle d'autre autorité que la sienne. » Le gouvernement entend à la fois réprimer les insurgés et entreprendre une vaste réforme politique et sociale en Algérie.

À leur décharge, en cet instant, aucun des partis politiques, même le PC, n'est conscient du processus qui s'engage. L'opinion elle-même est encore solidaire des compatriotes d'Algérie, et une large partie de la gauche pense qu'une amélioration des statuts et des représentations des « musulmans » pourra offrir une solution durable permettant leur intégration, et ainsi le

13. La « Toussaint sanglante », ou « Toussaint rouge », fait 8 morts et 40 blessés.

maintien de l'Algérie dans le cadre national. Reconnaissons que Mendès France se fera plus lucide et plus intransigeant quelques mois plus tard, à l'été 1956, quand il démissionnera du gouvernement de Guy Mollet.

Un bilan paradoxal

Fin 1954, le bilan de son gouvernement est considérable sur le plan diplomatique. Sa méthode de communication particulièrement efficace ainsi que son style sincère et discret ont, par ailleurs, largement convaincu les Français. Mendès s'est, en revanche, révélé décevant en termes de réformes économiques et sociales.

Certes, l'objectif de modernisation est affirmé et conduit à une plus grande libéralisation des échanges et à des allègements financiers pour les entreprises. On parlerait aujourd'hui d'une politique de l'offre. Mais rien qui soit original ou spécifique. Je cherche vainement les mesures d'inspiration sociale-démocrate ou l'amorce d'un nouvel interventionnisme. Il est vrai qu'avec le duo Edgar Faure aux Finances et Valéry Giscard d'Estaing comme directeur adjoint du cabinet, il eût été surprenant de voir ce gouvernement travailler à la mise en œuvre du socialisme en France…

L'organisation gouvernementale met au jour deux priorités qui figureront longtemps dans le langage mendésiste : la recherche scientifique et la jeunesse. C'est sur ce double terrain que des mesures furent prises, conformément à la volonté de Mendès de préparer l'avenir : ouverture de 140 000 classes, recrutement significatif de 120 000 professeurs en six mois, création du troisième cycle de l'enseignement supérieur, accélération de la recherche atomique.

En ces temps où la croissance est forte et le chômage bas, et où l'inflation constitue la préoccupation principale, Mendès

France s'emploie, au moins dans le discours, à lutter contre les corporatismes. Il les accuse en effet – non sans raison – de bloquer la modernisation du pays et de maintenir des rentes, et cela faute d'une véritable concurrence. Cette dernière, selon lui, est un concept de gauche dès lors qu'elle bénéficie aux consommateurs. Allant jusqu'à remettre en cause les privilèges des bouilleurs de cru, il accumule ainsi les aigreurs de bien des milieux : celui des agriculteurs (vivant largement des subventions de l'État), des industriels (bénéficiant de la fermeture de certains marchés), sans oublier celui des commerçants (entretenant complaisamment l'inflation). Aux yeux de ses opposants, le gouvernement de PMF n'est pas de gauche. Il est pire que ça : une équipe de technocrates inspirés par les théories économiques les plus fumeuses ! Des progressistes prêts à faire sortir la France du giron des Américains. Des naïfs disposés à discuter avec les Soviétiques et les Chinois. Des bradeurs déterminés à liquider l'Empire et à abandonner à leur sort nos ressortissants.

Sur ce terreau fertile, Pierre Poujade et son mouvement commencent à s'épanouir. La haine constitue en effet son engrais principal. Ne déclare-t-il pas, au moment où Mendès France fait la promotion du lait : « Si vous aviez une goutte de sang gaulois dans les veines, vous n'auriez jamais osé, vous, représentant de notre France producteur mondial de vin, vous faire servir un verre de lait dans une réception internationale ! »

Ainsi, comme une répétition – à moindre intensité – de la campagne dont Blum fut victime en 1936, Mendès inspire une répulsion physique, selon la formule acérée de Cocteau à ses détracteurs.

Il représente ce qu'ils détestent : la suffisance de l'intelligence, l'arrogance de la vérité, la condescendance de la sincérité. Il affiche une cohérence qui est insupportable aux hésitants et aux indécis, lesquels en font le favori des élites et moquent une exigence morale brandie comme un drapeau. Puisqu'il est honnête, on lui prête, comme à Léon Blum encore, une fortune qu'il n'a pas. C'est toujours par cette suspicion que le poison de l'antisémitisme s'introduit pour prétendument tout expliquer.

Encore fallait-il que cette haine trouvât son moment et son objet pour fédérer les mécontents, les rancuniers, les nostalgiques et les conservateurs.

C'est sur l'affaire algérienne qu'ils vont se rassembler. Le 5 février 1955, à l'issue du débat sur l'Afrique du Nord, le gouvernement est renversé par 319 voix contre 273 : le MRP, la droite, les communistes et une fraction des radicaux – le propre parti de Mendès – se coalisent pour empêcher la poursuite d'une expérience qui déstabilise leur jeu, puisqu'une recomposition politique s'amorce et qu'un camp progressiste se forme. Les socialistes dans leur ensemble, les deux tiers des radicaux et quelques gaullistes lui maintiennent, en vain, leur confiance[14].

Ainsi, PMF tombe à gauche. Il avait été investi par la peur, il est vaincu par le ressentiment. Il a incarné le changement pour sauver le régime et, y étant parvenu, se voit chassé par le même régime, qui vise le retour au confort de l'immobilisme. Il était monté à la tribune le 18 juin 1954 comme un homme au-dessus des partis. Le 5 février 1955, il en redescend, défait par ceux-ci mais porté par un nouveau mouvement : le mendésisme.

Le mystère Mendès

Reste la question. Comment un mandat de sept mois et dix-sept jours a-t-il pu à ce point entrer dans l'histoire de la gauche ? Issu d'une combinaison parlementaire, il n'a été de ce fait précédé par aucune victoire électorale. Il n'a été le fruit d'aucun rassemblement, puisqu'il est le produit d'une circonstance,

14. Les sondages de l'époque indiquent qu'une majorité de Français (54 %) continuaient à soutenir le président du Conseil.

en l'occurrence d'une défaite militaire. Il n'a marqué par aucune réforme sociale d'envergure tant il a été occupé à régler les crises majeures qui tourmentaient le pays. Lucide et audacieux pour mettre un terme à la guerre d'Indochine, il s'est révélé aveugle face à l'insurrection algérienne. Alors comment, avec un tel bilan réalisé par un gouvernement dont la composition échappait aux canons habituels de la gauche, son chef a-t-il pu devenir l'une des figures les plus respectées de cette famille politique et demeurer un modèle jusqu'à aujourd'hui ?

Et si l'explication tenait à la rupture constituée par sa démonstration que l'éthique, l'efficacité et l'équité pouvaient se conjuguer pour nouer avec la Nation un contrat, et inscrire son destin dans une modernité économique, sociale et culturelle ?

Aussi, toute une génération – et pas seulement dans la bourgeoisie éclairée – a pu éprouver une véritable frustration en voyant cette marche vers une nouvelle République brutalement interrompue par l'alliance des conservateurs. La chute de Mendès a contribué à la mythification du mendésisme, considéré comme un exemple de gouvernement autant que comme le symbole d'un empêchement. Ce qui aurait pu demeurer une simple pause dans un parcours s'est révélé être l'arrêt définitif d'une carrière d'homme d'État à seulement 48 ans ! Car plus jamais Pierre Mendès France n'aura l'occasion de diriger un gouvernement[15]. Mais, en quelques mois, il a donné au pays, et pour longtemps, de nouvelles raisons d'espérer. Il n'a pas pu les traduire en actes et c'est un autre que lui, François Mitterrand, vingt-cinq ans plus tard, en mai 1981, qui y parviendra. Au-delà de la joie éprouvée dans les salons de l'Élysée lorsqu'il saluera avec émotion le vainqueur, ses larmes qui coulaient trahissaient sûrement le regret de ne pas avoir pu et su lui-même être au rendez-vous.

15. Il occupa brièvement (à peine quatre mois) un poste de ministre d'État dans le gouvernement de Guy Mollet en 1956.

Pierre Mendès France a aussi été la victime de ses contradictions. Il avait compris la nécessité de sortir du système politique traditionnel, mais s'y est enfermé en respectant toutes les formes du parlementarisme. La révision constitutionnelle qu'il a proposée comme chef du gouvernement ne modifiait qu'à la marge l'organisation des pouvoirs et laissait à l'Assemblée des prérogatives qui n'auraient rien changé à l'instabilité ministérielle.

Aussi, s'il avait perçu l'enjeu représenté par le renforcement de l'exécutif face à un Parlement pusillanime et versatile, il s'est refusé à aller jusqu'au bout d'une logique qui aurait dû le conduire à admettre le principe de l'élection du chef de l'État au suffrage universel et à se porter lui-même candidat. Le caractère personnel qu'il donne à sa démarche dès 1954 est en contradiction avec la place qu'il accordait aux partis politiques dans une démocratie. Or, à l'exception d'une très courte période durant laquelle il a présidé aux destinées du Parti radical, il ne s'est jamais attaché, comme François Mitterrand, à la construction d'une organisation politique dont il aurait pris la tête et qui lui aurait permis de partir à la conquête du pouvoir. Si bien que le plus grand bénéficiaire des ambiguïtés de Mendès France fut de Gaulle lui-même, lequel a repris, en 1958, l'ambition de la modernité en la mettant au service de l'autorité de l'État et de l'indépendance nationale. Le refus de Mendès de procéder à une profonde refondation des institutions le conduisit enfin à rejeter, en octobre 1958, la Constitution de la Ve République, se condamnant à l'ostracisme et, partant, à l'impuissance.

De la morale en politique

La gauche n'est pas à l'aise avec l'héritage de Mendès France. Elle retient une méthode autour du contrat de gouvernement qui fait appel à la sincérité et au courage, mais dont la brièveté n'est guère encourageante. Elle loue la modernité d'une action qui emprunte autant aux théories économiques qu'aux ressorts de la communication politique, tout en se gardant de céder à la dérive technocratique. Elle salue une réussite exceptionnelle, surtout en si peu de temps, tout en déplorant une œuvre incomplète dont nul ne sait ce qu'elle serait devenue si elle avait été poursuivie. Bref, elle hésite entre un idéal de vertu et le regret éternel[16]. Si bien que nombre de chefs de gouvernement socialistes de la Ve République se réclament de lui au cœur d'institutions... qui n'étaient pas faites pour lui.

La morale n'est pas une politique. Mais la politique sans la morale est tôt ou tard condamnée. Ce fut le sens de la IVe République. Mendès France parti, les choses reprennent leur cours, comme si une parenthèse se fermait pendant laquelle, selon les mots mêmes du président du Conseil sortant, « quelque chose avait vibré, quelque chose qui procédait de la volonté et de la foi qui est le moteur de l'action[17] ».

C'en était trop pour un régime qui se perdait dans ses combinaisons et pataugeait dans des crises ministérielles interminables offrant l'opportunité à des figures politiques d'émerger.

Edgar Faure, alors au Parti radical – avant que le « vent » ne le pousse plus à droite –, en est une des figures les plus prometteuses. Il obtient sans mal la confiance de l'Assemblée, dans une formule qui regroupe le centre droit sans écarter le centre gauche, tout en excluant les socialistes et en offrant à la droite quelques compensations. Une habileté plutôt qu'une politique.

16. Régis Debray a eu la plume sévère en considérant, dans *Loués soient nos seigneurs*, que « Mendès France fut un pieux qui n'a fondé ni une république, ni un parti, ni une doctrine. Ce rebelle n'a renversé aucun intérêt établi ».

17. Cité par Jean-Pierre Rioux, *La France dans la IVe République*, Seuil, p. 68.

6

1956
Vers le Front républicain, ou la « tragédie Guy Mollet »

Edgar Faure peut s'enorgueillir de résultats économiques appréciables et d'une résolution subtile de la question marocaine. Sa formule « l'indépendance dans l'interdépendance » résume bien son esprit agile, ce précieux atout ne parviendra pas à empêcher le gouvernement de s'enliser en Algérie, où la rébellion s'étend. En avril 1955, le président du Conseil décrète l'« état d'urgence » et transfère ainsi les pouvoirs civils aux militaires. Le 20 août de la même année, le massacre de Philippeville[1] entraîne une répression sanglante.

L'heure n'est pas à la négociation. Face à l'impasse, Edgar Faure propose d'avancer les élections législatives, initialement prévues pour juin 1956. L'idée d'un changement du mode de scrutin fait long feu. L'Assemblée se révèle incapable, en effet, d'en finir avec la proportionnelle, qui est pourtant la plaie du régime, puisqu'elle empêche la formation d'une majorité. Le Parti radical se déchire. Pierre Mendès France défie son successeur et rival au sein de sa formation politique. Renversé, Edgar Faure prend le risque de dissoudre l'Assemblée, comme

1. Le 20 août dans le Nord-Constantinois, 123 Européens, hommes, femmes et enfants, sont assassinés avec sauvagerie. En rétorsion, 1 273 « rebelles » sont abattus.

le lui permet une modalité constitutionnelle introduite depuis peu. La décision tombe le 2 décembre, un jour fâcheux en République – le souvenir de Louis Napoléon n'est jamais loin ! Edgar Faure espère prendre la gauche de vitesse, marginaliser l'extrême droite de Pierre Poujade[2], et rallier à lui les droites et le centre. La manœuvre est osée : il s'agit de la première dissolution d'une Assemblée depuis 1877 ! Le précédent, resté dans les mémoires, avait dissuadé les gouvernements successifs d'y recourir. Il est vrai qu'elle ne produit pas toujours les résultats espérés.

Une gauche en mutation

La gauche n'est pas, dans un premier temps, en mesure de répondre au défi qui lui est lancé. Elle est, en effet, trop fragilisée par ses divisions, auxquelles s'ajoutent les mutations générationnelles à l'œuvre au cœur de chacune des familles qui la composent.

Bouleversés par la mort de Staline, les communistes – qui avaient procédé, à l'aube des années 1950, à l'éviction des dirigeants issus de la Résistance – sont dans l'expectative : quelle sera la nouvelle politique du Kremlin ? Faute de pouvoir définir une position, la direction du PC tente de se réintroduire dans le jeu national par le biais de l'Algérie. En l'absence de directive soviétique, le discours du parti se fait délibérément équivoque : les communistes déclarent être favorables à l'émancipation du peuple algérien, mais ne reconnaissent pas le FLN. Ils exhument, d'autre part, le « Front unique », afin de laisser croire à un hypothétique rassemblement de la gauche.

2. Pierre Poujade, buraliste à Saint-Céré, dans le Lot, a créé un mouvement qui rassemble le monde de la boutique menacé par les nouveaux modes de distribution et les travailleurs indépendants. Ses modes d'action à l'égard des agents du fisc sont violents et son activisme le conduit à épouser la cause de l'Algérie française.

La SFIO, quant à elle, traverse les affres d'un lent et inexorable déclin, alternant les positions idéologiques les plus intransigeantes et les participations les plus accommodantes dans les combinaisons les plus bancales. Le parti claudique ; il perd des électeurs et des adhérents, tant et si bien qu'il se replie sur ses bastions géographiques (le Nord et le Midi) et ses clientèles (les fonctionnaires et les personnes âgées), payant le prix fort pour ses ambiguïtés et ses rigidités. En effet, les socialistes, sous la conduite de Guy Mollet depuis 1946, ont refusé de suivre le modèle social-démocrate adopté par les voisins européens. Se privant ainsi d'une référence avantageuse qui les aurait conduits à rompre avec un marxisme élémentaire, ils paraissent incapables d'assumer une ligne et de bâtir une stratégie. Malgré l'inconfort de cette méthode, la SFIO s'y attache pour des raisons tactiques. Il s'agit, d'une part, de se prémunir du soupçon de « collaboration de classes » – que le Parti communiste aurait tôt fait de transformer en accusation délétère – et, de l'autre, de retrouver la confiance du monde ouvrier à un moment opportun.

Cette confusion idéologique plonge la SFIO dans des contradictions électorales insolubles et des combinaisons parlementaires indéfendables. Elle efface son identité, et cela sans faire la démonstration de son utilité. Faute d'une coalition appropriée, le parti est incapable de former un gouvernement qu'il pourrait diriger, et Guy Mollet, contrairement à la trace qu'il a laissée, n'est lui-même pas le plus impatient d'accéder au pouvoir.

De leur côté, les radicaux condamnent et excluent Edgar Faure pour avoir rompu avec un dogme républicain en recourant à la dissolution. Le président du Conseil sortant n'a dès lors d'autre solution que de réunir autour de lui les notables et tout ce que le centre et la droite comptent de composantes. Quant à Pierre Mendès France, il entreprend, à la hussarde, la rénovation de la plus vieille formation politique du pays.

Mais il est sans troupes ni soutiens ! Bien que son langage, ses saillies, ses outrances et même sa violence ne soient pas sans rappeler les dérives d'avant-guerre, la menace Poujade n'est pas telle qu'elle puisse fédérer les gauches, comme en 1936 les ligues. L'homme invective les gouvernants, dénonce le régime « corrompu et prébendier » et les chefs de parti à qui il attribue des noms d'animaux plus ou moins exotiques. Il manie sans retenue les formules xénophobes, prétend se battre contre les « trusts apatrides ». Dix ans après la Libération, l'extrême droite est de retour, sans que le « système » en prenne la mesure, tant il est lui-même gangrené par l'impuissance.

L'improbable coalition

Mendès France se décide à mener la contre-offensive et lance l'idée d'un Front républicain. C'est lui qui improvise, en quelques jours, une combinaison qui jusque-là semblait impossible à bâtir. C'est lui encore qui convainc la SFIO de trouver là l'occasion d'un rebond et d'un renouvellement. François Mitterrand comprend l'enjeu et saisit l'opportunité. Il attire à lui la majorité de son petit parti, l'UDSR, et lui donne ainsi un ancrage à gauche. Chaban-Delmas et les gaullistes sociaux, quant à eux, sont en rupture de ban avec leur fondateur et voient en Mendès France une solution de rechange.

L'équipe n'a aucune cohérence, mais l'entreprise se révèle tout de même séduisante. Elle plaît à une partie de la presse, tant et si bien que *L'Express* se fait quotidien pour mieux servir d'organe de communication à l'opération électorale. La jeunesse adhère à ce qu'elle croit être l'organisation du mendésisme, une nouvelle gauche qui se découvre, en dehors des partis traditionnels. Son leader plus ou moins proclamé convainc davantage que le programme – plutôt mince – et l'attelage hétéroclite. Il est moderne par son langage, et rassurant par son respect des institutions. Audacieux mais réaliste, de gauche mais pas trop.

Pour la première fois depuis 1946, les élections législatives sont nettement personnalisées. Mendès France d'un côté, Edgar Faure de l'autre. Les Français croient élire un président du Conseil, et non un chef de parti.

La campagne électorale de 1955, dont le résultat s'avère incertain jusqu'au bout, voit les moyens audiovisuels prendre une place inédite et déterminante. Elle se fait davantage à la radio que dans les réunions publiques, et la communication politique se substitue d'emblée à la propagande partisane. Fort brève (à peine quatre semaines), elle se conclut en plein hiver, le lundi 2 janvier 1956. Le vote mobilise les électeurs, qui sont plus de 80 % à se déplacer. C'est le niveau d'abstention le plus faible depuis 1946 (17,2 %). Les résultats, sans être bouleversants, marquent une tendance plutôt au centre gauche, une aspiration à un changement des pratiques politiques et la recherche d'une issue négociée pour mettre fin à la guerre en Algérie.

Avec plus de 26 % des suffrages exprimés, le PC reste la première formation du pays et gagne même en sièges. La SFIO se maintient et les radicaux mendésistes progressent, tandis que le MRP, allié d'Edgar Faure, mord la poussière. Les gaullistes s'effondrent et le mouvement Poujade perce avec près de 12 % des voix et plus de 50 députés, empêchant la droite de revendiquer le pouvoir.

Guy Mollet, un chef par défaut

Ce n'est pas la victoire éclatante que Mendès espérait – puisqu'il n'y a pas de majorité autour du Parti radical et de la SFIO –, mais c'est la défaite de tous les arrangements parlementaires possibles en dehors du Front républicain (l'idée d'un Front populaire avec le PC ayant été écartée d'emblée). Si la campagne s'est faite sur un nom – celui de Pierre Mendès France –, le futur gouvernement se fera comme d'habitude avec les partis.

La première force de la coalition est la SFIO, et c'est à elle que le président Coty fait appel pour diriger le gouvernement. Ce sera donc Guy Mollet, et non pas Mendès France. Le premier relate qu'il aurait laissé le second accéder à Matignon, lequel aurait décliné le poste, conscient que les socialistes disposaient du groupe le plus important et que son hostilité à la CED l'aurait privé d'un certain nombre de soutiens, notamment celui du MRP. Voilà le premier malentendu. Les Français attendaient un chef de gouvernement audacieux, ils héritent d'un chef de parti hésitant[3].

En réalité, René Coty redoute Mendès, pour des raisons institutionnelles et personnelles. Il craint d'être encore davantage relégué et voit en lui un « bradeur ». Ainsi s'est-il résolu – sans avoir forcé sa nature – à désigner Guy Mollet. Conscient de ses limites, le nouveau président du Conseil propose à Mendès le ministère des Finances et le deuxième rang dans la hiérarchie gouvernementale. Ombrageux, celui-ci décline l'offre, considérant que les socialistes n'accepteraient pas l'austérité qu'il juge indispensable d'instaurer au regard de l'état des finances publiques. Il demande les Affaires étrangères, pour favoriser une solution négociée en Algérie. De peur de froisser le MRP et de mécontenter nos alliés euro-

3. Il y a eu un long débat au sein des instances de la SFIO. Bon nombre de nos dirigeants avaient souhaité laisser l'initiative à Mendès France pour ne pas se corrompre dans l'exercice du pouvoir. D'autres imaginaient confier la place de chef du gouvernement à une autre personnalité que Guy Mollet, pour préserver le parti. Mais à la fin, le consensus s'est établi pour confier à ce dernier cette responsabilité.

péens, qui voient en Mendès le fossoyeur de la CED, Mollet s'y refuse. C'est la deuxième occasion manquée.

Il sera donc ministre d'État sans portefeuille, donc sans attribution ni véritable rôle. C'est la troisième déconvenue. Le gouvernement Mollet est une addition de délégués de partis, et non une agrégation de personnalités choisies pour leurs compétences. On y trouve 18 socialistes, 14 radicaux, 2 gaullistes et 2 UDSR, dont François Mitterrand, ministre de la Justice. Ramadier hérite des Finances, sans l'avoir voulu, et Gaston Defferre est à la France d'outre-mer, en l'ayant désiré.

Guy Mollet ne peut, malgré tous ses efforts, apparaître comme un nouveau Blum. Il est plus qu'un homme de parti, il est l'homme du parti. C'est son horizon, sa légitimité, sa priorité.

Sa culture de gouvernement est faible, bien qu'il ait brièvement été ministre d'État (sept mois durant) dans le cabinet Pleven, sans y avoir laissé la moindre trace significative. Peu préparé à la fonction qu'il découvre, il n'a, hormis ses liens avec ses homologues du parti à l'étranger, guère d'expérience internationale. Il prétend approfondir les réformes du Front populaire, mais rien, dans le programme qu'il présente, n'annonce des changements profonds. C'est sans doute la raison pour laquelle son gouvernement est largement investi le 5 février 1956, par 420 voix (dont celles du Parti communiste) contre 71 et 83 abstentions.

Il aura la durée de vie la plus longue de la IVe République – plus de treize mois – et restera le symbole de l'embourbement français en Algérie au mépris de l'État de droit. Pourtant, son bilan économique et social comme ses engagements européens auraient pu lui permettre de figurer honorablement dans l'Histoire.

L'engrenage algérien

Le programme du Front républicain, en ce qui concerne l'Algérie, est une suite de propositions contradictoires. Il s'agit de mettre fin à « une guerre imbécile et sans issue », et de reconnaître la personnalité algérienne tout en rappelant l'union indissoluble entre l'Algérie et la France. Le mot « indépendance » n'est pas prononcé ; à l'inverse, celui d'« intégration » est avancé[4].

Des élections libres à collège unique sont évoquées, mais aucun calendrier n'est fixé. De même, une réforme agraire est annoncée, mais sans mesures susceptibles de briser le pouvoir des colons. Dans son discours d'investiture, Guy Mollet affirme que « la volonté du gouvernement, c'est avant tout de rétablir la paix, libérer de la peur les esprits des uns et des autres et obtenir que cessent le terrorisme et la répression aveugle ».

Dès sa désignation, il entend afficher sa détermination. Il nomme au sein du gouvernement un ministre chargé spécialement de l'Algérie et qui sera délégué sur place : le général Catroux. Ancien gouverneur général en Algérie durant la période 1943-1944, ce dernier est connu pour ses positions libérales en matière de colonisation ; il a facilité l'indépendance du Liban et de la Syrie au nom de la France libre et a joué les intermédiaires pour permettre le retour de Mohammed V au Maroc, ouvrant ainsi la voie à l'indépendance.

Le 6 février, Guy Mollet se rend donc en Algérie pour annoncer la prochaine installation du ministère. Il mesure mal ce qui l'attend sur place. Il imagine que la population

4. Guy Mollet avait souhaité que les Français « disent sans équivoque quel [était] leur choix entre cet avenir de réconciliation et de paix et une guerre imbécile et sans issue ».

« européenne » d'origine modeste, dont la sociologie ne lui paraît guère différente de son propre électorat, ne lui fera pas mauvais accueil.

Mais lorsqu'il s'incline devant le monument aux morts, il est reçu par une foule hostile de plus de 20 000 Algériens qui lui lance des tomates aux cris de « Mollet au poteau » et « Catroux à la mer » et le poursuit jusqu'au Palais d'été. Plutôt que de résister à cette pression venue d'une communauté qui n'est pas constituée uniquement de colons mais de petits commerçants, d'artisans, de fonctionnaires angoissés à l'idée d'être un jour séparés de la France, il fait machine arrière.

Guy Mollet cède et accepte la démission de Catroux, lequel n'aura même pas eu le temps d'arriver sur place. Cette image des tomates lancées contre leur chef hantera longtemps les socialistes, comme le symbole de l'humiliation et du renoncement. Comment un pouvoir qui a plié sous la première averse, en l'occurrence des jets de légumes de saison, saura-t-il affronter la tempête ?

Comme souvent, la faiblesse affichée se conjure par un excès d'autorité, dont on veut croire que l'opinion saisira l'audace. C'est ainsi que naissent les engrenages les plus malencontreux et les répliques les plus dangereuses. Le 16 février, Guy Mollet exprime sa position devant l'Assemblée : « Le fait national algérien ne peut avoir ni réalité historique, ni base ethnique », assène-t-il. Aussi s'en remet-il au triptyque « cessez-le-feu, élections, négociations », dont il ne parviendra jamais à réussir l'accomplissement du premier terme.

Le président du Conseil fait voter à une majorité écrasante, le 9 mars 1956, une loi sur les pouvoirs spéciaux autorisant le gouvernement et son ministre résident (en l'occurrence, Robert Lacoste) à prendre « toute mesure exceptionnelle en vue du rétablissement de l'ordre ». Dans l'intention de ménager un gouvernement dont ils ne connaissent pas encore les véritables intentions, et pour préserver la fiction d'une possible paix sans rupture définitive avec la France, les communistes votent le texte.

Ils continueront à s'abstenir pendant quelques mois avant de reconnaître officiellement le fait national algérien, tout en prenant leurs distances avec le FLN.

Le « gouvernement à direction socialiste » prend alors la décision la plus grave de son mandat : l'envoi du contingent pour un service militaire en Algérie. Les effectifs passeront de 200 000 hommes, en janvier 1956, à 460 000 en janvier 1957.

Dans le même temps, le FLN triple ses effectifs de combattants (ils seront près de 20 000 fin 1957), organise une représentation politique, crée son administration parallèle, et cherche l'appui des pays arabes pour exprimer sa revendication nationale et obtenir des ravitaillements en armes, dont les plus importants passent par le Maroc et la Tunisie. Le conflit s'internationalise.

À l'engrenage succède l'escalade. Les tribunaux militaires se substituent aux juridictions civiles, les exécutions sommaires et les arrestations arbitraires se multiplient. La presse révèle les premiers actes de torture.

Les premières dissonances se font jour au sein du gouvernement. Fin avril 1956, Pierre Mendès France propose un programme en sept points de réformes favorables à la population algérienne. Guy Mollet ne donne aucune suite à cette démarche. Le 23 mai, il annonce sa démission sans provoquer d'autres départs. En réaction, François Mitterrand réaffirme sans ciller le principe de la solidarité gouvernementale. Il sera lui-même confronté, comme garde des Sceaux, à l'éprouvante question du sort réservé aux nationalistes algériens condamnés à mort. Sur les 45 dossiers soumis, il ne délivrera que 8 avis favorables à la grâce. Cette intransigeance lui fut longtemps reprochée, et lorsqu'il déclara son hostilité à la peine de mort peu de temps avant l'élection présidentielle du printemps 1981, il s'en trouva, parmi les historiens, pour rappeler ce qu'avait été son attitude de ministre de la Justice durant les jours sombres de la guerre d'Algérie[5].

La répression n'est néanmoins pas la seule réponse du gouvernement. Des mesures sont adoptées pour permettre l'accession de ceux que les politiciens désignaient alors par les termes « indigènes », « musulmans » ou « musulmans algériens »[6] (tous trois interchangeables à leurs yeux) à la petite fonction publique, pour offrir un nouveau statut aux communes et réorganiser l'administration des 8 départements, avec la volonté d'associer davantage toute la population. Parallèlement, un programme de construction de logements et d'écoles est lancé…

Mais la réforme agraire échoue, et les intérêts des grands colons sont à peine entamés. Les contacts politiques, même discrets, n'aboutissent à aucune avancée sérieuse, notamment sur les conditions du cessez-le-feu.

C'est le primat de la guerre sur toute autre démarche, car prévaut l'idée qu'une fois le rapport de force établi il sera temps d'ouvrir une négociation dans le cadre d'une autonomie algérienne qui n'ira pas jusqu'à l'indépendance.

Cette « stratégie » conduit à intensifier le volet sécuritaire, à mobiliser toujours davantage de militaires du contingent et à les déployer sur l'ensemble du territoire algérien. Ce n'est plus un rétablissement de l'ordre pour mater une rébellion,

---

5. C'est sur le cas de Fernand Yveton que la polémique fut la plus vive. Sans doute parce que ce fut le seul Européen parmi les 198 guillotinés durant toute la guerre d'Algérie. Surtout parce que sa bombe avait été désamorcée et qu'il n'y avait eu ni dégâts ni victimes. Yveton a néanmoins été envoyé à l'échafaud le 11 février 1957. Et sa grâce refusée par René Coty, sans que le garde des Sceaux s'y oppose.

6. En 1903, la cour d'appel d'Alger statue que le mot « musulman » ne revêt pas « un sens purement confessionnel, mais qu'il désigne au contraire l'ensemble des individus d'origine musulmane qui, n'ayant point été admis au droit de cité, ont nécessairement conservé leur statut personnel musulman, sans qu'il y ait lieu de distinguer s'ils appartiennent ou non au culte mahométan ».

c'est un affrontement direct avec un mouvement de libération de plus en plus structuré de l'intérieur, de plus en plus soutenu de l'extérieur – notamment par l'Égypte, qui fait bon accueil aux dirigeants du FLN.

Le 22 octobre 1956, un avion marocain au départ de Rabat et à destination de Tunis avec, à son bord, cinq chefs historiques de l'insurrection[7] est détourné par l'armée française depuis Majorque sur Alger. Ses passagers sont arrêtés et mis en prison.

Guy Mollet est mis devant le fait accompli. Plutôt que de dénoncer cet acte de force et de désavouer les militaires, le président du Conseil entérine cet acte contraire au droit international. Toute perspective de négociation est ainsi anéantie. C'en est trop pour Alain Savary, le secrétaire d'État aux Affaires marocaines et tunisiennes, qui démissionnera à son tour le 3 novembre 1956[8], affaiblissant encore l'autorité de Mollet. Une fois encore, François Mitterrand prend le parti de rester à son poste.

La solidarité gouvernementale avant tout, tenir bon malgré les épreuves. Ne pas céder, François Mitterrand en fit, bien plus tard, comme président, son mode de gouvernement.

L'humiliation

Le pire est à venir. Prenant prétexte de l'annonce du président Nasser de nationaliser le canal de Suez, la France, le

---

7. Ahmed Ben Bella, Mohamed Boudiaf, Hocine Aït Ahmed, Mohamed Khider et Mostefa Lacheraf.

8. Compagnon de la Libération, Alain Savary fut une figure morale particulièrement respectée au sein du mouvement socialiste. Opposé à Guy Mollet, il démissionne de la SFIO en 1958, mais il fut le malheureux candidat du même Guy Mollet face à François Mitterrand pour la direction du PS lors du congrès d'Épinay.

Royaume-Uni et Israël décident d'une intervention qui prend la forme, le 31 octobre, d'abord de bombardements des aérodromes égyptiens, puis d'une offensive parachutiste sur les principaux ports.

Les motivations de Guy Mollet sont multiples. Le président du Conseil tient d'abord à détruire le principal point d'appui du FLN. Il espère également juguler les velléités nationalistes arabes qui menacent les intérêts occidentaux dans la région et déstabilisent les monarchies du Moyen-Orient. Mollet désire, en outre, affirmer une solidarité à toute épreuve à l'égard du jeune État hébreu ainsi qu'encourager une voie originale du socialisme : celle que représentent le travaillisme de Ben Gourion et ses kibboutz. N'omettons pas, enfin, l'anglophilie qui nourrit l'alliance tripartite. Guy Mollet, sur ce point, rejoint Léon Blum ; le Cartel des gauches comme le Front populaire, en effet, ont toujours privilégié l'alliance avec le Royaume-Uni (sans vraiment être payés de retour). Et l'expédition de Suez en fut une nouvelle illustration.

Il y avait chez Guy Mollet, dans le lancement de cette aventure, bien plus qu'un calcul militaire. Il cherchait à provoquer un sursaut patriotique. Après tant de déconvenues humiliantes en Indochine et de déchirures douloureuses en Algérie, l'heure n'était-elle pas venue de donner à l'armée française une revanche glorieuse et à l'opinion une fierté retrouvée ? C'est tout le contraire qui se produisit.

Alors que la victoire militaire paraît certaine et que les troupes de Nasser sont acculées, les unités déployées sont sommées d'arrêter brutalement leur offensive[9]. L'URSS affiche son soutien à l'Égypte et menace d'utiliser la force si l'action se poursuit. Les États-Unis font savoir leur opposition à l'opération et laissent l'ONU décider de l'envoi de Casques

9. L'engagement français a été massif : 30 000 hommes, 30 navires de contrôle, 200 avions, 9 000 véhicules.

bleus sur le canal en attendant que s'ouvrent des négociations. L'abandon américain signe pour longtemps l'effacement de l'Europe au Moyen-Orient, et le soutien des Soviétiques à l'Égypte, quant à lui, leur octroie, pour un temps, la sympathie du monde arabe.

Le fiasco de cette campagne, paradoxalement, n'entame pas la popularité de Guy Mollet au sein de la SFIO. Il obtient même une large confiance à l'Assemblée[10]. Le pays se laisse convaincre par le discours gouvernemental selon lequel l'affront est lavé et l'armée française victorieuse. La base socialiste veut croire qu'un nouveau Munich a été évité et que ce que Blum n'avait pas osé faire, à savoir intervenir pour l'Espagne républicaine, Mollet l'a entrepris pour la sécurité d'Israël et la défense de l'Occident. Elle ne comprend pas encore qu'elle a été abusée. Car ce sont bien des ressorts impérialistes qui ont été actionnés afin d'attaquer un pays souverain et de mettre en cause ses droits d'exploiter librement un ouvrage sur son sol.

Elle ne perçoit pas encore combien les pays non alignés, et ce pour longtemps, se détourneront d'un courant de pensée qui, au nom de principes éminemment démocratiques, s'est compromis dans la promotion d'un modèle dépassé : celui de l'ethnocentrisme et du recours à la force pour une cause supposée légitime.

Pour caricaturer cette dérive, une formule s'est imposée : le « national-mollétisme ». Elle traduit davantage qu'un usage disproportionné de la force ; elle révèle, en réalité, la tentation qui tourmente parfois une partie de la gauche de s'adresser à un électorat qui, pourtant, ne lui sera jamais acquis – quand bien même ferait-on vibrer la fibre cocardière ou identitaire. Que les socialistes soient patriotes, nul ne saurait en douter,

10. Plus précisément, 368 députés lui votent la confiance contre 182 (communistes et poujadistes). Pierre Mendès France s'abstient.

et les gouvernements qu'ils ont dirigés ont été plusieurs fois conduits à recourir à des opérations armées dès lors que nos intérêts fondamentaux étaient en cause (je l'ai moi-même montré dans plusieurs circonstances, du Mali jusqu'à la Syrie). De même dois-je rappeler que c'est le gouvernement Blum de 1936 qui a réarmé le pays, quand ses prédécesseurs avaient relâché l'effort militaire malgré la menace présentée par les régimes totalitaires. François Mitterrand, concernant le Kosovo et l'Afghanistan, saura prendre ses responsabilités ; mais toujours dans le cadre du droit international. Il montrera également, notamment avec la première guerre du Golfe, qu'il ne peut admettre la remise en cause de l'existence d'un pays souverain et qu'il est disposé à répondre par un engagement militaire à l'usage illégitime de la violence d'État. Mais entretenir des rapports de confiance avec les armées en leur accordant les moyens nécessaires et exprimer un soutien indispensable de manière que nos forces accomplissent leur mission n'a jamais signifié déclencher, dans n'importe quelles conditions, des opérations extérieures.

Aussi n'était-il pas besoin pour Guy Mollet d'en rajouter dans la proclamation belliqueuse et la démonstration guerrière. Celles-ci trahissaient, en vérité, une soumission du pouvoir politique à l'institution militaire. C'est cette démission morale qui a entretenu le discrédit politique de la gauche auprès d'un électorat qui, entre un Parti communiste aligné sur Moscou[11] et une SFIO nostalgique d'un ordre disparu, était prêt à se rallier à un homme providentiel pourvu qu'il incarnât une certaine grandeur et l'indépendance. En mai 1958, tout est fait pour offrir à Charles de Gaulle ce rôle à sa mesure.

---

11. En novembre 1956, les chars de l'Armée rouge écrasent, à Budapest, la rébellion qui menace le régime. Le PC soutient l'intervention. Le rapport Khrouchtchev lève légèrement le voile sur le stalinisme sans ébranler la foi des communistes français, qui perdent le bénéfice de leur réintégration dans le jeu national.

Le choix de l'Europe

Le paradoxe du Front républicain est que, s'il s'est discrédité sur la question algérienne, il a néanmoins été au rendez-vous du respect des promesses – pourtant vagues – qu'il avait faites aussi bien sur le plan intérieur que sur l'enjeu européen.

Et s'il n'y avait pas eu la descente aux enfers en Algérie, le gouvernement Mollet aurait pu revendiquer une politique plus audacieuse et plus sociale que l'image qu'il a laissée dans l'histoire du mouvement socialiste.

En ce qui concerne l'Europe, le gouvernement avance en effet à marche rapide. Prenant acte de l'échec de la CED, il embrasse la démarche de Jean Monnet en élargissant les coopérations industrielles au nucléaire civil. L'Assemblée adopte ainsi en juillet 1956 le projet Euratom. Il engage parallèlement le programme de fabrication de l'arme nucléaire qui aboutira dans les années 1960... sans que la Ve République en exprime sa reconnaissance à l'égard de la IVe. Celle-ci a pourtant posé l'acte essentiel, mais ce n'est pas la première fois que les lauriers viennent se poser sur la tête des successeurs trop heureux d'hériter des choix faits par leurs prédécesseurs.

Pour apaiser l'Allemagne, le gouvernement règle le contentieux de la Sarre en facilitant sa restitution, au 1er janvier 1957, malgré les condamnations des gaullistes et des communistes. Enfin, il prend la responsabilité, avec le traité de Rome, de fonder un marché commun avec les signataires de la CED. Signé le 25 mars 1957, il est ratifié en juillet. Cette union douanière ouvre la libre circulation graduelle des personnes et des marchandises, et mobilise déjà contre elle, sans grande surprise, les souverainistes. Les communistes la dénoncent comme une concession faite aux trusts, les gaullistes s'en méfient, craignant qu'elle ne prépare un alignement sur les États-Unis, certains socialistes s'en inquiètent, de peur que l'ouverture du marché n'affaiblisse nos industries. Pierre Mendès France lui-même estime que notre pays n'est pas encore prêt et vote contre le traité. Mais il s'agit déjà d'un combat d'arrière-garde ; le processus est irréversible. Aujourd'hui encore, cet acte majeur justifie l'engagement européen des socialistes.

Car, rappelons-le, c'est à leur initiative et en bonne intelligence avec les démocrates-chrétiens allemands et italiens, sans oublier ceux du Benelux, que l'Europe s'est bâtie dans un moment essentiel, celui où la guerre froide empoisonnait les diplomaties et où, la reconstruction achevée, le développement économique et social devenait la priorité. Il fallait du courage, après les échecs des tentatives précédentes et face aux résistances qui s'agrégeaient, pour faire le pari d'une union qui, par-delà les intérêts nationaux et les cicatrices laissées par la guerre, ouvrirait les peuples à l'esprit communautaire.

Un héritage oublié

Sur un autre terrain, le bilan du Front républicain mérite d'être réévalué. Car si la France s'enlise en Algérie et oublie ses promesses d'émancipation, elle pose le premier acte de la décolonisation avec la loi-cadre élaborée par Gaston Defferre. Celle-ci établit partout le suffrage universel et le collège unique, celui-là même que le gouvernement avait pourtant refusé aux Algériens. Elle offre également aux élites politiques africaines les conditions de leur accès au pouvoir dès l'indépendance proclamée. Une fois encore, le général de Gaulle saura capter les bénéfices d'une politique qui avait été définie et mise en œuvre par un gouvernement à direction socialiste, lequel aura commis l'erreur de n'en avoir jamais suffisamment vanté la réussite. Ainsi l'humilité constitue-t-elle, sans doute, le défaut politique et la qualité morale de la gauche.

Il en va d'ailleurs de même sur ce qui aurait dû être le cœur de son action : le progrès social. Fidèle à l'esprit du Front populaire, le Front républicain accorde aux salariés une troisième semaine de congés payés. Il développe une politique touristique sociale, améliore la condition salariale en réduisant les écarts de niveau de vie entre Paris et le reste du pays. Il assure un minimum de retraite aux travailleurs âgés en créant le Fonds national de solidarité. Pour y parvenir, il sollicite l'impôt sur les revenus les plus élevés et crée une taxe sur les automobiles à travers l'invention de la vignette, qui ne sera supprimée que quarante ans plus tard par le gouvernement de Lionel Jospin (elle n'alimentait plus, et ce depuis longtemps, les caisses de retraite).

Dans le même temps, la loi Chochoy facilite la construction de logements, notamment sociaux. Plus de 300 000 seront mis en chantier en 1956. L'agriculture n'est pas oubliée : les prix sont régulés et la mécanisation soutenue par le lancement des CUMA (coopératives d'utilisation de matériels agricoles). De grands chantiers sont promus pour l'équipement du pays, aussi bien dans le domaine du rail et de l'aviation que des autoroutes. Certes, le gouvernement renoncera assez vite à une loi scolaire remettant en cause les avantages donnés aux établissements privés, mais il préférera, à juste raison, améliorer l'enseignement technique et allonger la scolarité obligatoire.

En dix-huit mois, l'action sociale du gouvernement Mollet pourrait se comparer, sans déchoir, à celle du Front populaire, les nationalisations en moins, la croissance économique en plus : ainsi la production industrielle progresse-t-elle de près de 10 % en 1956 comme en 1957, ce qui entraîne malgré l'inflation des augmentations de pouvoir d'achat non négligeables (+ 3,8 % en 1956, + 7 % en 1957). Huit pour cent des salariés étaient désormais payés au niveau du salaire minimum, contre 17 % en 1995, témoignant de la progression significative des salaires.

Mais la guerre d'Algérie vient plomber ces résultats. Elle pèse de plus en plus lourdement sur les comptes publics. Elle stimule la hausse des prix, prive l'économie des jeunes actifs partis pour leur service en Algérie, et dégrade la balance commerciale. Le franc est maintenant attaqué sur les marchés. La crise de Suez complique encore les approvisionnements pétroliers, tandis que les caisses publiques se vident à mesure que le gouvernement ruine son crédit – dans tous les sens du terme – en Algérie.

Aussi n'est-ce pas sur ses choix aventureux et malheureux en Algérie que le gouvernement va sombrer, mais sur les conséquences – notamment monétaires et financières. La droite s'alarme des projets fiscaux de Ramadier, le patronat se braque face aux annonces des nouvelles réformes sociales, les marchés s'agitent devant une taxation annoncée de la spéculation. Le 21 mai 1957, le gouvernement est renversé par une coalition de droite et de poujadistes... à laquelle s'est joint le Parti communiste pour marquer son opposition à la guerre d'Algérie.

Guy Mollet n'est pas peu fier de tomber à gauche[12], sans comprendre que, s'il est en effet *tombé*, c'est auprès des électeurs, bien bas. Nombreux étaient, en effet, les espoirs déçus : le Front républicain avait promis la paix, il aura élargi la guerre au-delà même de l'Algérie. Il avait prétendu conjurer l'aventure ; il l'aura rendue possible. Il avait affirmé pouvoir soumettre l'armée au gouvernement, il en aura fait un acteur politique[13] de première importance. Il avait proscrit la torture, elle aura été systématisée. Il avait promis la transparence, les atrocités auront été couvertes par les plus hautes autorités de la République. Le Front républicain avait été soutenu par

12. Il brandit sa carte de la SFIO devant l'Assemblée comme pour montrer où allait sa fidélité !

13. Robert Lacoste, le ministre résident en Algérie, confie en janvier 1957 au général Massu le soin de rétablir l'ordre à Alger avec tous les pouvoirs.

une large partie de la presse en 1956, le gouvernement qui en est issu l'aura surveillée, censurée, poursuivie et même saisie !

Ce n'était pas un virage, une pause ou un renoncement. C'était bien pire : c'était une abjuration. Elle a été fatale à la réputation de Guy Mollet et à la trace laissée par son gouvernement, quels que fussent ses mérites sur le plan européen et ses résultats sur le terrain économique et social.

Cette déconfiture a nourri la nostalgie entretenue autour de la personne de Pierre Mendès France. Ce dernier fut longtemps auréolé d'une politique qu'il n'avait pas soutenue, mais qu'il n'avait pas non plus menée, comme s'il était préférable de ne pas gouverner pour être reconnu plutôt que de prendre sa part pour en partager le fardeau, voire de revendiquer la place principale avec la volonté de changer le cours de l'Histoire.

Comment comprendre le parcours malheureux de Guy Mollet ? Comment ce résistant imprégné de guesdisme a-t-il pu ainsi tout compromettre pour une cause qui n'était pas vraiment la sienne ? Comme si les colons d'Algérie représentaient un intérêt supérieur à celui des mineurs du Pas-de-Calais ? Comment ce défenseur des petits avait-il pu envoyer le contingent – c'est-à-dire les enfants du peuple – en Algérie ? Comment ce chef d'un parti internationaliste avait-il pu être gagné par le nationalisme le plus outrancier ? Comment ce socialiste intransigeant, qui faisait passer son parti au-dessus de tout, a-t-il pu le compromettre jusqu'à être soutenu par ses adversaires de classe ? Il a passé le reste de sa vie publique à s'en justifier, conscient qu'il s'était laissé entraîner bien plus loin qu'il ne l'avait voulu. Ami d'Israël, allié des Britanniques, aligné sur les Américains, il avait été emporté par les tempêtes nées de la guerre froide et par toutes les intransigeances charriées par la décolonisation. Son adhésion à la Ve République ainsi que le soutien qu'il accorda en mai 1958 au général de Gaulle achevèrent d'isoler autant l'homme que son parti. Les jugements sur Guy Mollet le mal-aimé furent sévères et, pour certains, excessifs. Mais comment nier qu'il couvrait un comportement de plus en plus à droite du manteau rapiécé de la lutte des classes et qu'il illustrait l'« incapacité du socialisme français à préserver un minimum de cohérence[14] » ? Il ensevelissait dans l'exercice du pouvoir, par une forme de double langage, tous les rêves d'une gauche prisonnière d'un PC disqualifié par son soviétisme et d'une SFIO discréditée pour son opportunisme.

Guy Mollet est décédé en 1975. J'avais à peine 21 ans. J'étais étudiant à Sciences po et je m'intéressais à son rôle dans la guerre d'Algérie. Mais je ne l'ai jamais rencontré. Il me paraissait comme un personnage suranné perdu dans cette République qu'il avait contribué à fonder mais dont il s'était exclu autant qu'elle l'avait rejeté. Bien plus tard, alors que j'étais devenu premier secrétaire du PS, installé rue de Solférino, son ombre n'était pas loin. Ses fidèles s'étaient regroupés autour d'une revue, *L'Ours*, dont les bureaux étaient à l'angle du boulevard Saint-Germain, comme s'il avait décidé, *post mortem*, de perdurer.

Il fallut près d'un quart de siècle pour que de nouveau une majorité de Français puissent accepter de faire confiance à un socialiste pour diriger le pays. Encore avait-il été nécessaire d'en terminer au préalable avec la SFIO et de permettre l'émergence d'une génération nouvelle à travers la création du PS, même si l'homme qui fut à l'origine de cette refondation et incarna plus tard cette victoire avait été le garde des Sceaux d'un gouvernement à ce point décrié.

14. Jean-Pierre Rioux, *Les Enfants de Jaurès*, Odile Jacob, 2022.

7

1981
Le 10 mai, ou la grande alternance

Toute victoire vient de loin. Elle se construit avant de se dessiner, puis de se réaliser. La grande alternance de 1981 doit tout à la fois aux circonstances et à la fatalité. La crise énergétique, d'une part, et le besoin irrépressible de dirigeants nouveaux après vingt-trois ans d'exercice du pouvoir par la droite, de l'autre. Elle doit aussi à l'obstination. Celle de François Mitterrand, infatigable opposant au sein d'une Ve République qu'il n'avait cessé de combattre avant d'en saisir les avantages. Mais cette victoire n'aurait rien été sans la construction patiente d'une force politique susceptible d'installer un rapport de force à gauche, puis de rassembler des sensibilités contradictoires pour créer une espérance.

L'union est un préalable

Tout commence dix ans plus tôt à Épinay-sur-Seine, au gymnase Léo-Lagrange, du nom du sous-secrétaire d'État aux Loisirs et aux Sports sous le Front populaire : tout un symbole. Là, le 11 juin 1971, sont réunis les derniers survivants de la SFIO, rebaptisée depuis deux ans « Nouveau Parti socialiste » et dirigée par un homme respecté et courageux, Alain Savary, compagnon de la Libération.

Cet aréopage accueille des clubs et des bouts de partis qui, de dissidence en dissidence, ont choisi de venir dans une « nouvelle maison ». S'adjoignent à ce congrès de l'unité François Mitterrand et la Convention des institutions républicaines (CIR), une formation qu'il a créée en 1964 et qui regroupe ses fidèles, mais dont nul n'est capable de mesurer la représentativité réelle.

François Mitterrand a fini par admettre que son seul talent, reconnu par tous ceux qui le créditent d'avoir mis en ballottage le général de Gaulle en décembre 1965[1], ne pouvait suffire à offrir une alternative à la droite s'il ne s'appuyait pas sur un parti. D'autant moins que les événements de Mai 68 ont disqualifié la gauche parlementaire, ce que les résultats des élections législatives[2] de juin puis le score de Gaston Defferre au premier tour de l'élection présidentielle de juin 1969 (5 % des voix) ont clairement mis en évidence.

François Mitterrand a également compris que la présence d'un Parti communiste, qui mobilisait à chaque scrutin plus de 20 % des voix, fédérait encore plus de 400 000 adhérents et pénétrait le monde du travail grâce à la CGT, exigeait qu'à côté d'une telle organisation une autre force vît le jour. Plus séduisante, plus moderne, plus large mais demain tout aussi puissante, de manière à pouvoir s'allier au PC sans être dominée par lui. C'était la condition pour que la gauche devienne majoritaire dans le pays sans effrayer les milieux économiques ni, surtout, nos partenaires européens.

1. À l'élection présidentielle, François Mitterrand avait obtenu près de 32 % des voix au premier tour, suivi par le MRP Jean Lecanuet (15,7 %). Au second, il recueillait environ 45 % des voix.

2. À l'issue des élections des 23 et 30 juin 1968, la droite obtient 47 % des voix ; c'est un raz-de-marée. De son côté, la FGDS s'effondre à 16,5 % (57 sièges) et le PCF à 20 % (34 sièges).

Il poursuit ainsi, au nom de l'union, un double objectif : constituer une alliance programmatique avec le PCF et absorber progressivement son électorat.

C'est le message qu'il délivre à Vienne devant l'Internationale socialiste le lendemain même de la signature du Programme commun, ratifié le 27 juin 1972. Il confesse à cette occasion, en effet, que son ambition n'est autre que de parvenir à recréer un grand Parti socialiste sur le terrain occupé par les communistes, « afin de faire la démonstration que, sur 5 millions d'électeurs du PC, 3 millions peuvent voter socialiste ».

Il a aussi compris la logique de l'élection présidentielle. Certes, il avait dénoncé depuis 1964 la Ve République en s'en prenant effrontément à son fondateur[3]. Après avoir voté « non » au référendum du 28 octobre 1962 instituant l'élection du président de la République au suffrage universel, il avait vite intégré cette nouvelle donne dans sa stratégie de conquête du pouvoir (quand tant d'autres, et notamment Pierre Mendès France, s'accrochaient encore à une interprétation parlementariste des institutions)[4]. C'est avec la conviction que le scrutin présidentiel est la clé de voûte de tout qu'il se présente, en décembre 1965, face au Général et qu'il réussit à convaincre le Parti communiste de le soutenir dès le premier tour.

Il considère qu'une candidature appuyée sur des partis mais détachée d'eux par l'onction du suffrage universel offre à celui qui est investi un statut hors du commun dans la vie politique et que la fonction présidentielle, si elle devait enfin être occupée un jour, donnerait à son titulaire la stabilité et la durée qui ont toujours manqué à la gauche.

---

3. François Mitterrand, *Le Coup d'État permanent* (Plon, 1964).

4. Dès le 10 octobre 1965, François Mitterrand déclare : « Il ne faut pas enlever au peuple ce qui lui appartient, c'est-à-dire la désignation du chef de l'Exécutif. » Il ajoute en 1974, alors candidat : « Je souhaite que toute l'autorité du président soit maintenue pour assurer les grandes orientations de la France. »

Au début des années 1970, sa personne est toutefois bien loin de faire l'unanimité. Sa longue carrière ministérielle sous la IVe République, son trop long silence sur la guerre d'Algérie, sa conversion récente à un socialisme de rupture, ses relations ambiguës avec le PC, ses amitiés multiples ne composent pas un portrait rêvé du successeur de Léon Blum. Mais il a, et ce davantage que son glorieux prédécesseur, la certitude de son destin. Mal à l'aise à la télévision, il excelle à la tribune. Son verbe produisait sur le jeune lycéen que j'étais un effet que je cherchais à qualifier. Un mélange de références historiques savamment distillées, de démonstrations concises et chirurgicales et de longues envolées où la magie des mots produisait enthousiasme, rires et émotion. J'assistais à ses réunions publiques avec le même bonheur, fût-il parfois redondant. Il était capable de retourner les salles les plus réservées et de faire chavirer les plus récalcitrants[5].

Les conditions de l'alternance

Un parti, une stratégie, une incarnation : François Mitterrand a posé d'emblée les bases d'une possible victoire. Construire une nouvelle organisation, rompre avec le passé par la magie de l'union et revêtir les habits d'un chef, promu virtuellement président afin de pouvoir le devenir un jour vraiment.

Encore faut-il gagner le congrès d'Épinay, en juin 1971, où tout va se jouer ! S'il échoue à cette étape, le schéma imaginé depuis des mois s'effondrera, sans qu'il soit possible de

5. J'assiste, le 2 décembre 1972, à un meeting des partis signataires du Programme commun au parc des expositions de la porte de Versailles. Devant une salle de plusieurs dizaines de milliers de personnes largement acquises au Parti communiste, il renverse l'assistance par le sens qu'il donne à ce rassemblement : « [...] nous sommes ici pour gagner les élections, nous sommes ici pour gouverner, nous sommes ici pour l'emporter, nous sommes ici pour gagner ! »

revenir à la culture des clubs et des bricolages dont la gauche dite non communiste s'était repue au point de faillir expirer. Dans cette bataille, Mitterrand entre avec de maigres forces, surestimées de surcroît : 15 % des mandats, contre plus de 32 % pour Alain Savary et son allié Guy Mollet, lesquels peuvent alors compter sur le renfort des amis de Jean Poperen (11,5 %). Il sait pouvoir disposer de l'appui de Pierre Mauroy et de Gaston Defferre (30 % des mandats) qui, puisqu'ils représentent l'aile modérée de la SFIO, sont peu disposés à un accord avec le Parti communiste. Restent les partisans de Jean-Pierre Chevènement, autour du CERES[6] (8 %), dont les orientations « unitaires » et les positions néomarxistes rendent peu vraisemblable une éventuelle coalition avec le socialisme municipal du Nord-Pas-de-Calais et des Bouches-du-Rhône.

Il est temps de forcer le trait et de passer à l'offensive sur le thème de la rupture. C'est là que la logique politique cède, comme souvent, devant l'alchimie des intérêts. François Mitterrand veut gagner le congrès, Pierre Mauroy aspire à en finir avec la SFIO, Defferre entend vider définitivement sa querelle avec Guy Mollet, et Jean-Pierre Chevènement rêve de donner une ligne à un PS qui a depuis longtemps évité le travail doctrinal. C'est ainsi que la motion de François Mitterrand l'emporte par 51,26 %, contre 48,73 % pour Alain Savary. En fait de voix militantes, l'écart est d'un peu plus de 2 000. Il y avait eu près de 4 000 abstentions et plus de 1 000 absents. Il aurait suffi d'un rien, une intrigue, un doute, un discours pour que soit inversé le résultat.

Si François Mitterrand est le triomphateur de la manœuvre, Pierre Mauroy en est l'instigateur, l'ordonnateur et l'opérateur. C'est lui qui a fait basculer les modérés du parti, et notamment les grands élus, c'est lui qui a donné une légitimité socialiste à la prise du parti par un homme qui n'en avait

6. Centre d'études, de recherches et d'éducation socialiste (fondé en 1966).

jamais été adhérent jusque-là. C'est lui qui, au dernier moment, a convaincu son mentor, le maire de Lille, Augustin Laurent, de quitter son siège avant la fin le congrès, pour priver Guy Mollet d'un soutien éventuel[7]. C'est encore lui qui a prononcé le discours le plus réaliste en résumant la situation ainsi : « La gauche a besoin du concours du PC pour battre la droite, mais une gauche dominée par le PC n'a aucune chance de parvenir au pouvoir. Ce serait le plus beau cadeau fait à l'UNR[8]. »

Son rôle décisif explique, contrairement à une idée établie, que François Mitterrand ait proposé à Pierre Mauroy de prendre la direction du Parti socialiste, au lendemain d'Épinay. C'est ce que l'intéressé lui-même m'avait confié, non pour regretter d'avoir décliné l'invitation, mais, au contraire, pour justifier sa position de l'époque : il souhaitait démontrer à François Mitterrand (qui, comme Léon Blum, se serait davantage vu à la tête du groupe socialiste à l'Assemblée nationale) que la fonction de premier secrétaire lui offrirait, d'une part, la maîtrise d'un parti dont les fragilités étaient encore criantes mais dont l'avenir pouvait être brillant, et lui conférait, de l'autre, une forte visibilité devant l'opinion au point d'en faire le chef de l'opposition et mécaniquement le candidat de la gauche pour la prochaine présidentielle. Tout cela s'est révélé juste, puisqu'en 1974, à la mort de Georges Pompidou, François Mitterrand obtient le soutien du Parti communiste dès le premier tour, avec lequel un programme commun avait été signé deux ans plus tôt[9]. Devenir premier secrétaire lui permettait, enfin, de s'assurer que la stratégie de l'Union de la

7. Augustin Laurent, grand résistant, figure du socialisme du Nord, fut plusieurs fois ministre à la Libération, puis maire de Lille (1955-1973), dont il laissa le siège à Pierre Mauroy.

8. L'Union pour la Nouvelle République, parti majoritaire créé par le général de Gaulle.

9. Le candidat commun de la gauche, qui rassemble plus de 43 % des suffrages au premier tour, échoue de peu au second face à Valéry Giscard d'Estaing ; 423 000 voix les séparent.

gauche ne détournerait pas le parti de ses engagements européens. François Mitterrand n'oubliera jamais ce qu'il devait à Pierre Mauroy. Et si, en 1979, lors d'un autre congrès – celui de Metz –, les deux hommes s'éloignent l'un de l'autre, ils ne se sépareront jamais. C'est ainsi qu'à l'été 1980, alors que François Mitterrand, toujours premier secrétaire du parti, entretient le silence sur ses intentions, il veille à informer Pierre Mauroy qu'il sera de nouveau candidat et qu'en cas de succès le maire de Lille deviendrait son Premier ministre.

Certes, d'Épinay à l'Élysée, les conditions politiques ont changé. En 1977, lors de l'actualisation du Programme commun, le PC a pris prétexte d'une querelle sur le nombre de nationalisations à prévoir pour rompre l'union. Georges Marchais comprend que la relation entretenue avec François Mitterrand lui octroie, en réalité, la mauvaise place dans le véhicule. Celle du simple passager. Sur le plan local, le parti socialiste se renforce considérablement en gagnant de nombreuses villes et, sur le plan national, en attirant des « couches nouvelles » qui compensent son défaut d'implantation ouvrière. Voilà qu'il séduit des intellectuels et des artistes – jusque-là dans la sphère d'influence du PC –, ainsi que de hauts fonctionnaires qui, impatients d'accéder à des responsabilités que l'État giscardien leur refusait, lui proposent leurs services[10]. Michel Rocard, lors des Assises du socialisme de l'automne 1974, saute le pas, et des militants de la CFDT le lui emboîtent.

Sur le plan international, l'Union soviétique, à mesure que ses failles apparaissent au grand jour, multiplie les atteintes aux libertés à l'intérieur en enfermant les dissidents, réprime avec brutalité les velléités d'émancipation qui se lèvent en Europe de l'Est, et se lance dans une intervention militaire meurtrière en Afghanistan pour soutenir un régime fan-

10. Entre 1971 et 1980, les effectifs du PS passent de 80 000 à 200 000 adhérents.

toche. Cette fuite en avant finit de disqualifier un modèle recroquevillé dans sa version totalitaire et de détourner les électeurs de gauche d'un parti qui s'en réclame encore. Néanmoins, le discrédit de Moscou, s'il favorise le Parti socialiste dans sa compétition avec le PC, pose à François Mitterrand un problème majeur. Il ne peut gagner qu'avec le renfort de l'électorat communiste. Mais comment rendre ce soutien possible alors que l'appareil de ce parti affiche de plus en plus son hostilité ? Et de quelle manière empêcher, s'il consent à offrir ses voix, qu'il n'effraie une partie des autres électeurs ?

François Mitterrand résout la contradiction avec une rare intelligence tactique : il se montre intraitable à l'égard de l'Union soviétique – allant jusqu'à accuser la droite de complaisance à son égard[11] ! – mais tient bon sur l'Union de la gauche. Il en porte le talisman pour mieux dénoncer l'attitude de Georges Marchais, dont l'intransigeance idéologique lui semble dissimuler une volonté d'empêchement politique.

Ainsi, le pari d'Épinay a pu être gagné : refonder un parti moribond pour en faire la première force à gauche, promouvoir inlassablement l'union pour rassembler largement autour du PS, écarter toute autre alliance et, enfin, imposer le premier secrétaire du parti comme seul candidat légitime à la présidentielle.

Restait un prix à payer : l'adoption d'un programme de rupture avec le capitalisme qui, lors de sa signature par le PS et le PC en 1972, correspondait à un contexte tout autre.

11. Dans la nuit de Noël 1979, les Soviétiques envahissent l'Afghanistan. Le président Giscard d'Estaing se rend à Varsovie en mai 1980 pour y rencontrer Leonid Brejnev et le convaincre de cesser cette intervention. Un mois plus tard, le président soviétique adresse un télégramme à son homologue français pour lui annoncer un retrait partiel des troupes russes. Valéry Giscard d'Estaing s'empresse d'en faire part à ses collègues du G7 réunis à Venise. On s'apercevra vite qu'il n'en était rien. François Mitterrand joua de cet impair pour traiter VGE de « petit télégraphiste de Varsovie ».

La croissance d'alors était forte... Ce qui ne sera plus le cas en 1980, à l'issue des deux chocs pétroliers.

La « rupture » s'exprimait à travers la nationalisation des grandes entreprises industrielles et du secteur bancaire, qui avait pour vocation de s'inscrire dans une planification fondée sur la satisfaction des besoins et sur la démocratisation de l'économie, en associant les travailleurs aux décisions. La relance se traduisait par une augmentation du SMIC et par une revalorisation des prestations sociales, et la justice sociale par la retraite à 60 ans (55 ans pour les femmes) et par la gratuité des soins pour tous, financés par la création d'un impôt sur le capital et un relèvement de l'impôt sur les sociétés.

François Mitterrand avait veillé au maintien de la France dans la Communauté européenne ainsi qu'à la poursuite de la construction de cette dernière. Il avait également œuvré à la préservation de l'Alliance atlantique, confrontée à la menace du pacte de Varsovie. Mais l'essentiel, pour lui, n'était pas là. Il s'agissait, avant toute chose, d'ouvrir la perspective d'un changement politique et, dans ce sens, le Programme commun, que beaucoup de ses partisans n'avaient pas lu, devenait un totem politique.

La fin de l'union aurait pu fournir à François Mitterrand le prétexte d'une révision stratégique et d'un *aggiornamento* idéologique en matière économique. Il écarte cette option pour deux raisons : la première, ne pas offrir au PC l'argument d'un virage à droite, voire d'un renversement d'alliance qui aurait contribué à justifier l'attitude belliqueuse de la direction communiste ; la seconde, ne pas céder à Michel Rocard qui avait dénoncé, au lendemain de l'échec de la gauche aux élections législatives de mars 1978, l'« archaïsme » en politique, et qui plaidait pour une autre politique économique dans le cadre d'un nouveau rapport sur les rôles respectifs du plan et du marché[12]. Lui accorder le bénéfice de ce tournant, c'était perdre sur les deux tableaux : la relation avec le PC et la candidature à l'Élysée. Le congrès de Metz d'avril 1979 confirme la ligne de François Mitterrand, là encore au prix d'une alliance avec le CERES de Jean-Pierre Chevènement et d'une inflexion plus à gauche du projet.

Les 110 propositions

En janvier 1981, François Mitterrand, investi par le Parti socialiste, est candidat à la présidentielle avec un programme articulé autour de 110 propositions. Il est fondé sur la perspective d'une nouvelle croissance, car, depuis 1979, le quadruplement du prix de l'énergie et la fin du système des changes fixes ont infligé à l'économie mondiale un double choc qui a ralenti l'activité et provoqué une montée continue du chômage dans les pays industrialisés, tout en générant une inflation supérieure à 10 %, qui a entamé le pouvoir d'achat des plus modestes. La relance se présente donc, pour le candidat, comme la réponse la plus appropriée : elle stimule la demande afin de rehausser le rythme de la croissance, elle compense les effets de la hausse des prix sur les revenus des catégories populaires, et elle redistribue les richesses en faveur du travail. Quant à l'extension du secteur public, elle s'inscrit dans une réorientation de l'économie dont la planification définit le sens pour renforcer l'offre productive et reconquérir le marché intérieur.

---

12. Au premier tour des élections législatives de 1978, la gauche enregistre une nette poussée avec plus de 50 % des suffrages. Le PS et les radicaux de gauche dépassent le résultat du PC et retrouvent pour la première fois depuis le Front populaire la primauté à gauche. Georges Marchais, dans l'entre-deux-tours, annonce un accord de désistement du bout des lèvres et de façon provocante, au point que la droite finit par l'emporter (290 sièges contre 200).

Les 110 propositions marquent leur fidélité à l'histoire de la gauche en réduisant le temps de travail avec la retraite à 60 ans, la cinquième semaine de congés payés et la perspective des 35 heures. La question du financement est mise, à ce stade, de côté, à l'exception de l'introduction d'une modification de l'assiette des cotisations sociales dans le but de ne pas pénaliser les entreprises de main-d'œuvre. L'idée générale est que la croissance dégagera de nouvelles ressources fiscales pour l'État et des marges supplémentaires pour les entreprises, tout en réduisant le chômage.

Il entre une part de calcul politique dans cette addition de promesses et dans cet affichage de rupture. C'est en effet la façon la plus sûre de n'offrir aucune prise aux communistes qui, avec la candidature de Georges Marchais, rendent le premier tour incertain. Si l'écart était trop faible entre les deux candidats de gauche, il hypothéquerait nécessairement le succès du second.

Tout cela n'était pas dénué de sincérité et de conviction. Beaucoup de socialistes – j'en étais – croyaient vraiment que la conjoncture internationale allait s'éclaircir, que la relance produirait ses effets rapidement et serait même de nature à convaincre nos partenaires européens du bien-fondé de notre démarche. Nous doutions de l'efficacité immédiate des nationalisations, mais nous savions que les entreprises concernées souffraient d'un manque cruel de fonds propres et donc d'investissements et que leur renflouement pourrait redresser l'industrie française. C'était déjà l'idée d'un socialisme de l'offre !

Mais nous étions conscients que ce programme et même la candidature de François Mitterrand ne pouvaient pas, à eux seuls, déclencher une mécanique victorieuse.

Premiers doutes

En cette fin des années 1970 s'est installé un climat de défiance à l'égard de la politique et un détachement des intellectuels à l'endroit de la gauche, d'autant qu'elle était divisée et que le mouvement antitotalitaire, autour de la « nouvelle philosophie », jetait un regard cru sur la perspective d'une présence communiste au gouvernement de la France. Le temps était à la désacralisation et même à la dérision, qu'illustrait la candidature de Coluche. Annoncée comme une farce en octobre 1980, elle prend bientôt une couleur populiste – « un pour tous, tous pourris » – et gagne en consistance à mesure que des sondages, rarement publiés, laissent entrevoir une percée, suffisante pour inquiéter l'entourage de François Mitterrand[13]. Coluche poursuivra l'aventure quelques semaines encore avant de renoncer en mars 1981 sans que l'on sache s'il a cédé aux pressions ou, tout simplement, constaté l'inanité de cette initiative, faute de disposer des parrainages d'élus nécessaires.

Il y a aussi dans cette prise de distance une amertume liée à l'annonce de la candidature de François Mitterrand le 8 novembre 1980, et au retrait consécutif de Michel Rocard. Si c'est un soulagement pour les dirigeants et une majorité des militants du Parti socialiste (qui redoutaient un affrontement que la publication des sondages mettait en scène), c'est une déception pour beaucoup de ses électeurs, qui craignent une fatalité de l'échec pour cette troisième tentative ! Les soutiens du candidat se font rares, à tel point que, lorsque, jeune

13. Que des intellectuels éminents comme Félix Guattari, Gilles Deleuze et même Pierre Bourdieu aient pu soutenir une initiative aussi fantaisiste en dit long sur le fossé qui s'était creusé entre le monde de la culture et celui de la gauche, avant même qu'elle n'arrive au pouvoir et sur l'image même de la vie politique, alors qu'elle n'avait pas encore connu l'alternance.

auditeur à la Cour des comptes, je suis appelé par Jacques Attali, au début du mois de janvier 1981, à rejoindre la rue de Solférino pour participer à l'équipe de campagne, je suis frappé par le vide qui règne dans cette maison. Loin de se bousculer en cette fin d'année 1980, les hauts fonctionnaires préfèrent encore attendre les premières brises et, avant de se lancer dans l'aventure, d'en savoir plus sur la force du vent.

Une irrésistible force

Les sondages, au début de l'année 1981, annoncent une réélection aisée du président sortant. François Mitterrand, mesurant le chemin qu'il avait à parcourir pour gagner l'opinion, fait le choix de la rareté et de la sérénité. En janvier 1981, une fois investi par son parti, il attribue à Lionel Jospin la place qu'il occupait depuis dix ans à la tête du PS et organise avec soin la direction de sa campagne avant de s'envoler pour un long voyage en Chine. Il prolonge facétieusement cette visite en Corée du Nord, comme pour montrer qu'il se place déjà dans la fonction qu'il brigue, mais aussi pour créer une attente et ouvrir un vide qu'il aura tôt fait de combler à son retour. Son rythme est celui de la « force tranquille », une formule déjà utilisée par Léon Blum en juin 1936.

Dès le mois de février, les aiguilles se mettent à bouger et le doute s'installe dans le camp d'en face. Valéry Giscard d'Estaing avait hésité à se séparer de Raymond Barre, dont il vantait les mérites d'économiste tout en constatant que l'économie ne s'améliorait pas. Lui qui avait joué en 1974 de tous les codes de la jeunesse et de la modernité paraît, sept ans plus tard, sous les traits d'un monarque condescendant, abîmé par des polémiques, muni d'idées tristement conservatrices, la candidature de Jacques Chirac compliquant, pour la droite, l'équation.

Car à la division s'ajoute la rancune, laquelle s'exprime du côté du RPR, le mouvement gaulliste, par une campagne virulente à l'encontre du président sortant. Georges Marchais porte le boulet de ses amitiés soviétiques et contribue par ses outrances de tribune à susciter, à son détriment, un vote utile pour le candidat socialiste.

Le premier tour, avec 25 % pour François Mitterrand, 28 % pour Valéry Giscard d'Estaing, seulement 16 % pour Jacques Chirac et 15 % pour Georges Marchais, dessine déjà une victoire que rien ne semble pouvoir endiguer : ni le débat, qui tourne à l'avantage – au moins psychologique – de François Mitterrand (lequel entend effacer l'échec, sûrement humiliant, de 1974), ni les désistements – celui de Georges Marchais ayant les apparences de la bonne foi, et celui de Jacques Chirac ayant les formes de la mauvaise.

Curieusement, la ferveur qui avait longtemps tardé à se manifester, tant l'hypothèse de l'alternance paraissait trois mois plus tôt hors d'atteinte, devient irrésistible à mesure que la gauche semble en avoir terminé avec la longue cure d'opposition.

Si dans les états-majors l'issue du scrutin ne fait guère de doute, c'est néanmoins un choc considérable – heureux pour les uns, sinistre pour les autres – lorsque est annoncée, à la télévision, la victoire de François Mitterrand. Le score est sans appel, mais la marge demeure étroite[14] : 51,7 % contre 48,2 %.

Le 10 mai, une date historique

C'est un événement majeur, une journée inoubliable. La Ve République, conçue par le général de Gaulle, s'offre à son

14. Le 6 mai 2012, ce fut avec le même écart que je devins moi-même président de la République.

principal opposant. La gauche remporte bien davantage, ce 10 mai 1981, qu'une élection. Elle installe pour sept ans, au sommet de l'État, son premier dirigeant.

Avec un président socialiste à sa tête, la France bouscule l'ordre européen. Car si des sociaux-démocrates y jouent un rôle éminent, notamment en Allemagne, aucun n'a pour programme celui, de rupture, sur lequel Mitterrand vient d'être élu. La perspective que des communistes puissent accéder au gouvernement de la France inquiète par ailleurs nos alliés et, au premier chef, les États-Unis.

Mais ce soir-là, la célébration de l'alternance l'emporte sur les appréhensions. Près de 200 000 personnes convergent place de la Bastille malgré la pluie qui commence à tomber, d'abord par de fines gouttes, puis par de plus grosses jusqu'à l'orage, au point que la foule demande déjà à « Mitterrand, du soleil ». Premier malentendu. J'ai connu ça !

Je suis présent sur cette place, un parmi la foule. Je savoure le moment. Mon rôle a été plus que modeste, mais je veux, au fond de moi-même, croire y avoir contribué pour une parcelle. Engagé à gauche depuis mes années de lycée, j'ai cru que la ténacité de François Mitterrand aurait finalement raison de tous les hésitants si nombreux autour de moi. J'étais convaincu qu'il était le seul, par la finesse de son intelligence et la clarté de sa stratégie, à pouvoir conduire notre famille à la victoire. Nous y sommes. J'ignore alors que trente et un ans plus tard, c'est mon élection que l'on fêtera sur cette même place. L'orage, l'espérance et l'appréhension en partage.

Si je suis bel et bien transporté, je n'en suis pas moins lucide sur les difficultés qui nous attendent. La gauche l'emporte toujours quand la droite a échoué et que les crises s'accumulent. Rarement par beau temps et mer calme.

Dès le premier soir, François Mitterrand s'efforce donc de maîtriser la ferveur qui monte pour éviter tout débordement et rassurer les Français comme nos partenaires.

Ses premiers mots, prononcés à Château-Chinon ce soir du 10 mai, comme le discours d'investiture le 21, saluent le long combat de la gauche, mais l'inscrivent dans l'accomplissement de la République. Il rend hommage aux « humbles militants pénétrés d'idéal qui ont espéré ce jour où le pays viendrait enfin à leur rencontre », et il ajoute qu'il agira avec résolution pour que, dans la fidélité à ses engagements, soit trouvé le « chemin des réconciliations nécessaires ». Puis à l'Élysée, onze jours plus tard, il « pense à ces millions et ces millions de femmes et d'hommes [...] qui, deux siècles durant, [...] par le travail et par le sang, ont façonné l'histoire de France sans y avoir accès autrement que par de brèves et glorieuses fractures de notre société ». Mais il prend soin de préciser que « c'est convaincre qui m'importe et non vaincre, président de tous les Français, je veux les rassembler et créer en toutes circonstances les conditions d'une vraie communauté nationale ».

Les cérémonies du Panthéon n'ont alors pas d'autre but que de prolonger autour de la mémoire de Jean Jaurès, de Jean Moulin et de Victor Schœlcher la chaîne de l'Histoire, et d'intégrer la nouvelle étape qui s'ouvre dans la marche vers une République pleinement accomplie. Rester fidèle à sa famille, mais poursuivre le chemin du destin national ! Le premier secrétaire s'efface ainsi devant le chef d'État.

Il s'agit déjà pour le nouveau président de concilier des exigences contradictoires : calmer les marchés (qui déjà réagissent en spéculant contre le franc)[15] sans prendre de décisions douloureuses susceptibles de contrarier l'électorat au moment où il est sollicité dans la perspective des législatives ; adresser des signes apaisants aux Européens et aux Américains en constituant un gouvernement le 22 mai 1981 dans lequel les communistes n'ont pour le moment pas leur

15. Les fuites de capitaux entre le 10 et le 28 mai ont représenté un tiers des réserves de la Banque de France.

place, sans repousser leur concours pour la formation d'une nécessaire majorité ; préparer, voire annoncer, les premières mesures marquant l'ampleur du changement sans pouvoir les engager toutes dans l'attente du renouvellement de l'Assemblée nationale provoqué par la dissolution, décidée le jour même de l'investiture[16].

La nomination de Pierre Mauroy lui permet de résoudre une grande part de cette équation. Un Premier ministre connu pour sa modération, mais attaché à l'Union de la gauche, un grand élu local mais disposant de nombreux liens dans la haute fonction publique, un Européen fervent mais un homme du Nord attaché à ses racines ouvrières.

La vague rose

La droite est défaite et divisée. Jacques Chirac, avec l'effacement inévitable de Valéry Giscard d'Estaing, en est devenu la figure dominante. Il parie sur la peur qui pourrait saisir une partie de l'électorat face à une possible majorité « socialo-communiste » et sur une volonté de rééquilibrage institutionnel face à un président qui a toujours dénoncé la Ve République.

François Mitterrand a tôt fait de désamorcer cette attaque en déclarant : « Les institutions n'étaient pas faites à mon intention. Mais elles sont bien faites pour moi. » Et ce qui était une victoire aussi courte qu'éclatante le 10 mai lève une vague irrépressible à l'occasion des élections législatives des 14 et 21 juin 1981[17]. Le

---

16. Dès le mois de juin, les allocations familiales sont relevées de 25 %, le minimum vieillesse de 20 % et le SMIC de 10 %, dans le contexte d'une inflation de près de 15 %.

17. Aux élections législatives de 1981, la gauche totalise le même nombre de voix qu'en 1978. En revanche, la droite perd 10 % de son électorat, quand l'abstention progresse. Aussi la « vague rose » est-elle d'abord une victoire par défaut, ou plutôt par abandon.

Parti socialiste, avec 36 % des voix, est majoritaire à lui seul avec 285 sièges. Cette poussée se fait au détriment du PC (44 sièges au lieu de 88, malgré 16 % des suffrages exprimés) et surtout de la droite (158 sièges). Je n'en serai pas. Envoyé par le PS en Corrèze face à Jacques Chirac, je rate le ballottage de quelques voix, mais me fais un nom grâce à ce combat symbolique. La Corrèze devient à partir de ce fait d'armes ma terre d'élection. Elle l'est encore aujourd'hui, dans un contexte inédit après la dissolution du 9 juin, puisqu'elle m'a permis de redevenir député pour conjurer la menace de l'extrême droite.

Les socialistes disposent pour la première fois de l'ensemble du pouvoir et, surtout, de la durée. Pourtant, ils font comme si le temps leur était compté, comme s'il fallait tout entreprendre de peur de ne rien réussir, comme si ce qu'ils n'engageaient pas tout de suite leur serait impossible demain. C'est la « théorie des cent jours » qu'un « état de grâce autorise ». C'est aussi l'idée de la rupture : créer des conditions nouvelles par la relance et par l'extension du secteur public pour interdire tout retour en arrière. C'est enfin la promesse tenue. Surtout, ne pas renoncer. Et encore moins trahir. Exprimer la volonté de rattraper le temps perdu après vingt-trois ans d'opposition et d'ouvrir des temps nouveaux sans devoir limiter l'horizon.

François Mitterrand, conscient de la difficulté de la situation et désireux d'éviter les surenchères extérieures, préfère intégrer le Parti communiste dans la majorité et des ministres de cette formation, qui n'en a plus compté depuis trente-cinq ans, dans le gouvernement de Pierre Mauroy. Ils seront quatre à participer au Conseil des ministres le 24 juin 1981 : Charles Fiterman aux Transports, Jack Ralite à la Santé, Anicet Le Pors à la Fonction publique et Marcel Rigout à la Formation professionnelle.

Le Parlement, convoqué en session extraordinaire, adopte dès l'été un programme de relance par une augmentation significative de la dépense publique, notamment pour le Travail, l'Éducation, la Recherche et la Culture. Ce dispositif est complété par la loi de finances pour 1982. Au-delà des ouvertures de crédits, une réforme fiscale d'ampleur est adoptée avec la création de l'impôt sur les grandes fortunes, le relèvement des taux supérieurs et du barème de l'impôt sur le revenu et des droits de succession.

La stimulation budgétaire est de l'ordre de 1,5 % du PIB. Ce volume n'est pas considérable, d'autant moins que les comptes publics laissés par Raymond Barre sont à l'équilibre (ce sera la dernière fois : tous les budgets présentés depuis lors, c'est-à-dire depuis plus de quarante ans, font apparaître des déficits). Priorité est donnée à la consommation plutôt qu'à l'investissement, au moment même où l'ensemble des pays développés connaissent un ralentissement de leur activité.

L'espoir réside donc dans l'effet d'entraînement. Face à la récession qui menace, notre exemple est supposé convaincre nos partenaires de relâcher les disciplines et de hâter une éventuelle reprise. Peine perdue. Le chancelier allemand Helmut Schmidt, un social-démocrate rigoureux, en rajoute dans l'austérité, de peur d'être battu aux élections au Bundestag tenues en 1982 – il sera néanmoins défait et Helmut Kohl lui succédera.

Le Royaume-Uni de Margaret Thatcher et l'Amérique de Reagan, quant à eux, mènent des politiques libérales aux antipodes du « modèle » français. Quant à la Réserve fédérale américaine, présidée par le monétariste Paul Volcker, elle relève drastiquement les taux d'intérêt pour lutter contre l'inflation. La dévaluation du franc évitée en mai devient inéluctable en octobre. Elle est supposée donner un avantage de prix à nos exportations malgré le renchérissement des coûts salariaux. Elle a pour conséquence immédiate de dégrader la balance commerciale, déjà malmenée par la dynamique de la consommation intérieure dont ont largement bénéficié nos partenaires européens, faute d'offre compétitive française.

La malédiction de la « pause »

Le 30 novembre, Jacques Delors, inquiet de la montée des déficits, réclame une « pause » dans l'annonce des réformes. Le mot est employé à dessein. Il rappelle celle à laquelle Léon Blum appelait en février 1937, et qui a marqué un tournant majeur du Front populaire. Les mêmes causes – une relance à contretemps, une dévaluation d'une ampleur insuffisante, des sorties continues des capitaux – produisent les mêmes effets : un franc de plus en plus discuté sur les marchés, une perte de compétitivité des entreprises, une difficulté pour l'État à se financer, et une inflation persistante autour de 14 %.

Pierre Mauroy tente bien d'atténuer la portée de la formule. Il confirme le calendrier du gouvernement et les arbitrages du budget, mais le spectre qui avait hanté les expériences du Cartel comme du Front populaire était ressorti de sa boîte. Il n'allait pas lâcher prise tant que la gauche s'obstinerait à transgresser les règles de l'économie ouverte.

La menace sur le franc conjuguée à la mollesse de la reprise n'empêche pas le gouvernement de mener plusieurs réformes structurelles majeures. Plusieurs ne seront jamais remises en cause, y compris par ceux qui les avaient combattues, quand d'autres ne résisteront pas à l'usure du temps ou à la mécanique des alternances successives.

Ainsi, la durée hebdomadaire du travail est abaissée à 39 heures sans diminution des salaires, une cinquième semaine de congés payés et la retraite à 60 ans (au lieu de 65) sont adoptées, au nom de « la bataille pour le temps de vivre ». L'insertion professionnelle des jeunes, notamment avec les missions locales, est accélérée, tandis que les lois Auroux étendent le droit d'expression du personnel et renforcent les institutions représentatives des salariés, comme la prévention des risques au travail[18]. La loi Quilliot équilibre les droits et les devoirs des bailleurs et des locataires. La loi Defferre sur la décentralisation élargit les compétences des collectivités territoriales, lève la tutelle de l'État sur leur fonctionnement et démocratise leur organisation, notamment avec l'élection des conseils régionaux au suffrage universel direct. Des zones d'éducation prioritaire sont créées, une grande politique culturelle est engagée avec le prix unique du livre, des grands chantiers sont lancés à Paris comme en province, et les crédits de la Culture sont doublés avec pour objectif d'atteindre 1 % du budget de la nation. Dans la foulée, les radios libres sont autorisées, et la Haute Autorité de l'audiovisuel créée. Aujourd'hui nommée « Autorité de régulation de la communication audiovisuelle et numérique » (Arcom), elle est plus que jamais nécessaire au pluralisme.

Et puis il y a ce qui ne coûte rien sur le plan budgétaire, mais qui vaut tout sur le plan moral : l'abolition de la peine de mort, l'abrogation du délit d'homosexualité, la fin des tribunaux d'exception, la régularisation de 130 000 étrangers qui ont un métier et peuvent le prouver.

Ces actes, qu'ils soient préservés pour l'essentiel, intégrés dans notre droit, amplifiés parfois ou rognés malencontreusement, figurent au patrimoine de la gauche. Celle-ci, dans ses meilleurs jours, ne manque pas de les rappeler pour en tirer une légitime fierté et pour les inscrire dans une démarche de progrès continue, comme si les acquis d'hier devaient fonder les avancées de demain.

Cette politique reposait sur la recherche de la croissance le plus élevée possible pour assurer la redistribution et l'accès de tous à la consommation. Sa logique paraît aujourd'hui obsolète au temps de la sobriété et de la décarbonation, mais elle était la matrice de la gauche des années 1980. Résolument

---

18. Elles créent aussi les comités d'hygiène et de sécurité, qui seront supprimés par les ordonnances Travail de l'automne 2017.

productiviste, sincèrement industrialiste et authentiquement keynésienne. Sa priorité était déjà l'inversion de la courbe du chômage, lequel concernait plus de 1,7 million de personnes en mai 1981. Tout devait être fait pour ne pas dépasser la barre des 2 millions.

Nationaliser pour rompre

Le contrôle public des grands groupes est supposé favoriser l'emploi, hausser le niveau de l'investissement et reconquérir le marché intérieur (déjà le « *made in France* »). Les nationalisations correspondent à une conception du socialisme définie par une phrase de François Mitterrand au congrès d'Épinay : « Il n'y aura jamais de société socialiste sans propriété collective des moyens de production. » Elles avaient, depuis les querelles sur l'actualisation du Programme commun, pris une dimension éminemment politique : du champ du nouveau secteur public dépendait l'ancrage à gauche du gouvernement. Enfin, elles devaient illustrer la démocratie dans l'entreprise, puisque les représentants des travailleurs étaient appelés à siéger dans les organes de décision des entreprises publiques.

En réalité, l'argument financier pouvait à lui seul justifier les nationalisations de cinq groupes industriels (Thomson, Saint-Gobain, Rhône-Poulenc, Pechiney, Compagnie générale d'électricité) et de 36 banques de dépôt ainsi que de Paribas et de Suez. Ces sociétés souffraient, pour la plupart, d'une sous-capitalisation, étaient peu profitables, et plusieurs n'étaient pas bien dirigées.

L'erreur est d'avoir créé l'illusion que, si l'État prenait la propriété de ces entreprises, leurs règles seraient mécaniquement changées au bénéfice des salariés et de l'emploi. Beaucoup espéraient aussi qu'avec la fin des grands monopoles et le contrôle de la finance le capitalisme perdrait une large part de son influence sur l'économie et que d'autres critères que le profit pourraient prévaloir. En réalité, les entreprises, même publiques, sont soumises à la concurrence et ne peuvent s'extraire du monde.

En outre, le gouvernement découvre que les nationalisations représentent une opération de grande ampleur et d'une extrême sophistication technique. Le calcul de l'indemnisation des actionnaires est crucial, comme le sont la transition des équipes de direction et l'image internationale de la France. D'emblée, la question du rythme est posée : faut-il exécuter le programme en une seule fois ou l'étaler sur la durée du mandat ? Cette dernière formule offre l'intérêt de ne pas recourir exagérément à la dette, quand la première présentait l'avantage de sécuriser immédiatement le sort des entreprises concernées. Fallait-il ensuite se limiter à une simple prise de contrôle à 51 % ? C'était la formule privilégiée par Michel Rocard et soutenue par Robert Badinter. Elle était plus économe en argent public et plus souple en mode de gestion, car adaptée à chaque situation. Ou, au contraire, fallait-il aller jusqu'à 100 % pour ne pas garder d'actionnaires minoritaires susceptibles d'entraver la bonne marche de l'entreprise ?

À ces deux questions, François Mitterrand répond fermement : ce sera tout et tout de suite. « De Gaulle a doté la France de la force de frappe militaire, je la dote de sa force de frappe économique[19]. » La comparaison surprend rétrospectivement. Elle révèle la charge symbolique que représente la socialisation des moyens de production dans l'imaginaire socialiste.

La loi est votée en février 1982, après une censure du Conseil constitutionnel sur les modalités d'indemnisation. En fait, cet épisode qui aurait pu être une véritable « rupture »

19. Pierre Favier et Michel Martin-Roland, *La Décennie Mitterrand*, t. I : *Les ruptures*, Seuil, 1990, p. 132.

se déroule plutôt paisiblement et dans le respect des intérêts de tous. Des dirigeants sérieux sont placés à la tête de ces groupes et de ces établissements, et le capitalisme français, loin d'être bouleversé par cette large extension du secteur public, en sort redressé. L'État se révèle un bien meilleur actionnaire que les propriétaires précédents, et les marges retrouvées par ces entreprises sont essentiellement consacrées aux investissements. Et quand ces sociétés se verront, à partir de 1986[20], privatisées, la nation en tirera de confortables plus-values, malgré des prix d'acquisition fixés plutôt bas.

La gauche n'a néanmoins pas réussi à convaincre les Français qu'en nationalisant elle avait « changé la vie » des salariés, embauché davantage et généré un bien-être supplémentaire, mais elle a, sans l'avoir revendiqué, assuré l'avenir des entreprises concernées.

Forte de cette expérience, la gauche de nouveau au pouvoir en 1988, 1997 et 2012 ne se lancera pas dans un nouvel élargissement du secteur public, considérant que le « mode de propriété » importe moins que l'orientation générale donnée par le pouvoir à l'économie.

Ce n'est pas l'extension du secteur public (de 11 % du PNB en 1980, près de 20 % en 1982) qui a provoqué cette fameuse « rupture » avec le capitalisme et provoqué une hostilité générale des marchés. C'est la conduite de la politique économique, avec ses effets sur le creusement des déficits et sur la tenue du franc, qui a justifié, correction après correction, l'amorce d'un « tournant ».

20. Les premières privatisations de 1986-1988 sous le gouvernement Chirac (notamment la Compagnie générale d'électricité, le CCF, Saint-Gobain, la Société générale, Havas, Matra, Suez, TF1) rapportèrent plus de 20 milliards de francs.

Les déçus du socialisme

Le gonflement de la dépense publique a certes produit des effets bénéfiques : la croissance, en 1982, dépasse 2,3 %, c'est-à-dire beaucoup plus que le reste de l'Europe, mais moins qu'espéré (3,3 %), faute d'une offre intérieure suffisamment compétitive. Mais la poussée inflationniste dans un contexte de haut niveau des taux d'intérêt met à mal la valeur de notre monnaie. La dévaluation d'octobre 1981 est trop modeste pour compenser les écarts de prix[21] entre la France et l'Allemagne, d'autant plus qu'elle n'a pas été accompagnée d'une maîtrise de la demande pour orienter la production intérieure vers davantage d'exportations. Quant au chômage, loin de se stabiliser, il continue de monter, malgré la réduction de la durée du travail – notamment les 39 heures – qui, pour heureuse qu'elle fût, avait encore renchéri les coûts des entreprises.

Politiquement, les résultats ne sont pas non plus au rendez-vous. Les élections législatives partielles de janvier 1982 signent la fin de l'« état de grâce » et, malgré la multiplication des mesures favorables aux salariés et aux retraités, les cantonales de mars marquent un recul général de la gauche. Pendant que le désenchantement s'empare de son électorat, la droite reprend confiance en elle.

Valéry Giscard d'Estaing[22], doué d'un sens de la formule, évoque les « déçus du socialisme ».

Ce qui manque à la gauche de gouvernement à cette époque n'est pas l'audace – elle en avait montré –, c'est un cap ! L'espoir d'une embellie économique s'est envolé douloureusement et le chômage demeure la première préoccupation

21. Le franc était dévalué de 3 %, le mark réévalué de 5,5 %, soit un réajustement monétaire de 8,5 %.

22. Valéry Giscard d'Estaing entame un retour par le bas en devenant conseiller général du Puy-de-Dôme en 1982.

des Français ; la fierté d'une nation emblématique en matière de liberté se heurte à la peur d'une insécurité grandissante et d'une immigration incontrôlée, outrageusement mises en scène par la presse conservatrice[23]. Quant aux relèvements des salaires et des prestations, ils sont progressivement noyés dans la hausse générale des prix.

L'incertitude a envahi les esprits : où va le gouvernement ? Que veut le président ? Quelle est la ligne de la majorité ?

En octobre 1981, je suis dans les coulisses du congrès de Valence, et l'impatience des « camarades » me frappe[24]. Ils imputent un peu trop systématiquement les difficultés à un défaut de communication, aux lenteurs supposées de l'administration et aux manœuvres ourdies par des médias « récalcitrants ». La faute vient toujours des autres.

La situation se dégrade brutalement six mois plus tard, au printemps 1982. Les sorties de capitaux s'emballent et les réserves de la Banque de France fondent dangereusement. La perspective d'une nouvelle dévaluation se confirme jour après jour, alors que doit se tenir un sommet du G7 à Versailles, au début du mois de juin. François Mitterrand utilise toute la magnificence du lieu pour séduire ses invités. Mais en diplomatie, surtout quand les positions sont à ce point contradictoires entre les participants, le talent, le charme, le faste, sont de peu de secours pour dégager une orientation commune. Il ne sort donc rien de concret de cette réunion, comme souvent à l'issue de ce type de sommets.

---

23. Le Front national, longtemps marginal, s'installe dans la vie politique dès 1982. Aux municipales de 1983, le parti de Jean-Marie Le Pen crée la surprise à Dreux et dans le 20e arrondissement de Paris en récoltant des scores supérieurs à 10 %.

24. Paul Quilès s'était emporté : « Ne pas dire des têtes vont tomber sans dire lesquelles rapidement. Il en va de la réussite de notre gouvernement. »

Le grand tournant

Lors de la conférence de presse qui suit la réunion, François Mitterrand concède, comme pour annoncer timidement la suite, qu'« une route de montagne doit succéder à une route de plaine ». Une semaine après, une nouvelle dévaluation du franc est décidée au sein du système monétaire européen (10 % par rapport au mark) et un premier virage s'opère : Pierre Mauroy décide d'un blocage des prix, des salaires et des revenus pour trois mois, avançant que « cette orientation est la seule qui nous assure de rester au pouvoir dans le respect de nos idées ». François Mitterrand ajoute un mois supplémentaire, en précisant que, si cette phase n'était pas réussie, la prochaine pourrait conduire à une sortie du système monétaire européen.

Plutôt que de justifier devant le pays un temps de pause voué à digérer les conquêtes de la première phase, il est convenu au sommet de l'État de retenir comme objectif de ce blocage la seule lutte contre l'inflation et de ne rien dire d'autre au pays. L'essentiel est de proscrire le mot « rigueur » et de prétendre qu'il n'y a aucun changement de politique.

Une habileté peut différer la résolution d'un problème, mais elle ne peut offrir sa solution. Gagner du temps est un répit. Pas un récit. Procéder à un ajustement par étapes, c'est ajouter de la douleur à l'incompréhension.

La potion est sévère : indexation générale des salaires sur les prix (hors SMIC), modification de l'indice des prix servant de base à l'évolution du SMIC, limitation du déficit public à 3 % du PIB[25], majoration des cotisations patronales et sala-

25. À croire que c'est François Mitterrand qui a fixé, dès 1982, cette norme dans la formation des règles budgétaires de la future Union monétaire européenne. En réalité, elle est la norme optimale si un État veut conjurer une augmentation de sa dette publique.

riales pour le financement de l'UNEDIC, instauration d'une contribution de solidarité pour l'ensemble des fonctionnaires. Elle atteint partiellement son but : l'inflation se tasse tout au long des mois suivants et le commerce extérieur se redresse. Elle ne réduit pas, en revanche, la défiance des marchés.

L'idée d'un plan d'ajustement commence à circuler, ainsi que celle d'une sortie du SME (à la veille d'élections municipales prévues en mars 1983 – même si aucune option ne peut être prise avant que leurs résultats ne soient connus).

Le silence complaisamment entretenu sur les mesures à prendre ne sauve pas le sort de plusieurs municipalités de gauche, même si le deuxième tour offre un rebond inespéré, notamment à Marseille[26].

Au lendemain du scrutin, François Mitterrand se trouve devant l'une des décisions les plus lourdes de conséquences de sa présidence, non pour son seul mandat, mais pour l'avenir de la gauche et même le destin du pays. Rester dans le système monétaire ou en sortir : le choix est historique. Il déterminera l'avenir de la gauche, mais aussi les formes et le contenu de la construction européenne, jusqu'à la création de l'euro !

Il pèse encore aujourd'hui dans les esprits, puisque la gauche radicale prétend y revenir, considérant que c'est en 1983 que les socialistes auraient trahi le mandat du « changement » confié en mai 1981.

Il hante les souverainistes, qui veulent croire qu'une autre issue que celle qui fut finalement actée aurait pu conduire la France à se libérer de la tutelle européenne et à s'extraire de la mondialisation.

Il explique, en large partie, combien l'enjeu européen a divisé la gauche et déchiré le Parti socialiste ces dernières

26. La gauche perd 31 villes de plus de 30 000 habitants, dont beaucoup gagnées en 1977, notamment Saint-Étienne, Reims, Nîmes, Grenoble, Brest, Avignon, Nantes…

années, au point de modifier le centre de gravité de la première et de décomposer le second.

Le débat se résume, à une époque où les changes étaient flottants et où il n'existait pas encore de monnaie unique, au dilemme suivant : faut-il décrocher du SME et donner au franc toute liberté pour qu'il s'ajuste au niveau susceptible de restaurer notre compétitivité, au risque d'une dévaluation sans fin et d'une inflation auto-entretenue, ou bien faut-il demeurer, coûte que coûte, au sein du SME pour que la France reste un acteur majeur de la construction européenne, au prix cette fois d'une rigueur budgétaire incompatible avec les engagements de la gauche ?

Les tenants d'un flottement du franc, qui trouvent aussi des renforts à droite ou dans le patronat, font valoir que les entreprises retrouveraient, avec une monnaie dépréciée, des marges supplémentaires susceptibles de favoriser leurs investissements et que l'État pourrait s'endetter sans limite, puisqu'il n'y aurait plus de contrainte sur le niveau du déficit public, et pas davantage sur la création monétaire. C'est l'économie magique. Ce scénario réside encore dans les têtes de beaucoup, même si les conditions ont changé avec l'introduction de l'euro.

À l'opposé, les partisans du maintien au sein du SME font valoir qu'au-delà de la rupture de nos engagements européens la sortie du franc aboutirait à une baisse significative de sa valeur, ce qui rendrait plus onéreux le remboursement de la dette publique, souscrite notamment en dollars ou en marks. Cela dégraderait *ipso facto* davantage nos comptes publics, obligeant à lever de nouveaux emprunts, avec la perspective à terme d'un défaut de paiement, sauf à mener une véritable politique d'austérité. Ainsi, pour repousser momentanément la « rigueur », cette manœuvre ne ferait qu'en accroître la probabilité et l'ampleur.

Au lendemain des élections municipales, Pierre Mauroy questionne le chef de l'État. François Mitterrand est devant une douloureuse alternative[27]. Tenter l'aventure ? Quitter, pour un temps, le navire européen, larguer les amarres monétaires, espérer dans un flottement monétaire dont il ne peut connaître l'envergure ni la durée, alourdir un peu plus les déficits – puisque ce serait le prix de la fidélité aux promesses ? Ou alors amplifier le tournant de l'été 1982, donner la priorité à la désinflation, contenir la consommation, modérer les coûts salariaux, relever les impôts pour rééquilibrer les comptes ? Ce serait prendre le risque de fracturer la majorité, de rompre l'Union de la gauche, et de désespérer une fois encore l'électorat en cédant au mur de l'argent, comme au temps du Cartel et du Front populaire. Ainsi confirmerait-il l'existence de la malédiction des deux ans qui voudrait que la gauche, après avoir exécuté une part de son programme, décrète la pause avant d'engager un grand virage.

Je comprends que le chef de l'État ait pu longuement hésiter. Je serai moi-même confronté à ce dilemme. Composer avec la réalité, au risque de décevoir, ou fuir, au risque de se perdre. Ignorer les déficits en attendant que la réalité nous rattrape, ou faire face, car c'est notre devoir. François Mitterrand prend son temps pour choisir, car il mesure la portée de sa responsabilité. Il sait que pour chacune des deux options, il n'y aura pas de retour possible : sortir du SME n'est pas un acte conjoncturel, y rester est une décision structurelle. L'hôte de l'Élysée souhaiterait concilier les inconciliables. Il propose à Pierre Mauroy de rester à Matignon mais de changer de politique économique en laissant flotter le franc. Par fidélité à François Mitterrand, le Premier ministre est tenté d'accepter, mais lui avoue qu'« il ne sait pas conduire sur le verglas » et que, pour cette course-là, mieux vaut nommer un autre chef de gouvernement.

---

27. Jacques Attali fait état dans *Verbatim* du dilemme de François Mitterrand « partagé entre deux ambitions : celle de la construction européenne et celle de la justice sociale. Le SME est nécessaire pour réussir la première et limite [s]a liberté pour la seconde ».

La science économique peut être un recours commode pour les politiques en mal d'arguments. Elle autorise des contorsions, des retournements, des virevoltes. Tel n'est pas le cas avec Pierre Mauroy. À la différence de Michel Rocard et de Jean-Pierre Chevènement, il n'appuie pas ses raisonnements sur des théories. Il agit au nom d'une cohérence, celle qui l'a déjà conduit à changer de cap dès juin 1982, et avec l'intuition du social-démocrate qui sait la nécessité des compromis et l'utilité d'un arrimage européen.

La conversion de François Mitterrand

Le président, dont le talent ne va pas jusqu'à maîtriser les subtilités de l'économie monétaire, comprend qu'échapper aux règles du système monétaire européen revient à sortir de l'Histoire et à réaliser, en attendant, un plongeon qui peut mener à la noyade. Il en est définitivement convaincu quand Laurent Fabius, le ministre du Budget, lui annonce que les réserves de change susceptibles d'accompagner une sortie maîtrisée du franc hors du SME n'offriraient un répit que de quelques semaines.

Jacques Delors est donc mandaté pour négocier une troisième dévaluation afin de disposer de coudées plus franches sans rupture avec les disciplines européennes. Il obtient un réajustement de 8 % par rapport au mark. Fort de ce résultat, il suggère au président que le prochain Premier ministre (il pense forcément à lui) devra cumuler cette responsabilité avec celle de ministre des Finances. C'est trop demander à François Mitterrand. Il s'est résolu à garder le cap européen, il s'est convaincu de poursuivre la désinflation, il s'est persuadé de préserver une certaine valeur du franc, il s'est préparé à un tumulte dans la majorité... mais aller jusqu'à cette forme de reddition lui est insupportable[28]. C'est ainsi que Pierre Mauroy se trouve chargé de former un nouveau gouvernement.

Présent à l'Élysée comme chargé de mission dans cette période où tout se joue, j'observe discrètement, assis dans le bureau de Jacques Attali (le fameux Salon vert), les allées et venues des différents visiteurs qui, après s'être entretenus avec le chef de l'État, n'en sortent pas plus éclairés. Même pour les décisions les plus douloureuses, « donner du temps au temps » ne les rend pas plus aisées et cette méthode nourrit le sentiment que c'est la réalité qui finit par imposer ses choix. Comme le dit l'adage du père Queuille, « il n'est pas de problème qu'une absence de solution ne finisse par résoudre ».

L'Histoire retiendra qu'il aura fallu près de dix jours pour que François Mitterrand se résolve à cette orientation et que, écoutant les uns et les autres, pesant le pour et le contre, sans illusions sur les échéances politiques à venir, il finisse par arbitrer, au nom de la France et de sa place dans la postérité, en faveur de l'ancrage européen du pays et de la crédibilité de la gauche.

Jean-Pierre Chevènement, en désaccord avec l'orientation prise, quitte le gouvernement. Pierre Bérégovoy, qui avait pourtant plaidé la veille pour le flottement du franc, devient le lendemain un partisan ardent du rétablissement des finances publiques. Laurent Fabius, nommé à l'Industrie, va assumer le dossier socialement explosif des restructurations, nécessaires pour répondre aux exigences de la modernisation.

Car c'est bel et bien la rigueur – ce mot auparavant banni – qui est ainsi mise en œuvre : réduction du déficit budgétaire, prélèvement de 1 % sur l'ensemble des revenus des foyers imposés, emprunt obligatoire pour les ménages aisés, instauration d'un carnet de change pour limiter le paiement en

28. « Vous voulez devenir le maire du palais et faire de moi un roi fainéant », aurait dit François Mitterrand à Jacques Delors selon Jean Lacouture.

devises et donc réduire les déplacements à l'étranger, hausse du gaz et de l'électricité. La ponction sur la demande est de l'ordre de 1 % du PNB, soit le double de l'argent distribué en 1981. L'effet sur l'inflation va être massif : elle passe de 9,6 % en 1983 à 2,5 % en 1986.

Si 1982 a été un virage, 1983 est bel et bien un tournant. Pour le justifier, Lionel Jospin évoque une « parenthèse ». Le mot est resté, le débat aussi. Le premier secrétaire du PS entend caractériser cette nouvelle période non pas comme un renoncement, mais comme un prolongement, à un rythme différent, de la politique menée depuis 1981. Une façon de reprendre son souffle après un temps de réformes profondes et d'écarts budgétaires. Lors du congrès de Bourg-en-Bresse en octobre 1983, il a l'occasion de préciser sa pensée : « Au lieu que la droite nous succède au bout d'un ou deux ans avec les difficultés inévitables pour toute gestion, nous nous sommes succédé à nous-mêmes. » Avant d'ajouter que « la rigueur n'est pas une fin en soi, plutôt un moyen pour atteindre une fin. C'est un passage obligé qui nous amène à infléchir notre politique », sans pouvoir dire lui-même quand cette parenthèse pourra être refermée.

Pour les uns, il s'agit là d'une habileté destinée à masquer un changement de politique. Mais celui-ci pouvait être tactique, commandé par une conjoncture dont on espérait le retournement avec le retour de la croissance. En résumé, la fin qui ne change pas justifie l'ajustement des moyens. Pour les autres, c'est l'aveu d'une orientation libérale et d'une parenthèse sans fin, puisque l'adhésion aux règles européennes et aux principes de la mondialisation condamne le « socialisme de rupture » au bénéfice d'une social-démocratie d'accompagnement.

Je conteste l'une et l'autre de ces interprétations : il y a bien eu une parenthèse, la reconnaissance d'une « pause » et la nécessité d'une correction. Il s'agissait d'éviter de sombrer, mais en aucun cas d'abandonner les objectifs de justice sociale en raison de l'effort demandé. Les socialistes admettent courageusement que leur responsabilité est d'assurer le redressement du pays et de le gérer en privilégiant les intérêts des plus modestes. La parenthèse se refermerait dès que les grands équilibres seraient retrouvés et la croissance revenue.

L'ancrage européen

Le « tournant de 1983 » a constitué un acte décisif en faveur de la construction européenne. Et sur ce plan-là, la parenthèse, heureusement, ne s'est pas refermée.

Nul ne sait ce que serait devenu le système monétaire européen si le franc en était sorti. La monnaie unique n'aurait sûrement pas vu le jour. Quant à la France, peut-être y serait-elle revenue après le pari du flottement, mais dans une position bien peu avantageuse. Peut-être serait-elle restée durablement en dehors, et cet isolement aurait été payé d'un prix élevé en matière de croissance. François Mitterrand n'avait sûrement pas en tête l'idée d'instaurer à terme la monnaie unique quand il décida, en mars 1983, de rester dans le SME. Mais il avait l'intuition que l'Europe était en jeu, et la volonté que les socialistes y prennent toute leur part. Pour un homme né durant la Première Guerre mondiale et ayant été éprouvé pendant la Seconde, cette construction constitue une promesse de paix et un espoir de prospérité. Les opposants à cette ligne (Jean-Pierre Chevènement, le PC et les gaullistes souverainistes), quant à eux, ont eu le mérite de la cohérence : ils refusaient l'intégration européenne et privilégiaient l'État-nation, ils anticipaient que l'Union monétaire les éloignerait chaque jour davantage de ce cadre.

Si cette option pouvait se concevoir il y a quarante ans, elle n'a plus guère de sens aujourd'hui. Qui propose encore que la France quitte l'Union et abandonne l'euro ? Y demeurer suppose d'en accepter les règles, quitte à les corriger. Le protectionnisme n'y a pas sa place. La dette jusqu'à épuisement, pas davantage. Même seule, la France n'aurait pas eu le droit de laisser filer ses déficits ; les marchés l'auraient rappelée à l'ordre en lui infligeant des taux d'intérêt de plus en plus prohibitifs. C'est ce prix qui justifie encore le tournant de 1983.

Dans la défense de la monnaie, il y a davantage qu'un choix européen : il y a la volonté de François Mitterrand de préserver le pouvoir d'achat des Français et, là encore, de rester cohérent avec les engagements initiaux[29].

Quant au discours soutenant que, depuis mars 1983, la France serait entrée dans une longue phase de stagnation, il ne tient pas devant la réalité des faits et des chiffres. La croissance a été de retour dès 1985. Elle s'est même accélérée de 1988 à 1991 sous le gouvernement de Michel Rocard, jusqu'à atteindre 4 %. Et si la récession a gagné l'Europe en 1992-1993 puis en 2008-2010, il y a eu certaines périodes où l'emploi a connu une forte reprise et l'activité une dynamique significative, notamment lors du gouvernement de Lionel Jospin (1997-2001). À cette époque, le chômage a atteint un plancher et la croissance un point haut, tout comme à la fin du second mandat de Jacques Chirac (2005-2007), ainsi qu'à partir de 2015, jusqu'en 2020, grâce aux mesures prises par mon gouvernement en 2014 avec le pacte de responsabilité.

Il est donc faux d'affirmer que la parenthèse ne se serait jamais refermée, puisque des avancées sociales non négligeables ont pu être enregistrées dès 1988 et *a fortiori* à partir de 1997. De ce point de vue, Lionel Jospin, alors Premier ministre, a fermé lui-même une séquence qu'il avait théorisée en tant que premier secrétaire.

29. Le taux d'inflation qui se situe à 12 % fin 1982 tombe à 10 % en 1983, 7,5 % en 1984 et 2,7 % en 1986, soit un niveau de baisse des prix identique à celui de l'Allemagne. Huit points d'écart ont été résorbés par rapport à 1980.

Il est également erroné d'avancer que, depuis le « tournant de la rigueur », la France n'aurait connu que des politiques budgétaires restrictives sous la pression des autorités européennes, alors que jamais depuis 1983 le déficit public n'est descendu durablement en dessous de 3 % du PIB, que le niveau des dépenses publiques dépasse 55 % de celui-ci et que l'endettement public est supérieur à 110 % du PIB. Nos engagements européens, pourtant, nous enjoignent de les ramener autour de 60 %.

Établir une corrélation mécanique entre l'ampleur des déficits, le niveau de la dette, la part des dépenses publiques et sociales dans la richesse nationale et le degré de rupture avec le capitalisme reviendrait à considérer que c'est sous la présidence d'Emmanuel Macron que cet objectif aurait été atteint ! Je ne suis pas sûr que l'intéressé et les Français puissent souscrire à cette thèse.

Ce raisonnement confond socialisation et socialisme. L'État sous toutes ses formes peut absorber une part significative de la production sans pour autant qu'il y ait progrès et protection. Tout dépend de ce qui est dépensé et vers qui, et de ce qui est prélevé et sur qui !

La guerre scolaire est déclarée

En réalité, ce n'est pas sur les questions économiques que François Mitterrand et Pierre Mauroy ont connu le plus de difficultés face à l'opinion. Celle-ci, sans adhérer aux mesures de rigueur les plus sévères, comprend bien le sens de l'action engagée et commence à en voir les résultats (la Sécurité sociale redevient excédentaire dès 1983). Ce sont les annonces faites par le Premier ministre lors du congrès socialiste de Bourg-en-Bresse à l'automne 1983 qui vont tendre les esprits. L'idée est la suivante : afin d'apaiser les militants irrités par une politique économique s'écartant de leurs idéaux, ne serait-il pas opportun de reprendre l'initiative de combats iconiques de la gauche, comme le projet de loi limitant la concentration de la presse ? Mauroy vise en particulier le groupe de Robert Hersant, lequel a eu l'habileté (ou le cynisme) de s'arroger la défense du pluralisme au point de se faire passer pour la victime d'un pouvoir liberticide. Il reçoit, en conséquence, l'appui de toute la droite, suscitant une mobilisation qui s'ajoute à celle contre le projet de loi Savary.

La 90e des 110 propositions du candidat Mitterrand prévoyait la création d'un grand service public unifié et laïque de l'Éducation nationale. L'ambition remonte, loin dans le temps, au gouvernement Combes et à la lutte contre les congrégations, avec la conviction qu'une seule école finirait par s'imposer. L'échec d'Édouard Herriot, durant le Cartel, à faire appliquer la loi de séparation à l'Alsace-Moselle a conduit la République à composer avec les exigences de la laïcité jusqu'à ce que les lois Debré, en 1959, instaurent un système de contrats entre l'État et les écoles privées qui le souhaitent. L'aide est accordée dès lors que les programmes sont les mêmes que dans le public. Les enseignants sont alors rémunérés par l'État, même si leurs retraites dépendent du régime général.

Une grande manifestation contre le financement public des écoles privées avait réuni 400 000 personnes en juin 1960 à Vincennes. Dix millions de pétitionnaires avaient prononcé un serment solennel déclarant que « l'effort de la République devait être uniquement réservé à l'École de la Nation, espoir de notre jeunesse ».

La promesse de François Mitterrand est la traduction de cet engagement. Le chef de l'État, qui sait le sujet hautement inflammable, avait tenu à prévenir dès 1981 qu'il s'agissait de « convaincre, pas de contraindre », et que cet objectif devait être atteint non par une « décision », mais par la « négociation ». Nul n'imagine que la querelle va durer trois ans et se solder par un échec cinglant.

Alain Savary, le ministre de l'Éducation, engage logiquement, dès l'automne 1982, des discussions avec l'enseignement privé afin de rapprocher les « deux écoles ». La modalité principale pour y parvenir est d'intégrer les maîtres du privé dans la fonction publique ; ce que l'enseignement catholique refuse au nom du respect de son autonomie.

Le mouvement laïque, déçu par la modestie de la réforme, s'en tient à la revendication d'un seul service public d'éducation.

Mais l'état de grâce est passé, et la droite est revigorée par ses bons résultats aux élections municipales. Les associations de parents de l'« école libre » multiplient des manifestations qui mobilisent chaque fois davantage. Le lien n'est cependant pas rompu, et un projet de loi est annoncé le 20 janvier 1984. Le 4 mars, 600 000 personnes se rassemblent à Versailles à l'initiative de l'enseignement privé, sans la présence trop ostensible de la droite. Le 18 avril, le Conseil des ministres approuve le projet Savary. Celui-ci est en retrait par rapport aux intentions initiales, puisqu'il n'est plus question d'intégrer les écoles privées dans les établissements d'intérêt public ni la totalité des maîtres dans la fonction publique.

L'opinion se lasse d'un débat devenu incompréhensible sur le plan technique, et caricatural sur le plan politique : la liberté face à la laïcité !

Le texte vient devant l'Assemblée nationale en mai. Il peut être l'occasion d'un compromis, décevrait-il les deux camps. Il révèle, au contraire, une radicalisation des positions. Pierre Joxe, président du groupe socialiste, laisse André Laignel proposer deux amendements qui déchirent le pacte déjà bien fragile scellé entre Alain Savary et Pierre Daniel, le président de l'UNAPEL[30] : le premier vise à interdire la création d'une école maternelle privée, sauf s'il y a déjà une structure publique équivalente dans la commune, afin

30. Union nationale des associations de parents de l'enseignement libre.

d'éviter que le seul enseignement proposé ne soit privé. Ce qui est un *casus belli* pour l'enseignement catholique, notamment de l'Ouest ; et le second, plus inacceptable encore pour lui puisqu'il soumet le maintien des contrats entre l'État et chaque établissement à la condition que la moitié des maîtres du privé soient intégrés dans la fonction publique à l'issue d'un délai de sept à neuf ans. C'est la rupture. À cet instant, je suis le directeur de cabinet de Max Gallo, ministre porte-parole du gouvernement. Nous nous interrogeons sur le sens de cette manœuvre : pourquoi durcir le jeu quand l'équilibre est déjà fragile ? Pourquoi le groupe parlementaire socialiste pousse-t-il ainsi par la surenchère ? Les uns le font par conviction ; les autres pour faire chuter Pierre Mauroy. Se pose alors la question : pourquoi Mitterrand se tait-il ? Il observe et laisse faire. C'est l'esprit de meute dans le meilleur des cas. Le saut dans le vide dans le pire. Panurge peut parfois se glisser au sein d'un groupe, fût-il socialiste. J'aurai plus tard, comme député, plusieurs occasions d'en avoir confirmation.

La droite dépose une motion de censure. Elle est rejetée, et le texte est adopté en première lecture le 23 mai. La hiérarchie catholique s'engage directement. L'archevêque de Paris, Jean-Marie Lustiger, stigmatise un manquement à la parole donnée. Le président de la Conférence des évêques, Mgr Vilnet, appelle à soutenir la manifestation prévue à Paris le 24 juin 1984. Celle-ci rassemble plus de 1 million de personnes. Valéry Giscard d'Estaing, Jacques Chirac et Simone Veil défilent, donnant à ce rassemblement un caractère de revanche politique, d'autant plus évident que les élections européennes qui viennent de se tenir consacrent la victoire de l'opposition (43 % des voix en suffrages exprimés), même si le PS, avec comme tête de liste Lionel Jospin, résiste malgré tout avec 20,73 % des voix et que, pour la première fois dans un scrutin national, on enregistre un score proche de 12 % en faveur du Front national de Jean-Marie Le Pen[31].

C'est donc un gouvernement en situation de faiblesse qui poursuit les discussions avec un enseignement catholique certain de son influence, que la droite instrumentalise à son bénéfice, alors même que la gauche est délaissée par son propre électorat, déçu de sa frilosité laïque.

L'opération qui consistait pour Pierre Mauroy à rallumer la flamme militante par l'ouverture d'une bataille emblématique a échoué. La majorité du pays n'est pas devenue plus religieuse dans ses aspirations. Elle pense tout simplement qu'un choix est préférable à l'uniformité.

Ainsi la gauche se fait-elle dérober le thème de la liberté. C'est sur le plan culturel et non pas économique qu'elle bat en retraite. François Mitterrand en tire logiquement la conclusion. Le 12 juillet, il annonce la suspension – en fait, la « disparition » – du projet Savary au prétexte de modifier la Constitution pour élargir le champ du référendum. C'est « le référendum sur le référendum ». Il n'aura jamais lieu. La manœuvre avait simplement pour objet d'en terminer avec un débat qui risquait d'embraser le pays et avec une promesse qu'il ne semblait plus possible de tenir. Le chef de l'État saisit aussi l'opportunité du dénouement de cette crise pour changer de Premier ministre, et appeler Laurent Fabius à Matignon afin d'ouvrir un deuxième temps de son mandat : celui de la modernisation du pays.

Je me suis longtemps interrogé sur l'attitude de François Mitterrand tout au long de cette période. Était-il convaincu que de l'affrontement avec la droite sur la laïcité jaillirait une mobilisation citoyenne susceptible de contrebalancer l'effort

31. Il faut imputer l'émergence du FN à cette période de radicalisation politique liée à la crise scolaire et à cette opposition affichée à la construction européenne, dans un contexte où déjà les questions de sécurité et d'immigration étaient exacerbées.

demandé pour redresser les comptes publics et accepter la « pause » ? Voulait-il, au contraire, démontrer que l'enseignement catholique n'était plus perçu comme une menace contre la République, et que le bras de fer avec lui n'avait pas lieu d'être ? Se plaçait-il en rassembleur commode d'une nation que ses propres amis avaient contribué à diviser ?

Il s'en est expliqué le 14 Juillet qui a suivi son annonce, alors qu'il célèbre « la France qui gagne » : « Je ne change pas, mais je tiens compte de plus en plus de ces milliers, de ces millions de Français que j'ai pris en charge et qui pensent autrement. » Il ajoute : « J'ai l'obligation de faire prévaloir l'unité nationale. » Par cynisme ou par réalisme, il a fini par trancher... ou plutôt laisser les faits décider pour lui. Il avait tenté un compromis. Les parlementaires socialistes, ou plutôt une majorité d'entre eux, ont voulu forcer l'allure, le pays s'est cabré, la droite menaçant la suite même de son mandat. Il fallait abandonner le projet sans donner le sentiment du renoncement. Là se situait la comédie du référendum sur le référendum. Elle ne trompait personne.

Le temps de la modernisation

Quelques jours plus tard, Pierre Mauroy démissionne, Alain Savary s'éclipse, Laurent Fabius arrive à Matignon, Jean-Pierre Chevènement revient au gouvernement. L'essentiel pour le président était de tenir jusqu'en 1986 et de sauver le reste du septennat, pour lui-même et pour les socialistes, car les communistes avaient décidé de quitter le navire (ils n'y remonteraient plus avant 1997). François Mitterrand voit en Laurent Fabius, « ce jeune Premier ministre que je donne à la France », un contrepoint. Au Lillois socialiste depuis toujours, issu du milieu enseignant, sentimental et lyrique, succède un homme jeune qui, par son parcours et son ambition, incarne un renouveau crédible. Le Parti communiste saisit le prétexte du changement d'équipe pour sortir du gouvernement. La réalité est qu'il est déjà ailleurs depuis la « rigueur » et la fermeté présidentielle à l'égard de l'URSS. Le mandat mitterrandien prend ainsi un tour différent : dans les mots, dans les formes et dans les orientations. Le ton est à la modernité. Le président veut montrer qu'il a compris le monde, admis l'entreprise, adopté les expressions de la jeunesse, celle qui aspire à la réussite comme celle qui désespère. À l'écoute de ses conseillers en communication, il se prête au jeu des émissions les plus originales. Il ouvre l'audiovisuel aux chaînes de télévision privées. Canal Plus, qui innove, invente et participe largement au financement du cinéma et du sport, mais aussi La Cinq de Silvio Berlusconi et ses émissions tapageuses, annonciatrices du pire (advenu aujourd'hui à travers les chaînes de Bolloré). Le président ne décourage pas Pierre Bérégovoy, qui mène une vaste opération de libéralisation des marchés financiers afin d'attirer les capitaux et de mettre en concurrence cette nouvelle finance avec le système bancaire, dans l'espoir d'une baisse des taux d'intérêt. L'ambition reste compatible avec les engagements, puisqu'elle vise à soutenir l'investissement des entreprises, mais la modalité emprunte délibérément aux mécanismes de l'économie de marché.

Il laisse son Premier ministre gouverner et consacre une large partie de son temps à la politique européenne et internationale. Au sommet de Fontainebleau de juin 1984, il règle le sujet sensible du « chèque britannique[32] » et installe Jacques Delors à la tête de la Commission européenne. Il encourage le mouvement SOS Racisme dans sa lutte contre l'extrémisme croissant, ce qui lui permet de reprendre pied dans la jeunesse et de lancer parallèlement la politique de la Ville pour réhabiliter les quartiers et soutenir les associations. Il ouvre une période

32. La Grande-Bretagne mais aussi la RFA étaient les deux seuls contributeurs nets de la Communauté européenne, les autres pays touchant plus de celle-ci qu'ils ne lui versaient, Mme Thatcher estimait que Londres avait droit à une ristourne de 70 %, qui sera finalement ramenée à 66 %.

de grands travaux, qui se traduit par des équipements culturels de prestige qui entendent symboliser le mandat (le Louvre, la Cité des sciences, l'Institut du monde arabe, la nouvelle BnF).

Son gouvernement affronte, quant à lui, des épreuves. Les restructurations industrielles – notamment dans la sidérurgie – se traduisent par des fermetures de sites et une montée du chômage (le cap des 2,5 millions de demandeurs d'emploi est franchi en 1985). Les tensions obligent le gouvernement à confier à Edgard Pisani, en mai 1985, une mission particulièrement périlleuse en Nouvelle-Calédonie.

L'amélioration des résultats économiques en matière de croissance, d'inflation, de comptes publics et de commerce extérieur, si elle contribue à rehausser la popularité du Premier ministre et, plus modestement, celle du président (à peine 30 % d'opinions favorables), ne se retrouve guère sur le champ électoral. Les élections cantonales de mars 1985 marquent une nouvelle progression de la droite[33], qui devient majoritaire en voix, même si la gauche résiste (autour de 40 %).

La proportionnelle comme bouée

François Mitterrand comprend que, s'il veut finir son mandat, quitte à subir une cohabitation, ce que toute la droite n'est pas prête à lui concéder, un changement de mode de scrutin s'impose. L'introduction de la proportionnelle pour les élections législatives figurait parmi les 110 propositions. Supposée mieux représenter les citoyens dans leur diversité, elle a longtemps été défendue par la gauche face à une droite attachée au scrutin d'arrondissement. Elle est surtout, dans les circonstances d'alors, le seul moyen d'éviter le déferlement

33. Elle contrôle 69 départements sur 95 à la suite de ce scrutin. Le FN consolide sa position après les européennes.

d'une vague bleue à l'Assemblée nationale. L'idée d'une part de proportionnelle est rapidement écartée au bénéfice d'une proportionnelle intégrale à l'échelle départementale. Dans la nuit du 3 au 4 avril, sitôt connue la décision du président, Michel Rocard, ministre de l'Agriculture, annonce son départ du gouvernement. Il estime que le système choisi entraîne une prédominance des appareils – une forme de retour à la IVe République – et surtout qu'il ouvre les portes du Palais-Bourbon à Jean-Marie Le Pen et au Front national.

Le débat sur le mode de scrutin est ouvert régulièrement. Il l'est plus que jamais aujourd'hui. Ses termes sont désormais bien établis. La proportionnelle éclate la représentation, mais renforce les partis. Elle conduit à des coalitions souvent fragiles, mais oblige à des compromis. Elle rend probable l'instabilité gouvernementale, mais peut appeler aussi à la responsabilité des formations politiques. Elle est souvent infidèle au choix initial des électeurs, mais ceux-ci peuvent aussi sanctionner ceux qui ont manqué à leurs engagements. En 2012, j'envisageais moi-même d'introduire une part de proportionnelle, mais j'y renonçai, car cette formule se révèle aussi inopérante que complexe. Elle ne corrige qu'à la marge et crée deux catégories de députés. Elle conjugue les inconvénients des deux scrutins pour aucun de leurs avantages. Aussi la proportionnelle est-elle totale ou elle n'est pas. C'est ce qu'avait arbitré François Mitterrand. Non pour une raison de principe. Pour une opération de survie. Il n'avait plus de doute sur l'issue du scrutin à venir (prévu en 1986). Son seul espoir était que le PS pût constituer une minorité suffisamment élevée pour prévenir une éventuelle mise en cause du chef de l'État. Convenons que cette manœuvre a réussi. La cohabitation était à ce prix, car il y en avait un.

La gauche a été régulièrement mise en cause pour avoir offert à l'extrême droite une légitimité parlementaire, laquelle aurait contribué à l'installer durablement dans le pays, comme si ce scrutin n'avait pas été créé dans le seul but d'empêcher la droite de devenir majoritaire.

Le procès a eu cours jusqu'en avril 2002, car l'élimination de Lionel Jospin au soir du premier tour a démontré par l'absurde le vide de cette accusation. La présence de l'extrême droite au second tour de la présidentielle en 2017 et 2022 a confirmé que l'extrême droite en France n'était, hélas, pas une construction artificielle et conjoncturelle, mais s'inscrivait dans un cycle de rejet de la politique traditionnelle, de refus du monde, de peur de l'invasion migratoire et de frustrations identitaires. Les élections législatives des 30 juin et 7 juillet 2024 ont placé le Rassemblement national au cœur du jeu politique au premier tour par la force électorale, au second par le rejet qu'il continue d'inspirer. Nous savons aussi que ce mouvement populiste n'est pas propre à notre pays et qu'il touche toutes les démocraties, y compris celles qui paraissaient, de par leur culture politique, les plus impénétrables (les pays scandinaves, notamment) ou les plus vaccinées contre toute résurgence extrémiste, au regard de leur passé (comme l'Allemagne et l'Italie). Reste, rétrospectivement, la question : la constitution d'un groupe parlementaire Front national entre 1986 et 1988 a-t-elle été un facteur amplificateur de l'implantation de la droite extrême ? Je rappelle qu'aux élections européennes de 1984 le parti de Jean-Marie Le Pen avait mobilisé 10 % des électeurs, lui permettant ainsi d'avoir des députés au parlement de Strasbourg avant donc d'en disposer au sein de l'Assemblée nationale. Plus tard, si le retour du scrutin majoritaire en 1988 l'avait exclu de l'Assemblée nationale, il avait néanmoins obtenu plus de 15 % lors des élections présidentielles de 1988 et de 1995. Et quand Jacques Chirac, deux ans plus tard, s'est lancé dans une dissolution hasardeuse, ce n'est pas le Front national, par son maintien au second tour dans les 76 circonscriptions, qui a provoqué le succès de la « gauche plurielle ». Avec 43,1 % au premier tour, elle avait largement devancé la majorité présidentielle (36,5 %) et surtout, au second, elle avait rassemblé plus de 48,2 % (contre 46 %).

La gauche, en retour, a longtemps reproché à la droite d'avoir, par l'exacerbation des débats autour de l'immigration et de l'insécurité, donné des arguments aux thèmes les plus extrêmes et les plus simplificateurs de l'extrême droite. Certes, une partie de la droite ne s'est jamais laissé tenter par des alliances contre nature. Mais il a fallu que Jacques Chirac prenne clairement position pour lever l'ambiguïté sans faire disparaître les inclinations. Elles ont ressurgi après la dissolution.

La montée de l'extrême droite en France depuis 1983 ne tient pas à un mode de scrutin ou à des considérations tactiques, voire cyniques, elle trouve son moteur dans des ruptures qui se sont produites dans la société française, conjugaison de disparités territoriales, de la désindustrialisation, de déclassements personnels et de peurs liées aux conséquences des migrations.

Une belle défaite

En mars 1986, la situation des socialistes est délicate. Ils savent que l'élection qui vient va les écarter, hormis leur chef, du pouvoir. Toutefois, ils peuvent avoir des sujets de fierté : les acquis sociaux réalisés au début du mandat ont été consolidés et aucun n'a été remis en cause. Tous ont été progressivement traduits dans la réalité quotidienne : le redressement de l'économie française a été accompli à travers le retour de la croissance (supérieure à 1,1 % en 1985), une progression du pouvoir d'achat des ménages (+ 0,5 %), une augmentation de la consommation (près de 2 %), une reprise de l'investissement (+ 1,6 %), un rééquilibrage du commerce extérieur (– 20 milliards de francs contre – 55 en 1980 et – 100 en 1983), une baisse du rythme de l'inflation (moins de 5 % en 1985), une réduction du déficit public (2,6 % du PIB contre 2,9 % en 1984 et 3,1 % en 1983) et une diminution du nombre de demandeurs d'emploi, grâce à une amélioration des embauches dans le secteur privé et à une politique active d'inclusion *via* les travaux d'utilité collective (190 000 fin 1983)[34].

C'est fort de ce bilan, et malgré des scandales qui l'avaient affaibli[35], que le gouvernement de Laurent Fabius se présente devant les Français, et ce doté d'une communication jugée efficace[36]. Le PS est d'autant plus mobilisé que Lionel Jospin considère que c'est à lui de mener la campagne, même si, institutionnellement, Laurent Fabius est le chef de la majorité.

Le Parti socialiste réalise un résultat meilleur que prévu avec 31 % des voix, au détriment du Parti communiste, qui tombe en dessous des 10 %. Mais la droite, unie pour l'occasion, remporte largement le scrutin avec près de 45 % des suffrages, le Front national atteignant près de 10 %. Dans une élection au scrutin majoritaire, c'eût été un raz-de-marée pour l'opposition et une Chambre introuvable. Avec la proportionnelle, la droite est certes majoritaire mais de quelques voix (286 sièges sur 577) et, surtout, les socialistes et apparentés constituent une opposition significative (212 sièges), l'extrême droite disposant d'un groupe de 35 députés.

L'essentiel est atteint : François Mitterrand peut finir son mandat, et la première cohabitation s'installer. Jacques Chirac entre à Matignon avec la ferme volonté de revenir sur les

---

34. Il y avait 2 476 000 demandeurs d'emploi fin 1985, soit un taux de chômage de 10 % de la population active, contre 13 % au Royaume-Uni, 11 % en Italie, 8 % en Allemagne et 10 % dans la majorité des pays européens.

35. Le sabotage du navire amiral de l'organisation Greenpeace par les services secrets français, le 10 juillet 1985, en Nouvelle-Zélande, provoque la mort d'un membre de l'équipage et déclenche un scandale politique et diplomatique qui justifie la démission du ministre de la Défense Charles Hernu, le 20 septembre 1985.

36. Le slogan « Au secours la droite revient » avec l'image aussi amusante que caricaturale du méchant loup a fait sourire autant qu'elle a su convaincre les indécis.

réformes engagées en 1981, ce qu'il ne fera que partiellement et à son détriment.

Des acquis irréversibles

François Mitterrand est donc parvenu non seulement à imposer, en 1981, une grande alternance que les fondateurs de la Ve République n'avaient sûrement pas imaginée, mais à rester à l'Élysée grâce à la protection de ces mêmes institutions. Si les socialistes ont dû céder la place au terme de la législature, c'était la première fois que la gauche avait pu gouverner aussi longtemps. Celle-ci peut s'enorgueillir d'avoir hâté la modernisation du pays – y compris sur le plan économique –, d'avoir fait avancer les libertés publiques et les droits fondamentaux, d'avoir dégagé de la tutelle de l'État l'audiovisuel public comme les collectivités locales, d'avoir accordé du temps de vie à de nombreux travailleurs et d'avoir réduit les inégalités.

Pourtant, malgré toutes ces avancées encore saluées aujourd'hui, elle a perdu les élections, donc une nouvelle fois déçu.

Nul doute que la promesse de changement, gonflée par vingt-trois années d'opposition, avait nourri une espérance hors d'atteinte pour des gouvernements confrontés à une crise économique mondiale aggravée par les politiques récessionnistes américaine et britannique. Ils ont néanmoins pu endiguer l'inflation, en désindexant les salaires par rapport aux prix, ce qui était courageux mais impopulaire. Quant au chômage, si sa progression a été endiguée grâce à une politique volontariste, il a atteint un niveau inégalé.

Or François Mitterrand avait été élu sur la perspective du plein-emploi et celle d'une amélioration continue du pouvoir d'achat des salariés. S'écartant malgré tous ses efforts de ces deux objectifs, la gauche était forcément en difficulté. Alors, aurait-elle dû se lancer à corps perdu dans une relance budgétaire dont les premiers effets avaient déjà marqué la limite de l'exercice, au prix d'un endettement incontrôlé ? Aurait-elle dû sortir du SME et ériger un protectionnisme, au risque de l'isoler en Europe, sans être sûre de retrouver des marges grâce à une dépréciation du franc que la spéculation aurait rapidement battue en brèche ?

En somme, la gauche a-t-elle trop vite cédé à la contrainte extérieure et aux marchés ? Pire même : s'est-elle mise à leur service, en s'ouvrant au monde et en acceptant les règles de la concurrence européenne depuis qu'en février 1986 le gouvernement Fabius avait signé l'Acte unique[37], qui ouvrait le chemin vers le traité de Maastricht de 1992 ?

C'est cette question-là qui revient perpétuellement au sein de ma famille politique, alors que les faits ont parlé depuis longtemps. La réalité a montré que la voie solitaire pour un « socialisme français » ne menait nulle part et ne convaincrait aucun de nos partenaires, y compris les sociaux-démocrates les mieux disposés et les plus audacieux. Il n'y a pas de compromis possible, sauf à sortir de l'Union européenne. Pour ne pas avoir été clairs et unis sur cet enjeu cardinal, les socialistes ont permis aux souverainistes d'utiliser leurs troubles et leurs hésitations en développant un « euroscepticisme » tout en renonçant à aller jusqu'au bout de leur logique, c'est-à-dire à assumer franchement de quitter la zone euro.

Cette mauvaise conscience quant aux choix majeurs de 1983 n'a cessé de tarauder la gauche. Le départ de Jean-Pierre Chevènement en 1993, puis celui de Jean-Luc Mélenchon en 2008 en ont été les manifestations les plus éclatantes. Mais la dispute lors du vote sur le traité européen de 2005, puis les « fron-

37. Préparé par Jacques Delors, l'Acte unique européen engage un processus d'intégration autour d'un marché intérieur qui suppose de démanteler les barrières physiques, politiques et fiscales faisant obstacle à la libre circulation des marchandises, des services, des capitaux et des personnes.

deurs » à partir de 2012 ont prolongé ce conflit qui n'aurait jamais dû advenir à cette période. Cette querelle a, en outre, empêché la gauche de tirer tout l'avantage de l'endossement de la politique extérieure de François Mitterrand dès son premier mandat. Aussi bien sur la fermeté à l'égard de l'Union soviétique que sur son engagement européen.

Une politique étrangère brillante

Dès son accession à l'Élysée, le président avait clairement pris position contre le déploiement par Moscou des missiles nucléaires à moyenne portée (les SS 20) en Europe de l'Est, qui justifiait l'installation d'armes du même type par les États-Unis (les Pershing), notamment sur le sol allemand. Cette « décision cardinale » n'était en aucun cas un alignement, elle allait de pair avec le maintien de la dissuasion nucléaire française et avec le refus de participer au projet de guerre des étoiles cher à Ronald Reagan.

Lors de son voyage officiel à Moscou au printemps 1984, François Mitterrand avait, au-delà de l'évocation obligée de la vieille amitié franco-russe, dénoncé les déploiements des SS 20, l'intervention en Afghanistan, évoqué les espoirs des Polonais et même le sort du professeur Sakharov, des dissidents persécutés par le régime. C'était la première fois qu'un tel discours était délivré au Kremlin par un dirigeant occidental.

Un an plus tard, il avait accueilli l'arrivée au pouvoir de Gorbatchev avec circonspection, mais ouverture. Il aida autant qu'il le put le nouveau dirigeant, alors que les États-Unis le poussaient à la faute – sauf que rien ne pouvait empêcher l'effondrement de l'Union soviétique. C'était trop tard pour la *perestroïka*.

Ce qui importait plus que tout à François Mitterrand, c'était la relation franco-allemande, afin de pouvoir poursuivre l'aventure européenne. Au sommet de Fontainebleau en juin 1984, il avait, sous présidence française, réglé les contentieux qui ralentissaient sa marche (la politique agricole commune et le « chèque britannique »), et il s'était rapproché d'Helmut Kohl.

Le 22 septembre suivant, c'est main dans la main que les deux hommes d'État feront face à l'ossuaire de Douaumont à Verdun. Le dirigeant allemand avait été ému par l'expression de « consanguinité franco-allemande » employée par François Mitterrand lors de son discours au Bundestag, empruntée à Victor Hugo. C'est grâce à cette harmonie retrouvée et par elle qu'une série de décisions furent prises, engageant l'avenir : l'accélération des adhésions espagnole et portugaise, le renforcement des pouvoirs de la Commission et du Parlement européen, l'Acte unique et les accords de Schengen. L'Union économique et monétaire constituera naturellement l'objectif principal de son second mandat.

Est-ce à dire que François Mitterrand a préféré renoncer à la rupture avec le capitalisme pour ne pas rompre avec la construction européenne ?

Il a sûrement pensé qu'une des façons de rester fidèle à « son » socialisme était de le lier pour toujours à la solidarité européenne, garante de la paix et des libertés fondamentales. Il n'a pas troqué l'un contre l'autre. Il n'y a jamais eu de contradiction, mais une évidente complémentarité (progrès partagé pour Paris, influence redoublée pour Bruxelles). Il n'imaginait pas, dans un monde coupé en deux, une France isolée et, dans une Europe aimantée par les États-Unis, une France absente. Dans ses vœux pour 1987, François Mitterrand affirme aux Français que « la France est notre patrie et l'Europe notre avenir ». Cette phrase fut controversée. Devait-on fondre la première, héritage de notre histoire, dans la seconde, cet objet d'un futur incertain ? Pourtant, il ne pouvait mieux dire. C'est en donnant à l'Europe les moyens de se tenir face au monde que notre nation sera le mieux défendue.

Sur ce choix essentiel, bien au-delà des sensibilités partisanes, reconnaissons que les présidences de François Mitterrand, de 1981 à 1995, auront été décisives pour élargir la place de la France en Europe. Le patriotisme n'est pas un nationalisme.

8

1988
Le second septennat de François Mitterrand, ou la fausse continuité

La réélection de François Mitterrand le 6 mai 1988 obéit à une tout autre logique que celle qui avait prévalu sept ans plus tôt pour lui permettre de l'emporter. Le vainqueur n'est plus le candidat porteur du projet d'édification d'une société nouvelle ni le héraut d'une rupture avec l'économie de marché. Il n'est plus l'opposant tenace et obstiné qui laisse espérer une nouvelle pratique du pouvoir. Il n'est plus le champion d'une gauche idéaliste qui veut éclairer le monde. François Mitterrand est « le président », celui qui protège, rassemble et rassure, à l'image du surnom affectueux, « Tonton », que lui ont donné ses partisans.

Il n'est plus l'obligé du Programme commun qui veut changer la vie. Il est l'auteur d'une *Lettre aux Français* qui considère que la vraie responsabilité politique oblige à prendre en compte l'ensemble des problèmes de la société dans un monde en pleine transformation. Il n'est plus la « force tranquille » qui va tout emporter. Il incarne la « France unie » qui ne veut exclure que les « factions »[1].

---

1. Au second tour, le slogan sera complété. Il deviendra : « La France unie est *en marche.* » Déjà !

Ce n'est plus un socialiste qui se situe à part de ses voisins sociaux-démocrates. C'est un Européen d'expérience et de conviction.

Le cœur de sa promesse, c'est l'achèvement de la construction européenne autour du grand marché, d'une monnaie et d'une banque centrale (il n'y consacre pas moins de six pages[2] sur les quarante-sept de sa missive). Ces décisions favoriseront la prospérité en limitant l'inflation et en diminuant le chômage, et justifieront une harmonisation fiscale ainsi que l'engagement de politiques structurelles sur l'environnement, la culture et la recherche, prélude à une politique commune de défense. C'est la réponse la plus appropriée face à la guerre économique qui s'ouvre et la garante de la stabilité face aux chocs des puissances. Car en 1988, l'Europe est encore un jeu qui se pratique à 12[3], et l'Union soviétique forme avec les pays de l'Est un bloc que nul n'imagine près de s'effondrer. C'est cette stratégie qui assure à la fois solidarité, protection et compétitivité. Elle induit une politique nationale qui exige de concentrer l'effort sur la modernisation de l'économie sans sacrifier la justice sociale.

La *Lettre aux Français*, adressée le 7 avril 1988, à la fin de la campagne présidentielle[4], fixe les grandes orientations de son prochain mandat en évitant d'entrer dans le détail des politiques. Celles-ci sont supposées relever des gouvernements, au nom d'une conception des institutions qui a sensiblement évolué avec la cohabitation. Cette position lui permet de fixer son rôle quelle que soit l'issue des élections législatives qui suivront, en cas de réélection. Elle lui offre aussi l'opportunité de se différencier

2. Il y affirme que « la France est notre patrie, l'Europe notre avenir », et appelle à un approfondissement dans le domaine de la fiscalité.

3. France, Allemagne, Belgique, Italie, Luxembourg, Pays-Bas, Danemark, Irlande, Royaume-Uni, Grèce, Espagne et Portugal.

4. Cette lettre a été publiée en encart publicitaire dans les journaux régionaux et nationaux.

de Jacques Chirac, alors Premier ministre, auquel il reproche d'entretenir une confusion des rôles et de s'approprier l'État[5].

Cette longue missive a pour but de défendre sans ostentation le bilan de la législature 1981-1986 et, surtout, de limiter le niveau de ses engagements, afin d'inquiéter le moins d'électeurs possible et de s'en tenir aux fondamentaux de la gauche : l'éducation, le progrès scientifique, la justice fiscale et la redistribution en faveur des plus modestes.

François Mitterrand conjugue, à son habitude, lucidité et habileté. Il sait que la France de 1988 n'est plus celle de 1981 et qu'elle a glissé sensiblement à droite. Il identifie un électorat modéré, attiré par Raymond Barre, soucieux de sérieux budgétaire, et vigilant sur l'impartialité de l'État. Il est conscient que le peuple de gauche, même déçu, ne lui fera pas défaut dès lors qu'il s'agira d'écarter prioritairement une droite qui a fait le choix d'un libéralisme économique dogmatique et d'une réponse sécuritaire brutale[6]. Alors, c'est vers le centre qu'il envoie ses messages, ce qui a pour effet de priver Raymond Barre, de loin son adversaire le plus dangereux, d'une partie de ses arguments, de diviser le camp de la droite et de rendre possible une ouverture ultérieure.

La *Lettre aux Français* envoie donc de multiples signes dans cette direction. C'est d'abord le fameux « ni-ni » afin de faire « cesser le va-et-vient nationalisation-privatisation ». François Mitterrand s'interdit de réintégrer dans le secteur public les entreprises qui ont été mises sur le marché par le gouvernement Chirac, empêchant aussi l'État de prendre,

5. « "Je garderai l'État, et s'il n'en reste qu'un, je serai celui-là." S'il s'agissait d'une boutade et s'il ne s'agissait pas du Premier ministre, on rirait. Mais le sujet est trop important pour qu'on le traite à la légère », écrit-il notamment au sujet de Jacques Chirac.

6. « La réforme avortée du code de la nationalité, la tache représentée par la mort de Malik Oussekine lors des manifestations contre la loi Devaquet et l'épreuve calédonienne ont heurté la jeunesse et une large part de l'opinion. »

à l'avenir, le contrôle d'une entreprise si celle-ci se révélait défaillante. Cette volonté d'apaisement se révélera un piège, lorsqu'il s'agira, par des canaux pas tous avouables, de lancer une OPA (offre publique d'achat) sur la CGE (Compagnie générale d'électricité). Il en est toujours ainsi des formules séduisantes en campagne et qui s'avèrent paralysantes voire nocives bien après l'élection.

Plus curieusement, François Mitterrand vante les vertus de la Bourse, qui doit être « le lieu où l'épargne s'investit pour créer et bâtir ». Certes, il accompagne ce message d'une condamnation de la spéculation à courte vue, mais il veut par cet hommage inattendu rassurer les marchés autant que les actionnaires.

Pour cette même raison, le président candidat affiche sa volonté de réduire le déficit budgétaire et fixe la perspective d'une diminution du niveau des prélèvements obligatoires (44,5 % en 1988) en abaissant les taux de TVA (pour soutenir la consommation) et en créant un crédit d'impôt (pour relancer l'investissement). Il n'a pas pu y parvenir, et c'est plus tard Lionel Jospin qui assurera la réalisation de cet engagement sur le premier volet, et moi-même sur le second.

Enfin, François Mitterrand, après une ferme condamnation[7] du « regain de racisme » contemporain, exprime une prudence nouvelle, par rapport à 1981, sur le droit de vote des étrangers aux élections locales. « Même si je sais que vous êtes, dans votre grande majorité, hostiles à une mesure de ce genre, je déplore personnellement que l'état de nos mœurs ne nous la permette pas. »

7. « [...] je comprends mal – et n'excuse pas – le regain de racisme auquel nous assistons [...]. J'aimerais que les naturalisés de l'année fussent reçus comme pour une fête, de façon solennelle et joyeuse [...]. On respirerait mieux en France. »

L'audace en berne

La France unie prend des couleurs sociales-démocrates et revendique un temps d'apaisement et de stabilité destiné à clore une période d'affrontements et de querelles[8].

Le Parti socialiste de Lionel Jospin fait bloc derrière son candidat, fût-il non déclaré (!), et admet de laisser le président constituer son équipe de campagne dès janvier 1987 hors du siège de la rue de Solférino. Michel Rocard, qui, jusqu'au dernier moment, a joué une carte personnelle, s'incline, faute de pouvoir défier celui devant lequel il s'est déjà effacé en 1981. Le Parti communiste, quant à lui, est hors jeu, au point de présenter un candidat officiel, André Lajoinie, et de tolérer une dissidence en la personne de Pierre Juquin.

La campagne est heurtée (en témoigne le débat du second tour entre « le président et le Premier ministre »), mais son issue ne fait guère de doute. Je participe de loin à son organisation, tout entier mobilisé que je suis par le renforcement de mon implantation en Corrèze, dans l'attente des élections législatives à venir. J'observe avec un certain scepticisme le développement d'une « mode Mitterrand », avec une communication qui prend chaque jour davantage de place par rapport au contenu politique du projet.

D'un côté, la gauche gagne cette nouvelle bataille de l'image et, ainsi victorieuse, conforte sa légitimité. De l'autre, cette « étrange victoire » a fini par l'épuiser en la privant de toute audace.

François Mitterrand, après avoir réuni plus de 34 % des suffrages au premier tour contre moins de 20 % à

---

8. Au congrès de Lille, les socialistes s'étaient rassemblés derrière une seule motion qui allait de Jean-Pierre Chevènement à Jacques Delors, en passant par Michel Rocard.

Jacques Chirac et plus de 16 % pour Raymond Barre, l'emporte aisément au second, avec plus de 54 % des suffrages. Mais le score est trompeur. Ce n'est pas véritablement la gauche qui a gagné, c'est Jacques Chirac qui a perdu. Car si le vainqueur a su jouer de l'appui de la jeunesse[9] et du ralliement des indécis[10], il est difficile d'oublier que Jean-Marie Le Pen, avec 15 % des suffrages, est devenu le candidat préféré des ouvriers après François Mitterrand[11], et qu'il a encore progressé par rapport à 1986. L'effondrement du PC sépare encore davantage les alliés d'hier. L'Union de la gauche n'étant plus d'actualité, la question des alliances est ainsi forcément reposée.

Défait, Jacques Chirac présente la démission de son gouvernement et le président, après avoir fait mine d'hésiter, se résout à appeler Michel Rocard à Matignon. La nomination a été largement suggérée dans la campagne comme preuve du renouvellement attendu, malgré les réserves d'une partie de la garde rapprochée de François Mitterrand. La direction du Parti socialiste, en revanche, adhère largement à ce choix.

Les mirages de la recomposition

Le nouveau Premier ministre compose un gouvernement pléthorique, avec 42 ministres et secrétaires d'État, dont 27 socialistes, 2 radicaux, 1 écologiste, 8 « représentants » de la société civile et 4 centristes[12]. La « France unie » est représentée par des personnalités extérieures aux formations

9. Plus de 60 % des 18-34 ans ont voté François Mitterrand au second tour.

10. 15 % du vote centriste s'est reporté sur le président sortant.

11. Entre 1986 et 1988, près de 1 660 000 électeurs supplémentaires ont porté leurs suffrages sur le candidat FN.

12. Michel Durafour, Lionel Stoléru, anciens ministres de Valéry Giscard d'Estaing, Jacques Pelletier et Thierry de Beaucé.

politiques, ce qui offre une garantie d'ouverture mais pas nécessairement de compétence.

Michel Rocard, de façon improbable, souhaite vérifier qu'il dispose dans l'Assemblée élue en mars 1986 d'une majorité possible, ce qui supposerait une alliance avec l'Union du centre, une composante de l'UDF. Il rencontre leurs dirigeants, Bernard Stasi, Pierre Méhaignerie et Jacques Barrot. Les pourparlers durent à peine quelques jours. Du côté des successeurs du MRP, on craint de s'aventurer et on demande, en garantie, le retour de la proportionnelle – supprimée à l'initiative de Jacques Chirac, lequel a dû recourir au 49-3[13] pour revenir au scrutin majoritaire. Cette requête n'est guère acceptable pour Michel Rocard, qui a précisément démissionné du gouvernement de Laurent Fabius, en 1985, sur cette question. Les centristes vont même jusqu'à réclamer de nouvelles privatisations.

François Mitterrand, qui n'a aucune nostalgie de la Troisième Force, met fin à cette palinodie. Ce sont les Français qui décideront, par leur vote, des alliances possibles.

Une occasion de recomposition a-t-elle été perdue ? Michel Rocard a-t-il eu tort de ne pas aller jusqu'au bout de ses intentions et François Mitterrand de ne pas laisser une chance à ce processus ?

Le temps laissé à cette tentative aurait, à mon sens, ruiné toute chance pour le président de disposer d'une majorité, même relative, dans l'hypothèse où la dissolution aurait été renvoyée à plus tard. Par ailleurs, le Parti socialiste était pour l'essentiel hostile à ce qui serait apparu comme une formule politique qui exhalait le parfum peu ragoûtant de la IVe République.

---

13. Cet article de la Constitution permet au Premier ministre de faire adopter une loi sans vote par l'Assemblée nationale en engageant la responsabilité du gouvernement. Le projet de loi est considéré comme adopté si aucune motion de censure n'est votée.

Bref, la manœuvre, même réussie, était grosse de discordances et d'instabilité future, et aurait enfermé tôt ou tard le président dans une nouvelle cohabitation. Quant à la coalition qui aurait pu surgir dans l'improvisation la plus totale, elle n'aurait été fondée sur aucun socle solide et aucune base programmatique cohérente. La promesse d'un gouffre.

La découverte de la majorité relative

Les élections législatives sont donc convoquées pour les 5 et 12 juin 1988. Je suis moi-même candidat dans la première circonscription de Corrèze, c'est-à-dire celle de Tulle. La campagne électorale diffère de celle de juin 1981. Elle n'a plus le caractère joyeux qui avait accompagné les premiers jours de l'alternance. Les passions sont retombées. La gauche est divisée, puisque le Parti communiste n'entend pas participer au gouvernement ni à une éventuelle majorité. La droite est abattue, mais ses candidats, qui sont bien implantés, ont l'intelligence de ne pas se placer dans une posture belliqueuse à l'égard du chef de l'État. La France unie a effacé, au moins dans les discours, les clivages les plus traditionnels et multiplié les ralliements supposés ou réels. Elle brouille les enjeux et démobilise les électeurs, troublés par l'« ouverture ».

L'abstention atteint 35 % au soir du premier tour, en hausse de près de treize points par rapport aux élections de 1986. Le Parti socialiste progresse, avec 37,5 % des voix, mais la droite résiste avec plus de 40 %. Le Parti communiste retrouve une partie de son électorat avec 11 % des suffrages, et le Front national se maintient autour des 10 %.

L'entre-deux-tours laisse soupçonner une victoire de la majorité présidentielle, mais une confidence volontairement ambiguë de François Mitterrand vient perturber le jeu. Après avoir déclaré qu'il n'était jamais bon qu'un seul parti concentrât tous les pouvoirs, il déclare souhaiter une « majorité nette sans qu'elle soit excessive ». La hausse substantielle de la participation (+ 5 points) l'exauce bien au-delà de ses souhaits, puisque le Parti socialiste est minoritaire à l'Assemblée nationale. Avec 275 députés, il lui manque 13 sièges pour disposer d'une majorité absolue. Élu député en Corrèze, je découvre l'hémicycle du Palais-Bourbon. À cette époque, il accueille les personnalités majeures de notre vie politique. Je mesure qu'il ne sera pas aisé de satisfaire les ambitions des uns, la soif de reconnaissance des autres[14].

Le 14 juin, François Mitterrand déclare que, « même relative, la majorité parlementaire existe ». Il souhaite « voir progressivement se rassembler autour de ses choix un nombre croissant de Français et de représentants du peuple ». En renouvelant Michel Rocard à Matignon, il confirme aussi un élargissement à de nouveaux visages venant du centre droit[15] sans remettre en cause les nouveaux équilibres qui viennent de se figer à l'Assemblée nationale. La recomposition est devenue impossible, le gouvernement devra regarder au cas par cas les votes des groupes parlementaires avec des députés avides de monnayer leur soutien.

L'article 49-3 sera utilisé 39 fois en cinq ans. Michel Rocard y recourt à 28 reprises, notamment pour imposer la Contribution sociale généralisée (la CSG)[16]. Aucune loi de finances (sauf celle de 1989) ne sera adoptée sans l'appel à cette procédure.

---

14. Dans cette assemblée siègent un ancien président, Valéry Giscard d'Estaing, plusieurs anciens Premiers ministres comme Jacques Chirac, Raymond Barre, Édouard Balladur, Pierre Mauroy, Laurent Fabius, et tous les dirigeants des grands partis, notamment Georges Marchais. Revenu trente-cinq ans plus tard dans ce même hémicycle, je ne vois guère de figures qui incarnent l'histoire de notre République.

15. Jean-Pierre Soisson et Jean-Marie Rausch.

16. La motion de censure déposée contre ce texte échoua de 5 voix seulement à atteindre la majorité absolue.

Les premiers pas d'une présidence engagent la marche d'un mandat, aussi bien son rythme que son sens. Les erreurs, les négligences, les facilités se paient à crédit. Non pas que tout se joue au début et se dénoue à la fin, mais ce qui n'est pas pensé, cadré, fixé et précisé au lendemain de la victoire crée une fracture, invisible au départ mais béante à l'arrivée.

Le Parti socialiste triomphant se déchire

La succession, en mai 1988, de Lionel Jospin à la tête du Parti socialiste illustre cette « leçon de pouvoir ». Ce qui aurait pu être une heureuse passation des fonctions devient, faute de maîtrise, le fait générateur d'un engrenage destructeur. Lionel Jospin, qui a conduit avec une grande intelligence politique pendant sept ans le parti de François Mitterrand, a annoncé qu'il souhaitait, une fois son devoir accompli, passer à une autre étape de sa vie publique. Nommé ministre de l'Éducation et numéro deux du gouvernement, il met aussitôt fin à son mandat de premier secrétaire. En réaction, Laurent Fabius déclare rapidement ses intentions et donc sa disponibilité. Il ne fait guère de doute que François Mitterrand incline vers cette candidature. Il l'a fait savoir à Pierre Mauroy, auquel il propose de prendre la présidence de l'Assemblée nationale, lequel décline l'invitation[17]. Plutôt que d'assumer clairement un choix et de l'imposer à une formation politique qui lui doit tout, le président laisse faire, alors même que l'enjeu dépasse, et de loin, la seule direction du Parti majoritaire.

Il y va de la cohésion du « courant », qui a toujours soutenu François Mitterrand. Il y va aussi de l'indispensable confiance

17. Pierre Mauroy, dans ses Mémoires, relate avec précision l'entretien et le malentendu : « J'ai bien conscience d'avoir avec François Mitterrand un nouveau désaccord. J'espère encore qu'il se réglera par l'un de ses acquiescements tacites dont nous sommes familiers. Ce ne sera pas le cas. »

entre le président et le chef de son propre parti. Il y va enfin du processus de succession, non plus du premier secrétaire sortant mais du chef de l'État lui-même.

Cette bataille est d'autant plus périlleuse que des clans se forment et que les antagonismes se créent, au risque de s'amplifier encore dans la perspective d'un prochain congrès. Ce qui ne manquera pas d'arriver.

Le 13 mai, une semaine seulement après la victoire, l'axe du parti se brise. Pierre Mauroy l'emporte sur Laurent Fabius (par 63 voix contre 54) et, à l'arrivée, il n'y a que des perdants. Laurent Fabius est obligé de constituer une sensibilité, Pierre Mauroy constate à ses dépens que l'avènement espéré se transforme en épreuve douloureuse. François Mitterrand, enfin, se trouve déjà défié au sein de son propre camp. C'est plus qu'un accident politique motivé par des rivalités personnelles. C'est une crise lourde de conséquences : une pièce majeure de l'architecture du pouvoir s'effondre.

Ainsi le second septennat s'ouvre-t-il avec un Premier ministre choisi sous la contrainte de l'opinion, un gouvernement pléthorique (49 membres) parce que supposé représenter la « France unie », une majorité parlementaire trop faible pour garantir la stabilité et un Parti socialiste miné par la division.

La déconfiture de la droite et ses déchirures amplifiées par l'échec occultent pour un temps ces fissures, d'autant plus que Michel Rocard entame son parcours gouvernemental par un discours revigorant, et avec un coup d'éclat : la signature des accords de Matignon le 26 juin 1988.

Le rocardisme et la culture du compromis

La Nouvelle-Calédonie, ce territoire français depuis 1753, est devenue un sujet explosif de politique intérieure.

Des affrontements se succèdent entre indépendantistes : les Kanaks pour l'essentiel et les Caldoches d'origine européenne. Ils dégénèrent et engendrent, au plus fort de la crise, la tragédie de la grotte d'Ouvéa le 5 mai 1988, la veille du second tour du scrutin présidentiel. Pour en finir avec une prise d'otages de gendarmes, menée par des Kanaks, le gouvernement de Jacques Chirac décide d'un assaut qui tourne au drame et fait 21 victimes : 2 parmi les forces de l'ordre, 19 chez les indépendantistes.

La tâche confiée à Michel Rocard est de ramener la paix alors que celle-ci paraît hors de portée. Grâce à un patient travail de déminage mené par une mission de dialogue composée de hauts fonctionnaires, il y parvient. Certains sont proches de lui, d'autres reflètent des sensibilités spirituelles. Tous comprennent que les deux leaders, Jean-Marie Tjibaou et Jacques Lafleur, souhaitent mettre un terme au conflit, mais sans savoir encore comment.

Au terme d'une nuit d'âpres discussions, un accord est trouvé à Matignon pour la libération des prisonniers kanaks, la tenue d'un référendum national à l'automne sur les nouvelles institutions, la création de trois provinces (Sud, Nord et îles Loyauté) et l'organisation d'un scrutin d'autodétermination en Nouvelle-Calédonie dans les dix ans.

Une poignée de main entre Tjibaou et Lafleur scelle la réussite de cette négociation. Elle coûtera la vie au premier[18] et accablera le second à son retour à Nouméa.

Semblable à celle de Mendès France, la méthode Rocard se fonde sur le respect, le dialogue, la fermeté et l'annonce d'une échéance connue de tous sur laquelle sa responsabilité est engagée. Son succès débouche, en novembre 1988, sur un acte d'une dimension historique[19]. Dix ans plus tard, Lionel

18. Le 4 mai 1989, les deux leaders indépendantistes Tjibaou et Yeiwéné Yeiwéné tombent sous les balles d'un indépendantiste kanak.

19. L'accord de Matignon fut approuvé par le référendum du 6 novembre 1988 à 88 % des suffrages exprimés avec une participation de 37 %.

Jospin réussit à le prolonger et à le compléter avec les accords de Nouméa, qui stabilisent les institutions calédoniennes, instaurent une citoyenneté de la Nouvelle-Calédonie et renvoient le transfert progressif de compétences dans tous les domaines (sauf la Défense, la Sécurité intérieure, la Justice et la monnaie) à novembre 2018 (la date butoir fixée pour le référendum sur l'accession à sa pleine souveraineté). Ce scrutin se tiendra. Avec un résultat qui ne sera pas celui espéré par les indépendantistes, mais qui les encouragera à persévérer dans le cadre voulu par les signataires de 1988. Il est dommage que le processus depuis se soit enrayé en raison d'une consultation fixée à une mauvaise date et boycottée par l'une des parties, à la fin du premier mandat d'Emmanuel Macron. L'obstination du gouvernement Attal de poursuivre coûte que coûte une réforme du corps électoral produit un embrasement et des violences que seule la dissolution de l'Assemblée nationale a arrêté mais qui pourraient reprendre à tout moment si un apaisement n'est pas trouvé[20].

Trente-cinq ans après les accords de Matignon, la paix s'est installée, mais la solution définitive n'a toujours pas été trouvée. Si l'on songe aux risques pris en 1988 et à la guerre civile qui menaçait là-bas, je recommande aux parties prenantes et aux autorités de la République de garder l'esprit et la ferveur qui animaient Michel Rocard quand il a fait le pari d'une décolonisation accompagnée par la République. Les événements qui se sont récemment produits à Nouméa, à l'occasion du projet de loi constitutionnelle sur l'élargissement du corps électoral, confirment *a posteriori* la justesse de cette position. Il est des feux qu'il vaut mieux ne pas réactiver. Tout doit être fait pour préserver un processus qui repose sur la confiance dans la parole tenue.

20. La victoire aux élections législatives du fils de Jean-Marie Tjibaou, Emmanuel Tjibaou, premier député indépendantiste, peut offrir une occasion de reprise du dialogue.

C'est cet esprit de réconciliation que Michel Rocard fait souffler devant l'Assemblée nationale quelques jours après la poignée de main calédonienne. Son discours emprunte à la modestie et à la sincérité. Il s'affirme fidèle aux valeurs socialistes, mais il veut gouverner pour toute la France et justifie l'ouverture. Il s'inscrit dans la France unie, mais plaide pour un retour aux sources de la démocratie.

Là est l'originalité de sa démarche. Il évite d'énoncer un catalogue de réformes. Il « ne veut pas défaire ce que les autres ont fait, faire ce que d'autres déferont ». Il écarte les ruptures et repousse les antagonismes. Il promeut une politique qui « ne néglige aucune difficulté de la vie réelle des Français ».

C'est le souci du concret qui l'anime : « Il n'y a pas d'un côté des petits problèmes et de l'autre des grands. Il y a d'un côté un nombre restreint de problèmes insolubles et de l'autre une infinité de problèmes qui pourront être réglés. »

Il surprend en affirmant qu'il agira directement sur les réparations des cages d'escalier, des ascenseurs, des halls d'entrée. Il suscite les sarcasmes de la droite, qui va jusqu'à s'esclaffer lorsqu'il évoque les « boîtes à lettres cassées ». Et pourtant, Michel Rocard voit juste. Il y a trente-cinq ans déjà, les Français prenaient le large face à une démocratie distante, arrogante, ignorante. À force de s'en tenir aux incantations, aux concepts, aux statistiques, au charivari des alternances, la politique avait commencé à s'éloigner des vicissitudes quotidiennes et à ignorer les attentes toutes simples des citoyens. Celles d'une vie plus paisible, plus facile, plus commode et plus sûre. Michel Rocard enjoint à son administration d'aller à la rencontre des Français, de répondre vite à leurs sollicitations, de prendre en compte les dérèglements d'un système social trop opaque et d'adapter les services publics à la diversité des situations des usagers. L'intention est louable : mobiliser les agents publics pour rendre non pas simplement des prestations, mais des services. Certes, des efforts ont suivi les paroles prononcées, des politiques ont été repensées, notamment pour la ville et pour l'école, mais l'État central est resté immuable, les ministres – toujours trop nombreux – n'ont guère changé leurs habitudes et les procédures se sont encore complexifiées. Il reste qu'avec ce discours Michel Rocard a saisi avant l'heure l'ampleur de la crise démocratique qui s'ouvrait. « Je rêve d'un pays où l'on se parle à nouveau. Je rêve d'une politique où l'on soit attentif à ce qui se dit plutôt qu'à qui le dit. Je rêve tout simplement d'un pays ambitieux dont tous les habitants redécouvrent le sens du dialogue. »

Des avancées sociales plutôt que des ruptures

La seule grande réforme annoncée et traduite dès l'automne par une loi spécifique est l'ouverture d'un nouveau droit : celui pour les personnes durement frappées par la vie et sans ressources de disposer d'un revenu minimum pour accéder non seulement à la dignité, mais aussi à une deuxième chance. Il ne s'agit pas d'introduire un complément à la Sécurité sociale avec une prestation de plus, mais de construire le dernier étage de la solidarité afin d'éradiquer la pauvreté et de faire prévaloir l'insertion pour ne pas créer des « assistés ». Le RMI monte vite en régime. En 1991, il est versé à plus de 1 million de personnes. Plus tard amélioré et étendu par le revenu de solidarité active (RSA), il a fait l'objet de critiques sur son niveau (insuffisant pour vivre correctement selon les uns, désincitatif à la reprise du travail selon les autres) comme sur ses effets. Peine à disparaître, en outre, le récurrent procès de l'assistanat et des abus supposés ou réels qui induisent le doute dans les catégories populaires sur la pertinence et l'équité du dispositif. Il n'empêche, la grande pauvreté serait toujours plus un fléau en France[21] si le RMI (puis le RSA) n'était pas là.

En même temps qu'est instauré le RMI, l'impôt sur la fortune (ISF) est rétabli. Michel Rocard prend soin de le présenter non comme « une revanche contre les riches, mais comme une contribution de solidarité » et a le souci de fixer une imposition compatible avec l'ouverture européenne et l'encouragement à l'investissement. Ses taux sont donc fixés à un niveau moins élevé que ceux de l'impôt sur les grandes fortunes (IGF) de 1981, pour ne concerner qu'à peine 150 000 foyers fiscaux. Un bouclier est également introduit pour plafonner à 80 % du revenu le taux de prélèvement effectué sur un contribuable au titre de ses impôts directs.

Si Michel Rocard est bien le chef du gouvernement, l'influence de Pierre Bérégovoy, le ministre des Finances, est considérable. Celui qui a longtemps été, au PS, le représentant du monde ouvrier, s'est fait ironiquement, au cours des années qu'il a passées rue de Rivoli[22], le défenseur d'une certaine orthodoxie financière autour du franc fort et de la libération des marchés.

Pour le « grand argentier » qu'il veut être, la politique rigoureuse sur le plan budgétaire se conjugue avec celle volontariste sur l'offre productive.

Pour quelle raison la gauche a-t-elle été conduite à réduire le champ des nouvelles conquêtes sociales ? Est-ce la configuration politique et l'obligation qui en découle de trouver des renforts au centre, ou est-ce la pensée profonde de Michel Rocard qui transparaît ici ? Faut-il entrevoir en l'espèce une forme de revanche par rapport à la « première gauche » et

---

21. Neuf millions de Français vivent avec moins de 1 200 euros par mois et moins de 2 400 euros pour un couple avec deux enfants.

22. C'est alors le siège du ministère des Finances (avant qu'il ne soit installé à Bercy une fois les bureaux restitués au Louvre).

à ses excès ? Ou s'agit-il simplement de l'air du temps, qui veut que l'on privilégie la réhabilitation de l'entreprise et la préparation du marché unique ?

Ces causes se sont ajoutées les unes aux autres dans un contexte économique plus favorable et avec la satisfaction de vivre un répit après tant d'années d'exposition à tous les risques. C'est le pari de l'accalmie retrouvée, supposée donner à la gauche son plein statut de gouvernement.

La politique de Rocard, sous des allures modestes, fait le choix de ne rien brusquer, mais d'agir concrètement. Elle rencontre de fait le soutien d'une large partie de l'opinion, d'autant que le chef du gouvernement bénéficie d'une conjoncture favorable. La croissance dépasse largement 2,5 % et l'inflation est maîtrisée (2,2 %). Conformément à ses engagements, le budget qu'il présente pour 1989 réduit significativement le déficit public (1,7 % contre 2,5 % en 1987) tout en diminuant largement le niveau des prélèvements obligatoires (44,6 %) et en finançant les priorités, notamment l'Éducation nationale, dont la loi d'orientation préparée par Lionel Jospin est la traduction.

Priorité à l'Éducation

Il y a urgence. Les effectifs sont appelés à augmenter dans les lycées et les universités, et de nombreux enseignants doivent être recrutés, ce qui suppose une revalorisation de leurs conditions.

Le texte, qui a été largement discuté avec les organisations syndicales et l'ensemble de la communauté éducative, organise la scolarité en cycles : trois pour le primaire, deux pour le collège. Sont créés, en sus, les instituts universitaires de formation des maîtres (IUFM) pour assurer une formation et une culture professionnelle à tous les enseignants du primaire et du secondaire. Le statut des professeurs des écoles, avec une amélioration de leur rémunération et une reconnaissance de leur rôle, en est la conséquence directe. Enfin, les écoles, collèges et lycées sont tenus d'élaborer un projet d'établissement, destiné à mettre en œuvre les objectifs nationaux dans le respect de la spécificité de chacun.

La loi Jospin a suscité des controverses, qui ne sont d'ailleurs pas éteintes. Il lui a été reproché de faire la part belle aux conceptions pédagogiques au prétexte qu'elles mettaient l'« élève au centre du système » au détriment du savoir, alors même que l'un ne va pas sans l'autre. Le Conseil national des programmes[23], instauré à ce moment-là, avait justement pour but de faire évoluer les pratiques dans l'intérêt des jeunes tout en mettant à jour les connaissances à transmettre.

Les engagements portés par cette loi sont accompagnés de moyens supplémentaires, puisque le budget de l'Éducation augmentera de plus de 25 % durant la législature.

1989, un paradoxal apogée

L'année 1989, qui consacre le bicentenaire de la Révolution française, donne à François Mitterrand l'opportunité de savourer ses succès et de donner à sa présidence l'allure d'une gouvernance tranquille et accomplie. Les grands travaux livrent leur ouvrage, l'opéra Bastille est inauguré et le défilé du 14 Juillet constitue un hymne à la France joyeuse et fière de son universalité.

Les scrutins intermédiaires sont à l'unisson de cette ambiance sereine.

---

23. Au cœur de ce programme (1990-2005), une large place était accordée à l'initiative des enseignants (ainsi encouragés à faire ce qui leur semblait le plus opportun en classe).

Aux élections municipales de mars 1989, le PS, en gagnant 16 villes de plus de 30 000 habitants (dont Nantes, Strasbourg, Brest, et Orléans), efface totalement ses pertes de 1983 et retrouve son niveau historiquement élevé de 1977. Michel Rocard peut d'autant plus proclamer sa satisfaction au soir du second tour qu'elle est rare dans ce type de scrutin intermédiaire[24].

Ce succès se confirme aux élections européennes du mois de juin suivant. La liste socialiste conduite par Laurent Fabius remporte 24 % des voix (c'est trois points de mieux qu'en 1984), alors qu'elle est freinée par la concurrence des écologistes qui, pour la première fois dans une élection nationale, franchissent le seuil des 10 % pendant que le PC poursuit son déclin (8 %).

Quant à la droite, elle s'est divisée entre une liste RPR-UPF conduite par Valéry Giscard d'Estaing (près de 29 %) et une autre menée par Simone Veil (un peu plus de 8 %). Le Front national continue, quant à lui, son implantation, en dépassant de deux points son score de 1984 (avec près de 12 % des suffrages).

À y regarder de près, la gauche est devenue minoritaire dans le pays. Elle n'en prend toutefois pas la mesure et regarde complaisamment la droite se déchirer, satisfaite de voir le PS rester le premier parti de France.

Le réformisme de Michel Rocard réussit la performance de convaincre une partie de l'électorat du centre sans rien lui faire perdre à gauche. Pierre Bérégovoy en tire argument pour accélérer la mise en œuvre de sa politique, sans mesurer les effets sur les revenus et les patrimoines que cette libéralisation commence à engendrer. À cet instant, François Mitterrand fait

24. Même si, à Paris, Jacques Chirac fait un « grand chelem », sa liste étant victorieuse dans les vingt arrondissements, ce qui le relance comme chef de l'opposition.

presque l'objet d'une idolâtrie. Le pays et même sa jeunesse se reconnaissent dans ce président qui prend des allures à la fois débonnaires et majestueuses. Il regarde ce culte auquel il n'est pas insensible avec un amusement étonné. Mais le vieux chef longtemps dénoncé pour son cynisme, son archaïsme ou son laxisme voit son magistère rehaussé, réhabilité, restauré. « Dieu », comme le moque une émission satirique, vu de loin, ne semble plus toucher terre et, vu de près, se détache des considérations purement politiques. Mais c'est toujours dans les moments de calme apparent que surgissent les tempêtes…

L'épreuve des « scandales »

La célèbre apostrophe de Georges Marchais, criant « au scandale » devant chaque événement, avait beaucoup fait sourire dans les années 1980. Elle allait revêtir, pour nous socialistes, une réalité beaucoup moins rose. La tentative malencontreuse de revenir, en octobre 1988, sur la privatisation de la Société générale par un raid encouragé au sommet de l'État autour de la Caisse des dépôts, d'assureurs et de financiers jette le trouble sur la promesse présidentielle d'en rester au « ni-ni » et donne de la gauche une image peu flatteuse. Au même moment, les liens du pouvoir avec certains milieux d'affaires sont révélés dans l'affaire Pechiney-Triangle, qui laisse apparaître un délit d'initié. Les « affaires » font leur retour. Et c'est toujours plus douloureux pour les partis qui se targuent d'un avantage moral…

Les prolégomènes de ce qui deviendra le dossier Urba[25] dégradent encore davantage le climat politique. La droite,

25. Urba est un bureau d'études mis en place peu de temps après le congrès d'Épinay du PS de 1971. Il avait pour vocation de financer les campagnes du Parti socialiste en incitant certaines entreprises qui souhaitaient obtenir des marchés publics à lui verser une commission dans des communes dirigées par des socialistes.

qui a tant à cacher, multiplie les interpellations à l'Assemblée nationale sans comprendre qu'elle creuse également la tombe judiciaire de ses anciens trésoriers. Car la totalité des formations politiques, grâce aux lacunes légales, recourent depuis toujours à des pratiques frauduleuses pour couvrir la charge de plus en plus élevée de leurs frais de campagne.

Une loi votée au début de l'année 1988 à l'initiative du gouvernement Chirac avait, certes, introduit le principe d'un financement public pour les formations représentées au Parlement et un plafonnement des dépenses pour les candidats aux élections législatives et présidentielles mais, faute d'une véritable autorité de contrôle, un texte de circonstance encadrant les dons des particuliers et des personnes morales est rédigé.

La législation adoptée en janvier 1990, vouée à régir le financement des partis et des campagnes, est plus précise et encore plus stricte. Elle limite drastiquement le montant des dépenses et institue une commission nationale pour contrôler les comptes des candidats et des formations politiques. Elle définit les règles de la participation de l'État et maintient encore la possibilité de dons par des entreprises privées, et cela dans la limite d'un plafond et par l'intermédiaire d'une association de financement dont les comptes doivent être publiés.

Ce texte ne souffrirait d'aucune critique ni ne soulèverait aucune polémique s'il ne contenait pas une disposition prévoyant l'effacement de toutes les infractions commises avant le 15 juin 1989. La loi sur la régulation du financement des partis devient, pour l'opinion, une loi d'amnistie.

Et c'est le gouvernement de Michel Rocard et le Parti socialiste qui vont en payer le prix. Ils auront beau expliquer que les infractions commises à des fins d'enrichissement personnel ne rentraient pas dans le champ de la loi et que le pardon ne valait que pour les faits engagés pour cause d'activités politiques licites, rien n'y fait. La complexité du texte, qui efface tous les abus de biens sociaux ou les faux en écriture mais écarte de toute indulgence les faits pouvant relever du trafic d'influence et assimilés à de la corruption, le rend incompréhensible et choquant aux yeux des citoyens.

C'était l'honneur de Michel Rocard que de mettre un terme à l'hypocrisie générale, en « vertu » de laquelle les partis ne vivaient et ne communiquaient que par la générosité de leurs adhérents. C'était sa responsabilité d'homme d'État de rappeler que la démocratie avait un coût et que l'écrasante majorité des élus du pays étaient dévoués et honnêtes. Mais l'exercice était périlleux. Comment mettre l'accent sur la rigueur à laquelle sont désormais soumis tous les responsables politiques, quand ceux qui les ont précédés échappent à toute sanction ?

Le paradoxe a voulu que l'opinion ait conclu que les parlementaires s'étaient autoblanchis, bien qu'ils aient pourtant veillé, en écrivant la loi, à s'exclure explicitement de l'amnistie[26].

Cet épisode coûtera cher au système politique, alors même qu'il en finissait avec le non-droit et qu'il établissait une clarification durable des pratiques de financement et un encadrement strict des activités des partis. C'est une leçon bien connue : en politique, on est rarement récompensé ou remercié pour ses efforts en matière de moralisation, et on est toujours rendu coupable des errements de ses prédécesseurs. Le constat est cruel : les « affaires » ne profitent jamais à ceux qui les purgent, et ne coûtent pas toujours à ceux qui les génèrent.

Avec le temps, la loi de financement des campagnes électorales a montré son efficacité. Président, j'ai poursuivi dans

26. C'est en application de cette disposition qu'Henri Emmanuelli, parce que député, fut condamné par la justice alors même qu'il n'avait commis lui-même aucun acte frauduleux, sauf à avoir été, comme trésorier du PS, bénéficiaire collectif du système d'Urba.

cette direction à travers la création de la Haute Autorité pour la transparence de la vie politique, un acquis majeur pour conforter la démocratie. Restait à rétablir la confiance des citoyens à l'égard de leurs élus. Pour ce faire, la simple rectitude morale ne suffit pas. L'adhésion se fonde en effet davantage sur les résultats de l'action publique que sur les comportements de ses responsables.

Comme député, j'avais eu à préciser ma position, en janvier 1990, sur cette législation. La génération dont je faisais partie n'avait pas eu à connaître les pratiques et les modes de financement dénoncés, ceux-ci m'avaient néanmoins concerné indirectement. Le parti dont j'étais membre y avait recouru, comme les autres – et sûrement moins que les autres –, dans un cadre qui, pour être irrégulier, n'en était pas moins collectif et organisé. En ce qui me concerne, l'ardoise avait toujours été vierge, et il m'était donc aisé de m'envelopper dans le large manteau de l'éthique pour appeler à une sévère condamnation d'un système qui avait prévalu jusque-là. Toutefois, je mesurais combien cette disposition sur l'amnistie contenait en son cœur, et malgré les limites posées, des forces telluriques. Il était difficile d'accabler mes camarades plus anciens qui risquaient de tomber dans les affres des procédures judiciaires, et d'autant plus ardu de les convaincre qu'en voulant les protéger on les exposait davantage.

L'antiparlementarisme trouvait là un terreau fertile, et l'extrême droite, toute honte bue au regard de sa propre histoire, récoltait déjà tout ce que la propagande d'une partie de la droite, la plus aveuglée par sa soif de revanche, avait semé et que le courroux d'une partie de la presse – toujours prompte à se parer de vertu –, même dans les organes les plus liés aux milieux financiers, avait entretenu. J'avais conscience que cet acte, pourtant salvateur pour la démocratie de demain, infligerait des dégâts à celle d'aujourd'hui. Je sentais que le bel enthousiasme qui avait accompagné les premiers pas du gouvernement Rocard s'effilochait à mesure que les affaires s'amoncelaient et que François Mitterrand, concentré sur les actions à mener sur la scène internationale, semblait s'éloigner chaque jour davantage de son Premier ministre, comme pour signifier qu'il n'en partageait pas toutes les orientations.

Premiers foulards

En octobre 1989, à Creil, trois collégiennes qui avaient refusé d'enlever leur voile en classe sont exclues de leur établissement. Cette décision provoque trois mois de débats, de polémiques et de controverses autour de la laïcité et du rôle de l'école. Des tentatives comparables dans des villes du sud de la France laissent vite craindre que ne se trouve, derrière cette situation particulière, une démarche d'une plus grande envergure…

SOS Racisme critique la volonté de mettre l'islam au ghetto et demande la réintégration des élèves, car « aucune sanction ne peut être infligée à des élèves en vertu de leur foi ». Danielle Mitterrand se prononce pour l'acceptation des filles voilées à l'école, quand le ministre de l'Éducation nationale, Lionel Jospin, adopte une position équilibrée en rappelant que « la laïcité de l'École signifie que l'on n'affiche pas de façon spectaculaire ou ostentatoire les signes de son appartenance religieuse, mais que l'École est faite pour accueillir les enfants, pas les exclure ». L'opposition (mais aussi le Parti communiste) proteste contre ce qui apparaît à ses yeux comme une ambiguïté, se fait la porte-parole farouche d'une laïcité intransigeante et suscite ainsi un malaise au sein de la gauche, qui se divise sur cette question. C'est à cette époque, en effet, qu'une partie du camp progressiste rompt son engagement en faveur du contrat laïque, au nom de la reconnaissance de la diversité et d'une conception extensive de la liberté de conscience. La droite (et, plus tard, l'extrême droite) s'engouffre dans cette faille pour s'arroger la défense d'un principe qu'elle regardait pourtant jusque-là avec méfiance pour mieux protéger l'école confessionnelle.

Pour sortir de cet imbroglio, Lionel Jospin saisit le Conseil d'État pour avis, lequel ne justifie le refus d'admission que s'il existe un risque de menace pour l'ordre dans l'établissement ou pour le fonctionnement du service de l'enseignement. Cette recommandation est traduite dans une circulaire ministérielle qui renvoie aux enseignants et aux chefs d'établissement la responsabilité d'accepter ou de refuser le voile dans l'enceinte scolaire. Cette doctrine demeurera celle de l'Éducation nationale pendant de longues années, occasionnant des conflits d'interprétation de plus en plus insolubles. Il faudra attendre la loi de mars 2004 pour que soit interdit clairement tout signe religieux ostensible à l'école, ainsi que la charte de la laïcité à l'école de 2013, à l'initiative de Vincent Peillon, durant mon quinquennat, pour que cette règle fondamentale soit affichée dans tous les établissements d'enseignement public.

La gauche avait donc été prise de court. Pire, elle s'était fracturée. Pour les uns, elle avait été faible et naïve, pour les autres, blessante et hypocrite. Lionel Jospin avait porté seul, avec les références de l'époque, la recherche d'une solution dans le respect du droit. Quant au Parti socialiste, plutôt que de chercher à comprendre un phénomène qui ne ferait que s'amplifier, faute de limite claire, il avait préféré procrastiner, offrant à ses adversaires l'opportunité de s'emparer du sujet de la laïcité, celui-là même qui faisait corps avec son identité et son histoire.

Les émeutes d'octobre 1990

Un an après l'« affaire du foulard », le gouvernement est de nouveau ébranlé. Le 6 octobre 1990, dans le quartier du

Mas-du-Taureau, à Vaulx-en-Velin, une voiture de police percute une moto, blessant son conducteur et tuant son passager. Le soir même, c'est l'émeute. De violents affrontements éclatent dans la ville, le centre commercial est pillé et incendié, et deux centres de loisir sont détruits. Parpaings, pierres et gaz lacrymogènes semblent être les seuls éléments de langage. Des manifestants s'en prennent directement à la police, accusée d'avoir provoqué l'accident pour interpeller les jeunes. Pendant trois nuits, des scènes de guérilla urbaine sont filmées et diffusées par la télévision.

Ces violences ne sont pas les premières à survenir en France[27]. Mais cette fois, elles frappent un quartier qui faisait figure de modèle en matière de politique de la Ville, laquelle avait mené à bien la réhabilitation des bâtiments, la rénovation des espaces publics et la mise en place d'équipements sportifs pour les jeunes. C'est cette forme de nihilisme qui suscite la sidération : pourquoi les jeunes détruisent-ils des équipements publics qui sont à leur service ? Comment expliquer la détérioration des relations entre la police et une partie de la population ? Le chômage et la pauvreté, corrélés à des sentiments d'exclusion, de relégation et de ségrégation, en sont-ils la cause ? Vingt-cinq ans après, ces questions demeurent. Elles ont notamment ressurgi après les débordements insupportables de juin 2023, dont l'élément déclencheur a été le même (une interpellation débouchant sur la mort d'un jeune).

Michel Rocard se fait prudent. Il va même jusqu'à qualifier cet épisode dramatique d'« incident de parcours ». François Mitterrand en comprendra mieux les ressorts et dénoncera, un mois plus tard, « la ségrégation, celle qui regroupe des populations en difficulté dans les mêmes quartiers, qui rassemble les enfants d'origine étrangère dans les mêmes écoles ». Ce

27. Déjà, durant l'été 1981, à Vénissieux, dans le quartier des Minguettes, des incidents urbains avaient dégénéré.

constat vaut, hélas, encore aujourd'hui... à une plus grande échelle encore. Ce ne sont plus les banlieues qui sont touchées par cet enfermement et cette ghettoïsation, ce sont des quartiers de villes moyennes, des petits immeubles de bourgs ruraux, rongés par les effets du trafic de drogue désormais largement décentralisé et par le déploiement d'une violence inouïe entre membres de bandes rivales.

La création du ministère de la Ville, quelques jours plus tard, permet de concentrer de nouveaux moyens et d'engager une réhabilitation massive des logements dégradés ainsi qu'une rénovation du cadre de vie, élément essentiel pour la dignité et la reconnaissance des populations qui y habitent. Il serait fallacieux d'en diminuer les mérites, même si la discontinuité des politiques publiques en la matière n'a assurément pas aidé.

Cette montée des tensions s'ajoute à un malaise social diffus qui se révèle à travers une succession de mouvements touchant des secteurs sensibles : une grève à la RATP paralyse Paris pendant près de six semaines à l'automne 1988, une coordination d'infirmiers se forme en dehors des syndicats pour revendiquer une revalorisation de leurs salaires et une amélioration de leurs conditions de travail. Plus tard, la FNSEA (Fédération nationale des syndicats d'exploitants agricoles) lance de grandes manifestations contre la concurrence des pays de l'Est, qui viennent de recouvrer leur liberté après la chute du mur de Berlin en novembre 1989. À l'automne 1990, ce sont les lycéens qui défilent pour demander plus de moyens, sans être découragés par le président. Enfin, malgré l'amélioration de l'emploi générée par la croissance des années 1988 et 1989 (plus de 4 %), la plus forte depuis le premier choc pétrolier, le chômage reste à un niveau élevé (2,5 millions), et l'invasion du Koweït par l'Irak à l'été 1990 fait entrer l'économie mondiale dans une nouvelle zone d'instabilité et d'incertitude. C'est enfin, et peut-être surtout, sur le plan politique que la mécanique générale se grippe. Je vois, de ma place de député, le PS faire face aux désordres qui se multiplient et à cette succession d'événements sans comprendre qu'il doit repenser d'urgence son projet et ses méthodes face à une société qui change rapidement dans ses modes de vie comme dans ses aspirations. Mais plutôt que de faire collectivement cet effort, il se livre tête baissée à un affrontement interne qui le déchirera longtemps et le coupera de son propre électorat.

Le congrès de la discorde

Le congrès de Rennes qui se déroule du 15 au 18 mars 1990 aurait dû être un sacre pour le Parti socialiste. Celui qui lui avait redonné vie à Épinay, vingt ans plus tôt, entame en majesté son deuxième mandat et dispose encore de cinq ans pour transformer le pays. Son rival, Michel Rocard, devenu le Premier ministre, mène une politique sage et apaisée qui lui vaut une popularité enviable ; la situation économique favorable laisse augurer une baisse continue du chômage ; l'opposition de droite est divisée et le Front national est marginalisé par les saillies intolérables de son sinistre dirigeant. À cette situation exceptionnelle pour une gauche de gouvernement s'ajoutent les effets du tremblement de terre provoqué par l'effondrement du communisme soviétique. Ce dernier signe la victoire de la social-démocratie sur la gauche révolutionnaire. Ainsi se solde un conflit presque centenaire déclenché au lendemain de la Révolution russe et dont le congrès de Tours avait symbolisé la vigueur.

Tout était donc réuni pour convoquer les grandes figures : Jaurès pour l'unité, Blum pour la lucidité, Mendès France pour la vérité et Mitterrand pour la fierté.

Mais ce qui aurait dû être un coup d'éclat se transforme en coup d'arrêt, ce qui aurait pu être un triomphe devient un pugilat, ce qui aurait pu être la fête de la fraternité socialiste se transforme en une lugubre guerre de tranchées.

Le congrès de Rennes ne constitue pas simplement une péripétie désolante, un acte manqué ou un déplorable débordement, voire une « cristallisation fâcheuse », selon les mots de François Mitterrand. Ce symposium malheureux et son impossible synthèse se font les révélateurs d'un dérèglement dont les effets iront bien au-delà du Parti socialiste et sont d'une certaine façon toujours à l'œuvre.

La fracture au congrès de Rennes marque la fin d'une époque. Elle s'incarne dans l'image finale de Pierre Mauroy, seul sur l'estrade avec à la main une rose décatie ; la déchirure socialiste devient un fait politique majeur. C'est l'ouverture avant l'heure de la succession de François Mitterrand, ce qui n'était pas le plus grave. C'est surtout l'explosion du cadre qui devait l'organiser.

La compétition au cœur d'un parti n'est pas blâmable. C'est précisément le rôle d'une formation politique que de la prévoir et de lui donner des règles. Sauf qu'elle arrive trop tôt, au sein des proches de François Mitterrand, et laisse Michel Rocard hors de ce processus. Cela ne peut être vécu par les amis du Premier ministre que comme une aubaine et, pour le président, comme un défi. L'ensemble de l'édifice se lézarde. Pas seulement le courant historique de François Mitterrand, mais le parti dans son ensemble. Et le gouvernement en sort abîmé, puisque les deux têtes de l'exécutif incarnent ce déséquilibre.

Le plus paradoxal est que le conflit qui génère ce bouleversement ne repose sur aucun différend idéologique. Les analyses portées par les deux motions concurrentes ne diffèrent sensiblement ni sur les alliances ni sur le rapport au marché, pas davantage sur l'Europe ou sur le lien avec la social-démocratie européenne.

L'expérience montre que les pires querelles à éteindre sont celles qui, détachées des sujets de fond, ne relèvent que de la suspicion ou du ressentiment. Ainsi le parti, qui avait tout gagné ou presque, avait-il fourbi ses armes non pour conjurer le retour d'une opposition vindicative dans la perspective des élections législatives de 1993, mais dans le but d'écarter des camarades de toujours... comme si de l'issue du prochain congrès dépendait l'avenir du pays.

Plus navrant encore fut le spectacle livré pendant trois jours et deux nuits à une opinion médusée par ce qu'il y a de pire à étaler en politique : la haine entre amis[28].

Participant moi-même, comme délégué, à ce congrès, je constate la réalité des divisions dont je ne peux m'extraire, et que je peux encore moins empêcher. C'est ainsi que je vois se déliter l'esprit de responsabilité, tant il est chahuté par le chaos ambiant. C'est le moment où les intelligences individuelles s'effacent devant les réflexes de meute. Les agités finissent par faire dérailler les plus raisonnables et l'esprit de responsabilité disparaît derrière la rancune.

François Mitterrand, faute d'avoir eu gain de cause pour faire prévaloir son choix pour la succession de Lionel Jospin à la tête du parti, avait encouragé Laurent Fabius sans lui fixer de limite. Pierre Mauroy, conscient par la fonction qu'il occupait de l'impératif de la synthèse, peinait à imposer sa ligne à son propre courant[29]. Michel Rocard, qui, comme Premier ministre, avait intérêt à un accord général, fut lui

---

28. Des huées couvrent les discours ; des invectives et des insultes fusent dans les travées du congrès ; des conciliabules interminables prennent des allures de complot ; des alliances se forment et se défont aussi vite. Tout cela sous l'œil des caméras.

29. La dernière nuit de la commission de résolution (à laquelle j'avais participé) avait débouché, au petit jour, sur l'accord qui sauvait l'essentiel : Pierre Mauroy, pour rester premier secrétaire, se voyait adjoindre un numéro deux proche de Laurent Fabius, lequel pouvait disposer, pour un courant politique, de la présidence de la Fédération des élus. Ce compromis fut dénoncé au sein du courant de Lionel Jospin par des tenants de la surenchère. C'est ainsi que le congrès de Rennes s'acheva sans conclusion.

aussi débordé par ses lieutenants pressés de s'émanciper de l'ombrageuse tutelle du père fondateur.

Plus tard, d'autres théâtres mettront en scène les travers de la désunion, avec des méthodes parfois peu glorieuses. Je pense aux changements de premier secrétaire au printemps 1993, à l'été 1994, et surtout aux indisciplines provoquées par le traité constitutionnel européen en 2005, sans oublier les comptages contestés du congrès de Reims et, encore récemment, en 2023, les interminables négociations du congrès de Marseille, même si le Parti socialiste d'aujourd'hui n'a plus grand-chose à voir avec ce qu'il était en 1990.

Le congrès de Rennes constitue l'épilogue du congrès d'Épinay, une étape majeure dans le délabrement du second mandat, pourtant flamboyant à ses prémices, de François Mitterrand.

Le mal était fait. La synthèse encouragée par le président a finalement lieu trois jours après, avec un arrangement qui apparaît davantage comme une obligation que comme une réconciliation.

La confiance du président en son Premier ministre est devenue, comme la majorité, relative, et donc précaire. François Mitterrand attend le bon moment pour défaire cet attelage...

Il en tire aussi une conclusion pour lui-même. Le président ne tarde pas à se détacher d'un parti qui lui échappe, et prend plus largement ses distances avec la politique intérieure pour se consacrer essentiellement à la résolution des grands sujets de la planète, à commencer par l'unification allemande.

Un jour, le mur tombe

Dès l'été 1989, le chef de l'État a conscience que l'Allemagne retrouvera, un jour prochain, son unité. Il l'estime « légitime dès lors qu'elle se déroulerait pacifiquement ». Il est néanmoins, comme l'ensemble de la communauté internationale, pris de court le 9 novembre quand le mur de Berlin, érigé en 1961 et symbole de la guerre froide, s'écroule sans que les dirigeants est-allemands et les Soviétiques réagissent. Cet acte historique suscite autant d'enthousiasme que de prudence dans les chancelleries occidentales.

La marche inexorable du peuple allemand vers la démocratie ne conduira-t-elle pas Gorbatchev à interrompre le processus par la force pour qu'il ne s'étende pas aux pays du pacte de Varsovie ? Et l'Allemagne elle-même ne sera-t-elle pas reprise par ses démons en cherchant à modifier les lignes établies au lendemain de la guerre[30] ? François Mitterrand partage les appréhensions initiales des autres pays occidentaux et exprime sans ambiguïté la position de la France : pour être réunis, les Allemands doivent réaffirmer l'intangibilité des frontières en Europe (surtout la polonaise, la ligne Oder-Neisse) et s'engager d'une façon précise dans la communauté européenne, vers l'union politique ainsi que vers l'union économique et monétaire, et ce sans perdre de temps.

En réactivant de la sorte le couple franco-allemand, il veut régler le problème de l'Europe tout entière, dont il devient évident qu'elle ne peut rester immuable ni dans ses formes ni dans ses limites.

Il a été fait reproche à François Mitterrand d'avoir, par les conditions posées, retardé l'unification, et même d'avoir effectué une visite en RDA en décembre 1989 lorsque le régime s'effondrait, au risque de compliquer le jeu. Rien n'est plus faux. Les premières élections libres ont lieu en RDA en mars 1990. L'Allemagne procède à la réunification le 3 octobre 1990, soit un an à peine après la chute du mur, dans ce qui était encore la RDA, après que le président français

30. À la conférence de Potsdam à l'été 1945, le berceau de la vieille Prusse (Poméranie, Mazurie et Silésie) avait été partagé entre la Pologne et la Russie.

avait rencontré tous les dirigeants de l'opposition de l'époque en plaidant pour la démocratie.

Je pense même que François Mitterrand a eu le rôle décisif en insistant sur le respect des frontières quand, en Allemagne, la tentation était forte de les remettre en cause, et en convainquant le chancelier Kohl que, s'il voulait réunifier son pays, il devait aussi unir encore davantage l'Europe.

Il a également évité qu'au prétexte de sa géographie l'Allemagne ne se réfugie dans une neutralité (souhaitée par les Soviétiques) qui aurait été éminemment périlleuse pour la défense de l'Europe et qu'elle ne restât, dans sa nouvelle configuration, dans l'Alliance atlantique, tandis que 450 000 soldats soviétiques stationnaient encore dans l'ancienne RDA. Il parvint à convaincre Gorbatchev de les évacuer en échange d'une aide au départ, et travailla au retrait des troupes occidentales à l'ouest.

Ainsi, face à l'un des événements les plus importants de l'après-guerre, François Mitterrand accomplit-il la prouesse de maintenir les équilibres européens – cela sans entraver l'émancipation des peuples – et d'assurer aux Allemands, jusque-là séparés, de vivre de nouveau ensemble sans provoquer un conflit avec l'Union soviétique ni faire ressurgir des passions nationalistes.

L'Histoire ne s'arrête jamais. Au moment même où la paix et la démocratie sont assurées dans toute l'Europe, une guerre lointaine est déclenchée, qui va déstabiliser pour longtemps le Moyen-Orient. Le 2 août 1990, l'Irak de Saddam Hussein envahit le Koweït, pays indépendant depuis 1961. Un État membre de l'ONU s'en appropriait un autre par la force, en invoquant des justifications remontant à la période ottomane !

François Mitterrand, dans cette période où tout se recompose, estime que l'invasion du Koweït constitue un dangereux précédent qui risque de précipiter d'autres rectifications de frontières par la force. Il cherche une médiation, mais, devant le refus de Saddam Hussein d'une issue par la négociation, doit tirer la conclusion qui s'impose : nous sommes dans une logique de guerre. Il décide alors de l'opération *Daguet*[31]. Si la guerre est rapidement victorieuse, ses conséquences économiques sont immédiates, puisqu'elle provoque une augmentation des prix ainsi qu'un ralentissement de l'activité.

Le réformisme chahuté

À l'intérieur, le gouvernement de Michel Rocard affronte une remontée du chômage pour des raisons essentiellement démographiques. La population active, en effet, a considérablement crû. À ces turbulences économiques s'ajoutent des fièvres sociales : agitation paysanne, mouvement des professions médicales, manifestations d'agents publics et, pour finir, une flambée lycéenne – ce qui, pour un gouvernement de gauche, représente le plus grand péril. La jeunesse constitue toujours sa priorité, et les efforts consacrés au budget de l'Éducation nationale en sont la preuve la plus tangible.

Le 12 novembre, plus de 300 000 jeunes avaient défilé à Paris et en province, et des heurts violents avaient opposé les manifestants à la police. Ils ne portaient pas de revendications particulières autres que l'augmentation des moyens, mais cela traduisait une inquiétude, notamment chez les élèves des lycées professionnels, sur l'absence de débouchés de leurs filières, sur les difficultés à vivre et, plus largement, sur le manque d'ambition sociale du gouvernement.

---

31. Elle organise l'envoi d'un corps expéditionnaire de 18 000 soldats en Arabie saoudite dans le cadre d'une coalition internationale essentiellement menée par les Américains, qui y déploient 500 000 hommes.

C'est la génération Mitterrand qui bat le pavé, et le président, plutôt que de lui faire la leçon, choisit de s'en faire le porte-parole. Non pas directement, mais en recevant une délégation à l'Élysée. Il fait ainsi comprendre à « son » Premier ministre qu'il endosse une part des revendications. Le message est entendu, même si la rigueur budgétaire est, pour la circonstance, contournée.

Un plan d'urgence de 4,5 milliards de francs est dégagé pour rénover les établissements, et des mesures sont prises pour élargir la représentation des lycéens. Si cet épisode s'avère politiquement et budgétairement coûteux pour le gouvernement, il l'est moins pour la gauche militante, car les animateurs du mouvement trouvent assez vite leur place dans les rangs d'un Parti socialiste qui cherche à renouveler ses cadres. Bon nombre d'entre eux s'intègrent avec une étonnante promptitude dans les entourages d'élus, et deviennent même des parlementaires ou des dirigeants. Cette génération se distingue de la précédente par une fidélité toute relative à leur nouvelle organisation. Engendrée par une contestation, elle est tentée de faire sa vie en pratiquant une fronde au sein de son propre camp.

Le gouvernement Rocard n'entend pas renoncer à réformer. Il fait adopter la loi Neiertz sur le surendettement des particuliers et des familles, et crée des commissions pour aider les emprunteurs incapables de faire face aux échéances de leur crédit à trouver des solutions de rééchelonnement. Un dispositif à la fois protecteur et régulateur, puisqu'il prévient les déclassements et les faillites personnelles, responsabilisant les banques comme les particuliers. Là se situe le véritable progrès, celui qui a des effets durables sur le quotidien. La justice sociale, ce n'est pas seulement redistribuer davantage, c'est tisser un filet de sécurité afin de donner à chacun les moyens de sortir d'une situation inextricable. Ce texte, qui a notamment été amélioré par la loi Hamon du 17 mars 2014, a pu protéger les consommateurs face aux organismes qui les sollicitaient et réduire le nombre de ménages surendettés.

Mais c'est la création de la contribution sociale généralisée (CSG) qui reste la trace la plus significative laissée par le gouvernement Rocard. Vouée à constituer une étape nouvelle dans l'édification d'une fiscalité efficace et redistributive (après l'instauration de l'impôt sur le revenu au lendemain de la Première Guerre mondiale, de la TVA en 1954 et de l'impôt sur la fortune en 1981), elle élargit le prélèvement social à tous les revenus – et donc à ceux tirés du capital. Son introduction provoque un gain de pouvoir d'achat pour 4 salariés sur 5, et inflige un prélèvement supplémentaire aux détenteurs de patrimoine et aux salariés les plus favorisés. Son taux est fixé à 1,1 % sur l'ensemble des revenus, y compris les pensions de retraite et les indemnités de chômage, à l'exception des prestations familiales (le taux de la CSG augmentera continuellement pendant trente ans pour passer de 2,4 % en 1993 à 7,5 %, puis à 9,2 % en 2018[32]).

Non seulement la CSG finance aujourd'hui une large part de la protection sociale, mais son montant annuel dépasse celui de l'impôt sur le revenu (125 milliards contre 80 milliards en 2018).

Ses mérites sont désormais établis : son rendement est élevé, son recouvrement simple, son équité reconnue grâce à une assiette large. Pourtant, lors du débat parlementaire, les oppositions se sont additionnées pour y faire barrage. La droite dénonce la création d'un nouvel impôt – alors même que la CSG remplace une fraction des cotisations salariales –, quand le Parti communiste conteste son extension aux revenus de remplacement – alors même que les bénéficiaires du capital sont pour la première fois appelés à participer au financement de la Sécurité sociale.

32. Ses taux varient selon la nature des revenus : 9,2 % sur les revenus professionnels ; 8,3 % sur les retraites ; 9,9 % sur les revenus du capital ; 6,2 % sur les allocations de chômage ; 11,2 % sur les revenus des jeux.

Le 19 novembre 1990, le gouvernement Rocard engage sa responsabilité sur ce texte, une motion de censure est déposée par les groupes RPR et UDF. Celle-ci échoue à 5 voix près. Dans l'opinion publique, une confusion règne, entretenue par une propagande conjointe du patronat et de la CGT. Les Français redoutent une montée continue des prélèvements obligatoires ainsi qu'un changement de gouvernance de la Sécurité sociale assorti d'une dépossession des salariés à travers le démantèlement des caisses.

Comme toujours dans son histoire, la gauche (quand bien même fait-elle preuve de modernisation) est identifiée à l'impôt. Michel Rocard n'échappe pas à ce raccourci dépréciateur. Trente ans après, la CSG est une grande réforme. En son temps, l'innovation a été travestie en artifice coupable, la justice en manipulation sournoise, l'adoption du texte par la voie du 49-3 en félonie démocratique. Au gré des alternances – nombreuses depuis 1993 –, aucun gouvernement n'a remis en cause ce prélèvement. La droite en a augmenté le taux dès son retour aux affaires, et la gauche en a prolongé l'esprit en supprimant des cotisations salariales et en relevant la contribution des revenus du patrimoine au bénéfice des salariés[33]. Enfin, le gouvernement d'Édouard Philippe a augmenté la CSG pour financer l'assurance chômage.

En politique, le succès vient parfois tardivement, et la reconnaissance du bien-fondé d'une législature l'est souvent à titre posthume.

Le courage avec lequel Michel Rocard a mené cette réforme a été largement éclipsé par la difficulté de la faire adopter et par l'approfondissement des divisions à gauche, lesquelles s'élargissaient encore avec le néopacifisme qui gagnait certains esprits à mesure que, à l'extérieur, l'intervention contre

33. Ce furent les décisions du gouvernement de Lionel Jospin de 1997 et de 1998.

Saddam Hussein devenait inéluctable. Et c'est un gouvernement aussi affaibli que son Premier ministre qui allait devoir l'affronter.

Divorce au sommet

La guerre d'Irak prend fin en l'espace d'un mois à peine et ne manque pas d'auréoler le chef de l'État[34]. Saddam Hussein bat en retraite, la victoire des « coalisés » est aussi rapide que facile. Les différentes composantes de notre société, y compris dans les banlieues, ont traversé l'événement avec tranquillité.

Je sais par expérience que les faveurs de l'opinion dans les périodes de crise expriment des sentiments fragiles et marquent une adhésion qui tient davantage à la fonction qu'à la personnalité qui l'exerce. Mais l'attachement au chef des armées, sans se rompre brutalement, perd en intensité dès que l'opération militaire s'achève.

L'illusion peut durer et la confusion s'installer. Nul doute que François Mitterrand, au printemps 1990, se croit hors d'atteinte et donc autorisé à faire comme bon lui semble.

Les rapports au sein de l'exécutif dans la Ve République n'ont jamais été aussi simples et sereins qu'une lecture innocente de la Constitution pourrait le suggérer. Dès sa nomination par le chef de l'État, le Premier ministre – dont la légitimité tient également à la confiance qu'il reçoit de la majorité parlementaire – considère qu'il lui revient de « diriger l'action du gouvernement[35] ». Sans manquer à son devoir de loyauté, il coordonne le travail des ministres sur lesquels

34. 62 % de confiance dans le baromètre de la SOFRES du 1er mars ; 56 % de satisfaction pour son action dans les sondages IFOP du 23 mars.

35. Ce sont les termes de l'article 21 de la Constitution : « Le gouvernement détermine et conduit la politique de la Nation. Il dispose de l'administration et de la force armée. Il est responsable devant le Parlement. »

il a autorité et, de par sa présence régulière devant le Parlement, devient le chef de la majorité. S'il ne s'aventure pas dans le domaine réservé du président (la Défense et la politique étrangère), il dispose d'une grande latitude pour impulser le rythme des réformes et fixer l'agenda législatif.

Durant le premier septennat, Pierre Mauroy avait réussi, après de longues tractations et d'interminables gestations, à imposer sa ligne au moment de la « rigueur ». Laurent Fabius s'était construit une autonomie, revendiquant l'héritage de François Mitterrand tout en marquant sa différence au moins générationnelle à son endroit[36]. Avec Michel Rocard, qui l'avait défié par deux fois, François Mitterrand n'a jamais eu la moindre complicité. Mais il l'a, au moins dans la phase initiale, laissé faire. Enfin, il n'éprouve guère l'envie de mettre en œuvre lui-même un projet politique. Il préfère se consacrer à la gestion des crises internationales – chute de l'URSS, guerre en Irak –, qui l'ont absorbé. Mais la multiplication des conflits sociaux le sollicite derechef, puisqu'ils le mettent nécessairement en cause, car les Français ne font pas la distinction entre les deux têtes de l'exécutif. Les conséquences du congrès de Rennes, et le doute qui s'était installé quant aux intentions réelles de Michel Rocard, avaient fini d'indisposer François Mitterrand, qui reprochait de surcroît à son Premier ministre de ne pas trancher sur les sujets difficiles (notamment les comptes sociaux), comme pour se protéger.

Mais s'il ne supporte plus Michel Rocard, François Mitterrand ne sait pas par qui le remplacer. On ne redira jamais assez combien, dans la fonction présidentielle, l'acte de nomination est le plus essentiel. Une longue réflexion peut passer pour de l'hésitation, mais une soudaine précipitation peut

36. Laurent Fabius avait, le 5 septembre 1984, sur Antenne 2 (aujourd'hui France 2), lancé la fameuse formule : « Lui c'est lui, et moi c'est moi. »

déboucher sur une improvisation coûteuse. Bien plus tard, ses successeurs ont pu en faire l'expérience.

Une femme à Matignon

Plutôt que d'attendre l'été et de mesurer les effets du ralentissement économique provoqué par la guerre du Golfe, François Mitterrand désire faire preuve d'autorité et de novation. Il renvoie sans égards Michel Rocard, encore au faîte de sa popularité, et nomme Édith Cresson. Une femme pour la première fois Première ministre !

Le président veut surprendre. Il avait déjà choisi le chef de gouvernement le plus jeune de la Ve République. En ouvrant les portes de Matignon à une femme, il entend faire preuve d'audace et de modernité. Au-delà du symbole, il fait le choix d'une inflexion de la politique conduite depuis 1988. Édith Cresson, qui, selon ce qu'elle confiera plus tard, n'avait rien demandé et savait sûrement, sans en mesurer l'ampleur, l'âpreté de l'accueil qui l'attendait, incarne un volontarisme industriel qu'elle met en regard de l'accompagnement du marché de son prédécesseur ainsi qu'un moindre fétichisme à l'égard des grands équilibres dont son puissant ministre des Finances, Pierre Bérégovoy, célébrait le culte, et dont le périmètre était paradoxalement élargi. Cette contradiction va miner l'action du gouvernement jusqu'à la fin pour aboutir au remplacement de la première par le second.

Le départ de Michel Rocard correspond aussi à la fin de l'« ouverture ». Sept ministres, venus en cette qualité en 1988, quittent le gouvernement. Ils sont accompagnés par autant de proches de l'ancien Premier ministre, rétrécissant ainsi la base politique d'Édith Cresson, laquelle n'impose aucun de ses amis et se voit contestée par les « cadres » les plus anciens, dont certains sont ministres depuis 1981, ou presque.

Affaibli d'entrée, le gouvernement subit une éprouvante descente aux enfers, malgré une série de décisions courageuses : le doublement du nombre des formations en alternance est accueilli avec la réserve d'une gauche rétive bien à tort au développement de l'apprentissage[37] ; le plan de mobilisation pour l'emploi, lancé pour relier les besoins de main-d'œuvre des entreprises à la disponibilité des demandeurs d'emploi, suscite l'hostilité de sa majorité ; l'association des médecins à la maîtrise des dépenses de santé[38] est dénoncée comme une atteinte à leur liberté ; et la relocalisation de certains services de l'État et de bon nombre d'établissements publics, dont l'ENA à Strasbourg, est moquée par les élites[39].

Pour avoir moi-même engagé des réformes des administrations, j'ai pu observer alors la résistance non pas des fonctionnaires, mais des ministres eux-mêmes ainsi que de certains directeurs. Si les parlementaires se réjouissent de ces annonces, ils déplorent tout autant la lenteur de leur mise en œuvre. Le centralisme est fait d'une prétention irrévérencieuse à l'égard de la province et d'un conformisme dispendieux. Édith Cresson paiera cher cette témérité, qu'on taxera d'« incompétence ».

De la même façon, la Première ministre voit juste quand elle se propose de refonder la politique industrielle. Le déséquilibre de notre commerce extérieur trahit en effet un défaut de spécialisation que nos bons résultats en matière d'inflation ne sont alors pas en mesure de compenser[40]. Hélas, son gou-

---

37. 230 000 jeunes sont alors en apprentissage.

38. Des accords sont signés en décembre 1991 avec la plupart des professions de santé pour atteindre des objectifs chiffrés.

39. Plus de 10 000 agents publics seront ainsi concernés.

40. Il est désolant que, trente ans après, le constat sur l'état de notre industrie et de notre commerce extérieur n'ait pas profondément changé. Ce n'est pas tant un problème de compétitivité des prix qu'un manque de présence dans les secteurs les plus dynamiques du marché.

vernement ne dispose pas des outils et des moyens financiers pour accompagner les entreprises dans leurs efforts d'innovation. S'il peut se targuer d'avoir créé les écoles de la deuxième chance (plus d'une centaine de sites destinés aux jeunes sortis trop tôt du système éducatif) et d'avoir engagé un dialogue avec une partie du monde patronal, notamment les PME, pour simplifier les normes et modifier certaines règles fiscales, il n'aura pas le temps ni les ressources nécessaires pour mener une politique de l'offre.

Puisque toute l'attention d'Édith Cresson est concentrée sur le rétablissement des comptes publics, il lui est bientôt nécessaire de relever de près d'un point les cotisations maladie et d'augmenter le forfait hospitalier, ce qui ne peut être que mal reçu. Puis elle est contrainte de recourir à l'article 49-3 pour lever de nouvelles recettes fiscales, en augmentant certains taux de TVA et, parallèlement, de privatiser partiellement Elf Aquitaine et Bull, c'est-à-dire de contredire ce que François Mitterrand, dans sa *Lettre aux Français*, avait théorisé dans la formule du « ni-ni ».

Des textes importants sont adoptés à la fin de l'année 1991, comme la loi sur la Ville ou sur la gestion des déchets radioactifs, mais la mécanique parlementaire s'est enrayée, en raison d'une fronde de plus en plus explicite au sein du groupe socialiste à l'Assemblée. Les députés sont excédés par l'absence de cap, la désorganisation au sein de l'équipe gouvernementale, le peu de résultats sur l'emploi et certaines déclarations à l'emporte-pièce de la Première ministre. J'ai assisté moi-même, au sein du groupe parlementaire, à la détérioration de l'esprit de solidarité et aux attitudes, contraires à toute rationalité, des députés quand ils sentent leur corps électoral se détourner d'eux. Loin d'être convaincus de serrer les rangs, ils s'adonnent alors à toutes les surenchères. J'ai connu cette dérive durant ma présidence.

La perspective d'une cruelle défaite aux élections cantonales et régionales organisées en mars 1992 alimente les spéculations sur la brièveté de la durée de vie du gouvernement...

Les résultats dépassent par leur ampleur les pronostics les plus sombres. Avec une participation particulièrement élevée pour des scrutins locaux (plus de 70 %), non seulement le Parti socialiste perd plus de 11 points par rapport à 1986 (18,3 % contre 29,1 %), mais il est talonné par le Front national (14 % contre à peine 10 % en 1986), tandis que la droite s'assure du contrôle de 20 régions sur 22[41] et de 80 départements sur 100.

Secoués par cet échec, inquiets pour leur avenir, les dirigeants du Parti socialiste font d'Édith Cresson une victime expiatoire. Il faut sacrifier une pièce majeure, en l'occurrence une femme, pour pouvoir espérer continuer à jouer un jeu dont nul ne maîtrise plus les règles. Je me désole d'entendre au sein même du parti des remarques acerbes sur François Mitterrand. Elles ne relèvent pas encore, en cet instant, du sacrilège. Cela viendra plus tard. Pour l'heure, le président conserve l'initiative et le pouvoir de défaire ce qu'il a malencontreusement fabriqué : un gouvernement sans cohérence, doté d'une Première ministre convaincue du bien-fondé d'une politique incompatible avec celle de son ministre des Finances ébloui par la confiance que lui accordent les marchés, cela dans un contexte économique qui semble donner raison au second et condamner les tenants d'un tournant plus à gauche.

L'autorité s'est dissoute dans cette fermentation mortifère. Elle n'est ni à l'Élysée – où les questions internationales ont

41. La gauche ne conserve que le Limousin, la plus petite région de France, et le Nord-Pas-de-Calais, grâce à un accord passé avec les écologistes, lesquels, avec 8 sièges sur 113, réussissent à imposer aux socialistes de laisser la présidence à l'une de leurs élus, Marie-Christine Blandin.

depuis longtemps pris le dessus –, ni à Matignon – où rien n'est tenu. Pas davantage à l'Assemblée nationale, où le parti majoritaire n'est mû que par la crainte d'une défaite inexorable. Le Parti socialiste, dont Laurent Fabius, de guerre lasse, a obtenu la direction – briguée dès 1988 –, n'est plus que l'ombre de lui-même, un champ de bataille que la plupart des soldats ont préféré déserter. Il arrive des moments où les lucidités s'effacent, et où chacun, croyant pouvoir s'en sortir seul, poursuit son chemin sans comprendre qu'il ne mène nulle part. Nous y étions.

Le chemin de croix

La nomination attendue de Pierre Bérégovoy est vécue par la majorité comme un soulagement, quand bien même sa politique monétaire suscite des réserves grandissantes[42]. Le Parti socialiste serre enfin les rangs. Il n'a pas le choix. La composition de son équipe témoigne d'un phénomène paradoxal avec un élargissement et un rétrécissement également préoccupants. Je résume, à l'époque, le sentiment général en déclarant que l'entrée de Tapie au gouvernement et la sortie de Jospin constituaient d'une certaine façon un symbole : la tentation d'une aventure incertaine chassait une certaine idée du socialisme. Et si Pierre Bérégovoy a su, avec justesse, ordonner l'action de son gouvernement autour de la lutte contre trois fléaux – le chômage, l'insécurité, la corruption –, il a pris autant de risques. Il est rattrapé par la crise, le désordre et les affaires. À l'automne 1992, pour la première fois depuis 1975, l'économie entre en récession. La cause de la dépres-

42. Fils d'un immigré ukrainien et d'une Normande, tous deux petits commerçants à Rouen, Pierre Bérégovoy est ajusteur fraiseur de formation. Syndicaliste, il entre à la SFIO en 1956, puis la quitte sur la question algérienne pour adhérer au PSU et enfin rejoindre le nouveau Parti socialiste avec Alain Savary. Il sera le premier secrétaire général à l'Élysée de François Mitterrand.

sion a beau tenir à des facteurs extérieurs[43] – notamment le fléchissement de l'activité en Allemagne, et la sortie du Royaume-Uni et de l'Italie du système monétaire européen –, la France est doublement mise à mal. Elle subit le choc de la déflation et celui de la surévaluation de sa monnaie. Le seuil des 3 millions de chômeurs est franchi en novembre 1992.

Parallèlement, des mouvements sociaux particulièrement durs s'accumulent dès l'été : blocage des routes lors des départs en vacances par des camionneurs ulcérés par l'introduction du permis à points, reprise des manifestations paysannes à l'automne, alors même que la réforme de la politique agricole commune a répondu à une partie des revendications des syndicats agricoles.

Enfin, les « affaires », loin de s'éteindre ou de se dissiper, déferlent par vagues successives, sapant l'autorité de l'État. Le procès du sang contaminé ou du « sida par transfusion », qui s'ouvre en juin 1992, juge des faits remontant à sept ans plus tôt, c'est-à-dire à une époque où les incertitudes scientifiques étaient nombreuses et où les autorités de santé étaient livrées à elles-mêmes. Il se conclut par la condamnation à des peines significatives des responsables administratifs, et ouvre alors le processus de mise en cause des ministres. La droite, plutôt que de s'interroger sur les risques de judiciarisation de l'action politique, dépose une résolution tendant à renvoyer Laurent Fabius, Georgina Dufoix et Edmond Hervé devant la Haute Cour de justice[44]. La déclaration sincère mais maladroite de Georgina Dufoix de novembre 1991 (« responsable mais pas coupable ») est abusivement exploitée. Elle renvoyait à des déci-

43. À la fin 1991, la France était le seul pays de l'Union européenne à respecter les critères de convergence définis à Maastricht. L'inflation (moins de 3 %) était contenue, et le solde de la balance extérieure se réduisait jusqu'à être à l'équilibre au début de l'année 1992.

44. Ils seront jugés en 1999, soit quatorze ans après le « scandale » du sang contaminé, par la Cour de justice de la République.

sions prises dans un contexte où les informations auxquelles les ministres avaient accès étaient partielles et parfois même contradictoires. Ces arguties comptent peu devant la douleur des familles qui ont perdu un être cher et l'angoisse légitime des victimes. Celles-ci demandent des comptes, des aveux, des têtes. Après celles des médecins qui ont manqué de vigilance, les plus vindicatifs veulent couper celles des politiques qui ont paré au plus urgent sans pouvoir prévenir tous les risques. Un vent de complotisme se lève, entretenant les fantasmes les plus salissants et les plus invraisemblables. C'est vil, mais efficace.

À ces incriminations éprouvantes s'ajoute l'addition désolante d'inculpations de responsables politiques dans le cadre du financement de leur parti. Parce qu'il est au pouvoir, c'est le Parti socialiste qui acquitte le plus lourd tribut. La justice agit promptement et librement (même si le dessaisissement d'un juge a fait grand bruit) : des perquisitions ont lieu au siège même de la rue de Solférino, à quelques jours d'un congrès socialiste, et Henri Emmanuelli, le président de l'Assemblée nationale, est inculpé en septembre 1992 pour recel et complicité de trafic d'influence… six mois avant les élections législatives. Dans la majorité, beaucoup dénoncent une manœuvre[45].

Il faut raison garder et tâcher d'y voir la preuve d'un bien fort précieux : l'indépendance de la justice. Voici qu'elle rattrape, par son zèle, des décennies où elle avait été mise sous pression par le pouvoir politique.

Pierre Bérégovoy n'est pas épargné, lui non plus, par les suspicions. Le prêt qui lui avait été accordé par un ami du président[46] les attise. Pour le Premier ministre – qui avait fait

45. Vingt-cinq ans plus tard, la droite emploiera des mots comparables pour dénoncer la justice lors de la mise en examen de François Fillon en pleine campagne présidentielle.

46. Le Premier ministre avait déclaré le prêt de 1 million de francs (150 000 euros) à l'administration fiscale. Le doute portait sur la réalité de son remboursement.

de la probité l'un des axes de son discours d'investiture –, cette controverse sur son honnêteté l'afflige au point de le miner secrètement, tant sa réputation comme la modestie de son train de vie plaident pour lui. Ce coup vient s'ajouter aux critiques qui pleuvent dans son propre camp sur le bien-fondé de sa stratégie économique, conduite avec constance depuis 1988.

Autant peut-il s'attribuer les mérites d'avoir vaincu l'inflation comme d'avoir redressé la balance commerciale, devenue excédentaire en 1992, autant n'a-t-il pu échapper aux effets de la récession qui se traduit par une augmentation du chômage, bien au-delà des 10 % de la population active.

Son obstination à défendre la parité du franc et à l'aligner sur le mark, au moment où plusieurs de nos partenaires européens dévaluent leur monnaie, conduit la Banque de France à relever continûment les taux d'intérêt, ce qui déprime encore davantage l'activité. La rigidité avec laquelle la politique budgétaire est menée aboutit à contenir les dépenses publiques, et donc à amplifier le ralentissement, tandis que le déficit grossit à mesure que les recettes fiscales se rétractent avec la récession.

Sans adhérer moi-même à la stratégie du franc fort, je dois convenir que, même avec une correction monétaire – ce qui aurait été humiliant en fin de législature –, l'impact du ralentissement mondial aurait absorbé les maigres avantages provoqués par une dévaluation.

Quant à la gestion des finances publiques, si un relâchement avait été souhaitable, c'est en 1991 qu'il aurait fallu en décider pour mener une politique contracyclique face au retournement conjoncturel qui s'annonçait. En 1992, c'était non seulement trop tard, mais inutile, puisque le déficit se creusait de façon mécanique.

À l'Est tout est nouveau

François Mitterrand, qui vient de signer le traité de Maastricht, n'entend pas, dans ce contexte, abandonner l'objectif au cœur de son second mandat : l'Union européenne.

Le chef de l'État fait face à un événement historique : la disparition de l'Union soviétique. Tout au long de l'année 1990, ses républiques s'émancipent sans encore rompre. Le 12 juin 1991, Boris Eltsine est élu président de la Fédération de Russie et frappe le système au cœur en actant une forme d'indépendance. Le 19 août, à la veille de la signature d'un traité organisant une fédération de républiques, un coup d'État se produit, ourdi par la vieille garde soviétique. Gorbatchev est assigné à résidence surveillée en Crimée, et François Mitterrand, dans une intervention télévisée, donne le sentiment d'avaliser le putsch.

Une fois le coup déjoué, il est critiqué pour son incapacité à appréhender l'effondrement incroyable d'un régime épuisé. Donnant l'impression de préférer le *statu quo* à l'aventure, soucieux de rassurer une opinion abasourdie par l'accélération des événements, il sera accusé, au choix, de complaisance, de cécité ou, *a minima*, d'ambiguïté.

Mitterrand est sans doute mû, à ce moment-là, par l'idée que le processus se produira par secousses successives, à la manière d'un tremblement de terre. Il prête encore quelque force à un système soviétique en réalité déliquescent.

Le 19 août, le président adopte, à la télévision, une réaction prudente. Le sens de l'Histoire, estime-t-il, est celui de la démocratisation qui, « même interrompue, ne s'arrêtera pas ». Il exige aussi que « la vie et la liberté de Gorbatchev et d'Eltsine soient garanties ».

En réalité, cet homme d'État pétri d'histoire est convaincu qu'il faut aider l'URSS, quelle que soit l'identité de ses dirigeants, à réussir sa mutation. Il redoute autant le raidissement brutal que l'affaissement général. Il a accompagné Gorbatchev, et il se dit prêt – c'est son erreur – à poursuivre avec d'autres, en l'occurrence des militaires, s'ils vont dans la même direction. Il fera montre du même pragmatisme à l'égard de Boris Eltsine quand celui-ci prendra le pouvoir. Soutenir la Russie pour préserver les échanges économiques, éviter l'explosion et engager le démantèlement des armes nucléaires.

Cette position n'est pas conservatrice. Elle est protectrice. De nos intérêts, sûrement – mais c'était secondaire –, de l'équilibre du monde – quand George Bush considère que « la guerre froide gagnée, l'Amérique est désormais la seule puissance » et, surtout, de l'Europe, qui peut mettre à profit la situation au service d'une nouvelle architecture du continent. À condition de réussir la délicate transition qui s'ouvre.

Face au démantèlement de la Yougoslavie, son attitude est assez similaire. Lorsqu'une première guerre balkanique éclate fin 1991 entre la Slovénie et l'armée fédérale à majorité serbe, François Mitterrand, fin connaisseur des conflits qui avaient ensanglanté l'Europe centrale, penche plutôt pour le *statu quo*. Il veut croire que les Yougoslaves pourront trouver une solution alliant l'attachement à l'État fédéral et le respect des nationalités. Le chancelier Kohl, à l'inverse, encourage les sécessions croate et slovène. Celles-ci se produisent en juin 1991 et débouchent sur des affrontements armés[47]. La guerre se déplace alors sur le front bosniaque et durera trois ans, devenant le théâtre tragique d'une succession de crimes

47. Le premier dura dix jours et se conclut favorablement pour la Slovénie, qui obtint la scission revendiquée avec la Yougoslavie. Le second, plus meurtrier, entre la Croatie et la Serbie de Milošević se conclut sous les auspices de la Communauté européenne, en janvier 1992, avec l'indépendance de la Croatie et l'organisation d'un référendum en Bosnie-Herzégovine. La cité croate de Vukovar, à la frontière de la Serbie, fut bombardée pendant des mois et fut le théâtre, au moment de sa reddition, d'un grand massacre.

de guerre particulièrement atroces et d'une épuration ethnique abominable. François Mitterrand a un mot malheureux, au début de cette dislocation, en février 1992, lorsqu'il évoque des « tribus[48] », mais il pressentait les ravages que pouvait générer le retour de la guerre en Europe, après les stigmates laissés en 1945. Il n'avait pas tort. En huit ans, l'éclatement de l'ex-Yougoslavie va causer la mort de 123 000 personnes, parmi lesquelles de nombreux civils, et faire ressurgir sur le sol du continent une barbarie que l'on pensait éteinte pour toujours.

Les États-Unis, qui voient dans la fin de la Yougoslavie une nouvelle étape de l'anéantissement du communisme, activent les forces centrifuges. La Russie, alliée de la Serbie, est pour un temps réduite à l'impuissance, mais n'oubliera pas l'affront subi. Poutine sait y faire référence quand cela l'arrange.

Quant à l'Allemagne, elle joue, on l'a dit, la carte des indépendances, pensant trouver là de nouveaux alliés. François Mitterrand, vertement contesté pour sa supposée « serbophilie », fait le choix de rester solidaire de ses partenaires et de ne pas demeurer inerte face à l'abomination qui se produit sous les yeux du monde à Sarajevo.

C'est ainsi que, alerté par un message de détresse du président bosniaque Izetbegović, il se rend secrètement à Sarajevo assiégé par les Serbes. La nouvelle de son arrivée le 28 juin 1992 se répand dans toute la ville et suscite une intense émotion. En compagnie du leader bosniaque, il visite l'hôpital pour marquer sa compassion et son soutien aux victimes. Sur place, il déclare « croire en la force symbolique des actes et espérer saisir la conscience universelle pour venir au secours d'une population en danger ». Il entend placer son

48. « Combien d'ethnies, combien de tribus qui n'ont jamais été des nations, aspirent à une reconnaissance du droit international public sous la forme d'un État » (colloque du 28 février 1992 à Paris, « Les tribus de l'Europe »).

geste dans une perspective humanitaire en rappelant qu'il ne s'agit pas de « faire la guerre à qui que ce soit ».

Il a ainsi surpris ses alliés européens, toujours prompts à faire la leçon à la France et à s'en remettre aux États-Unis pour leurs opérations militaires. Il a montré que, si l'Europe construit un grand marché, elle ne deviendra une puissance que si elle dispose d'une défense. Cette leçon vaut encore aujourd'hui : la solidarité avec l'Ukraine n'a de portée que si elle se prolonge par un effort commun destiné à assurer notre propre sécurité et par une détermination à utiliser la force quand l'essentiel est en jeu. Avec lucidité, François Mitterrand nous a avertis que l'adhésion des peuples se construisait sur la conscience d'un destin commun plutôt que sur celle d'un marché unique et que « la guerre, ce n'est pas seulement notre passé, ce peut être notre avenir »[49].

Maastricht : la fin du franc

C'est dans ce contexte que fut signé, le 7 février 1992, le texte de Maastricht entre les ministres des Affaires étrangères et des Finances des 12 pays constituant alors la future Union européenne.

François Mitterrand est intimement persuadé que la force de notre économie comme le rayonnement de la France dépendent de la réussite de cette intégration. Il s'agit, selon ses propres mots, de l'« événement historique le plus important du dernier demi-siècle » et d'« un point d'ancrage irréversible pour préparer le suivant ». La monnaie unique ouvrait la voie à l'union politique, laquelle conduirait à terme à des actions militaires communes. Pour donner des gages à nos partenaires et notamment aux Allemands, cet Européen de culture et de conviction

49. Discours au Parlement européen du 17 janvier 1995.

avait accepté d'amplifier les efforts de convergence entre les économies à travers la définition des fameux critères que la France, au début de l'année 1992, était l'un des rares parmi les Douze à respecter, à savoir un déficit budgétaire n'excédant pas 3 % du PIB et une dette publique ne dépassant pas 60 % du même PIB.

Aussi François Mitterrand, en retenant ces paramètres, ne pense-t-il pas infliger à la France une quelconque cure d'austérité ou, encore moins, lui imposer une purge. Après les efforts entrepris par ses gouvernements depuis 1988, notre pays est en effet largement dans les clous. Mais il ne peut pas alors anticiper ce que la récession de 1992 va induire comme déséquilibres et, partant, ce que cette règle des 3 % va engendrer comme controverses, jusqu'à aujourd'hui, dans le débat public. Inscrite sur un coin de table, elle est devenue un totem politique. Symbole de la tutelle de Bruxelles pour les uns, modèle de bonne gestion pour les autres, sans réfléchir au sens qu'elle a au moment de Maastricht et à la logique sur laquelle elle repose. Que la France ne l'ait presque jamais respectée depuis trente ans ne change rien à l'affaire.

Pour accompagner ce processus, un protocole social est annexé au traité, et l'Union pouvait adopter des dispositions à la majorité qualifiée sur les conditions de travail, l'information et la consultation des travailleurs, l'égalité entre hommes et femmes et l'intégration des personnes exclues du marché du travail. L'objectif d'une politique étrangère et de sécurité commune était affiché, pouvant conduire à une défense commune. C'est bien l'idée de l'Europe « puissance » que François Mitterrand entend promouvoir : puissance commerciale, industrielle, et demain militaire. Une part de ce projet est illusoire. Bâtir un grand marché et doter l'ensemble d'une monnaie ne peut suffire à mobiliser les peuples, surtout quand ils affrontent le chômage de masse et découvrent l'intensité de la concurrence. Une autre part est naïve. L'intégration politique ne peut suivre mécaniquement la convergence économique, quand subsistent des écarts entre les systèmes fiscaux et les règles du droit du travail. Une part, enfin, est aveugle, alors que la mondialisation s'accélère et que la Chine en devient la grande bénéficiaire, tandis que les États-Unis gardent le privilège du dollar et le droit d'imposer leurs déficits au reste de la planète.

À l'intérieur, la ratification met au jour les divisions qui traversent alors le pays sur la question européenne. D'abord, à l'Assemblée nationale, la révision de la Constitution nécessaire pour faire adopter le traité donne lieu, le 5 mai 1992, à un débat dans lequel s'illustre Philippe Seguin, dont les arguments sur l'Europe des nations, sur la prépondérance allemande et sur le déficit démocratique de la nouvelle architecture convainquent près de la moitié de son groupe (le RPR) de voter contre, balayant les consignes de Jacques Chirac en faveur du traité. Ensuite, la décision, un mois plus tard, de François Mitterrand d'organiser un référendum alimente toutes les confusions et exacerbe toutes les divisions.

La droite se déchire aussi bien sur le texte que sur l'opportunité d'infliger un camouflet au président. La gauche n'est pas en reste. Si l'ensemble du PS tient bon et que des réserves ont pu être exprimées – notamment par Lionel Jospin, qui avait appelé à dire non au « non » dans l'espoir de rameuter utilement les sceptiques –, Jean-Pierre Chevènement et ses amis, une partie du mouvement écologiste, le Parti communiste et l'extrême gauche se dépensent sans compter et se démultiplient à mesure que, dans les sondages, le « oui » vacille. Quant au Front national, il fait ses gammes sur le refus d'une Europe allemande et d'une dissolution de la nation. La mollesse avec laquelle les dirigeants de l'opposition défendent le traité et l'impopularité qui frappe alors le PS laissent craindre le rejet. Il faut le courage de François Mitterrand – alors rongé par une maladie qu'il révèle enfin – et son indéniable force de conviction lors d'un débat avec Philippe Seguin à la télévision au début du mois de septembre pour transformer le doute de certains en appoint décisif.

Il est considérablement aidé, néanmoins, par des interventions plus fermes de Valéry Giscard d'Estaing et surtout de Jacques Chirac, qui me confiera que c'est en prenant cette position ferme en faveur du traité, au risque d'affronter des quolibets venant de son propre parti, qu'il construira la crédibilité de sa candidature deux ans plus tard.

Le 20 septembre, le « oui » l'emporte, mais de si peu (51 % contre 49 %, soit un écart de 540 000 voix), pour une participation exceptionnelle de plus de 70 %. L'Union européenne peut avancer, mais « deux France » se font désormais face : celle des grandes villes, des diplômés et des personnes âgées, et celle des ouvriers, des agriculteurs, des moins qualifiés et des chômeurs. Ces résultats anticipent les scrutins à venir. Le « non » l'emporte, en effet, lors du référendum de 2005, montrant ainsi l'élargissement d'un euroscepticisme qui comprend désormais les professions intermédiaires et une partie de la jeunesse.

L'inévitable sanction

À la veille des élections législatives de mars 1993, c'est paradoxalement la gauche qui sort encore plus affaiblie de la consultation référendaire. Certes, François Mitterrand a, par son engagement, été déterminant. Mais l'électorat populaire s'est un peu plus encore éloigné du Parti socialiste. Il le montre par un vote de punition.

Pierre Bérégovoy vit le martyre. Il est empoisonné par une affaire dont il ne parvient plus psychologiquement à supporter le poids et mène une campagne qu'il sait perdue d'avance, tandis qu'il voit les chiffres de l'économie, dont il était autrefois si fier, se dégrader de jour en jour. L'homme blessé doute de la confiance que François Mitterrand tarde à lui témoigner. Il s'enfonce, sans que nous le devinions, dans une nuit dont il ne sortira plus et s'enferme dans une culpabilité qui, si elle avait le moindre fondement, ne pouvait être que collective. Le 1er mai, il met fin à ses jours. Comme pour marquer sa fidélité à cette référence séculaire à gauche. Cette tragédie intervient un mois après la débâcle électorale : seuls 67 socialistes ont pu sauver leur siège, en compagnie de 24 communistes. L'Assemblée est la plus à droite depuis la Chambre bleu horizon élue en 1919, après la Première Guerre mondiale, et la même que celle sortie des urnes en juin 1968. Mais à y regarder de plus près, si le recul du PS et des diverses gauches est sévère (20 % des suffrages exprimés à comparer aux 37 % de 1988 et même aux 32 % de 1986), la droite n'a progressé que modérément (44 % contre 40,9 % en 1988) : elle fait moins bien qu'en 1986 (45 %), car le Front national a encore avancé (12,5 % des suffrages contre 9,8 % en 1988). C'est la mécanique du scrutin majoritaire qui, avec cruauté, a amplifié la sanction.

La législature s'achève dans une forme d'humiliation, tandis que je vis moi-même, en Corrèze, le reflux. Sur cette terre jusque-là si amicale, les regards fuyants m'avaient annoncé le ressac à venir. Je ne parviens pas à dénouer les rancunes qui s'accumulent, même à l'évocation d'un désastre imminent. Agiter l'épouvantail de la droite, dès lors que celle-ci est l'instrument de la vengeance, ne sert à rien quand l'opinion est à ce point contraire. Les Français entendent majoritairement chasser une gauche usée et divisée. Les plus aimables espèrent que ce renvoi brutal sera propice à des remises en cause et à un changement de génération. Les électeurs nous donnent une gifle pour nous offrir du temps. De ce point de vue, ce n'était pas mal viser, puisque, quatre ans plus tard, la gauche revenait au pouvoir avec Lionel Jospin.

Elle peut d'autant plus vite retrouver des couleurs qu'une fois la machine médiatique rassasiée et la fabrication des ressentiments clôturée son bilan au pouvoir est réévalué par la « faveur » de la comparaison qui s'établit chaque jour davantage avec l'action des gouvernements – Balladur puis Juppé – qui lui succèdent.

Ses efforts de bonne gestion, ses réformes sociales et la priorité accordée à l'éducation sont alors reconsidérés.

À la recherche du socialisme perdu

Reste le reproche principal : où était passé le socialisme dans son second septennat ? Dès l'origine avec la France unie, il a été mis sous le boisseau. Pour François Mitterrand, ce changement de cap était la clé de sa réélection. Mai 1988 ne pouvait être un mai 1981 *bis*. Les temps avaient changé. La réalité s'était imposée, l'audace s'était érodée. Pour gagner, il avait fait un mouvement vers le centre sans faire alliance avec lui. Électoralement, la stratégie était payante. Politiquement, à la longue, elle se révélait perdante. L'ouverture sans projet était un élargissement sans frontières. Nul ne s'y retrouvait. La sensation était que le pouvoir cherchait à durer, et non plus à transformer.

À cette forme d'inertie présidentielle s'ajoutait la prudence de Michel Rocard, qui innovait brillamment par sa méthode mais préparait davantage une candidature, qui ne vint jamais, qu'il n'exerçait un pouvoir qui, certes, lui, était mesuré. Il n'avait pas les mains libres : l'une tenue par un président hostile, l'autre par un parti méfiant. L'homme ingénieux qui symbolisait la réforme semblait, au fil des mois, se muer en tacticien frileux. Aussi, ce fut finalement Pierre Bérégovoy qui fixa l'orientation principale des gouvernements successifs : après la libéralisation des marchés durant le premier mandat (1984-1986), il fit le choix du marché unique européen pour activer la concurrence et accélérer la modernisation du pays, et le pari du franc fort afin d'ouvrir un cycle vertueux à l'allemande. Ce pari semblait presque gagné lorsque la récession mondiale le réduisit à néant : les déficits se creusaient, le chômage se propageait, le commerce extérieur se détériorait. Le socialisme, réduit à ses acquis, pouvait au mieux protéger les plus fragiles (notamment avec le RMI), et augmenter les budgets de l'École et des universités.

C'était trop pour une droite qui appelait à une remise en cause du pacte social. C'était trop peu pour une gauche qui n'évaluait pas bien le choc provoqué par l'effondrement de l'Union soviétique et l'entrée dans la mondialisation.

Au moment où il lui était demandé de réviser sa doctrine, de revisiter ses outils et, surtout, de repenser son rapport à l'économie de marché, le Parti socialiste procéda, en décembre 1991, lors de son congrès de l'Arche, à une simple modification de sa déclaration de principes, sans faire clairement le choix de la social-démocratie et sans anticiper sur l'enjeu climatique. Il restait confiné dans un vocabulaire défraîchi et dans une posture immuable, alors que la relance de l'Union européenne exigeait un rapprochement assumé avec ses partenaires sociaux-démocrates, et que les enjeux environnementaux l'appelaient à ouvrir les bras aux écologistes, qui s'affirmaient électoralement tandis que le communisme s'effondrait (sans que le PCF en tirât les leçons pour lui-même).

Michel Rocard, au début de l'année 1993, dans un discours prononcé à Montlouis-sur-Loire, proposa bien un « big bang » de la gauche et sa reconfiguration. Il appelait à un élargissement de sa base électorale pour couvrir un espace allant des communistes lucides jusqu'aux centristes éclairés, en passant par les écologistes réalistes. Cette proposition tourna vite court, dès lors que l'état délétère du PS le rendait peu attrayant aux yeux de ses partenaires putatifs. Dans la lignée de Pierre Mendès France, le réformateur est souvent un solitaire. Or on ne gagne jamais seul.

François Mitterrand s'était irrité devant moi du coup d'éclat de son ancien Premier ministre et s'était autant moqué des rebuffades que cette initiative avait suscitées que du bon accueil que la presse lui avait réservé. L'ancien premier secrétaire en revenait aux fondamentaux de l'Union de la gauche, ironisant sur le retour de la Troisième Force et du MRP.

François Mitterrand s'était délié de son propre parti, comme celui-ci s'était peu à peu détaché de lui. Il avait la certitude d'entrer dans la grande Histoire quand la formation qu'il avait refondée se noyait dans ses petites histoires. Là fut le malentendu. François Mitterrand avait pensé donner, par sa réélection en 1988, une nouvelle chance aux socialistes, tout en renonçant au socialisme de 1981. Il avait estimé avoir fait son devoir par rapport à ses propres amis. Il considérait qu'il leur appartenait dorénavant de sceller leur propre destin.

Le premier président socialiste de la Ve République, lui-même épuisé par la maladie, était gagné par une forme de fatalisme. Il s'interrogeait sur la possibilité de réformer un pays aussi contradictoire et fragmenté que la France. Comment concilier l'aspiration inépuisable à l'égalité et la défiance croissante à l'encontre de l'État ? Comment conjurer l'irritation de plus en plus explicite des citoyens face à l'impôt et leur demande de protection face à l'accumulation des crises ? Comment préserver l'État de droit et les libertés face aux exigences de sécurité ? Et comment maîtriser l'immigration sans manquer à nos devoirs d'accueil ? C'étaient ces interrogations qui l'avaient conduit à parler imprudemment de « seuil de tolérance » et à conclure que notre pays n'était pas mûr pour accorder le droit de vote aux étrangers lors des élections locales.

Quant au chômage, il avait lui-même concédé que, dans cette lutte contre ce fléau, « on avait tout essayé ». Cette phrase lâchée au détour d'un entretien avec la presse le 14 juillet 1993 sonnait comme un aveu d'échec et, à tout le moins, comme une forme de résignation. Il estimait que toutes les recettes – l'économique comme la sociale – avaient fait long feu, et qu'il fallait donc changer de méthode en ouvrant le débat sur la réduction du temps de travail. Même si « la France ne pouvait pas se lancer seule dans cette aventure ».

Lionel Jospin eut à cœur de reprendre cet engagement à un moment où la conjoncture économique avait, il est vrai, profondément changé par rapport à l'ambiance de récession qui fut celle de la fin du mandat de François Mitterrand.

Prendre l'avenir à témoin

Le deuxième septennat s'achevait douloureusement. La déroute électorale de son parti avait été suivie par une nouvelle cohabitation. Le suicide de Pierre Bérégovoy, qu'il n'avait pas su protéger des « chiens », l'avait profondément affecté. Enfin, l'éloignement des « fidèles » lors de la révélation de ses liens avec Bousquet le blessa. Mais François Mitterrand tint bon. Ce qui me paraissait le plus remarquable chez lui était sa capacité à encaisser les coups. Alors que tout semblait l'accabler et que sa santé l'abandonnait, il se battait, il résistait, il montait au front. L'expérience qu'il avait acquise sa vie durant, les défaites qu'il avait surmontées, qui avaient été nombreuses sous la IVe République comme au début de la Ve. Les affres dans lesquelles il était tombé, les pièges dont, par son obstination, sa vaillance et parfois les circonstances, il avait été capable de sortir. L'impopularité dont il avait été l'objet, la détestation qu'il inspirait chez certains, et pas seulement à droite, et même la haine qu'il lisait dans certains regards, de tout ce lot de situations imprévisibles, inédites ou exceptionnelles, il avait extirpé un principe de vie. En dessous du masque de l'indifférence se cachait un visage dont les traits révélaient une absolue confiance en son destin. Je n'ai jamais pensé que rien ne l'atteignait. J'ai connu d'expérience ce que représentait la violence des attaques quand elles sont personnelles ou intimes, je n'ai jamais imaginé non plus qu'il en ignorait le coût pour lui-même, pour sa famille, pour ses amis. Les cicatrices intérieures ne se referment jamais. Dans le combat politique, qui pouvait être féroce, il puisait une énergie dans ce qu'il avait subi comme dans ce qu'il avait conquis. Conscient du rôle qu'il avait joué et de la fin qui approchait, il avait décidé de sculpter lui-même son portrait, d'où l'attention qu'il portait à des gestes, des attitudes, des traces, des mots, des confidences, des lettres, pour construire un récit, celui d'un personnage hors norme. Ce pourfendeur de la Vᵉ République restera comme l'homme l'ayant présidée le plus longtemps.

Jeune provincial, plutôt marqué à droite, qui, l'âge venant, aura ressuscité la gauche au point de la porter au pouvoir. Briandiste, il avait, au lendemain de la guerre, rêvé à une Europe de paix. Il pensait l'avoir réalisée au terme de sa présidence.

Car l'Europe, on ne le dira jamais assez, fut son projet politique le plus constant. Le socialisme était pour lui le moyen de le servir. Il eût voulu lui donner plus de traductions concrètes pour être à la hauteur de l'espérance qu'il avait levée, mais à défaut de pouvoir aller aussi loin dans la redistribution du pouvoir et de la richesse qu'il l'aurait souhaité, il mit dans la réunification du continent l'engagement et la force qui lui restaient.

C'est là l'œuvre dont il se sentait à bon droit le plus fier. Rester dans les livres d'histoire. Pas seulement comme un responsable politique dont l'habileté, l'abnégation, l'intelligence et les incomparables savoir-faire et savoir-dire lui auront permis d'accéder aux plus hautes fonctions. Pas simplement comme un dirigeant qui, pour être venu tard au socialisme, en avait épousé les traditions, les rites, les subtilités, les controverses et les idéaux, et qui s'était donné à un travail militant dont il n'imaginait pas lui-même être capable, tant il exige de sacrifices, de déplacements et de temps, au détriment d'une vie personnelle qu'il a toujours cherché à préserver.

Pas uniquement comme un chef d'État dont la vision, l'autorité et la culture aimantaient le regard au-delà des sensibilités et des frontières. Non, comme un homme d'État accomplissant sa plus grande mission au service de la France en la plaçant au cœur d'une Europe réunie. Tel devait être son héritage.

Il en exprima la vérité lors du discours qu'il prononça devant le Parlement européen à Strasbourg le 17 janvier 1995, en présentant le programme de la présidence française de l'Union. Après avoir plaidé pour un élargissement maîtrisé, pour une union économique et monétaire qui tôt ou tard déboucherait sur une monnaie unique, après avoir appelé à l'Europe sociale et évoqué son identité culturelle sans oublier l'enjeu de la défense commune, il alla vers ce qui était le plus important. Il livra cette confession : « Les hasards de la vie avaient voulu que je naisse pendant la Première Guerre mondiale et que je fasse la Seconde. J'avais vécu dans l'ambiance des familles qui pleuraient des morts. » Alors, s'adressant aux parlementaires, il termina son discours par cet avertissement : « Ce que je viens demander est presque impossible, car il faut vaincre notre histoire. Et pourtant, si on ne la vainc pas, il faut savoir qu'une règle s'imposera : le nationalisme, c'est la guerre ! Car la guerre, ce n'est pas seulement le passé, cela peut être notre avenir. Et c'est vous qui êtes désormais les gardiens de notre paix, de notre sécurité et de notre avenir. »

Sur l'instant, je n'avais pas perçu le caractère prémonitoire de ce discours en forme de testament. Le continent était certes ensanglanté par les massacres de Bosnie, mais la « poudrière des Balkans », cette fois-ci, n'avait produit aucun engrenage fatal. Les conflits semblaient s'être dissous avec la réunification et la prospérité que le marché unique était supposé annoncer.

La Russie semblait repliée sur ses frontières et ses problèmes, la démocratie s'étendait à mesure que l'Europe s'élargissait, les extrêmes droites étaient des résidus du passé et n'occupaient électoralement que des marges. La Turquie revendiquait son adhésion à l'Union. La Chine, au loin, prenait toute sa place dans la mondialisation. Bref, les feux étaient éteints.

Or François Mitterrand avait raison, les braises de la haine, de la domination et de l'exclusion chauffaient encore.

Ainsi, la guerre, vingt-cinq ans plus tard, est revenue dans l'est du continent européen, et les forces de repli, de rejet et de fermeture sont au cœur de nos vies politiques. L'impensable est devenu possible, l'inimaginable probable et l'intolérable… présentable ! François Mitterrand, conscient de l'imminence de sa propre fin, entendait transmettre à ceux qui resteraient après lui une leçon de vie.

Il y avait, durant cette « année des adieux », selon les justes mots de Laure Adler, une part de retour sur lui-même et sur l'aventure qui avait été la sienne. Il y avait surtout la volonté que celle-ci ne s'achevât pas avec lui. Je m'interrogeais alors sur la signification de son effacement. Était-ce la fin d'un mandat exceptionnellement long ou la fin d'un cycle ? Emportait-il la gauche française avec lui ou la libérait-il de sa tutelle pour l'installer durablement ?

Le testament prophétique

Le 17 mai 1995, à l'Élysée, quelques instants après qu'il eut transmis ses pouvoirs à Jacques Chirac, il délivra, comme pour me répondre, son dernier discours au siège du Parti socialiste, rue de Solférino.

Il le fit avec d'autant plus de soulagement que Lionel Jospin, alors que tout semblait perdu après le renoncement de

Jacques Delors, avait réussi à se hisser au second tour, en réalisant un score encourageant pour la suite.

Je suis parmi les privilégiés qui se pressent dans cette petite cour où se retrouvent la génération qui avait fêté, quatorze ans plus tôt, à cet endroit même, sa victoire, et la nouvelle qui l'a rejointe et qui a contribué au renouvellement des équipes.

Dans cette petite foule, l'émotion, la tristesse de la séparation se mêlent au bonheur de partager un ultime instant avec l'homme qui nous a tous fait rêver, quelles que fussent nos déceptions ultérieures, et qui a transformé la France, quelles que fussent les difficultés rencontrées.

Il est là, devant nous, sa fragilité force l'écoute autant que le respect. Sa langue, parfaite, limpide, chaude, étourdit l'auditoire. Je ne sais ce qui relève de l'improvisation. Il n'a pas de support écrit et, pourtant, le soin avec lequel il a préparé cette ultime adresse ne fait aucun doute. Comme d'autres, je ne veux pas en perdre un mot, avec la pensée insensée qu'en s'adressant à tous il ne parle qu'à moi. Il nous jauge bien plus qu'il ne nous juge, il cherche à savoir lequel lui succédera, et quand. D'abord, il observe les hommes juchés sur l'estrade : Lionel Jospin, Laurent Fabius, Henri Emmanuelli. Lequel a vocation à prendre sa suite ? Ensuite, parmi les visages qu'il ne reconnaît qu'à peine, qui sera le prochain ?

Il entend nous convaincre qu'il ne restera pas le seul président socialiste de la Ve République et que son parti sera nécessairement appelé à revenir au pouvoir plus vite que nous ne le pensons. Il ne faudra d'ailleurs pas plus de deux ans pour que Lionel Jospin lui donne raison en entrant à Matignon.

Son message va au-delà des personnes réunies autour de lui ce jour-là. C'est l'exaltation d'une action, l'espérance « d'avoir réussi l'alternance, d'avoir géré la France correctement, d'avoir imposé quelques idées nouvelles et d'avoir modifié des lois importantes ». C'est surtout un appel à faire vivre le Parti socialiste, la force qu'il avait refondée, la force dont le devoir est de représenter l'alternance. C'est moins une prémonition qu'une admonestation. « Vous êtes appelés, après moi, dans les temps qui viennent, et surtout les plus jeunes, à devoir vous considérer comme un parti d'opposition, lorsque c'est nécessaire, et un parti de gouvernement lorsqu'il le faut aussi. »

Il termine par ces mots : « On ne peut pas limiter la vie d'une organisation à la vie, au travail d'un homme, et même à sa tâche réussie, moins réussie, peu importe, chacun le dira, vous êtes beaucoup plus que cela. » Ce qui compte pour lui, à cette heure, c'est de rappeler que la solidité d'un parti tient à sa base militante et que, « si les tourmentes à la tête parfois font courber les cimes des arbres, à la base c'est solide, parce qu'on y croit et parce qu'on se dévoue ».

Le parti, toujours le parti, telle est la condition de la poursuite de l'épopée et surtout de la perspective de nouvelles victoires. C'est pour avoir oublié cette clé de compréhension de la politique et égaré cette boussole que le Parti socialiste s'est un temps perdu avant de se réveiller brutalement.

En 1995, il est néanmoins, malgré les déboires, les déconvenues et les défaites, toujours vivant, et Lionel Jospin a, mieux qu'aucun autre, entendu cette leçon. Trois mois plus tard, ce dernier redevient premier secrétaire du Parti socialiste.

9

1997
Lionel Jospin, ou le succès empêché

La prédiction de François Mitterrand, énoncée au terme de son mandat et selon laquelle les socialistes, s'ils savaient conjuguer leur culture d'opposition avec celle de gouvernement, reviendraient rapidement au pouvoir, tenait davantage de l'acte de foi que de la prophétie.

Après deux septennats accomplis par un président socialiste, le pays semble aspirer à une nouvelle ère faite de bonhomie – celle dont Jacques Chirac avait justement fait montre durant sa campagne –, d'harmonie – autour de la lutte contre la fracture sociale et de réformes dont beaucoup peinaient à préciser les contours en raison du flou qui les entourait.

Si la gauche, grâce à la performance inattendue de Lionel Jospin à l'élection présidentielle du printemps 1995, a plus que sauvé l'honneur, la droite a gagné dans l'ambiguïté et dans la division. Elle s'est déchirée, jusqu'à rejeter sèchement les perdants du premier tour. Jacques Chirac l'emporte sur une promesse fallacieuse – « La France pour tous » – tirée par un attelage contradictoire, associant le libéral Alain Madelin au souverainiste Philippe Seguin.

Fraîchement nommé Premier ministre, Alain Juppé se voit chargé de résoudre cette équation impossible. Pour ce faire, il s'inscrit finalement dans la continuité d'Édouard Balladur, mais en enfilant des bottes plutôt qu'en chaussant des vernis. Le plan qu'il présente à l'automne à l'Assemblée nationale pour redresser les comptes de la Sécurité sociale suscite l'adhésion enthousiaste de son écrasante majorité, mais déclenche un mouvement social puissant (malgré les divisions syndicales[1]) qui paralysera le pays jusqu'à la fin de l'année 1995.

Fort de son résultat à la présidentielle, Lionel Jospin décide, après une courte réflexion, de reprendre la direction du Parti socialiste. Il constitue une équipe qui possède le double mérite de réunir les différentes sensibilités – y compris celle qui avait soutenu Henri Emmanuelli dans la primaire interne[2] – et d'assurer la montée d'une nouvelle génération, préfigurant de la sorte la composition du gouvernement qu'il allait constituer deux ans plus tard.

Je mesure, à l'époque, l'effort qu'il consent. Il reprend les rênes du parti sept ans après les avoir lâchées. Il s'agit, je le sais, du temps nécessaire pour rebâtir une organisation capable de revenir aux responsabilités et qui s'était épuisée dans des querelles internes. Face à une mobilisation sociale de l'ampleur de celle de l'hiver 1995, l'attitude du Parti socialiste ne peut être un suivisme, qui l'aurait mis à la remorque d'appareils syndicaux dont le seul mot d'ordre était le retrait du plan Juppé. Elle ne pouvait pas non plus venir au secours d'un gouvernement qui n'avait rien fait pour nouer un compromis et qui s'obstinait à ne rien céder tandis que le sol se dérobait sous ses pas.

Les socialistes marquent donc une opposition ferme, mais veillent à ne pas rompre avec la CFDT ni avec la partie du mouvement intellectuel qui s'est détournée de la radicalité exprimée par les amis de Pierre Bourdieu. Ces derniers, en

1. La CFDT ne s'associe pas aux grèves, et sa secrétaire confédérale, Nicole Notat, est même brutalement interpellée durant une manifestation.

2. Lionel Jospin l'avait emporté avec 65 % des voix des adhérents du PS.

effet, appuient les ultras du mouvement dans la perspective qu'une gauche sociale ardente se détache d'une gauche politique qu'ils fustigent comme mollassonne[3], au prétexte que celle-ci s'était flétrie en gouvernant. Ils posaient les premières pierres de la France insoumise. Cette division entre gauche de rupture et gauche de responsabilité est bien une constante dans l'histoire du socialisme en France.

En quête d'un programme réaliste…

L'année 1996 s'ouvre avec le décès de François Mitterrand, le 8 janvier. Sans lui, rien n'aurait été possible, et avec lui, tout, même le plus improbable, a été entrepris, à la mesure des circonstances et de sa grande liberté.

Les socialistes qui s'étaient séparés de lui, certains depuis longtemps, avec sincérité, d'autres plus récemment, avec moins de courage, rejoignent alors les dévoués et les dévots qui, abattus par le deuil, ont de la peine à imaginer pouvoir continuer sans lui.

Lui qui n'était pas parvenu à désigner un successeur disparaît quand Lionel Jospin s'impose au moment où la gauche, assommée depuis la débâcle de 1993, retrouve non pas tous ses esprits, mais de l'envie, et même une certaine espérance. La gauche n'a pas besoin de rompre avec son passé pour ressusciter. Ni de brûler celui qui l'a conduite jusqu'au sommet de l'État. Pas davantage de tomber dans une nostalgie déprimante ou dans un culte suranné.

L'hommage rendu par Jacques Chirac à François Mitterrand le consacre et, si je puis dire, le « nationalise ». « Le président » appartient désormais au pays tout entier.

3. Ils étaient tentés de constituer une force en dehors des appareils politiques, capable d'arracher par la contestation ou la rue ce que les alternances ne pouvaient plus obtenir.

Pendant que le gouvernement d'Alain Juppé reprend pied dans l'opinion sans retrouver ses couleurs, Lionel Jospin se lance dans un exercice destiné à fixer les grandes lignes d'un futur programme de gouvernement.

Sur l'Europe, il n'est pas question de revenir sur le traité de Maastricht, négocié et ratifié par référendum en 1992. Telle est pourtant la demande des amis de Jean-Luc Mélenchon, alors encore au Parti socialiste, mais déjà sur la ligne des Insoumis. Lionel Jospin ne cède point, affirmant que l'Europe est notre héritage, un courant dont ils ne peuvent s'extraire. Il explique que, s'il est animé par le désir de rendre ce courant plus navigable, « nous commettrions une faute grave si nous changions de lit. Nous risquerions, à ce compte, de nous retrouver à sec ».

L'autre chantier porte sur le travail et l'emploi. Sur ce sujet encore, les amis de Jean-Luc Mélenchon font monter les enchères. Ils demandent un droit de veto des conseils d'entreprise sur les plans sociaux et prônent le rétablissement de l'autorisation administrative pour les licenciements, supprimée par la droite en 1986. L'amélioration de la situation de l'emploi durant la législation empêche le retour d'une procédure dont la lourdeur n'avait d'égale que son inefficience. Mais cette réflexion collective n'est pas vaine. Elle fait retenir, à l'initiative de Dominique Strauss-Kahn, l'objectif des 35 heures et la création de 700 000 emplois-jeunes (la moitié par l'État et les collectivités locales, l'autre par le secteur privé). Pourtant longtemps opposée à cette idée, Martine Aubry se chargera de la mettre en œuvre avec opiniâtreté au gouvernement[4]. Néanmoins, hormis cette audace, le programme retenu est nettement d'inspiration sociale-démocrate. Lionel Jospin résume sa démarche ainsi : « Je préfère affronter des impa-

4. Je n'ai jamais su si sa réserve portait sur le fond ou sur l'auteur de la proposition.

tiences que provoquer des regrets[5]. » Rétrospectivement, je ne sais si les premières ne sont pas plus pernicieuses, alors que les seconds, s'ils ne se confondent pas avec les remords, donnent des arguments pour revendiquer une nouvelle chance.

Enfin, Lionel Jospin veut mettre au clair les thèmes régaliens, en particulier l'immigration. Il ne souhaite pas s'arrêter au seul slogan de l'abrogation des lois Pasqua[6], mais entend élaborer une nouvelle législation – « tout à la fois rigoureuse dans la maîtrise de l'accueil des étrangers et la protection des droits fondamentaux » – qui suppose le rétablissement du droit du sol, la régularisation sur critères des sans-papiers et le respect des engagements internationaux sur l'asile et le regroupement familial.

Vingt-cinq ans après, les termes du débat n'ont guère changé. Mais les socialistes, à cet instant, font preuve de clairvoyance, ce qui représentait une évolution politique significative par rapport à 1981 et même à 1988. Ils prenaient en compte la réalité de l'insécurité et de l'impact des phénomènes migratoires sur la société. C'est en effet la première condition pour gouverner.

L'invention de la « gauche plurielle »

Pensant prendre de court la gauche et se constituer une majorité jusqu'au terme de son mandat, Jacques Chirac décide d'accélérer brusquement le calendrier.

Lorsque la rumeur d'une possible dissolution de l'Assemblée nationale se propage, Lionel Jospin lui-même a du mal à y

5. Extrait de la déclaration de Lionel Jospin au sujet de la loi immigration dans un reportage pour le journal de 20 heures de France 2, le 26 août 1997 ; www.ina.fr/ina-eclaire-actu/video/cab97124940/reactions-au-projet-de-loi-immigration

6. Lois adoptées en 1986 (gouvernement Chirac II) et 1993 (gouvernement Balladur), vouées à réguler sévèrement l'immigration.

croire. Non qu'il redoute la confrontation précoce, mais parce qu'il cherche des explications rationnelles. Il ne peut, en effet, adhérer à l'idée qu'il s'agit d'un stratagème tant tout, du côté de la droite, paraît improvisé : l'annonce par le président, le programme sur lequel il saisit les Français, et même le nom du Premier ministre en cas de reconduction de la majorité sortante.

Le pouvoir, en place depuis à peine deux ans, paraît comme épuisé. Il semble impuissant et incapable d'affronter les difficultés économiques qui s'annoncent. La leçon se confirme : la gauche ne gagne que lorsque la droite ne peut plus avancer.

En 1997, elle est à l'arrêt. Les socialistes, loin d'être décontenancés par le chamboulement des échéances, redoublent d'ardeur. Nullement parce qu'ils pressentent la victoire – elle semble encore inaccessible au regard de l'ampleur de la majorité sortante –, mais parce qu'ils n'ont rien à perdre.

Une forme d'euphorie nous envahit tous : notre plate-forme est simple, notre leader est reconnu et respecté et notre union, façon gauche plurielle, offre l'attrait de la nouveauté. Nous aspirons à un pouvoir inventif et rassembleur. Un peu partout, le centre gauche a le vent en poupe. Au Royaume-Uni, Tony Blair a ouvert une troisième voie. Aux États-Unis, Bill Clinton donne des couleurs sociales aux démocrates. La social-démocratie séduit, tant et si bien qu'en 1998 dix États sur les quinze de l'Union européenne seront gouvernés par des partis s'en réclamant.

Esquissée au premier tour, la majorité est acquise au second. En voix (48,28 % pour la gauche, contre 46,82 % pour la droite) et en sièges (318 contre 259). Tout va alors très vite. Jacques Chirac appelle le lendemain, sans barguigner, Lionel Jospin, lequel ne pose pas d'autres conditions que celle du respect des institutions. Il arrive à Matignon « animé par le sentiment de responsabilité et, [...] notamment grâce à l'expérience acquise sous François Mitterrand, préparé à l'exercice du pouvoir, sans être obsédé ni fasciné par lui[7] ».

Le 4 juin, il constitue un gouvernement qui surprend par sa taille (à peine plus de 25 ministres), par sa composition (la nouvelle génération s'impose), par sa pluralité (les communistes reviennent au pouvoir, les Verts y accèdent pour la première fois), et Jean-Pierre Chevènement est de retour.

Réélu député en Corrèze, je m'interroge sur la place que j'entends prendre dans ce nouveau dispositif. Je n'ai que peu de temps pour y réfléchir. Dès sa nomination, Lionel Jospin me propose de prendre la direction du Parti socialiste. Il n'entend pas cumuler sa nouvelle mission avec un mandat partisan. Son intention n'est pas de s'éloigner de sa formation politique, mais il veut, dans une cohabitation dont nul ne connaît le terme, se consacrer entièrement à sa tâche de Premier ministre.

Sa proposition me surprend, car je ne figure pas parmi ses intimes. D'autres, plus impliqués que moi dans l'histoire du parti, nourrissent l'espoir de lui succéder. Mais, sans doute parce que je me suis tenu à l'écart des batailles qui ont nui au PS toutes ces années[8], je lui semble pouvoir incarner, dans une période incertaine et fragile, une autorité apaisante pour un parti toujours prompt à la surenchère. Je mesure d'autant mieux la confiance qu'il me témoigne qu'il a lui-même incarné ce rôle durant le premier septennat de François Mitterrand, et en a ainsi évalué l'importance.

En acceptant cette proposition, je n'imagine pas la longueur du bail que je souscris, puisque je vais rester plus de dix ans à la tête du Parti socialiste. Sans jamais le regretter. Lionel

7. https://www.radiofrance.fr/franceculture/podcasts/avec-philosophie/l-epreuve-de-l-exercice-du-pouvoir-7405029

8. En 1985, j'avais créé, avec Jean-Yves Le Drian, et autour de Jacques Delors, un groupe de réflexion (les « transcourants ») qui visait à redéfinir la doctrine socialiste confrontée à la réalité, et à dépasser les querelles au sein du PS.

Jospin veille à m'associer à toutes les grandes décisions de la législature, et à me consulter sur les sujets les plus sensibles, non pas simplement pour recueillir mon avis, mais pour respecter le parti majoritaire. C'est une conception qui ne tient pas à un régime parlementaire ou présidentiel, mais à une idée de la démocratie représentative. Le pouvoir procède d'une légitimité, celle du peuple souverain, lequel a besoin d'intermédiaires, en l'occurrence de formations politiques, pour traduire ses aspirations.

C'est sur cette base fondée sur la confiance et la solidarité que nous établissons un mode de travail qui ne connaîtra aucun relâchement pendant cinq ans. Toute décision majeure du gouvernement est précédée d'une discussion avec les présidents de groupes parlementaires et avec le premier secrétaire, mais elle n'est pas partagée, au sens où elle est prise par le seul Premier ministre et assumée comme telle par lui devant l'Assemblée nationale. Il s'agira de la seule expérience d'un régime parlementaire aussi long sous la Ve République, régime qui respectera la lettre de la Constitution, car, même pour la politique étrangère et pour les arbitrages concernant la Défense, il donnera lieu, en réalité, à une responsabilité partagée.

Un discours fondateur

La déclaration de politique générale que Lionel Jospin prononce devant l'Assemblée le 19 juin marque une évolution majeure dans l'histoire de la gauche au pouvoir. Elle trace, pour la première fois, une orientation réformiste du socialisme français autour de deux pactes.

Le premier puise aux sources de la République. Il inscrit la nation comme « le cadre naturel des réformes essentielles dont le pays a besoin ». L'Europe ne saurait se substituer à elle, mais la prolonger et l'amplifier. Il fait de l'école, de la laïcité et de la morale civique sa priorité. Il garantit l'indépendance de la justice en annonçant la fin des instructions individuelles au parquet. Il fait de la sécurité un droit fondamental de la personne humaine et propose aux élus des contrats locaux de sécurité. Il conçoit la maîtrise de l'immigration comme condition de l'intégration. Il modernise la démocratie.

Le second conjugue croissance et solidarité. L'une pour faire reculer le chômage en imaginant un modèle de développement plus sobre en ressources et plus riche en emplois. L'autre pour réduire les inégalités – celles qui se forment dès l'école et qui s'amplifient dans la répartition des richesses produites.

Lionel Jospin, dans ce discours, réaffirme son intention de réaliser l'union économique et monétaire aux échéances prévues et de mettre en œuvre le traité d'Amsterdam[9], négocié quelques mois plus tôt par Jacques Chirac. Il justifie sa position en mettant en avant la résolution sur l'emploi qui vient équilibrer le « pacte de stabilité » sur lequel il avait émis des réserves durant la campagne électorale, s'engageant toutefois à respecter la parole de la France.

Lionel Jospin avalise donc le principe du rétablissement des comptes publics – dont le déséquilibre avait d'ailleurs justifié la dissolution –, tout en souhaitant, à terme, une diminution des prélèvements obligatoires (à travers le basculement des cotisations salariales d'assurance maladie sur la CSG et la baisse de la TVA[10]). Il annonce, sans perdre de temps, la

9. Le traité d'Amsterdam, signé le 2 octobre 1997, fait suite à celui de Maastricht. Il fait entrer de nouveaux domaines dans le champ communautaire (immigration, droit d'asile...) et renforce les droits du Parlement européen. Il reste pourtant timide sur l'emploi, évoquant simplement la coordination entre les États. Enfin, il confirme le pacte de stabilité lié à la préparation de la monnaie unique.

10. Ces mesures seront prises en 1999 et 2000, provoquant une hausse du pouvoir d'achat pour la première et un accroissement des marges des entreprises pour la seconde, faute de répercussion de la baisse de TVA sur les prix.

revalorisation des APL dès le 1er juillet, le quadruplement de l'allocation de rentrée scolaire dès le mois de septembre, ainsi qu'une hausse du SMIC de 4 % (soit un gain de 3 % de pouvoir d'achat). Cette relance, bien moins ample que celle de 1981, n'est d'ailleurs pas revendiquée comme telle. Il s'agit avant tout d'un soutien accordé aux plus modestes à un moment où le chômage pèse sur le destin de nombreuses familles.

Il engage, en revanche, une démarche résolument volontariste avec ses deux mesures emblématiques : le programme « 700 000 emplois-jeunes » et, surtout, la réduction du temps de travail – sans perte de salaire ! – par le passage de la durée légale de 39 heures à 35 heures avant la fin de la législature. Ces dispositifs se voient complétés par une fiscalité favorable à l'investissement et par une politique active de capital-risque. S'esquissait déjà la politique de l'offre que j'aurai quinze ans plus tard à poursuivre. Sur le secteur public, il assume les « adaptations nécessaires pour garder notre rang » et envisage des privatisations d'entreprises concurrentielles si l'intérêt national le justifie.

Il complète sa déclaration en ouvrant la perspective d'un aménagement du territoire soucieux du développement durable.

La méthode Jospin

Il exprime un rapport à la politique fondé sur l'honnêteté : « Ce que les Français attendent de nous, c'est la conscience de nos engagements, c'est la fidélité à nos objectifs, c'est l'authenticité de notre parole, c'est l'explication sans faux-fuyants de nos actes. »

L'occasion pour lui, en sus, de rappeler cette évidence, hélas trop souvent oubliée par la gauche (toujours pressée de faire et empressée de défaire) : « L'action conduite s'inscrira dans la durée. Il n'y aura ni pause, ni recul, ni reniement. » Convenons qu'il n'y aura ni tournant, ni renoncement.

Comme toujours quand la gauche gouverne, son pan extrême lui intentera le sempiternel procès en trahison, et la droite celui de son laxisme, alors même que l'essentiel des promesses aura été honoré et que l'autorité de l'État n'aura jamais été prise en défaut.

La cohabitation est exceptionnellement longue, se confondant avec la législature (1997-2002). Ses acteurs veillent à en préserver l'esprit, c'est-à-dire une coexistence au sein de l'exécutif au nom de l'intérêt général. Mais, parce qu'elle contraint le Premier ministre à exercer une vigilance constante, dès lors que toute erreur gouvernementale est saisie par Jacques Chirac, elle constitue un frein à la prise de risque.

Paradoxalement, c'est un facteur de cohésion gouvernementale et une puissante incitation au travail collectif au sein de la majorité. La menace d'une possible dissolution, en cas de manquement à la solidarité, fait le reste. La gauche plurielle tiendra bon tout le temps qu'elle gouvernera. Hélas, dès l'approche de l'élection présidentielle de 2002, elle se laissera aller à la dispersion et à la division, oubliant de valoriser un bilan qui appartient, au-delà de Lionel Jospin, à chacune de ses composantes.

Il est rare, dans l'histoire de la Ve République, qu'un gouvernement ait pu honorer autant de promesses sans en être récompensé et soit capable de mener autant de réformes majeures sans en tirer un avantage décisif à l'occasion d'un scrutin supposé prolonger son existence.

La bataille des 35 heures

Lionel Jospin a notamment réussi dans le domaine où la gauche, quelques années plus tôt, admettait avec douleur son principal échec. Il est parvenu à faire baisser significativement le taux de chômage de 12,7 % en 1997 à 9,1 % en 2002. Certes, ce résultat tient au retour de la croissance. Celle-ci dépassait poussivement 1 % en 1996, atteignait péniblement 2 % en 1997, elle franchit allègrement le cap des 3 % en 1998 et 1999, frôlant même les 4 % en l'an 2000. À l'évidence, ce retournement conjoncturel n'est pas propre à la France : il s'inscrit dans le cadre d'une reprise mondiale. La performance est néanmoins remarquable, puisque la croissance se révèle plus robuste en France qu'en Allemagne, d'au moins un point en moyenne sur toute la période. Cette dynamique de l'activité se traduit par une baisse de près de 1 million du nombre de demandeurs d'emploi entre juin 1997 et février 2002. Les chômeurs de longue durée ainsi que ceux de moins de 25 ans, grâce notamment aux emplois-jeunes, ont vu leur situation s'améliorer significativement. Au total, ce sont plus de 2 millions d'emplois marchands qui sont créés en cinq ans.

Le passage de la durée du travail hebdomadaire de 39 heures à 35 eut un effet amplificateur. L'évaluation précise de son impact à court et moyen terme soulève de multiples débats au sein des organismes de conjoncture, mais il ressort de la majorité des études que la réduction du temps de travail aura créé entre 200 000 et 400 000 emplois. Sans elle, le chômage n'aurait pu diminuer aussi fortement et aussi rapidement. En revanche, le jugement est plus critique quant aux conséquences des 35 heures sur les entreprises, le dialogue social et le rapport au travail.

Dès lors que les RTT s'appliquent sans baisse de salaire, le coût horaire du travail progresse mécaniquement de plus de 11 %. Ce renchérissement est toutefois atténué par des aides de l'État, sous forme d'allègements des cotisations patronales et par un effort inédit de productivité, et donc de flexibilité dans l'organisation du travail. Aussi, malgré le temps libéré, une partie du monde salarié n'adhère pas pleinement, au moins durant la période initiale, à cette avancée sociale. La modération salariale qui suivra pendant plusieurs années sa généralisation sera également diversement reçue, notamment de la part de ceux qui espéraient une amélioration de leur pouvoir d'achat plutôt qu'un gain de temps personnel.

Ainsi ce qui est présenté comme un progrès (moins travailler pour vivre mieux) et une mesure de solidarité (partager le travail pour offrir davantage d'emplois) est-il vécu de façon contrastée, selon la place de chacun dans la hiérarchie sociale. Les cadres bénéficient de congés supplémentaires grâce aux jours RTT, tandis que les ouvriers et les employés héritent d'une modification de leurs horaires sans pouvoir en profiter, faute de ressources.

Si la loi de janvier 1998 a stimulé le dialogue social en incitant financièrement les entreprises à conclure des compromis et en stipulant que des accords majoritaires étaient nécessaires pour fixer les temps de travail, la seconde loi, votée en janvier 2000, est considérée par les syndicats réformistes (en particulier la CFDT) comme une intrusion exorbitante de l'État dans le champ de la négociation collective.

Une incompréhension s'installe. Elle conduit Nicole Notat, au nom de la CFDT, à accueillir favorablement le projet de refondation sociale proposé par le MEDEF en novembre 1999, suscitant le courroux de la majorité, sans que ce processus aboutisse, du reste, à des accords interprofessionnels significatifs. Une fois encore, la gauche peinait à instaurer une relation confiante avec les partenaires sociaux, lesquels se détournaient au moment précis où ils étaient attendus pour poursuivre l'action réformatrice.

Demeure l'essentiel. Le Bloc des gauches avait limité la durée de la journée de travail, le Front populaire avait réduit celle de la semaine à 40 heures, François Mitterrand s'était arrêté aux 39 heures. Lionel Jospin poursuit la logique, armé de l'espoir qu'une offre d'activités culturelles, sportives ou associatives donnera une pleine intensité à ce temps libéré.

Il est reproché aux 35 heures d'avoir sacralisé le loisir, pour ne pas dire l'oisiveté (comme il était déjà dit avec mépris au temps des congés payés). Rien ne vient étayer cette thèse, d'autant que la période postérieure à 2002 verra remonter substantiellement le taux de chômage et que l'enjeu, pour beaucoup de salariés, sera de garder leur emploi et, pour la plupart des chômeurs, d'en trouver un au plus vite. C'est sans doute la raison pour laquelle la droite, contredisant ses promesses, n'est jamais revenue sur les 35 heures (pas plus hier qu'aujourd'hui !). Elles ont été aménagées, renégociées, annualisées, mais elles demeurent le cadre légal de la durée de travail.

C'est bien davantage la crise sanitaire de 2020 qui bouleversera plus tard les comportements et changera la relation des salariés avec leur entreprise, dans un contexte de pénurie de main-d'œuvre au sein de nombreuses branches professionnelles. Le télétravail, conjugué à la recherche de sens dans l'activité, constituera un facteur bien plus déterminant dans le rôle donné au travail dans la vie des individus que l'épisode déjà lointain de la RTT.

Aussi, c'est l'organisation du temps d'activité tout au long de la carrière qui devient l'élément le plus décisif, plutôt que sa simple durée sur une semaine ou sur l'année. Le débat sur l'âge de la retraite en offrira une nouvelle illustration. À l'avenir, c'est sur ces enjeux-là – le sens du travail, la mobilité professionnelle, le droit à la formation et la reconnaissance des métiers et de la pénibilité des tâches – que se définiront les futures évolutions du cadre législatif.

En réalité, c'est dans le secteur de la fonction publique que le bien-fondé des 35 heures a pu être le plus légitimement interrogé. Non pas que cette aspiration n'existe pas chez les agents publics et les personnels hospitaliers, mais le débat se situe sur un autre terrain.

Il ne peut être espéré des gains de productivité significatifs dans les services publics, sauf dans ceux qui, par une meilleure redéfinition des tâches et des ouvertures plus larges au public, sont supposés améliorer la qualité des prestations rendues. Dès lors, l'application mécanique des 35 heures supposait d'augmenter le volume des emplois dans la fonction publique, notamment dans la police, l'Éducation nationale et l'hôpital. Mais là aussi, soyons juste, beaucoup de ces administrations fonctionnaient déjà à un rythme inférieur aux 39 heures. La nouvelle durée légale était donc l'occasion de revoir l'ensemble des règles de fonctionnement et de calculer plus précisément les obligations des agents. Dès lors que celles sur la durée du travail hebdomadaire l'avaient été, mener une négociation avec les syndicats de la fonction publique pour harmoniser avec le secteur privé les règles relatives au départ à la retraite aurait sûrement été plus judicieux. Mais nous étions en fin de législature, et Lionel Jospin, sous la pression du Parti socialiste (j'en prends forcément ma part), a préféré renvoyer cette réforme des pensions à plus tard. Les gouvernements successifs ne sont pas, là non plus, revenus sur ce choix.

C'est sur la souplesse des emplois du temps, la compensation des astreintes et la mobilité au sein de la fonction publique qu'un dialogue devra s'ouvrir un jour. Les modes d'organisation de nos grands services publics ont besoin d'être revus, dans une configuration où la généralisation du numérique, la personnalisation des tâches, l'humanisation des prestations et une meilleure reconnaissance des parcours et des évolutions de carrière appellent une manière de régir les fonctionnaires bien différente de celle qui a prévalu jusque-là. Elle ne peut se résumer à la question des effectifs et au débat sur le point d'indice salarial.

Le soin des autres

Au-delà des 35 heures, de nombreuses réformes du gouvernement de Lionel Jospin sont encore regardées comme des avancées sociales majeures.

D'abord, la couverture maladie universelle, adoptée par le Parlement en juillet 1999. Elle garantit à tout résident un accès aux soins, même s'il ne relève d'aucun régime de Sécurité sociale. La montée en régime du dispositif est impressionnante, puisque, dix ans plus tard, il concerne plus de 2 millions de personnes pour la CMU de base et plus de 4 millions pour la complémentaire. C'est durant mon quinquennat que s'achèvera ce grand chantier, à travers la création de la protection universelle maladie qui fait de chaque individu majeur une personne assurée à titre individuel. Ainsi l'ambition d'une Sécurité sociale généralisée à tous, portée au lendemain de la guerre, pourra-t-elle, cinquante ans après sa proclamation, être enfin réalisée.

L'allocation personnalisée d'autonomie (APA) en constitue le prolongement. Votée en juillet 2000, elle remplace la prestation spécifique dépendance (PSD) réservée aux personnes de plus de 60 ans lourdement handicapées, dont les versements étaient récupérables sur les successions au lendemain du décès du bénéficiaire. L'APA, qui est versée en fonction du degré de dépendance et du niveau des revenus, concerne aussi bien les personnes âgées résidant à leur domicile que celles hébergées en établissement. Elle échappe à toute reprise sur les biens transmis aux héritiers.

La montée en puissance du dispositif (1,5 milliard en 2002, 6,5 milliards aujourd'hui) traduit l'ampleur des besoins provoqués par le vieillissement de la population. Parallèlement, le nombre de bénéficiaires (1,3 million fin 2020, soit le double par rapport à 2002) révèle aussi l'augmentation du nombre de personnes accueillies en EHPAD (60 % des 600 000 résidents couverts par l'allocation se situent dans les catégories les plus dépendantes).

L'un des avantages essentiels de l'APA à domicile (400 euros par mois en moyenne) est que celle-ci a pour effet de générer de nombreux emplois. Plus de 90 % des montants versés, en effet, sont mobilisés pour financer une prestation humaine.

Créée en juillet 2001, l'APA est donc vouée à réduire les inégalités, à clarifier les rapports entre générations et à ouvrir des filières de formation pour les métiers du soin. Mais le constat vaut pour tous les progrès : son destin est aléatoire. L'allocation personnalisée d'autonomie est ainsi rapidement assimilée à un droit acquis et regardée non plus pour son apport, mais pour ses insuffisances. D'où l'idée maintes fois avancée, mais jamais encore mise en œuvre, de créer une nouvelle branche de la Sécurité sociale affectée au vieillissement. Son financement supposerait de dégager une contribution fiscale notable. C'est sûrement cette raison qui a jusqu'à présent refroidi les ardeurs.

Au-delà de la CMU et de l'APA, la loi contre les exclusions de juillet 1998 facilite l'accès aux droits fondamentaux de personnes en difficulté et préserve le lien qui les unit à la société grâce, notamment, à l'ouverture de comptes bancaires en faveur des plus démunis. Le congé de paternité[11] contribue, quant à lui, à un changement notable dans les couples, puisqu'il appelle les pères à une réelle implication dans la première étape de l'éducation de l'enfant, même si la charge mentale continue de peser sur la mère[12].

Le gouvernement de Lionel Jospin est également à l'origine d'avancées sociétales comme le pacte civil de solidarité (PACS)

11. Fixé initialement à onze jours consécutifs, il atteint aujourd'hui vingt-cinq jours calendaires, qui s'ajoutent aux trois jours du congé de naissance. Ce congé est pris en charge par l'assurance maladie et donne droit à des indemnités journalières.

12. Il faut aller encore plus loin. Aussi la perspective est-elle désormais ouverte d'un congé de paternité équivalent en durée à celui lié à la maternité pour traduire l'égalité dans l'accomplissement des tâches domestiques et éducatives.

créé par la loi de novembre 1999. Voté dans la douleur, en raison de l'obstruction de la droite, il a connu un développement allant bien au-delà des intentions du législateur. De 20 000 en 2002, le nombre de PACS dépasse 200 000 vingt ans plus tard. C'est l'un des motifs de mon engagement pour le « mariage pour tous » en 2012. La France fut également la première nation du monde, à l'initiative de Christiane Taubira, à faire de la traite négrière et de l'esclavage colonial un crime contre l'humanité. Cette loi insère ces faits historiques dans les programmes scolaires, tout comme elle prévoit une commémoration annuelle fixée au 10 mai.

Premiers nuages sur l'an 2000

L'ironie a voulu que ce soit la crainte de devoir procéder à un plan d'austérité qui ait convaincu Jacques Chirac de dissoudre l'Assemblée nationale et que ce soit le gouvernement de Lionel Jospin qui, grâce à un retournement de la conjoncture, ait bénéficié des moyens de l'éviter.

La croissance du PIB, qui stagnait autour de 1,4 % en 1996, dépasse 2,3 % en 1997 pour atteindre le pic de près de 4 % en 2000. Cette période fut presque euphorique, puisque le chômage passa de 10,4 % de la population active à moins de 9 %, de mai 1997 à la fin 2000. La France fait, dans un contexte porteur, mieux que tous ses partenaires : de 1997 à 2000, elle enregistre la plus forte croissance des grands pays d'Europe, la plus faible inflation, la plus forte baisse du chômage, la plus rapide réduction du déficit budgétaire et dégage un excédent record de sa balance courante !

Cette performance est largement due aux choix faits dès le début de la législature : celui des emplois-jeunes (qui ont redonné confiance à une génération), ainsi que celui du soutien à la demande (à travers le relèvement du SMIC et la hausse des allocations). Cette impulsion s'est ajoutée à la reprise mondiale. Le sérieux dans la gestion a rassuré les investisseurs, l'aménagement du temps de travail a amélioré la productivité des entreprises, la désinflation a favorisé les exportations et consolidé le pouvoir d'achat. Tout s'est aligné.

Ces résultats spectaculaires vont se voir obscurcis par des événements sans rapport avec la qualité de la politique conduite. Le départ du gouvernement de Dominique Strauss-Kahn à la fin de l'année 1999 en raison de son implication dans l'affaire de la MNEF (Mutuelle nationale des étudiants de France)[13] prive Lionel Jospin d'un ministre inventif et fidèle qui avait su apaiser le patronat, courroucé par le vote de la loi sur les 35 heures[14]. Il fait perdre à l'équipe son équilibre et oblige à un remaniement dans un contexte politique déjà bien chargé. En effet, à l'occasion de sa traditionnelle intervention du 14 Juillet, Jacques Chirac laisse faussement entendre que les caisses de l'État sont pleines et que le gouvernement dissimule une « cagnotte fiscale ». Il avance, avec une perfidie étudiée, qu'« il faut rendre aux Français une part de ce qu'on leur a pris ». Pendant plusieurs mois, un débat se nourrit de l'existence d'un pseudo-surplus (de l'ordre de 35 milliards de francs, soit à peine 5 milliards d'euros) qui autoriserait une redistribution. Chacun a son idée. Pour les uns, elle doit s'effectuer en faveur des éléments supposés les plus dynamiques du pays – dont les taux d'imposition sont jugés décourageants – et, pour les autres, elle doit être dirigée vers les classes populaires, en baissant les impôts sur la consommation.

---

13. Il fut relaxé par une décision de justice en octobre 2001.

14. En octobre 1997, Jean Gandois, le président du patronat, démissionne. Il considère avoir été trompé par le gouvernement, qui l'a laissé espérer jusqu'au dernier moment qu'il n'y aurait pas de loi-cadre. Il était lui-même contesté par l'aile dure du patronat, qui lui reprochait d'accepter la seule idée d'une négociation sur les 35 heures. Il est remplacé par l'un des tenants de cette ligne : Ernest-Antoine Seillière.

Pourtant, de cagnotte il n'y a point. Le déficit public s'élève encore à près de 200 milliards de francs fin 1999 (30 milliards d'euros) et à plus de 120 milliards (près de 20 milliards d'euros) en 2000. La dette publique représente alors 60 % du PIB, c'est-à-dire le seuil de soutenabilité préconisé par l'Union européenne. L'intérêt général conduirait à désendetter l'État dès lors que les rentrées fiscales abondent et à constituer une réserve en cas de retournement conjoncturel. Une autre option serait de lancer un plan d'équipement pour le pays, en matière d'infrastructures de transport et de réduction des fractures territoriales. Mais la pression est trop forte. Elle s'exerce du côté de la droite, qui fait valoir l'enjeu d'un juste retour aux Français des dividendes de la « croissance », alors qu'elle n'est pas pour rien dans le creusement du déficit, et pas pour grand-chose dans le redressement opéré. Du côté de la gauche, elle est paradoxale. Laurent Fabius, revenu au gouvernement comme ministre de l'Économie et des Finances en mars 2000, dénonce une « classe politique dépensophile et étatolâtre », évoquant avant l'heure un « ras-le-bol fiscal ».

Pendant ce temps, le groupe parlementaire socialiste et les partenaires de la majorité réclament des créations de postes dans la fonction publique, notamment à l'Éducation nationale.

La gauche et l'impôt

Lionel Jospin tente jusqu'au bout de garder un équilibre et rend des arbitrages, à la fin de l'année 2000, qui empruntent à toutes les sources d'inspiration. Il allège l'impôt sur le revenu (ce qui bénéficie aux classes moyennes) et réduit d'un point la TVA (de 20,6 à 19,6 %) pour soutenir la consommation. Il supprime la vignette automobile, un impôt cinquantenaire, ainsi que la part de la taxe d'habitation à la disposition des régions.

Le chef du gouvernement aurait voulu, dans un objectif de justice et de solidarité, rendre la CSG (contribution sociale généralisée) progressive, pour en diminuer la charge sur les plus modestes et préparer l'étape suivante, consistant à fusionner la CSG et l'IRPP (impôt sur le revenu des personnes physiques) pour ériger une contribution unique sur le revenu avec un prélèvement à la source. Hélas, le Conseil constitutionnel, par une décision de décembre 2000, fait obstacle à ce projet. Arguant de l'absence de prise en compte des autres revenus du foyer (celui du conjoint notamment), il censure la dégressivité de la CSG. En compensation est créée la prime pour l'emploi, sous la forme d'un chèque versé par l'État aux personnes occupant un emploi à faible salaire. Ainsi l'impossible ristourne de la CSG est-elle remplacée par une nouvelle allocation. Ce qui était simple – la baisse d'une contribution – devient compliqué – le droit à une prime dont le calcul est abscons. Ce qui aurait pu constituer l'amorce d'une réforme fiscale avec un impôt unique sur le revenu se traduit par l'ajout d'un mécanisme supplémentaire. Le chèque représentait 30 euros par mois en moyenne avec un décalage d'un an par rapport à l'activité. J'aurai à revenir, une fois président, sur ce dispositif, à travers la création de la prime d'activité, un complément de revenu destiné à encourager la reprise d'un travail, même à temps partiel.

La gauche, parce qu'elle place toujours la fiscalité au cœur de sa politique, tombe souvent dans le piège de la complexité. Voulant toucher à tous les prélèvements, elle perd en impact ; hésitant à attaquer franchement les archaïsmes, elle cède au bricolage. Frileuse à l'idée de mettre en cause le caractère conjugal et familial de l'impôt, elle peine à aller jusqu'au bout d'une individualisation des prélèvements sur tous les revenus, qui serait pourtant la forme la plus juste d'imposition. Enfin, après avoir elle-même relevé les contributions des plus fortunés, elle ne se montre pas insensible au discours ambiant sur le « ras-le-bol fiscal ».

Le gouvernement de Lionel Jospin cherche à vaincre cette fatalité. Il peut mettre à son actif l'élargissement de l'assiette de la CSG et la suppression des cotisations maladie des salariés. Il ne tire cependant pas tous les bénéfices de sa bonne gestion des finances publiques. Coincé par la cohabitation et tiraillé par des demandes contradictoires au sein de sa majorité, il ne parvient pas à mettre en exergue ses résultats tandis que le pouvoir d'achat des Français progresse (de plus de 3 % par an sur toute la période 1997-2002), ce qui était exceptionnel depuis le début des années 1980.

La gauche et le marché

La politique du gouvernement est perçue par une partie de la gauche comme une nouvelle étape dans la conversion des socialistes au marché. Lionel Jospin s'en défend. Il reconnaît, par réalisme, l'« économie de marché » tout en récusant la « société de marché » qui ignore le long terme, marchandise les rapports humains et réduit l'intérêt général aux fonctions régaliennes. La formule est heureuse dans une université d'été du PS, mais peine à convaincre un monde du travail qui ne se remet pas des crises à répétition traversées depuis le mitan des années 1970. Bien que l'opinion continue à accorder sa confiance au Premier ministre, celle-ci ne le met pas à l'abri des mauvais procès. Celui d'avoir favorisé le capital-risque et autorisé les stock-options, alors que ces techniques constituent une façon de financer le développement des entreprises innovantes et qu'elles ne deviennent contestables que si la fiscalité ne les appréhende pas. Celui d'avoir ouvert le capital de plusieurs entreprises publiques du secteur concurrentiel, comme France Télévisions ou l'Aérospatiale d'EADS après la fusion

Aérospatiale-Matra, ou Thomson-CSF avec l'entrée au capital d'Alcatel et de Dassault électronique, alors que personne, aujourd'hui, ne remet en cause ces choix. Comment aurait-il été possible de garder un opérateur téléphonique entièrement public face à la concurrence européenne ? Quant à Air France, l'alliance avec KLM justifie une telle évolution. Et en ce qui concerne EADS, qui peut contester la nécessité, face à Boeing, de disposer d'un groupe européen de taille mondiale pour porter une industrie aérospatiale aussi bien civile que militaire ? Pour le reste, était-ce le rôle de l'État de rester actionnaire du Crédit lyonnais, du GAN, du CIC, de la Caisse nationale de prévoyance, de Thomson Multimédia ? En quoi ces participations auraient-elles permis d'insuffler une autre gestion que celle qui a prévalu aussi bien dans le secteur bancaire que dans l'assurance[15] ? J'ajoute que l'ensemble des privatisations effectuées durant cette période ont rapporté 31 milliards d'euros et que ce montant a contribué au désendettement de l'État et à l'amorçage du Fonds de réserve des retraites[16].

Seule la décision de vendre, en mars 2012, 49 % du capital des Autoroutes du sud de la France (ASF) peut être mise en contradiction avec l'objectif de maintenir des règles conformes à l'intérêt général dans la gestion des grandes infrastructures publiques.

Affirmer que le gouvernement de Lionel Jospin est celui qui a le plus privatisé est à la fois faux statistiquement – la droite, en cumulé, de 1986 à 1988 et de 1993 à 1997, a battu tous les records – et fallacieux politiquement, car le Premier ministre avait, dès son investiture, déclaré vouloir sortir du « ni-ni ».

15. Si l'on songe que le Crédit lyonnais appartient aujourd'hui au Crédit agricole, le GAN à Groupama et le CIC au Crédit mutuel, autant d'entreprises coopératives ou mutualistes – sans oublier la CNP désormais sous le contrôle de la Poste et de la Caisse d'épargne.

16. Qui, s'il n'avait pas été privé de toute alimentation à partir de 2010, aurait pu atteindre jusqu'à 100, voire 150 milliards grâce aux recettes des privatisations qui ont suivi et réglé pour partie le déséquilibre de nos régimes de retraite.

La gauche se fait souvent rattraper par ses symboles, qu'elle porte tantôt comme un étendard, tantôt comme un fardeau. Elle fait preuve de trop de modestie pour revendiquer ses résultats et les confronter objectivement à ceux de ses prédécesseurs et de ses successeurs. Elle peine à valoriser son bilan, au prétexte qu'il ne garantit rien et que seul le projet a un sens. Or rien n'est plus inexact. La comparaison est le fondement même de la politique. C'est en assumant son histoire, ses succès comme ses échecs, qu'un mouvement s'inscrit dans la mémoire collective. Et c'est en étant fier de son passé qu'il lui est possible de préempter l'avenir.

La gauche et les institutions

Le mandat de Lionel Jospin a également correspondu à deux réformes institutionnelles majeures.

La première, adoptée dès juillet 1999, est une révision constitutionnelle qui ouvre la voie à une loi favorisant l'égal accès des femmes et des hommes aux mandats électoraux et fonctions électives. Elle garantit une représentation paritaire dans toutes les communes de plus de 1 000 habitants, dans les conseils départementaux comme régionaux.

Le second acte majeur est le raccourcissement du mandat présidentiel, même s'il procède d'une commune approche, sur ce point, avec Jacques Chirac. L'un et l'autre sont en effet convaincus que le quinquennat correspond à leurs intérêts respectifs, et qu'il réduit les risques de cohabitation à l'avenir. Ce changement correspond à l'aspiration générale des Français, nonobstant l'enthousiasme discret dont ils font montre lors du référendum *ad hoc*[17]. Il a modifié, plus qu'attendu, notre vie politique.

17. Le quinquennat a été approuvé par 73 % des suffrages exprimés, mais avec seulement 30 % de participation et 16 % de votes blancs (presque 2 millions).

Il a d'abord provoqué un débat sur la date du scrutin des législatives. Devait-il suivre immédiatement l'issue de la présidentielle ou, au contraire, la précéder ?

Se trouve, au cœur de la première option, la verticale de la Ve République qui fait de la désignation du chef de l'État le moment central de la vie politique. La seconde, quant à elle, peut engendrer une discordance et, partant, une cohabitation. Elle aurait obligé Lionel Jospin à mener une double campagne. Il lui aurait fallu d'abord retrouver une majorité à l'Assemblée avant d'être en mesure de briguer la présidence de la République. Pari on ne peut plus hasardeux qui le conduit à faire le choix, presque aussi dangereux, de l'inversion du calendrier.

J'ai défendu cette position. Depuis plusieurs mois, en effet, le contexte politique avait changé. La droite, malgré les pertes de Paris et de Lyon, avait gagné les élections municipales de mars 2001, et le sujet de la sécurité avait détrôné celui du chômage. Aussi le rendez-vous présidentiel semblait-il davantage à notre portée dès lors que Lionel Jospin bénéficiait toujours de la confiance des Français, et que Jacques Chirac, embourbé dans les affaires, ne semblait pas en passe de la regagner.

Un lent délitement

L'euro est introduit le 1er janvier 2002. Ainsi, dans la nuit du 17 au 18 février, le franc s'efface-t-il définitivement. Les Français accueillent plutôt favorablement cette nouvelle monnaie. Elle représente, pour les anciens, un gage de stabilité et, pour les plus jeunes, une facilité pour les échanges et les voyages. Toutefois, les habitudes ne sont jamais aisées à changer, d'autant que le taux de conversion franc-euro (6,56) impose des calculs mentaux compliqués pour des consommateurs en recherche de repères, à tel point que les commerçants sont autorisés à maintenir le double affichage.

Une seconde ombre au tableau s'impose rapidement. Le passage à l'euro ne serait-il pas un pernicieux facteur d'inflation ? Les distributeurs n'auraient-ils pas saisi cette opportunité pour augmenter leurs marges quand, parallèlement, les revenus exprimés en euros sont divisés par 6 par rapport à ceux libellés en francs ?

La perception contrastée de cette « révolution monétaire » – une monnaie forte d'un côté, des prix élevés de l'autre – pèsera lourdement sur le scrutin présidentiel d'avril. En trois mois, ce qui venait d'être salué comme un succès éclatant était progressivement perçu, surtout dans les catégories populaires, comme un prélèvement supplémentaire, d'autant que la conjoncture s'assombrissait. La croissance ralentissait, le taux de chômage remontait, les plans sociaux s'accumulaient, et les déficits se creusaient. L'euphorie de l'année 2000 s'est dissipée.

Le « bilan » reste un atout, notamment au regard des plus de 2 millions d'emplois créés. Tout laisse encore espérer que la gauche peut enfin vaincre le sortilège, conjurer la malédiction et braver la fatalité en parvenant, après cinq ans d'exercice du pouvoir, à obtenir des Français le renouvellement de leur confiance. Si les indices économiques commencent à clignoter à basse intensité, la popularité du Premier ministre se maintient à un bon niveau. Les principaux membres du gouvernement sont appréciés, et le Parti socialiste est uni derrière son candidat naturel quand Jacques Chirac paraît seul, et que l'extrême droite se déchire entre Jean-Marie Le Pen et Bruno Mégret.

Comment, alors, expliquer l'échec du 21 avril ? La campagne de Lionel Jospin a ses torts. Handicapée par la lourdeur des obligations liées à la fonction de Premier ministre, perturbée par des polémiques inutiles sur son passé militant, lestée par une équipe qui, à vouloir embarquer toutes les personnalités, ne met guère en valeur le candidat et, surtout, ne le protège pas, elle est loin d'être idéale.

Je vis de l'intérieur le fonctionnement de cette grosse machine qui est celle d'une direction de campagne. Chacun veut en être, s'exprime à tort et à travers, anticipe déjà sa place au lendemain de l'incontournable victoire, cherche à infléchir à son bénéfice une ligne encore insuffisamment définie. J'ai sûrement ma part de responsabilité. Pourquoi n'ai-je pas alerté, quand il en était encore temps, du décrochage que je percevais ? Pourquoi n'ai-je pas appelé au vote utile, qui est la seule digue électorale véritablement efficace quand les repères s'effacent ? Pourquoi n'ai-je pas mis davantage en garde nos électeurs contre l'indifférence qui gagnait, comme si seul le second tour comptait ? Pourquoi ne suis-je pas parvenu à limiter la dispersion, des discours comme des candidatures ? La meilleure explication fut celle livrée par Lionel Jospin au soir du 21 avril : l'insouciance des électeurs face à l'enjeu et la multiplication des candidatures issues de la gauche plurielle.

Les divisions mortifères

En réalité, la désagrégation remonte à loin. C'est en 2000 qu'imperceptiblement d'abord, plus brutalement ensuite, la solidarité qui avait fait la force de la gauche plurielle se dégrade.

Après la démission de Dominique Strauss-Kahn, Claude Allègre, qui avait contribué à la composition de l'équipe initiale et au renouvellement des idées du PS, est écarté. Il a suscité une incompréhension croissante auprès du corps enseignant, malgré mes avertissements réitérés, rendant impossible son maintien[18]. Puis c'est au tour de Jean-Pierre Chevènement de se mettre bruyamment de côté, en prenant prétexte de

18. Ce n'était pas tant ses intentions et ses orientations (la relance des ZEP, l'accompagnement des élèves, la décentralisation du « mouvement des enseignants ») qui avaient provoqué ce divorce que sa méthode et son vocabulaire. Des formules complaisantes ou imagées, des annonces fracassantes et simplistes

l'ouverture par Lionel Jospin d'une discussion avec les élus de la Corse dans la perspective d'un nouveau statut susceptible d'en finir avec la violence insulaire. Je cherche à l'apaiser. Rien n'y fait. Il justifie sa colère plus ou moins feinte par le fait d'avoir été mis devant le fait accompli. Je pensais que les liens anciens qui l'unissaient au Premier ministre seraient toujours plus forts que leurs divergences. Lionel Jospin n'avait-il pas veillé à le maintenir au gouvernement après l'incident opératoire dont il avait été victime et à lui prodiguer une amitié qu'une forme de pudeur l'avait trop souvent retenu d'exprimer ? Au terme d'un entretien dans un pavillon discret de la République, les deux hommes se séparent, sans bien mesurer les conséquences de leur divorce. Jean-Pierre Chevènement va jusqu'à se porter candidat à la présidentielle, multipliant les attaques contre Lionel Jospin. Il déclare même que « Chirospin » sont « les candidats du pareil au même ».

Dans un autre registre, le départ de Martine Aubry, en octobre 2000, pour préparer la succession de Pierre Mauroy à la mairie de Lille, finit d'altérer le dispositif. Le gouvernement perd son aura, donnant l'impression de terminer un cycle.

Quant aux partenaires de la gauche plurielle, plutôt que de promouvoir ce qu'ils avaient contribué à construire ensemble tout au long de la législature, ils se projettent dans un monde d'après en cherchant à établir un nouveau rapport de force à l'occasion de la présidentielle. C'est ce qui explique la candidature du PC (en la personne de Robert Hue), la présence de trois candidats d'extrême gauche, ainsi que celle des Verts (conduits par Noël Mamère). Ces derniers se montreront fiers de dépasser 5 %, mais bien piteux de devoir aussitôt quitter le gouvernement (ils n'y reviendront qu'en 2012, et encore, pour deux mois seulement). Quant à Christiane Taubira, elle

---

peuvent séduire dans un premier temps, elles se révèlent des explosifs à mèche longue.

semble n'être là que parce que les autres y sont aussi. Le Parti radical de gauche l'a choisie comme figure de proue, sans mesurer le prix que ses 2,32 % représenteraient à la fin.

Lionel Jospin a beau proclamer qu'il faut rester ensemble[19], il n'est pas entendu.

La gauche plurielle était une alliance constituée à la hâte pour des législatives. Elle n'était pas une fédération autour d'un dirigeant dans une perspective présidentielle. Certains de la qualification de Lionel Jospin pour le second tour, les partis qui la composent raisonnent dans une logique proportionnaliste : le premier tour sert à évaluer leur poids afin de peser sur la constitution du futur gouvernement. L'erreur a été sans doute de ne pas avoir proposé à nos partenaires un accord pour des sièges aux élections législatives en contrepartie de leur renoncement à la présidentielle. Mais ils n'écoutaient déjà plus. Jean-Pierre Chevènement était parti ailleurs – très loin – et le PC comme les Verts veulent afficher leurs différences – alors qu'ils n'en ont que peu exprimé en cinq ans ! Politiquement, c'était fâcheux ; arithmétiquement, c'était désastreux.

Tout le monde sait que les voix qui se sont portées sur Taubira et Chevènement ont manqué à Lionel Jospin, dont le score, 16,18 %, ne correspond ni à sa popularité comme Premier ministre, ni à l'influence du Parti socialiste à cette époque[20]. Il aurait suffi que 10 % des suffrages recueillis par ces candidats (environ 200 000 voix) se portassent sur lui pour qu'il fût qualifié pour le second tour. Certes, rien ne dit qu'il l'aurait emporté face à Jacques Chirac, mais le total des voix de gauche au premier tour (près de 43 %) laisse penser que c'était l'hypothèse la plus probable.

---

19. https://www.radiofrance.fr/franceculture/podcasts/avec-philosophie/l-epreuve-de-l-exercice-du-pouvoir-7405029

20. Aux élections européennes de 1999, la liste socialiste avait recueilli plus de 22 % des voix.

Une nouvelle France

Ce calcul s'avère néanmoins trompeur, car il gomme les difficultés structurelles de la gauche face à deux enjeux majeurs : le rapport avec les milieux populaires et la ligne à tenir face à l'insécurité comme sur l'immigration.

Le décrochage du vote ouvrier est à l'œuvre depuis 1986. Il se confirme en 1993. Mais, parce qu'il se confond avec les défaites de la gauche, il n'a pas été bien suffisamment identifié dès 1995, lors du premier tour de l'élection présidentielle[21].

Il se traduit par un vote Le Pen de la part des catégories qui jusque-là optaient pour les partis traditionnels, et surtout par une abstention significative, notamment chez les précaires. Atténuée en mai 1997 sous l'effet du grand mouvement social de l'hiver 1995, cette désaffection des ouvriers à l'égard de la gauche se confirme cinq ans plus tard, sans que jamais, depuis, des liens solides aient pu être rétablis. Au point qu'aujourd'hui une large majorité des actifs ont voté pour le Rassemblement national en juin 2024. Pourtant, rien dans la politique de Lionel Jospin n'a pu être jugé contraire aux intérêts des classes laborieuses : le pouvoir d'achat a progressé, le temps de travail a diminué, le chômage a régressé, des emplois ont été créés, notamment pour les jeunes issus des quartiers populaires, les droits sociaux, notamment l'assurance maladie et la retraite, ont été préservés et même étendus.

Le cœur du malentendu se niche ailleurs. Le monde du nouveau siècle se métamorphose à grande vitesse, tant et si bien que les gouvernements se trouvent contraints de se situer non plus tant dans l'action que dans la *ré*-action. La

21. Pascal Perrineau met en évidence ce qu'il appelle le « gaucho-lepénisme » : Jean-Marie Le Pen recueille les suffrages de 30 % des ouvriers. Près de la moitié de ses électeurs sont ouvriers ou employés.

classe ouvrière a changé bien plus vite que la gauche. Elle a perdu en force comme en homogénéité et ne forme plus une masse organisée et structurée ; les usines ne sont plus les seuls lieux de travail des ouvriers. La sous-traitance et la parcellisation ont cassé les solidarités. Les revendications collectives se sont pour partie effacées devant les aspirations individuelles et les affinités minoritaires. L'effondrement du communisme, l'affaiblissement du sentiment religieux, la dilution de l'engagement dans des causes multiples et la désaffection des partis politiques renforcent les replis personnels et familiaux. Les lieux de résidence comptent davantage que le rapport au travail pour déterminer les comportements électoraux. L'encadrement syndical et politique a de moins en moins d'influence sur les individus ; l'évolution des mœurs réclamée par la partie avancée de la société laisse les membres de la « France périphérique » au mieux indifférents, au pire hostiles. Les changements dans la composition de la population inquiètent surtout là où ils ne sont pas vécus mais seulement aperçus !

L'idéal de progrès dans un cadre national s'évanouit à mesure que la mondialisation impose un cours inquiétant et que l'Europe, garante de prospérité, est ressentie comme une addition de contraintes. L'exigence de compétitivité et donc la rentabilité deviennent les critères dominants. Les services publics, jusque-là vécus comme un barrage naturel au marché, sont perçus comme obéissant de plus en plus à des règles d'efficacité, loin des réalités humaines. Enfin, l'immigration, loin d'être considérée comme une chance par le plus grand nombre, bouleverse la vie des quartiers et induit un sentiment de déclassement général, sans empêcher la constitution de ghettos.

Aussi, ce qui a longtemps fait le credo du socialisme français – l'ouverture au monde, l'engagement européen, la modernisation économique, le temps libéré, l'intégration dans la République, la redistribution par l'impôt, les conquêtes sociétales – n'est plus considéré comme répondant aux besoins essentiels des travailleurs, d'autant que ceux-ci appréhendent de plus en plus le monde qui vient comme hostile et se sentent ignorés par la plupart des responsables politiques suspectés de ne rien connaître de la réalité de leur existence.

À répéter, à juste raison, que jamais un gouvernement n'en a fait autant sur le plan social depuis les premières années du septennat de François Mitterrand avec les 35 heures, la CMU, l'APA et les emplois-jeunes, le discours socialiste peine à convaincre le monde ouvrier, surtout quand les plans de licenciement sont annoncés par des groupes prospères (Renault, Michelin...) et que des délocalisations traduisent l'ampleur d'une concurrence à l'échelle de la planète.

Cette tâche est rendue encore plus ardue face à un paysage syndical au sein duquel la CFDT entend conduire la rénovation du dialogue social en un tête-à-tête avec le MEDEF, hors la présence d'un État qu'une CGT, d'autant plus combative qu'elle semble déclinante, appelle sans cesse à la rescousse, y compris dans des situations où, comme l'énonce justement Lionel Jospin, « il ne peut pas tout ».

Les ouvriers, dont Pierre Mauroy eût voulu que le candidat parlât davantage dans la campagne, ne sont pas à proprement dit devenus hostiles au gouvernement, mais ils ont pris leurs distances. Ne formant plus un bloc, ils sont porteurs d'attentes insatisfaites ou de déceptions catégorielles, au prétexte que d'autres tirent davantage qu'eux des avancées sociales prétendument accordées à tous. Le constat vaut particulièrement dans l'application des 35 heures qui donnerait plus de liberté aux cadres qu'aux ouvriers, lesquels réclament pour leur pouvoir d'achat de faire des heures supplémentaires. Quant aux mesures de redistribution, les actifs (salariés ou pas), plutôt que d'attendre un chèque ou une allocation, entendent utiliser, pour améliorer leur sort, ce qui demeure leur seule force, leur seul patrimoine, leur seule dignité : leur travail et donc sa rémunération.

La gauche et la sécurité

La sécurité est un autre enjeu majeur pour les catégories populaires. Lionel Jospin, bien avant d'accéder à Matignon, fut l'un des premiers à gauche à assumer d'en faire une priorité. Il l'exprime dans une contribution remarquée lors du congrès socialiste de Liévin en 1994, affirmant que « la sécurité est un droit, l'insécurité, une injustice », puisque ce sont les plus fragiles et les plus démunis qui en souffrent.

Devenu Premier ministre, il fixe la doctrine de son gouvernement. Lors du colloque de Villepinte, le 24 octobre 1997, il rappelle que le principe républicain de l'égalité entre les citoyens ne peut ignorer ce droit fondamental et préconise qu'à chaque acte délictueux corresponde une réponse judiciaire. Mais il ne s'en tient pas là. Pour une présence renforcée des forces de l'ordre dans les rues et par une volonté de contact avec la population, il lance la police de proximité. Il promet la création d'adjoints de sécurité par le recours aux emplois-jeunes et propose des contrats avec les communes pour mieux associer la population, les élus et les représentants de l'État à la mise en œuvre de cette politique. L'année suivante, le gouvernement engage un vaste redéploiement des effectifs de police et de gendarmerie sur l'ensemble du territoire en fonction des chiffres de la délinquance et de la criminalité.

La mise en œuvre de la police de proximité n'est effective qu'en 2000, et sa généralisation est renvoyée à la fin de l'année 2002[22]. Cette approche et ce retard sont, comme toujours quand la gauche gouverne, utilisés grossièrement par la droite (qui met en exergue la progression des chiffres

22. Elle fut supprimée en 2003 par Nicolas Sarkozy, alors ministre de l'Intérieur, au nom de la culture du chiffre, et avec une déconsidération affichée pour cette conception de la présence policière dans les quartiers.

des violences en 2000 et 2001 pour dénoncer l'impéritie du pouvoir et le laxisme de la justice).

L'éventuelle modification de l'ordonnance de 1945 provoque, s'il en était besoin, un débat sur les centres éducatifs fermés. Jean-Pierre Chevènement, pour justifier sa position en faveur de l'éloignement, évoque les « sauvageons » qui perturbent la vie des quartiers, tandis qu'Élisabeth Guigou, garde des Sceaux, s'accroche aux principes éducatifs de l'ordonnance. Souvent, la gauche offre les traits de sa propre caricature, comme si, face à des adolescents à la dérive, la répression suffisait ou que la prévention pouvait apporter seule la réponse appropriée. Lionel Jospin cherche, comme toujours, un équilibre. Il décide de ne pas toucher à l'ordonnance de 1945, mais d'ouvrir des centres de placement, sans qu'il soit possible de retenir sous la contrainte les mineurs qui y sont hébergés. Ardent partisan moi-même des compromis, j'admets que celui-ci me semblait aboutir à une insoluble contradiction ! La fermeté était attendue. Lionel Jospin était prêt à l'assumer, mais il n'était pas vraiment suivi par sa majorité. La gauche au pouvoir n'est jamais à l'aise avec l'autorité. Elle craint qu'elle ne soit contraire à l'État de droit ou qu'elle ne marque une dérive sécuritaire au détriment de la liberté. Or, rien n'est plus faux. La sanction est un principe éducatif et l'enfermement une protection du mineur autant qu'une punition. À cette époque flottait l'illusion selon laquelle l'amélioration des conditions de vie et une réhabilitation de l'urbanisme des quartiers seraient les meilleurs vecteurs pour faire baisser la délinquance. Le présupposé était juste, mais ne valait que sur le long terme : il n'amenuise pas les violences du quotidien, pas davantage qu'il n'éradique les trafics de toutes sortes. Ces derniers, au contraire, prolifèrent à mesure qu'ils manipulent des sommes considérables.

La loi sur la présomption d'innocence du 15 juin 2000 reflète bien la confusion qui peut saisir la gauche sur ces sujets. Ce texte a l'immense mérite d'ouvrir des droits aux victimes d'infractions pénales, aussi bien en termes d'information à tous les stades de la procédure que pour la constitution de partie civile et même pour l'indemnisation du préjudice. En regard, il limite les mises en examen (en cas d'indices graves ou concordants) et introduit parallèlement le statut de témoin assisté. Il veille aussi à encadrer les détentions provisoires en les confiant à un juge des libertés, ce qui marque une réelle avancée. En revanche, la loi complique les gardes à vue pour des raisons que les tenants des droits de la défense peuvent entendre, mais que les syndicats de policiers perçoivent comme une entrave à l'élucidation des faits et à l'identification des coupables. La droite, qui avait réclamé à hauts cris cette loi quand plusieurs des siens étaient visés par des inculpations qui avaient défrayé la chronique, a beau jeu de prétendre qu'on fait le lit de la délinquance au nom de la présomption d'innocence.

Chaque fait divers, chaque statistique, chaque manquement à l'ordre public seront autant d'occasions pour l'opposition de stigmatiser des lois trop douces, des magistrats trop complaisants, des gouvernants trop faibles.

C'est dans ce contexte que Jean-Pierre Chevènement fustige le dialogue rétabli avec les élus corses comme un signe supplémentaire de relâchement, alors que celui-ci a été rendu indispensable en raison des graves atteintes à l'éthique publique provoquées par le préfet Bernard Bonnet nommé après l'assassinat de son prédécesseur, Claude Érignac, et qui, dans une spirale répressive, a perdu toute mesure. Jean-Pierre Chevènement ravive les plaies plutôt que de prendre ses responsabilités. Il entretient la polémique et prête sa voix à une droite trop heureuse d'enrayer un processus de discussion qu'elle a en d'autres temps tenté d'encourager.

Dans ce contexte, Jacques Chirac attend patiemment le moment de frapper avant de tendre son arc et de lancer sa flèche. Mis hors jeu par la cohabitation, réduit au rôle de figurant devant les succès du gouvernement, abîmé par les révélations de la presse sur les procédures judiciaires qui s'accumulent sur son entourage, voire sur lui-même, il doit, pour sortir de l'ornière, choisir son terrain – la sécurité appartient au répertoire de la droite – et son jour – le 14 juillet 2001 –, en amont de la présidentielle à venir.

Il a préparé son offensive et choisi ses mots : « C'est la volonté qui a manqué et l'autorité de l'État qui a fait défaut. Nous devons y mettre un coup d'arrêt. » S'ensuit une attaque en règle contre l'impuissance de la justice et l'insuffisance des sanctions – sans oublier les instructions confuses données aux policiers.

Le coup est porté, quand bien même il n'est suivi que d'une suite d'incantations. Les propos sont efficaces parce qu'ils sont simples, pour ne pas dire simplistes. Mais ils sont injustes car le gouvernement Jospin a œuvré bien plus que tous ses prédécesseurs tant sur les effectifs que sur les moyens accordés à la police. La demande d'ordre et de protection est une constante dans toute société. Il est commode de la stimuler et de la récupérer. Il est imprudent de la sous-estimer. Elle est d'autant plus forte lorsque le pays et le monde se trouvent confrontés à des menaces terroristes.

Le basculement du 11 Septembre

Les attentats du 11 Septembre, s'ils touchent New York et les États-Unis, sont un défi posé à toutes les démocraties et interrogent leur vulnérabilité. Le gouvernement de Lionel Jospin fait immédiatement face. Il déclenche le plan Vigipirate et prend des mesures à la hauteur du danger : fouille des voitures, surveillance des messageries, contrôle des personnes à l'entrée des lieux publics. Une fois encore, la gauche au pouvoir n'hésite jamais, dans des circonstances exceptionnelles, à prendre ses responsabilités. Elle utilise alors toutes les facultés de l'État de droit pour conjurer les dangers que peut rencontrer la nation.

Mais le 11 Septembre ouvre une nouvelle ère pour la cohésion des sociétés démocratiques, un autre temps pour les relations internationales. Spectaculaire et meurtrier, il affirme que le terrorisme islamiste est capable de frapper l'Occident, *via* la métropole la plus symbolique de sa puissance. L'événement bouleverse l'ordre des priorités : avec la montée des peurs, le besoin de protection prend le dessus sur les impératifs d'égalité et de liberté.

Les conditions de l'élection présidentielle d'avril 2002 s'en trouvent chamboulées.

Lionel Jospin évalue parfaitement le choc que cet attentat sans précédent provoque dans les esprits. La défiance, le doute, la division s'installent. Les tours jumelles étaient loin, mais les images de leur destruction rapprochent les espaces, le temps et l'ennemi. Voici venu l'empire de l'information en continu et de l'émotion mondialisée par Internet. Les images, les vidéos se diffusent à la vitesse de l'éclair, plus choquantes et plus inquiétantes les unes que les autres.

Quelques jours après cette tragédie, le Premier ministre demande à me voir. Il me livre son analyse avec froideur, calme et clarté. J'ai toujours été saisi par le caractère chirurgical de ses raisonnements. Le 11 Septembre nous fait entrer, me confie-t-il, dans une nouvelle époque, caractérisée par des conflits asymétriques, des actes terroristes à grande échelle et des réflexes punitifs dangereux pour la stabilité du monde. J'en tire avec lui la conclusion que ces événements donnent des arguments aux tenants des replis identitaires, de la régression démocratique et du recul de l'État de droit. Nous les voyons aujourd'hui à l'œuvre. En 2001, nous n'en sommes pas encore là, mais l'enjeu sécuritaire vient de chasser la question sociale. Le bilan du gouvernement, d'un seul coup, se trouve relativisé par ce nouveau contexte. Le Premier ministre s'interroge sur la décision à prendre dans ce nouveau paysage.

Faut-il qu'il soit lui-même candidat dans une telle configuration ? Est-il nécessairement le mieux placé pour affronter un président involontairement rétabli par les circonstances ? Nulle pudeur dans son hésitation. Celle-ci découle d'une réflexion, pas d'un doute.

Premier secrétaire du PS, je développe une thèse qui procède davantage de l'obligation morale que du raisonnement politique. Le calendrier est trop avancé pour une révision de nos plans, et aucune formule de substitution ne s'impose naturellement : il faut persister et tenir bon. Lionel Jospin m'écoute, passe à un autre sujet de notre entretien, et n'y reviendra plus jamais.

En février 2022, il annonce sa candidature avec un réel enthousiasme : il a envie d'en découdre, sans doute trop, avec le président sortant. Les premières semaines de campagne se révèlent à son avantage, mais des déplacements inutiles, des incidents mineurs et des anecdotes ridicules la contrarient, avant qu'un drame ne l'entrave. Dans la nuit du 26 au 27 mars, soit trois semaines avant le premier tour, en pleine séance du conseil municipal de la mairie de Nanterre, un individu abat 8 personnes et en blesse 19 autres avec une arme à feu. L'auteur des faits, qui avait prémédité son acte, voulait s'en prendre, selon une lettre qu'il avait laissée, à l'élite d'une ville qu'il avait toujours exécrée.

L'acte d'un déséquilibré ne peut être imputé à un manquement de l'État. Pourtant, Jacques Chirac met sans ciller cette tragédie sur le compte de l'insécurité grandissante et en profite pour mettre en cause le gouvernement en associant l'incivilité ordinaire à une tragédie exceptionnelle.

La sécurité devient alors le seul sujet du premier tour, et la controverse enfle sur la question des détentions d'armes, pour finir, à quelques heures du scrutin, par l'exploitation d'un fait divers habilement monté en épingle. Un retraité habitant Orléans a été roué de coups et sa maison incendiée par deux individus non identifiés[23]. Face à ces images, le « bilan » n'a plus lieu d'être. Et c'est Jean-Marie Le Pen qui récolte les fruits de ces outrances.

Comme chacun sait, Lionel Jospin en paie le prix le plus élevé par une élimination brutale. Aussi improbable qu'injuste, elle n'était en aucun cas préméditée par les électeurs, qui anticipaient, à l'unisson des observateurs, un second tour « classique » entre les deux têtes de l'exécutif.

En ce sens, le 21 avril est un accident. Pourtant, ce « coup de tonnerre », selon les mots fameux de Lionel Jospin prononcés le soir même quand il annonce son retrait de la vie politique, révèle à la fois des failles dans la démocratie française – qui n'ont cessé depuis de se creuser – et les faiblesses structurelles de la gauche : sa répugnance à accepter la social-démocratie, son attraction mortifère pour la radicalité, sa réticence à admettre pleinement le choix européen, sa dispersion – par refus de reconnaître la nécessité d'une force centrale –, son goût pour la controverse poussée jusqu'à l'absurde, son irénisme face à des sujets majeurs comme l'immigration ou l'insécurité, sa vision anachronique du monde ouvrier et des rapports sociaux, sans oublier sa perpétuelle mauvaise conscience qui l'empêche de revendiquer avec fierté l'œuvre accomplie. Le 21 avril est un terrible acte manqué, mais c'est surtout une cruelle leçon de la chose politique. La suite montrera qu'elle n'aura pas été assimilée. Ces faiblesses endémiques, j'aurai à les affronter à mon tour dix ans plus tard, le 6 mai 2012, lorsque j'accéderai à l'Élysée.

---

23. Le 19 avril, le journal de 20 heures de TF1 diffuse les images du visage tuméfié de Paul Voise, qui suscitent une grande émotion. Le 20 avril, les journaux télévisés reviennent abondamment sur ce fait divers.

Le 21 avril marque aussi le terme prématuré de la vie politique de Lionel Jospin. Son sacrifice volontaire a eu une haute valeur civique et pédagogique.

En cet instant dramatique, son avertissement s'adressait à tous. Nos actes nous engagent tous. Voter ou ne pas voter. S'éparpiller ou se concentrer. S'engager ou s'éloigner. La politique n'est pas un jeu. Ni la démocratie un divertissement. La République est tout sauf une comédie. Elle peut même être une tragédie.

Bientôt, tout se vaudra et rien ne comptera plus. Lionel Jospin, par ce dernier discours public, confère une dimension morale et politique à une défaite qui n'aurait jamais dû se produire.

10

2012
François Hollande, ou le pouvoir disputé

Le départ de Lionel Jospin et l'obligation qui m'incombe d'appeler à voter Jacques Chirac pour vaincre l'extrême droite constituent une double peine.

Loin de réveiller l'électorat, ce traumatisme l'assomme et prive ainsi la gauche de toute possibilité de rebond à l'occasion des élections législatives qui suivent. La mécanique en place introduite par l'inversion du mode de scrutin fonctionne à plein. En politique, il n'y a pas de rattrapage. Les erreurs se paient, et plutôt deux fois qu'une. Il n'y a pas non plus de réparation. Les citoyens n'ont ni pitié ni remords, et préfèrent attendre le tour suivant. C'est exactement ce qui se produit : le pays donne une large majorité à Jacques Chirac, alors même qu'il l'a reconduit à l'Élysée par défaut.

En tant que premier secrétaire, il me revient de reprendre le drapeau, même si celui-ci ne flotte plus fièrement au sommet d'un pouvoir qui nous échappe. Les grandes manifestations du 1er mai 2002 contre l'extrême droite, qui ont réuni plus de 1 million de personnes à Paris, n'ont débouché sur l'installation d'aucun réflexe civique : dès lors que Jean-Marie Le Pen, au second tour de la présidentielle, a été écarté – et même écrasé –, ne réunissant que 17,79 % des suffrages (contre 82,21 % pour Jacques Chirac), l'objectif paraissait globalement atteint et les élections législatives qui suivaient perdaient tout intérêt. En comparaison, si en juillet 2024 peu de monde a défilé dans les rues face à la menace de l'accès de l'extrême droite au pouvoir, la participation au scrutin a montré pourtant l'efficacité électorale d'un large front républicain pour conjurer ce risque.

En juin 2002, nous résistons autant que possible et préservons une présence à l'Assemblée nationale (141 sièges) qui fait de nous – et de loin – la principale force d'opposition.

Lors du congrès de Dijon, qui se tient au printemps 2003, j'obtiens une majorité qui m'octroie le droit – et le devoir – de poursuivre ma tâche. Mais le PS n'échappe pas aux convulsions qui suivent chaque défaite. S'ouvre inéluctablement, durant ce rassemblement bourguignon, un débat voué à expliquer les causes de l'échec. Celui-ci marque des lignes de fracture qui, bien que résorbées sur l'instant, annoncent des séparations prochaines. Jean-Luc Mélenchon, qui avait participé, et ce avec un bonheur non dissimulé, au gouvernement de Lionel Jospin comme ministre de l'Enseignement professionnel, tire le premier. Il inscrit encore sa démarche au sein du Parti socialiste, mais il s'en éloigne déjà en indiquant que son courant veut « vivre en osmose avec la gauche altermondialiste et mouvementiste[1] dans une irréductible identité anticapitaliste ». Il dénonce la stratégie européenne des socialistes qui, selon lui, ont failli : « Allons-nous passer sous silence qu'ayant eu le pouvoir dans 13 pays sur 15 nous ne sommes arrivés à rien ? » Il appelle enfin le PS à faire synthèse avec la rue, avec le peuple. Il en est toujours là aujourd'hui : le blocage puis la confrontation finale entre « eux et nous[2] ».

1. Réunissant les mouvements altermondialistes, de soutien aux sans-papiers, avec le mouvement Droit au logement.

2. Pour résumer : « Marine Le Pen et lui ».

Arnaud Montebourg, quant à lui, fustige la construction européenne en évoquant une « nouvelle intransigeance » et appelle à un retour de la souveraineté nationale.

Le schisme européen

Le référendum sur le traité constitutionnel européen du 29 mai 2005 provoque sur le PS un choc déflagratoire. Ce texte n'a pourtant rien de fondamental, puisqu'il reprend, pour l'essentiel, les traités existants. Mais son tort est de leur conférer une apparence constitutionnelle, offrant l'occasion aux minorités du PS, en prônant le « non », de rompre avec une politique supposée être influencée par le néolibéralisme. Comment leur faire entendre raison ? Comment le PS pourrait-il s'écarter de ses partenaires sociaux-démocrates européens ? Comment refuser un texte issu d'une convention préparatoire dont les socialistes français au Parlement européen avaient été parties prenantes ? Comment préparer notre retour aux responsabilités si, par notre attitude, nous provoquons une crise européenne ?

Il m'a été reproché de soumettre ces questions aux adhérents du Parti socialiste, comme si la démocratie interne était un procédé coupable ou que, par ce vote, je cherchais un adoubement personnel dans la perspective de l'élection présidentielle de 2007. Je tenais, au contraire, à réconcilier une bonne fois pour toutes les socialistes avec leur histoire. N'est-ce pas un ministre socialiste[3] qui, à la fin de la IVe République, avait signé le traité de Rome de 1957 ? N'était-ce pas François Mitterrand qui avait, dans les circonstances les plus difficiles, préservé l'ancrage européen de la France en 1983 ? N'était-ce pas lui qui, avec Jacques Delors, avait décidé du grand marché européen par l'Acte unique ? N'était-ce pas encore François

3. Il s'agit de Christian Pineau.

Mitterrand qui, à la fin de son second mandat, avait ouvert la marche vers l'euro ? N'était-ce pas Lionel Jospin qui, à travers l'adoption des traités d'Amsterdam puis de Nice, avait fixé les bases de l'élargissement de l'Europe et les conditions de mise en place de la monnaie unique ? Plus tard, il a pu affirmer crânement : « nous n'avons pas du tout cédé devant l'Europe. Nous sommes entrés dans l'euro alors que nous avions un taux de croissance plus élevé que la moyenne européenne, et plus élevé que l'Allemagne[4] ».

Même au nom d'une improbable synthèse, je ne pouvais tenir une position contraire à mes engagements de toujours. Je m'y refuse donc. Au sein de mon parti, j'obtiens la confiance d'une majorité de militants. À l'échelle du pays, en revanche, je n'y parviens pas[5]. Les doutes sur les orientations de l'Europe s'ajoutent aux inquiétudes d'une perte de souveraineté et aux multiples colères sur les délocalisations et les concurrences déloyales pour rejeter le traité.

Cette fracturation du PS n'est pas une simple péripétie. Elle vient de loin. Elle renvoie aux débats qui traversent l'histoire de la gauche dès l'origine de la construction européenne, mais que les socialistes étaient parvenus à dépasser jusqu'alors. Le référendum perdu de 2005 atteste que cette querelle s'est invitée au cœur même de la « grande maison »… au risque de lui faire perdre son adresse et de lézarder bien plus que sa façade.

Le parti met néanmoins le couvercle, pour un temps, sur ses discordes et préfère noyer dans un consensus artificiel les opinions jugées incompatibles[6]. De fait, la priorité n'est

4. https://www.radiofrance.fr/franceculture/podcasts/avec-philosophie/l-epreuve-de-l-exercice-du-pouvoir-7405029

5. Le « non » recueillit 54,67 % contre 45,33 % pour le « oui », avec une participation de près de 70 %.

6. C'est l'objet du congrès du Mans, au terme duquel j'obtiens le renouvellement de mon mandat et procède à une synthèse quasi générale, seule façon d'éviter une possible scission.

plus là. L'élection présidentielle approche à grands pas et il faut s'y consacrer.

Les brandons de la discorde

En 2007, le parti doit choisir son candidat[7]. L'enthousiasme suscité par la désignation de Ségolène Royal génère une heureuse mobilisation : des foules considérables se pressent pour engager un combat qui marque le retour classique du clivage gauche/droite. En regard, sa campagne brise les codes et heurte autant qu'elle galvanise. Des thèmes et des symboles jusqu'ici étrangers à la liturgie socialiste sont convoqués : l'« ordre juste », le « drapeau », l'« encadrement militaire pour apprendre un métier ». S'inscrivant dans une démarche résolument européenne, Ségolène Royal s'adonne également à la recherche d'alliances jusque-là interdites et d'engagements inédits, comme la démocratie participative.

Envisageable au début, la victoire s'éloigne au fur et à mesure d'une campagne particulièrement brutale. C'est Nicolas Sarkozy qui finalement l'emporte. Il est parvenu à rassembler toute la droite et à imposer le thème du travail, comme pour répondre à la lancinante question du pouvoir d'achat et lutter contre l'« assistanat ». Ostensiblement appuyé par les milieux d'affaires, il ne cache pas les nombreux liens qui l'unissent avec certaines de leurs figures de proue, au point d'être identifié à elles encore aujourd'hui.

En novembre 2008, après dix ans passés à la tête du Parti socialiste, je considère ma tâche comme accomplie. Le PS a accompagné fièrement Lionel Jospin, surmonté ses échecs,

---

7. Après une campagne d'adhésion permettant au PS de compter près de 300 000 membres, Ségolène Royal est investie par une « primaire militante » le 16 novembre 2006, avec 60% des voix.

préservé son unité et remporté des succès éclatants aux élections locales[8]. Reconduit largement (à plus de 70 % des suffrages) comme maire de Tulle, j'accède à la présidence du conseil général de la Corrèze qui, depuis quarante ans, était tenue par la droite.

En novembre 2008 se tient le congrès de Reims. Il fut le théâtre d'un affrontement entre Ségolène Royal et Martine Aubry. C'est pourtant Bertrand Delanoë qui, au départ, semblait le mieux placé pour reprendre le parti et le rassembler. Je l'ai d'ailleurs soutenu pour cette raison. Mais l'idée qu'il puisse convoiter la présidence et son affichage « socialiste et libéral[9] » fragilisent sa démarche et suscitent une levée de boucliers chez nombre de ses « camarades ». Des alliances baroques se forment, sans qu'il soit possible de dégager une cohérence dans les orientations[10]. Le gagnant ne parvient pas à être désigné au sein d'un scrutin entaché de suspicions avant que Martine Aubry ne s'impose dans la défiance. Quinze ans plus tard, ce scénario se reproduira lors du congrès de Marseille, mais alors qu'il y avait eu 140 000 votants en 2008, on n'en comptera que 20 000 en 2023.

Les contestations qui suivent ajoutent encore à la confusion. Le PS en subira le contrecoup aux élections européennes suivantes, en ne mobilisant qu'à peine 16 % des voix, soit le même score que les écologistes. C'est l'occasion pour Jean-Luc

8. Aux élections régionales et cantonales de mars 2004, la gauche parlementaire gagne la présidence de 24 régions sur 26 et de 51 départements sur 100. Aux élections européennes de juin, le PS arrive largement en tête (près de 29 % des voix) devant l'UMP (16,64 %).

9. Dans son livre – alors fraîchement sorti – intitulé *De l'audace* (Robert Laffont, 2008), Bertrand Delanoë use d'une formule malheureuse qui reconnaît le bien-fondé du libéralisme et expose son auteur à des blâmes malhonnêtes de la part des autres membres du parti.

10. Ainsi Laurent Fabius soutient-il Martine Aubry, laquelle ménage Dominique Strauss-Kahn (parti au FMI à Washington), sans que Benoît Hamon, futur frondeur, en soit effrayé. De l'autre côté, Gérard Collomb et Manuel Valls se retrouvent en compagnie de Vincent Peillon et de Julien Dray pour soutenir Ségolène Royal.

Mélenchon de quitter le navire et de fonder le Parti de gauche, ancêtre de La France insoumise.

De nombreuses fragilités minaient le Parti socialiste. La querelle européenne, l'indiscipline qu'elle a provoquée et les jeux personnels s'ajoutaient à l'incapacité à prendre en compte les évolutions rapides de la société comme à puiser dans la société civile le renouvellement de ses cadres. Certes, son réseau d'élus est encore impressionnant. Il s'est même élargi lors des élections régionales de 2010 ainsi que par les cantonales de 2011, qui aboutissent à une dernière consécration : la conquête de la présidence du Sénat, la « Chambre haute », en la personne de Jean-Pierre Bel. Le PS est pourtant muré dans un certain immobilisme, comme figé par l'attente d'une désignation : qui sera son candidat à la présidentielle ? Sa direction l'imagine promise à Dominique Strauss-Kahn, alors directeur général du Fonds monétaire international.

Les socialistes tirent avantage des difficultés de Nicolas Sarkozy. La réforme des retraites – qui porte à 62 ans l'âge légal de départ – ainsi que les dégâts sociaux induits par l'ampleur de la crise économique et financière rendent ce président d'autant plus impopulaire que son omniprésence médiatique et ses méthodes brutales indisposent, y compris dans son propre camp. Si l'opposition est ferme, elle peine toutefois à proposer de véritables solutions. Il n'empêche. Après dix-sept ans de présidences de droite, le moment semble propice à une nouvelle alternance.

Vers la candidature

En 2009, les adhérents approuvent, sur proposition de Martine Aubry et sous la pression d'Arnaud Montebourg, le principe de primaires ouvertes à tous les électeurs pour désigner le candidat à la présidentielle de 2012. Je n'ai jamais été favorable ni à leur principe ni à leur tenue. Ce processus scelle en effet, selon moi, la fin des partis politiques puisqu'il prive les militants du droit de choisir leur premier dirigeant et renvoie à un corps électoral indéfini le privilège de cette désignation.

Je me prépare néanmoins dès 2010 à cette éventualité. Mes équipes sont constituées, et mes propositions affinées autour de trois enjeux : la production, l'éducation et la redistribution. Quand la plupart se contentent d'attendre mollement l'arrivée d'un favori qui tarde à se déclarer, j'avance. Au gré de mon propre calendrier. L'annonce de ma candidature est conditionnée, ai-je décidé, par ma réélection au conseil général de la Corrèze, mon département d'adoption. Cette étape franchie, je me déclare, le 31 mars, à Tulle. Mes mots sont strictement pesés. J'estime qu'il n'y a plus de temps à perdre, que le changement peut et doit enfin avoir lieu.

J'ai toujours conçu la politique, en effet, comme un acte de gouvernement. Ayant accompli de nombreux mandats électifs (vingt ans député, sept ans maire), le pouvoir ne m'est pas familier, mais il ne m'est pas étranger. Je n'ai jamais été ministre, mais je connais l'État par mon parcours et par mes fonctions. J'ai assimilé les sujets, les règles et les risques inhérents à l'exercice de la responsabilité.

J'en mesure les lourdeurs et les pesanteurs et, si je me garde de les sous-estimer, j'entends mener une campagne qui conjugue audace et sérieux. J'ai conscience que les antagonistes sont et seront nombreux – à droite comme dans mon propre camp – et que la culture de gouvernement est ce qui se volatilise le plus vite quand le confort de la contestation l'emporte sur la perspective de la reconquête.

Dès mon annonce, la direction du PS estime que je me précipite. C'est tout le contraire. Je comble un vide, propose une ligne cohérente, parcourant sans attendre le pays afin de glaner méthodiquement des soutiens.

Au printemps 2011, Dominique Strauss-Kahn n'a toujours pas fait connaître ses intentions. Il est cependant parvenu à éteindre les prétentions de Laurent Fabius et de Martine Aubry. Depuis quelques mois, il est vrai, les sondages le plébiscitent.

Oui, mais rien ne se passe jamais comme prévu. Après plusieurs semaines, j'apparais comme une alternative possible à sa candidature virtuelle. J'enregistre une montée régulière dans les enquêtes d'opinion, au point de faire jeu égal avec lui, au début du mois de mai, dans l'électorat de gauche. Le terrain bouge, avant de connaître un tremblement de terre.

L'arrestation spectaculaire de Dominique Strauss-Kahn, dans la nuit du 15 mai 2011, pour une agression sexuelle qui aurait été commise à New York, bouleverse la donne. Comme tant d'autres, je suis abasourdi par la nouvelle et aussitôt conscient du caractère inéluctable de ses conséquences.

Pour son parti, qui ne sait pas ce qu'il doit à la solidarité à l'égard de l'une de ses brillantes figures ou ce qu'il doit à la nécessaire prise en considération de la parole d'une femme de chambre blessée et humiliée. Pour sa candidature, qui se trouve annihilée par les images de son interpellation ainsi que par la longueur de la procédure qui va s'ouvrir. La primaire qui devait me mettre face à Dominique Strauss-Kahn et donc dans une situation où j'avais tout à gagner prend alors, aux yeux de beaucoup, l'apparence d'une désignation par défaut. J'étais convaincu, pourtant, de pouvoir l'emporter quoi qu'il advienne. Mais comment le prouver ? La défaillance de DSK fut non pas une aubaine mais un premier handicap.

Je mesure, dès l'été, tous les inconvénients d'une compétition inventée pour n'avoir jamais lieu, sauf comme instrument de ratification d'une candidature « naturelle ». Ce ballet met aux prises pas moins de six postulants : Martine Aubry, Ségolène Royal, Arnaud Montebourg, Manuel Valls, Jean-Michel Baylet et moi-même. Il est nécessaire, dans une telle configuration, de savoir se différencier et, pour certains, de peser au mieux dans l'arrangement final.

Cette procédure a beau me déplaire, le paradoxe veut que j'en devienne apparemment le bénéficiaire. Pourtant, le vice de construction de la primaire « citoyenne » demeure.

Par-delà les surenchères, je redoute les attaques, même canalisées, venant de mon propre camp, et mises ainsi à la disposition de nos adversaires, qui n'en demandent pas tant. Hélas, je ne suis pas détrompé, et les piques lancées à mon endroit par mes propres « amis » deviendront autant de fardeaux par la suite, et ce bien au-delà de 2012 : « quand c'est flou, il y a un loup », « la gauche molle », « le point faible de François Hollande, c'est l'inaction », et autres amabilités dessinent un portrait qui n'est guère gratifiant ! La « fronde » y trouvera sa première source d'inspiration.

Une autre conséquence de la primaire m'avait échappé. Son vainqueur, quoi qu'il en pense lui-même, en sort contraint ; il n'obtient pas un blanc-seing. Lui incombe, au contraire, de concéder des éléments programmatiques à ses malheureux rivaux afin de rassembler tous les morceaux, surtout en cas de second tour. Car si je gagne largement face à Martine Aubry, avec plus de 56 % des voix sur 3 millions de votants, c'est aussi parce que j'ai bénéficié du désistement de tous les autres concurrents auxquels j'étais nécessairement redevable.

Je ne pouvais négliger, en outre, la position de la première secrétaire, qui avait réuni plus de 40 % des suffrages et qui, légitimement, devait être prise en considération. Sa fonction et son résultat, de fait, l'exigeaient.

La primaire citoyenne m'aura certes donné un élan démocratique, mais au prix d'une confrontation pénible, d'une exposition regrettable aux critiques et d'infléchissements programmatiques nuisant à la clarté de ma démarche. Enfin, elle aura infligé des cicatrices douloureuses au vainqueur comme aux vaincus.

Soyons juste, toutefois. Le rassemblement s'est fait, le Parti socialiste s'est tant bien que mal aligné, et a mobilisé l'ensemble de ses forces et de ses réseaux pour porter au plus haut ma candidature.

Le décollage du Bourget

Investi en octobre 2011, je m'engage dans une campagne qui durera plus de six mois. Aussitôt commencée, celle-ci paraît déjà s'essouffler. Les sondages indiquent une victoire très large face au président sortant (lequel n'a pas encore fait connaître sa décision ni réuni son camp).

Pour conjurer les premiers doutes, je décide de livrer le sens de ma démarche et l'essentiel de mes intentions lors d'un grand meeting prévu au Bourget, le 22 janvier 2012.

Le discours prononcé ce jour-là fut jugé décisif. Des promesses, des formules – notamment celles sur la finance – marqueront les esprits. Celles-ci ne manqueront pas, plus tard, de faire l'objet d'un examen rétrospectif. Les engagements ont-ils été tenus ? les actes à la hauteur ? les espérances traduites dans la réalité ?

C'est empli d'un mélange de sincérité et de lucidité que je m'exerce à répondre, à l'occasion de la rédaction de ces lignes, à ces questions. Je souhaite ainsi mesurer mon degré de fidélité par rapport à mes promesses, sans omettre de constater, le cas échéant, les écarts que j'ai pu, dans l'action, être induit à opérer.

Dans ce fameux discours, j'expose au premier chef ma conception de la présidence de la République. J'affirme refuser que « tout procède d'un seul », j'exige la rigueur (en promettant d'écarter les responsables qui failliraient à leur mission[11]),

11. « Être impitoyable à l'égard de la corruption. Malheur aux élus qui y succomberaient ! » En prononçant cette phrase, j'ignorais forcément que j'aurais à

je promets l'impartialité (en garantissant l'indépendance de la justice). Je désire ardemment diriger une République réconciliée en « écartant la stigmatisation, la division, la suspicion ». Une République ferme à l'égard de l'immigration clandestine et de ceux qui l'exploitent, mais ouverte aux réfugiés qui cherchent un asile[12]. Une République qui ne concède rien aux dictateurs, qui fait respecter le droit et non la force[13].

« Ambitieux pour [m]on pays et humble pour [m]oi-même, exemplaire par [m]on comportement comme par [m]a rémunération[14] », je revendique « une simplicité qui n'est pas une retenue, mais la marque de l'authentique autorité », celle qui préserve la liberté, respecte les points de vue dans leur diversité et rejette la tyrannie de l'immédiat. Ai-je manqué à ces principes ? Au-delà des comparaisons avec mon prédécesseur et mon successeur, j'ai tenu bon sur ce rapport au pouvoir et sur le respect du droit et de la justice. Je n'ignore naturellement rien du caractère tragique de l'Histoire, et donc de la fonction. Au Bourget, je déclarais : « Tout ce que l'on croit irréversible, inaltérable, inattaquable peut être à tout moment atteint en son cœur : la crise, le fanatisme, le terrorisme », sans mesurer le caractère tristement prémonitoire de ces derniers mots…

faire face au scandale représenté par la fraude fiscale commise par le ministre du Budget Jérôme Cahuzac, mais, d'une certaine façon, j'annonçais l'intransigeance de mon attitude.

12. Cette position fut la nôtre lors de l'arrivée de la grande vague des migrants venus de Syrie et d'Afrique en 2015. L'évacuation de la jungle de Calais et la répartition de ces malheureux sur notre territoire en furent une des traductions.

13. Ce fut mon attitude sur la Syrie et sur l'Ukraine.

14. Dès mon accession à l'Élysée, je réduisis de 30 % les indemnités du chef de l'État et des membres du gouvernement « pour donner l'exemple au moment où précisément des efforts sont demandés à nos concitoyens ».

La finance, mon ennemie

Le cœur de mon intervention portait sur l'attitude à adopter face à la crise financière qui, venue des États-Unis[15], se répandait en Europe. La France n'était pas épargnée, tant et si bien que les agences de notation venaient de la dégrader[16]. J'en appelle alors au redressement dans la justice. Pour convaincre les Français de fournir les efforts nécessaires au sursaut, il me faut désigner le coupable. Je dois nommer celui qui nous a conduits là où nous sommes, celui qui a échappé à tout contrôle et exposé le système financier au risque le plus élevé, celui qui menace les États et qui, grâce à la technologie, est capable de « déplacer en une fraction de seconde des sommes d'argent vertigineuses ». Ce coupable est mon adversaire : « Il n'a pas de visage, pas de parti. Il ne présentera jamais sa candidature. Il ne sera donc pas élu et pourtant il gouverne. Cet adversaire, c'est le monde de la finance. » J'assume encore cette expression aujourd'hui. Elle est à la hauteur des circonstances. Des masses de capitaux peuvent, par leur mouvement, déstabiliser l'économie mondiale, des prises de position aventureuses peuvent mettre en péril des entreprises, même parmi les plus solides, et mettre en danger des pays comme la Grèce.

Une fois président, qu'ai-je fait pour nous en prémunir ? C'est sous la pression de la France que l'Union européenne entreprend, dès 2012, de réguler davantage la distribution des crédits, de rehausser les exigences en matière de fonds propres et d'organiser une solidarité entre les banques afin d'éviter aux déposants de perdre une partie de leur épargne et aux États d'être contraints

---

15. Survenue en 2008, la crise financière américaine découle de la dérive des « *subprimes* » (prêts immobiliers hypothécaires accordés aux faibles revenus).

16. Standard & Poor's abaisse la qualité de la signature de la France de AAA à AA+.

de renflouer les établissements sinistrés. Dans notre pays, une loi bancaire est votée en juillet 2013 pour séparer les activités de crédit de celles relevant d'investissements à risque[17].

Je n'ai jamais prétendu éliminer pour toujours les pratiques spéculatives. La finance se réinvente, chaque fois qu'elle est contrainte. Elle ruse pour contourner les règles qui lui sont imposées, ce qui oblige les États et les institutions chargées de réglementer à exercer une vigilance permanente et à utiliser toutes les armes pour la contredire.

C'est grâce à cette volonté sans faille que la Banque centrale européenne, le 25 juillet 2012, décide, par la voix de son gouverneur, Mario Draghi, de « tout faire pour sauver l'euro », et met ainsi un terme à la tempête financière qui menace de tout emporter[18].

Ma diatribe contre la finance fut interprétée de multiples façons. Certains ont voulu y déceler une forme de dénonciation morale à l'encontre de l'ensemble du monde bancaire. Étrange lecture que celle-là ; mon propos visait, au contraire, à protéger ce secteur des comportements malsains susceptibles de le déstabiliser dangereusement. Loin de moi l'idée de mettre en cause le financement de l'économie par le crédit : il est indispensable. Sans lui, les particuliers ne peuvent solliciter des prêts pour leurs logements, et les entreprises s'engager dans de nouveaux investissements. Mon intention était de prévenir les emballements des marchés, de réduire les risques et d'isoler les placements spéculatifs.

Les banques françaises n'auront pas à se plaindre de nos réglementations. Nos établissements sont, du reste, considérés

---

17. Les activités d'une banque, réalisées pour son propre compte sans utilité pour le financement de l'économie et sans lien avec les clients, sont désormais cantonnées dans une filiale séparée.

18. En promettant de racheter de manière illimitée les dettes des pays en difficulté, la BCE annihile la spéculation : elle signifie que parier sur l'explosion de la zone euro revient à jouer contre la Banque centrale sans aucune perspective de gain.

comme les plus solides du système financier européen. En témoignent les résultats des tests et vérifications que nous avons contribué à introduire.

Plus malveillant encore fut le procès intenté par la gauche radicale, prétendant que mon propos ne visait pas seulement la finance, mais le capitalisme dans sa globalité. Et puisqu'il n'avait pas été terrassé au terme de mon mandat, les charges qui pèsent sur moi sont d'autant plus lourdes : j'aurais abandonné en chemin ma proclamation, cédé aux puissances de l'argent, oublié le sens du combat et, pour tout dire, trahi ! Mon discours est même mis en regard de la politique de l'offre que j'engage dès la fin de 2012, au prétexte qu'elle accorde un crédit d'impôts aux entreprises qui maintiennent leurs effectifs et qui embauchent. Ainsi, ce n'était pas la finance qui aurait dû être « notre adversaire », mais toutes les entreprises supposées, par essence, contrevenir à l'intérêt commun. Toute aide qui leur serait destinée deviendrait dès lors suspecte.

Il sera parfois dit que j'aurais improvisé, en 2014, la politique de l'offre et qu'elle aurait marqué un tournant. Or c'est précisément au Bourget que j'avançais l'idée d'un soutien à la production « en consentant des allègements fiscaux vers les entreprises qui investissent sur notre territoire et embauchent ». C'était le crédit d'impôt pour la compétitivité et l'emploi (CICE) avant l'heure !

Je ne retire donc rien de ce que j'ai dit ce jour-là et de ce que j'ai fait pendant cinq ans !

Au Bourget, le nucléaire est préservé

La droite, au moment où nos centrales nucléaires ont encore quelques difficultés en 2023, a convoqué le discours du Bourget pour y déceler un tournant de notre politique énergétique.

À cette période, la catastrophe de Fukushima avait en effet suscité une grande inquiétude dans l'opinion sur la sûreté des centrales (bien qu'aucun accident n'y ait été décelé). L'événement avait même conduit Mme Merkel à sortir du nucléaire, et la Belgique ainsi que l'Italie affichaient depuis une intention semblable. Je refuse d'aller dans ce sens, conscient de l'atout que représente cette énergie pour notre indépendance et pour la décarbonation de notre économie, et préconise de réduire la part du nucléaire dans la production d'électricité de 75 % à 50 % à l'horizon 2025, mais souligne le « besoin pour notre pays » d'une industrie nucléaire forte, tout en insistant sur la nécessité de développer les énergies renouvelables. J'affirme ma confiance en la science, dans le progrès et dans la recherche. Et, si mes gouvernements prépareront la fermeture de la centrale de Fessenheim[19], ils confirmeront le chantier de l'EPR de Flamanville et prolongeront au-delà de quarante ans la durée de vie de nos centrales. Ils feront voter une loi de transition qui a engagé une mutation profonde de notre politique climatique.

Au Bourget, la dette n'est pas oubliée

J'entendais être clair sur le rétablissement impératif des comptes publics. La dette publique, en effet, avait vertigineusement progressé durant le mandat de Nicolas Sarkozy[20]. La charge des intérêts provoquée par la hausse des taux sur les emprunts d'État exposait alors notre pays à un redoutable rendez-vous. Le gouvernement Fillon avait pris des mesures correctrices trop modestes pour produire des résultats immé-

19. Laquelle n'intervient qu'en juin 2020. Elle avait été mise en service quarante-deux ans plus tôt, en janvier 1978.

20. Le poids de la dette publique par rapport au PIB était passé de 65 % en 2007 à près de 90 % en 2012.

diats, et suffisamment injustes pour provoquer le rejet de l'austérité qui s'installait néanmoins partout en Europe.

Face à cette échéance, je pouvais louvoyer ou atermoyer. Pourtant, je vais droit au but, je fixe l'objectif de revenir le plus vite possible aux 3 % de déficit par rapport au PIB, afin de respecter nos engagements européens et d'éviter une punition par les marchés à travers une hausse des taux d'intérêt sur les titres d'État.

J'entends revenir sur les cadeaux fiscaux accordés depuis une décennie aux ménages les plus aisés et aux plus grosses entreprises. La promesse est tenue dès l'été 2012.

Dans le même exercice de sincérité, je déclare que « toute nouvelle dépense serait financée par des économies et que le nombre de fonctionnaires n'augmenterait pas[21] ». Je ne dissimule rien – ni mes objectifs, ni mes choix.

L'assainissement doit se faire dans la justice. C'est le sens de la « taxation des revenus du capital aux mêmes taux que ceux du travail », de la création d'une tranche supérieure à 45 % de l'impôt sur le revenu pour les foyers qui touchent plus de 150 000 euros, et du plafonnement des niches fiscales. Toutes ces mesures furent intégrées dès le premier budget voté de mon quinquennat.

Je suis conscient de l'âpreté du combat qui m'attend.

Je n'ai jamais pensé que la marche vers l'égalité devait s'accomplir sur le seul terrain fiscal. Elle devait emprunter d'autres voies. C'est pourquoi je promets d'ouvrir une négociation afin de revenir sur la réforme des retraites et d'accorder le droit, sans attendre cette échéance, à ceux qui atteignent l'âge de 60 ans et qui ont cotisé au moins quarante-deux ans

21. J'ajoutais qu'il serait mis fin à la règle aveugle du non-remplacement d'un fonctionnaire sur deux partant à la retraite, laquelle avait été mise en place à partir de 2009 par l'équipe sortante, dans le cadre de ce qui était appelé la « revue générale des politiques publiques » (RGPP) et qui avait été vécu comme un traumatisme dans la Fonction publique.

de partir immédiatement à la retraite à taux plein. La décision sera entérinée dès le premier Conseil des ministres de mon mandat. Près de 800 000 personnes ont pu depuis bénéficier de cette mesure et je reçois encore aujourd'hui la gratitude de bon nombre d'entre eux. J'évoque « la reconnaissance de la pénibilité et la nécessité d'assurer la pérennité de notre système de répartition ». J'ajoute d'autres engagements dans d'autres domaines : l'encadrement des loyers, le renforcement de la loi SRU[22], le contrôle des dépassements d'honoraires, la tarification progressive de l'électricité, le soutien aux villes les plus pauvres. Ces dispositifs seront mis en place tout au long du quinquennat.

Au Bourget, la priorité, c'est la jeunesse

C'est à l'école que je désire consacrer l'essentiel de ma campagne. Je promets 60 000 postes ainsi que 150 000 contrats d'avenir, et émets la belle idée du contrat de génération[23].

Je revendique d'être jugé sur un seul objectif : « Est-ce qu'au terme de mon mandat les jeunes vivront mieux en 2017 qu'en 2012 ? » Si j'en juge par la baisse du chômage des moins de 25 ans, la réduction de moitié du nombre de décrocheurs scolaires, le renforcement des moyens de l'édu-

---

22. La loi relative à la solidarité et au renouvellement urbain (SRU), adoptée en décembre 2000 sous le gouvernement Jospin, prévoit notamment des plans locaux d'urbanisme, une obligation de 20 % de logements sociaux dans les communes de plus de 3 500 habitants, et de nouvelles obligations pour les bailleurs.

23. Il s'agissait de permettre l'embauche de jeunes en contrat à durée indéterminée dès lors qu'ils étaient accompagnés d'un salarié plus expérimenté lui-même maintenu dans l'emploi jusqu'à son départ à la retraite. L'employeur bénéficiait alors d'une exonération de cotisations sociales. Cette formule fut plus tard endossée par les partenaires sociaux dans un accord interprofessionnel. Elle a été supprimée depuis 2017.

cation prioritaire, le relèvement des bourses d'étudiants, le développement du service civique et la création de la garantie jeunes[24], j'estime qu'une large partie de cet engagement a été honorée, même si on n'en fait jamais assez pour la jeunesse et qu'elle reste, plus de dix ans plus tard, la priorité que tout candidat à l'élection présidentielle devrait avoir s'il prétend être à la hauteur de la fonction. Comment admettre le creusement des inégalités scolaires, les disparités territoriales dans les parcours de réussite, la paupérisation de nombre d'étudiants, la précarité salariale des jeunes, les charges pesant sur les parents ainsi que la dégradation de la santé mentale des adolescents, due à l'angoisse nourrie par le dérèglement climatique et les névroses produites par les réseaux sociaux ? Il est indispensable de s'adresser à la jeunesse non pas parce qu'elle pèserait lourd dans l'électorat – elle est largement minoritaire par rapport aux plus de 65 ans –, mais pour ce qu'elle représente. Ignorer la jeunesse, c'est enterrer l'avenir.

Je conclus le discours du Bourget par une référence à Pierre Mendès France : « Je vous dois la vérité. Je connais les contraintes financières, la lourdeur de l'héritage qui nous sera légué. Je ne promettrai que ce que je suis capable de tenir », et affirme que le quinquennat se fera en deux temps. Le premier sera consacré « au redressement et à la réponse aux urgences », le second sera dédié à « la redistribution de ce que nous avons créé et favorisé par nos décisions ». Je regrette que le rétablissement ait été plus long qu'attendu, et le partage plus tardif qu'espéré. Mais c'est bien ainsi que le quinquennat s'est en définitive organisé. Je relis donc mes propos sans états d'âme ni regrets.

---

24. C'est un droit qui s'adresse aux jeunes – de 16 à 26 ans – en situation de grande précarité (dénués d'emploi et sans formation en cours). Il comprend un accompagnement professionnel, une aide financière et un soutien à l'autonomie dans le cadre de missions locales.

Le changement, c'est maintenant

Un moment suspendue après les tueries de Montauban et de Toulouse[25], la campagne confirme la volonté d'alternance de l'électorat. Et quand bien même la gauche se présente avec plusieurs candidatures – celle de Jean-Luc Mélenchon comme celle d'Eva Joly[26] –, la mécanique du vote utile, vouée à faire gagner la force principale et la plus apte à gouverner, fonctionne en ma faveur.

Je n'ai jamais pensé perdre cette élection. Le soir du 6 mai, vers 19 heures, les estimations confirmant la victoire me sont communiquées. Je ne suis pas surpris et en saisis immédiatement la portée. Je savoure un bref instant l'aboutissement d'une démarche engagée un an plus tôt et le bonheur qui saisit les foules qui se pressent à Tulle comme à Paris. Je mesure également, sans rien en dire autour de moi, la charge qui d'un seul coup pèse sur mes épaules ainsi que l'étroitesse du soutien qui m'est consenti : j'ai certes obtenu 51,64 % des voix (c'est-à-dire, à la décimale près, le même score que celui atteint par François Mitterrand en 1981), mais avec 2 millions de bulletins blancs et nuls[27]. Et je n'oublie pas la présence de Marine Le Pen au premier tour, qui a réuni 18 % des suffrages, soit davantage que son père en 2002. J'évalue aussi – à sa juste place – l'influence du désistement personnel en ma faveur, entre les deux tours de scrutin, de François Bayrou, comme je n'ignore rien du rejet, y compris au sein de la droite, qui a frappé le président sortant. Je suis donc lucide sur les conditions « anormales »

25. Un terroriste islamiste assassine, le 11 mars, un militaire de Toulouse puis deux autres à Montauban, le 15 mars, avant de s'en prendre à un enseignant et à ses deux enfants devant l'école juive de Toulouse Ozar Hatorah.

26. Alors représentante du parti Europe Écologie Les Verts.

27. Avec une participation de 80 %.

qui m'ont conduit là où je vais m'installer pour cinq ans, afin de servir les Français.

La cérémonie d'investiture a lieu le 15 mai 2012 à l'Élysée. Je deviens alors le septième président de la Ve République, le deuxième socialiste après François Mitterrand. L'année 1981 consacrait l'alternance tant attendue depuis l'origine de la Ve République. L'année 2012 confirme son installation au cœur du pouvoir. La gauche est pleinement à sa place... à condition de garder fidèlement ceux qui croient en elle, sans effrayer les autres. Minoritaire dans le pays, elle doit s'empêcher de penser que sa victoire signifie une large adhésion à ses orientations ou que l'état de grâce – qui fut l'apanage des victorieux de 1981 – lui offre toute liberté pour mener à bien son programme. À l'heure du numérique et du tout médiatique, le temps s'accélère à rebours de la réussite politique, qui exige la durée et une certaine forme de distance.

L'Histoire retiendra de la première journée de mon mandat les turpitudes de la météo. La pluie m'accompagne en effet dans la remontée des Champs-Élysées, d'abord fine – comme pour saluer mon arrivée –, puis insistante – sans doute pour me mettre à l'épreuve –, et enfin battante – pour me faire comprendre que ce mandat connaîtra bien des orages. Le soir même, justement, la foudre frappe l'avion présidentiel à bord duquel je dois gagner Berlin pour rencontrer la chancelière Merkel. Je suis contraint de rebrousser chemin[28]. Et si notre relation est ainsi contrariée à son début – et pas seulement pour des raisons de transport –, elle se révélera, au cours du temps, confiante, respectueuse et fructueuse.

La première décision que j'eus à prendre fut de nommer le Premier ministre. J'avais depuis fort longtemps arrêté mon

28. Alors que je demandais au pilote de poursuivre notre voyage, il me rétorqua que si sur Terre j'avais tous les pouvoirs, dans l'appareil c'était à lui qu'appartenait la décision de continuer ou de rentrer à la base. Ainsi fut fait !

choix sur Jean-Marc Ayrault. Président du groupe socialiste pendant quinze ans, soutien loyal de Lionel Jospin, puis premier opposant parlementaire aux gouvernements de droite durant une décennie, maire de Nantes au bilan impressionnant, social-démocrate assumé, il est, en outre, un des meilleurs connaisseurs de la vie politique allemande, ce qui ne pouvait que faciliter notre tâche.

Le gouvernement est constitué le lendemain, et le Conseil des ministres se tient le 17 mai. S'il est plutôt formel – j'entends veiller au respect des usages –, il me donne l'occasion d'engager toute une série de mesures dans l'attente de la prochaine Assemblée[29].

Avec le Premier ministre, nous souhaitons insister sur l'exemplarité et sur l'équité. C'est au nom de la première que je diminue de 30 % le traitement du chef de l'État et des membres du gouvernement, que j'impose à tous les ministres la signature d'une charte de déontologie[30], et que je limite à 450 000 euros par an la rémunération accordée aux dirigeants des entreprises publiques. C'est au nom de la seconde qu'est immédiatement augmentée de 25 % l'allocation de rentrée scolaire et que, surtout, est rétablie par décret la retraite à 60 ans à taux plein pour ceux qui ont cotisé la totalité de leurs annuités, comme promis au Bourget.

C'est l'exemple même d'une mesure qui ne retient pas l'attention au moment où elle est prise, et dont les effets dans le temps sont pourtant significatifs.

---

29. Cinq semaines séparent le deuxième tour de l'élection présidentielle du premier tour des législatives (le 10 juin). Et l'Assemblée nationale ne peut se mettre au travail qu'une fois constituées ses instances. C'est-à-dire pas avant le 3 juillet, soit deux mois après la victoire.

30. Tout ministre devait se garder de tout conflit d'intérêts et chacun s'obligeait à publier une déclaration signalant tout ce qui pouvait prêter à confusion avec ses nouvelles responsabilités.

Le verdict de l'audit

J'avais à l'esprit de ne pas reproduire la décevante expérience du rapport de la commission du bilan installée sous François Mitterrand[31]. C'est pourquoi Jean-Marc Ayrault demande le 18 mai à la Cour des comptes de procéder à un audit des finances publiques du pays avant que le gouvernement ne précise sa stratégie économique et financière.

Remis au début du mois de juillet, il établit un constat sévère. Les résultats budgétaires du gouvernement précédent, compte tenu des objectifs affichés, sont déplorables. Malheureusement, deux mois après l'élection, le recours à l'héritage pour justifier la prise de décisions difficiles n'opère déjà plus. La responsabilité incombe au pouvoir en place, et l'opinion, sans être amnésique, est sujette à l'impatience et considère que la querelle sur le passé n'est plus d'actualité !

Cet audit met surtout en lumière les efforts à accomplir sans attendre pour respecter nos engagements européens. Notre déficit public dépasse en effet 5,2 % du PIB, contre 3,8 % pour la moyenne de la zone euro. La dette des administrations atteint presque 90 % du PIB, et le taux des dépenses publiques, représentant 56 % de la richesse nationale, est le plus élevé de tous les pays européens ! Les prévisions de croissance ajoutent encore du gris au scénario qui nous attend, puisqu'elles ont été surestimées par l'équipe précédente[32]. Aussi la Cour des comptes conclut-elle que, pour atteindre l'objectif d'une réduction du déficit public à 3 % du

---

31. Pour marquer le lourd héritage que lui laissait son prédécesseur, François Mitterrand avait, dès juin 1981, commandé un rapport à une commission *ad hoc* présidée par François Bloch-Lainé, un haut fonctionnaire indépendant. Mais il fut remis trois mois plus tard, alors qu'il avait perdu l'essentiel de son intérêt s'il s'agissait d'imputer à la gestion extérieure les difficultés du temps présent.

32. 0,3 % contre 0,7 % prévu dans la loi de finances pour 2012.

PIB (conformément aux règles européennes), le gouvernement doit trouver, en recettes supplémentaires ou en annulation de dépenses, 33 milliards d'euros, soit 1,6 % du PIB avant la fin de l'année 2013. C'est considérable. Intenable. Mais s'en tenir à ce constat serait stérile. La spéculation balaie la zone euro ; l'Espagne et l'Italie sont assiégées, et leurs gouvernements prêts à nous suivre si la France obtient de la Commission un desserrement de la contrainte. Une telle décision ne peut naturellement être prise si nous ne livrons pas nous-mêmes des preuves de notre crédibilité. Comment faire ? Un président à peine élu et un gouvernement de gauche tout juste constitué ne peuvent, comme premier acte, proposer un plan de rigueur alors que nos premiers engagements appellent, pour l'éducation et l'emploi, l'ouverture de nouveaux crédits.

Quid de l'arme fiscale ? Le gouvernement Fillon en a lourdement abusé, puisque 14 milliards de recettes nouvelles ont été générés en 2011, amputant le pouvoir d'achat des ménages et portant le niveau des prélèvements obligatoires à plus de 44 % du PIB.

Il me revient aussi d'annuler la hausse de la TVA[33] annoncée par Nicolas Sarkozy fin janvier 2012, vouée à relever le taux de celle-ci de 19,6 % à 21,2 %, mais dont l'application avait été malicieusement renvoyée à la fin de l'année. Rien n'est plus désolant que de supprimer un impôt qui n'a pas encore été acquitté. Nul ne pouvait nous en remercier, puisque aucun contribuable n'avait été à ce jour sollicité ! C'est dans ce contexte qu'est discutée la loi de finances rectificative. Adoptée fin juillet 2012, elle renforce l'imposition sur la fortune et celle sur les successions, fiscalise davantage les revenus du capital, plafonne plusieurs niches fiscales, et

33. Il s'agissait de créer une TVA sociale. L'augmentation des recettes provoquée par le relèvement des taux permettait d'élargir les cotisations patronales. Le surcoût pour les consommateurs (10 milliards) devait financer l'allègement des charges des employeurs.

taxe les dividendes distribués. Ces mesures portent essentiellement sur les ménages aisés et sur les grandes entreprises, et représentent 7 milliards de recettes en plus pour 2012. Le « ras-le-bol fiscal » est d'abord entonné par les plus fortunés. Il ne laisse pas insensibles les plus modestes.

Dans ce même mouvement, je commets l'erreur de revenir sur la défiscalisation des heures supplémentaires. Ce qui suscite la désapprobation de nombreux salariés tandis que, de surcroît, bon nombre de nos électeurs deviennent imposables, sans que leur situation se soit améliorée d'une quelconque façon. Dans un contexte de chômage élevé, l'idée d'un partage du travail peut certes être justifiée, mais, dans une période où le pouvoir d'achat est déjà contraint, alourdir le coût du travail pour les employeurs comme pour les salariés est contre-productif. Ce prélèvement ne vient pas corriger une inégalité, il ampute une partie de la rémunération du travail.

Le premier rendez-vous européen

Mon attention est immédiatement accaparée par le règlement de la crise traversée par l'euro. Un Fonds européen de stabilité financière avait été créé pour secourir les pays en difficulté, mais il s'était révélé sans effet sur la Grèce, au bord de la faillite, quand des pays apparemment plus solides comme le Portugal, l'Espagne et l'Irlande étaient aussi bousculés. La crainte d'un effondrement général conjuguée à la nécessité de rassurer les marchés pour préserver la valeur de l'euro avait justifié la signature du traité sur la stabilité, la coordination et la gouvernance (TSCG) le 2 mars 2012, quelques mois avant mon élection. L'objet principal de ce texte était d'introduire des mécanismes concourant à davantage de discipline budgétaire[34]. La France avait d'autant plus participé à son élaboration qu'elle venait de subir la dégradation de sa notation[35].

Durant la campagne, je m'étais engagé à renégocier ce traité. Au mois de juin, c'était trop tard. Plusieurs pays l'avaient déjà ratifié, y compris les rares gouvernements dirigés par des sociaux-démocrates[36]. J'obtiens en contrepartie du Conseil européen de pouvoir le compléter et le rééquilibrer par l'adoption d'un pacte sur la croissance et l'emploi, pour un montant équivalant à 1 % du PIB européen (150 milliards d'euros). Comme toujours, la chancelière fait d'abord front, avant de comprendre que le temps du compromis et de la souplesse est venu, à condition que les règles demeurent, en apparence, inchangées. Vient enfin le temps de prendre des décisions marquantes. Celles qui instaurent des régulations bancaires et ouvrent la voie à de nouvelles solidarités financières[37]. Celles qui convainquent la Banque centrale européenne d'annoncer qu'elle ne ménagera aucun effort pour soutenir l'euro. Celles qui déclenchent une baisse durable des taux d'intérêt, ainsi susceptible d'autoriser le retour de la croissance en Europe. C'est de cette manière qu'à l'exception de la Grèce, les pays de la zone euro échappent, fin 2012, à une crise majeure de leur financement.

Certes, je n'obtiens pas les *eurobonds*, c'est-à-dire la possibilité d'émettre des obligations communes sur le marché, mais l'intervention de la Banque centrale aboutit, *in fine*, au même résultat, car elle réduit les écarts des taux d'intérêt

34. Le traité évoquait la « règle d'or » budgétaire et suggérait aux pays membres de l'introduire dans leur Constitution. Il établissait des sanctions en cas de dépassement des déficits autorisés.

35. Il avait même été évoqué par Nicolas Sarkozy, en cas de réélection, une modification de la Constitution pour graver dans la loi fondamentale l'objectif de la maîtrise de la dette, supposée être une « règle d'or » !

36. L'Autriche, la Belgique, le Danemark, la Slovaquie, soit 4 sur 28. Tel était alors le rapport de force ou, plutôt, en l'espèce, de faiblesse.

37. Une supervision financière unique fut créée dans la zone euro, débouchant sur une garantie des dépôts.

entre membres de la zone et accorde gracieusement ses refinancements aux banques européennes.

Le rapport Gallois

La France retrouve en quelques mois une stabilité financière sans que l'opinion prenne conscience de l'effort que nous avons produit pour introduire de nouvelles règles, amadouer la Commission européenne et convaincre la Banque centrale européenne de déployer largement ses liquidités. Notre pays se trouve cependant confronté à une dégradation continue de ses parts de marché par rapport à ses voisins, notamment allemands. Celle-ci affecte à la fois le niveau d'emploi et nos comptes extérieurs. Jean-Marc Ayrault confie, dès l'été 2012, à Louis Gallois, un industriel reconnu, la rédaction d'un rapport sur la compétitivité de l'économie française. Remis début novembre, celui-ci dresse un état des lieux alarmant sur le décrochage de notre industrie[38]. Nos entreprises, mal placées sur les marchés et fortement concurrencées au niveau de leurs prix, se révèlent incapables d'investir, faute de marges suffisantes. Le risque, c'est le déclassement à brève échéance de la France.

Trois recommandations majeures sont avancées pour enrayer le processus : la sanctuarisation par l'État des dispositifs favorables à l'industrie (notamment le crédit d'impôt recherche), la création d'un choc de compétitivité en transférant une partie significative des cotisations sociales (jusqu'à 3,5 % fois le SMIC) vers la fiscalité, et enfin le maintien d'un

38. La part de ce secteur, qui atteignait 18 % du PIB en 2000, est tombée à 12,5 % en 2011. L'emploi industriel, qui représentait un quart des salariés en 1980, n'en concerne plus que 12,6 % en 2011. Enfin, le solde de la balance commerciale, qui affichait un excédent de 3,5 milliards en 2002, présente un déficit de plus de 70 milliards en 2011.

coût relativement bas de l'énergie (en promouvant les énergies renouvelables et en utilisant mieux le nucléaire). Louis Gallois conclut cet exercice en souhaitant « que s'établisse un consensus sur une politique centrée sur l'offre, seule capable de faire retrouver le chemin de la croissance ».

En accord avec Jean-Marc Ayrault, je décide de mettre en œuvre l'ensemble du rapport.

Dans un contexte où nos finances publiques ne nous offrent aucune marge de manœuvre et où le recours à toute fiscalité supplémentaire est proscrit, je me mets en quête des meilleurs moyens de traduire l'orientation choisie. Face à cette équation apparemment insoluble, j'ai l'idée, avec les équipes du Premier ministre, du CICE. Calculé proportionnellement à la masse salariale, il incite les entreprises à embaucher, notamment les moins qualifiés. Il se traduit par une aide fiscale qui peut être affichée dans leurs comptes dès 2013 sans être versée cette même année, d'où le nom de crédit d'impôt. Les entreprises disposent ainsi d'une ressource de plus pour investir. Pour financer ce dispositif, il est nécessaire de relever largement la TVA (de 13,6 % à 20 % pour le taux normal et de 7 % à 10 % pour le taux intermédiaire) et légitime de créer, dans le code de la transition écologique, la contribution pour le climat. Ce mécanisme présente le double avantage de la simplicité et de la rapidité. Il sauvera de nombreuses entreprises en difficulté et qui, grâce à ce concours, pourront dégager des résultats et emprunter auprès des banques. Il a permis à d'autres (notamment des PME) de financer leur développement. En somme, le CICE a pu servir à embaucher, à augmenter les salaires ou à investir. Il sera reproché à ce dispositif de ne pas avoir introduit un contrôle administratif ou syndical sur son utilisation dans les entreprises. Pourtant, c'est bel et bien son aspect automatique et incitatif qui a assuré son succès et garantit son équité : le CICE est d'autant plus avantageux que la masse salariale progresse et pénalise, en revanche, toutes les entreprises qui réduisent leurs effectifs.

De nombreuses études, pas toujours cohérentes entre elles, chercheront à mesurer l'impact du CICE : il aura contribué à créer jusqu'à 400 000 emplois et, surtout, à sauver des PME qui auraient sans doute été noyées par le rétrécissement et le coût du crédit comme par le ralentissement de l'activité. Il me sera objecté que cette même dépense (de l'ordre de 20 milliards la première année) aurait pu être consacrée à des mesures favorables à la consommation. Il est pourtant évident que, compte tenu de notre compétitivité défaillante, la relance aurait eu pour premier effet de gonfler nos importations, accélérant encore la désindustrialisation, et ce sans impact sur le chômage. La politique de l'offre était, à cette époque, la seule possible.

L'inversion de la courbe

La création, en 2013, de la Banque publique d'investissement s'inscrit, elle aussi, dans le rétablissement de l'offre productive, préalable indispensable à l'inversion de la courbe du chômage. J'avais en effet pris l'engagement, en septembre 2012, de parvenir à un tel résultat au terme de mon mandat. Il s'agissait d'aider les jeunes à accéder à une première expérience professionnelle (à travers les 190 000 emplois d'avenir), de multiplier les filières de formation pour les moins qualifiés et de réformer le marché du travail. J'ai donc fait du dialogue social, à travers des conférences annuelles et la négociation interprofessionnelle, la méthode par laquelle des avancées, mais aussi des efforts mutuels pouvaient être mis au service de la « mère des batailles » contre le chômage. Ce volontarisme aboutit à l'accord, signé le 11 janvier 2013, entre les partenaires sociaux. À bien des égards, ce texte est majeur, car il scelle une réforme équilibrée et innovante pour « un nouveau modèle économique et social ». Il enserre le volet social des restructurations dans des délais stricts et réduit l'incertitude juridique en restaurant un processus de validation par l'administration. Il ouvre, en outre, la voie au crédit personnel de formation et généralise la complémentaire santé à tous les salariés. C'est un progrès social majeur, passé là encore trop inaperçu lors de son annonce.

Je poursuis dans cette direction, malgré les doutes venant parfois de mon propre camp.

Le pacte de responsabilité, annoncé début 2014, s'inscrit dans cette perspective, avec la suppression des cotisations sociales employeurs au niveau du SMIC et des allègements jusqu'à 1,6 fois du SMIC, ainsi qu'une réduction des impôts de production en faveur des 200 000 PME. Grâce à ces mesures, le coût horaire du travail dans l'industrie française devient inférieur à celui de nos concurrents allemands. Je fais en sorte de mobiliser les partenaires sociaux pour en évaluer au plus près les effets. La CFDT s'y investira résolument, même si elle déplorera l'absence de gestes clairs du patronat en matière de contrepartie.

Les résultats, dans le domaine de l'emploi, n'ont pas tardé à suivre, et le taux de chômage – qui a finalement augmenté jusqu'en 2013 – se stabilise, avant de décroître à partir de 2016. La fameuse courbe s'inverse, même si le nombre de demandeurs d'emploi ne s'infléchira que plus tard, rendant l'explication politique moins lisible.

Ainsi est-ce bien sur le changement économique et social promis que j'ai ouvert mon quinquennat, mais la place prise par le débat sur le « mariage pour tous » et le temps qui lui fut consacré ont fini par éclipser la célérité avec laquelle nous avions mené les grandes réformes économiques et sociales.

Le mariage pour tous

Lorsque je constitue, avec Jean-Marc Ayrault, le 15 mai 2012, le gouvernement, il est clair qu'il reviendra au garde des Sceaux, ministre de la Justice, de mener à bien l'adoption du projet de loi ouvrant le droit au mariage pour les couples de même sexe, conformément à l'engagement que j'ai pris. C'est à Christiane Taubira que revient cette responsabilité. Je considère que son talent et sa force de caractère sont les mieux à même de porter ce texte. À gauche, beaucoup imaginent, à la lumière des sondages favorables à cette réforme, que son adoption sera une formalité. Il s'en faut : ce sera une bataille. Des forces puissantes se mobiliseront pour faire obstacle à cette avancée pourtant attendue et annoncée, qui accorde une liberté au détriment d'aucune autre, et qui assure l'égalité entre tous les couples. J'avoue avoir été moi-même surpris par ce déchaînement de passions hostiles.

Dès le mois de novembre, les opposants, fortement influencés par l'Église catholique et encadrés par des militaires à la retraite, regroupés sous la bannière de La Manif pour tous, organisent des défilés significatifs à Paris, Lyon, Toulouse, Nantes et Reims. Des violences émaillent certains cortèges. Une protestation nationale, le 13 janvier 2013, rassemble plus de 400 000 personnes (une autre, le 24 mars, en réunira un nombre supérieur). Une pétition revêtue de 700 000 signatures est par ailleurs déposée au Conseil économique, social et environnemental.

À compter d'avril, des groupes s'en prennent à des personnalités favorables à la réforme, les locaux de l'inter-LGBT sont saccagés et les actes homophobes se multiplient. Des prières de rue sont organisées dans de nombreuses villes.

Reste à savoir quand présenter ce texte devant le Parlement. François Mitterrand s'était lui aussi interrogé sur le moment opportun pour ouvrir le débat parlementaire sur un autre sujet de société : l'abolition de la peine de mort. Robert Badinter l'avait convaincu de faire vite, de crainte que l'état de grâce ne se dissipe. Ainsi, dès le 18 septembre 1981, la loi était-elle promulguée. J'avais retenu la leçon.

Le Premier ministre et moi sommes convenus de faire du mariage pour tous l'un des premiers projets de loi de la législature, il n'y avait pas de temps à perdre. Le texte est présenté par Christiane Taubira au Conseil des ministres le 7 novembre 2012, et le débat au Parlement se déroule au mois de février suivant. C'est déjà tard.

La droite parlementaire, qui, pensais-je, avait tiré les leçons de son comportement (au sujet duquel elle affichait son repentir) lors du débat sur le PACS sous le gouvernement Jospin, use de la même intransigeance envers le texte sur le mariage. Non contente de prendre la tête des cortèges, elle multiplie les obstructions à l'Assemblée et dépose plus de 5 000 amendements pour entraver la discussion. Elle se laisse aller à des invectives haineuses à l'encontre de la ministre et des rapporteurs du texte. Elle déclare, par exemple, que le droit à l'adoption est contraire aux droits de l'enfant. Elle utilise toutes les procédures dilatoires, espérant que la rue, les incidents et les mouvements d'opinion obligeront le gouvernement à reculer. L'extrême droite, qui, au début du mouvement de contestation, a été discrète, devient, à mesure que les tensions montent, beaucoup plus vindicative. Je demande donc au gouvernement, à la fin du mois d'avril, d'accélérer le mouvement. La loi, après un recours de l'opposition auprès du Conseil constitutionnel, est finalement promulguée le 17 mai 2013, soit un an après mon entrée en fonction. La France devient alors l'un des premiers pays du monde à reconnaître le mariage pour les personnes de même sexe.

Cette victoire a un revers. Les homosexuels et les mouvements LGBT ont été victimes d'un climat délétère et sont devenus les cibles de violences toujours plus nombreuses. La multiplication des manifestations et leur ampleur, sans avoir paralysé le pays, ont placé, en quelque sorte, le Parlement sur la défensive. Accusé de brider la liberté d'expression et de diviser le pays, notre camp a paru tétanisé et empêché tandis qu'une copieuse liste d'urgences restait à régler.

Surprise par les moyens dont dispose La Manif pour tous et par les soutiens que lui apportent des puissances d'argent et des mouvements religieux, la gauche paraît en porte-à-faux. Voici, en effet, que la rue lui échappe. Malgré l'implication des mouvements LGBT, la riposte tarde à s'organiser.

Pour la première fois, les réseaux sociaux jouent un rôle déterminant dans la fabrication d'une bataille idéologique. Il s'agit naturellement, à travers une campagne belliqueuse, de me déstabiliser et de me délégitimer auprès de l'opinion publique. La France réactionnaire trouve en cette occasion les appuis escomptés dont on voit, à travers certains organes de presse, la résurgence aujourd'hui. Le bloc dont le RN est aujourd'hui l'expression politique s'est formé dans ces semaines-là et les formes modernes de sa communication se sont révélées durant cette période avec les mêmes auteurs devenus aujourd'hui encore plus influents par les médias dont ils disposent.

Si la promesse a été tenue, le texte adopté et les premiers mariages célébrés, la vulgate – complaisamment entretenue – que le sociétal l'avait emporté sur le social s'enracine. La confrontation nous a fait perdre un temps précieux. Elle a semblé occuper toute la vie politique, quand les Français étaient avant tout impatients de voir leur situation personnelle s'améliorer.

Ces critiques ne sont pas sans peser sur le scrutin municipal de mars 2014. La mobilisation de l'électorat catholique conjuguée à la propagande sournoisement menée dans les quartiers populaires auprès des musulmans explique en partie les déboires électoraux du Parti socialiste dans bon nombre de villes. Pour la première fois depuis longtemps, la question de la foi s'invite dans la vie politique.

Le temps aidant, l'équité effacera la polémique et éclairera les événements d'une plus juste lumière : aujourd'hui auréolée, cette avancée de notre droit civil est incontestablement devenue une grande loi de la République.

Nul, même chez les opposants virulents d'hier, ne se risque à la remettre aujourd'hui en question. Aucun maire n'a jamais refusé de célébrer une cérémonie unissant un couple de même sexe. Aucun incident n'est intervenu dans une mairie, même si les actes homophobes demeurent à un niveau intolérable. Mieux, le mariage pour tous a fait école, puisqu'il se généralise partout en Europe.

Surmonter l'horreur

Le début de l'année 2015 correspond à la mise en œuvre du pacte de responsabilité – il commence à produire ses premiers résultats en matière d'emploi. Gouverner c'est choisir, mais c'est surtout savoir affronter plusieurs priorités à la fois. Au cœur de mes préoccupations figure la montée de l'islamisme radical au Sahel et en Irak. Elle a justifié l'intervention des forces françaises au Mali en janvier 2013, et leur inclusion, à l'été 2014, dans la coalition anti-Daech en Irak que je parviens à constituer avec les États-Unis. Je reçois chaque semaine des informations alarmantes sur le nombre de jeunes Français radicalisés qui rejoignent, depuis plusieurs mois, les champs de bataille du Levant. Nos services ont, de plus, déjoué plusieurs attentats prévus sur notre sol, tandis que les forces de l'ordre ont appréhendé et démantelé plusieurs réseaux.

Lorsque, le 7 janvier 2015, je suis prévenu de l'attaque terroriste qui décime l'équipe de *Charlie Hebdo* et assassine un policier à proximité des lieux, je comprends que nous venons d'entrer dans un cycle d'effroi lié à la violence islamique qui sévit au loin. Dans les jours qui suivent, une policière municipale est abattue à Montrouge, et les clients de l'Hypercacher de la porte de Vincennes sont froidement abattus par un terroriste lié aux deux frères qui viennent de perpétrer la tuerie de *Charlie*.

Plus tard, l'attentat prévu à Villejuif est manqué, mais une femme est lâchement tuée dans sa voiture. Un autre drame se produit dans les locaux d'une entreprise, à Saint-Quentin-Fallavier, où un chef d'entreprise est décapité. En août, à bord du Thalis en provenance de Bruxelles et à destination de Paris, un islamiste armé d'un fusil d'assaut est finalement mis hors d'état de nuire, sans avoir pu commettre un massacre.

C'est dans ce contexte anxiogène et dramatique que je me rends, le 13 novembre, au Stade de France pour assister à une rencontre de football entre la France et l'Allemagne. Lorsque j'entends une première détonation, je comprends immédiatement qu'un attentat est en cours. En réalité, une guerre nous est déclarée. Les premières victimes jonchent les terrasses de Paris et le sol du Bataclan. Cette guerre a été voulue et décidée de longue date par l'État islamique depuis la Syrie, elle a été préparée en Belgique, et perpétrée notamment par des terroristes français. L'État islamique, en assassinant des innocents aux terrasses, s'en prend à la France qui débat, qui confronte ses opinions à celles d'autrui, qui affirme, qui change d'avis, qui discute et qui dispute. Qui englobe celui qui a la foi et celui qui ne l'a pas dans la sacralité des libertés fondamentales garanties par la déclaration des droits de l'homme. Par son ampleur (plus de 130 morts et 352 blessés), ses cibles (des lieux de convivialité et de spectacle), sa durée (une nuit de cauchemar), le nombre de terroristes impliqués et les opérations policières qui ont suivi, cet attentat en chaîne est aussi monstrueux qu'exceptionnel. Il justifiera plus tard un procès qui restera, lui aussi, dans l'Histoire, à travers le témoignage de centaines de victimes et la longueur exceptionnelle des débats[39].

Le déchaînement de la barbarie terroriste ne s'arrêtera pas là : un double meurtre de fonctionnaires du ministère de l'Intérieur a lieu à Magnanville le 13 juin 2016 ; à Nice, le 14 juillet 2016, la folle embardée d'un camion « armé » par un fanatique sur la promenade des Anglais fait 86 morts et près de 500 blessés ; à Saint-Étienne-du-Rouvray, le 26 juillet 2016, un prêtre est lâchement assassiné dans son église.

Les actes terroristes se répéteront jusqu'aux dernières heures de mon mandat, le 20 avril 2017, avec l'assassinat d'un policier. Chacun de ces crimes abjects est revendiqué par Daech. Durant l'entièreté de mon quinquennat, l'État a fait face à près de 70 projets terroristes. Cinquante ont été déjoués, 15 ont échoué et 9 ont abouti, provoquant la mort de 240 personnes et infligeant des blessures physiques à près de 900 autres. Les meurtrissures psychologiques et les traumatismes sont, quant à eux, légion et indénombrables. Ils continuent à peser aujourd'hui dans le débat public.

La gauche et les libertés

Ce n'est pas la première fois dans son histoire que la gauche se retrouve confrontée au terrorisme. Elle l'a été notamment sous François Mitterrand, durant ses deux septennats. Toutefois, si des actes abominables avaient été commis, les auteurs de ces tueries n'étaient pas animés par les mêmes motivations et inspirés par la même idéologie.

39. Le procès a lieu de septembre 2021 à mai 2022. Il a fait l'objet d'un beau livre d'Emmanuel Carrère : *V13. Chronique judiciaire* (P.O.L., 2022).

Ici, il s'agit d'une véritable guerre contre nos valeurs, nos libertés et nos modes de vie déclenchée par l'État islamique, ses dévots et ses suppôts.

Pour la gauche, respectueuse des libertés par essence, le défi s'avère immense. Va-t-elle manquer de fermeté face à ces attaques répétées ? Ou, au contraire, va-t-elle remettre en cause, pour rassurer un pays traumatisé, l'État de droit et s'écarter de ses principes ? Risque-t-elle le procès en laxisme, faute de lucidité ? Ou encourt-elle le procès en dérive pour avoir suspendu, même pour un temps, les garanties fondamentales de la République ? Rentre-t-elle dans une culture de l'explication – pourtant nécessaire, mais inopérante – ou succombe-t-elle à celle de la répression – indispensable, quoique insuffisante ? Est-elle prête à renoncer à ses opérations extérieures en Syrie et en Afrique dénoncées par ses ennemis pour établir un lien de causalité entre ce que nous faisons là-bas et ce qui se passe ici ? Ou est-elle résolue à renforcer l'intensité de ses frappes aériennes pour détruire l'ennemi qui a armé et guidé le bras des terroristes ?

Je ne peux et ne veux savoir ce que d'autres auraient fait à notre place, mais j'estime que, par notre réaction – ferme, proportionnée et maîtrisée –, la France a pu traverser cette période douloureuse sans transgresser ses valeurs, et sans céder quoi que ce soit à l'adversaire.

À l'évidence, des lois ont été votées, au moins trois, pour adapter notre système de renseignement à la menace, pour faciliter les enquêtes à la diligence du parquet, pour multiplier et consolider nos outils contre le terrorisme, pour accroître la vigilance face à la radicalisation, et même, avec l'instauration de l'état d'urgence – prolongé jusqu'au terme de mon mandat –, pour donner à l'autorité administrative les moyens de perquisitionner et d'assigner à résidence les personnes susceptibles de commettre ou de faciliter des actes terroristes. Il est vrai que des manifestations ont dû être interdites avant la tenue de grands événements, notamment la COP 21, un mois après le 13 Novembre. Mais l'essentiel des libertés a été préservé. J'ai moi-même tenu à ce que la vie reprenne son cours et que des élections régionales puissent se tenir quelques jours après les attentats, grâce à une mobilisation exceptionnelle de forces de sécurité, et notamment de l'armée, avec l'opération *Sentinelle* qui a déployé 10 000 soldats pour protéger les lieux sensibles (écoles, lieux de culte...).

J'ai veillé, par mes allocutions, aussi bien le 7 janvier que le 13 novembre[40], à rassurer les Français en prenant les décisions les plus appropriées et en les mettant en œuvre avec célérité, fort de la solidité d'une équipe gouvernementale dirigée depuis le 31 mars 2014 par Manuel Valls, de l'efficacité des ministres concernés – je pense en particulier à Bernard Cazeneuve, ministre de l'Intérieur –, de l'exemplarité de notre fonction publique. J'ai tenté, autant que je l'ai pu, d'apaiser et de rassembler le pays, sans rien occulter des maux qui travaillaient notre société et des détournements odieux dont l'islam était l'objet. Dire la vérité sans écarter ni systématiser, afficher l'unité de la Nation non comme une obligation, mais comme la meilleure des armes pour en préserver l'âme.

Aussi, ma plus grande fierté, non pour moi-même mais pour nous tous, est de constater, les 10 et 11 janvier 2015, à quel point le peuple français s'est saisi de notre appel pour organiser la plus ample et fervente manifestation jamais réalisée, pour la liberté d'expression et contre la barbarie terroriste. Plus de 4 millions de personnes ont participé, partout en France, à des défilés. Un million ont formé le cortège pari-

---

40. Jamais je n'ai fait un discours aussi important, et à une heure aussi improbable. Cette allocution, compte tenu du caractère exceptionnel de la situation, constituait un enjeu majeur. Il me fallait trouver les formes idoines, au risque, dans le cas contraire, d'échouer à unir les Français en ce moment si grave. https://www.youtube.com/watch?v=XYcmnGUEqkM

sien, à la tête duquel des chefs d'État et de gouvernement venus du monde entier se sont portés. Benyamin Netanyahou à quelques encablures de Mahmoud Abbas. Dans quel autre pays que la France, même martyrisé par un attentat aussi odieux, auraient pu se rassembler autant de dirigeants internationaux désireux de témoigner leur solidarité, mais surtout leur attachement au pays des droits de l'homme – quand bien même ne les respectent-ils pas chez eux – et à sa capitale, ville symbole de la culture et de la liberté ?

Cette France, que l'on disait si divisée, est capable de se retrouver dans la concorde et de montrer sa cohésion. Tous n'étaient pas « Charlie », mais *Charlie* a constitué, de par sa tragédie, le symbole du ralliement à la République.

J'éprouve le même sentiment de fierté quand, après les attaques abominables du 13 Novembre, je vois se lever devant moi l'ensemble des parlementaires réunis en congrès à Versailles pour approuver le discours que j'ai tenu à prononcer afin de souligner l'unité de la Nation et notre « détermination froide » à combattre le terrorisme. Je savoure l'esprit de rassemblement de cet instant, conscient de sa fugacité implacable.

C'est pourtant ce consensus qui permet à ce gouvernement de gauche, qui en d'autres temps aurait été chahuté pour n'avoir prétendument rien vu venir, de faire voter les textes nécessaires pour conjurer la menace et donner aux forces de l'ordre et à la justice les moyens d'agir conformément au droit.

La lutte contre le terrorisme a affecté profondément mon mandat. Il a accaparé le gouvernement, pesé sur les choix budgétaires, surchargé l'ordre du jour des Assemblées et donné un tour nouveau à notre diplomatie en renforçant les coopérations avec les États les plus exposés à cette menace sans précédent par son ampleur. Elle ne figurait pas au premier plan dans mes 60 propositions. Elle révéla pourtant le sens de notre quinquennat : faire que la gauche au pouvoir soit pleinement au service de la Nation.

Les grands accords

Dans cette année 2015, quatre grands accords internationaux sont conclus à l'initiative de la France. À Minsk, en février, la chancelière et moi-même parvenons à imposer un cessez-le-feu en Ukraine quand les forces séparatistes, en fait déjà l'armée russe, poursuivent leur avance après avoir envahi une bonne partie du Donbass, alors contrôlé par Kiev. Au terme d'une longue nuit de conciliabules, Vladimir Poutine finit par reconnaître l'intégrité de l'Ukraine, en contrepartie d'une autonomie des régions russophones. Il cherche alors à revenir dans le jeu international, à éviter des sanctions trop lourdes et à gagner du temps dans l'attente d'une prochaine opportunité. Cet accord, que nous avons essayé de faire vivre sans réel progrès, a été déchiré le 24 février 2022, quand la Russie a envahi l'Ukraine.

Le 13 juillet, à Bruxelles, j'arrache, après une nuit de tractations au conseil de la zone euro, un accord sur la Grèce qui, en contrepartie de réformes acceptées par Aléxis Tsípras, permet à ce pays ami de disposer d'un plan d'aide d'un montant de 80 milliards d'euros. Le scénario d'un « Grexit » est ainsi écarté. Il n'exposerait pas seulement Athènes à une humiliante cessation de paiement, mais il porterait un coup très dur au crédit de la zone euro et à la solidarité financière qu'elle est supposée offrir à ses membres. Aider la Grèce, c'était, en définitive, aider l'Europe à rester elle-même.

Angela Merkel, malgré les réserves, voire l'hostilité, de son ministre des Finances, l'a compris. Mieux vaut un compromis qui froisse les intérêts de l'Allemagne qu'une crise qui briserait l'Union.

La Grèce peut accéder, dans un bref délai, aux marchés financiers pour consolider sa dette et retrouver confiance et croissance, même si Aléxis Tsípras n'en tirera pas les récompenses électorales qu'il méritait pour avoir fait plier sa famille politique afin de préserver l'avenir de son pays.

Au cours de cette négociation, la France se révèle le meilleur allié de la Grèce. Je reprends là le fil de la longue amitié entre nos deux nations, je signifie pour l'occasion mon attachement à l'égard d'un gouvernement qui se social-démocratise dans l'exercice du pouvoir, et je fais prévaloir une conception de l'Union européenne qui se fonde sur le soutien mutuel, tout en faisant reculer la spéculation financière.

Dans le même temps est signé, à Vienne, un accord longtemps jugé impossible sur une limitation du programme nucléaire iranien, une usine atomique. Le ministre des Affaires étrangères, Laurent Fabius, exige de renforcer encore les restrictions pesant sur Téhéran, quand Barack Obama désire avant tout aller vite, souhaitant ouvrir le marché iranien et lever les sanctions.

Cet accord doit aussi beaucoup au président iranien de l'époque, Hassan Rohani, qui, face aux conservateurs, entend tirer avantage d'une arrivée massive d'investissements étrangers dans son pays. Donald Trump, en retirant les États-Unis de cet accord, ruinera les espoirs mis en lui. Le régime des mollahs se refermera à nouveau, tandis que les entreprises étrangères – et notamment françaises – annuleront leurs projets d'implantation. Comme chacun sait, Téhéran est reparti de plus belle dans sa volonté de déstabilisation de la région, notamment en Irak, au Yémen et au Liban, sans omettre son soutien criminel au Hamas. Une grande occasion manquée.

L'accord proprement historique demeure celui de Paris, lors de la COP 21, le 12 décembre 2015. Pour la première fois, la communauté internationale reconnaît l'ampleur du dérèglement climatique et la responsabilité humaine qui est en cause. Chaque pays s'engage, par des mesures documentées, à agir pour limiter le réchauffement à 1,5 °C d'ici la fin du siècle par rapport à l'ère préindustrielle. J'admets aujourd'hui que le constat, même étayé par les rapports du GIEC, était encore trop optimiste et que les promesses des États étaient, pour certaines, fallacieuses. Mais cet accord reste aujourd'hui le cadre à partir duquel le monde peut continuer à agir pour réduire les émissions de CO_2, financer la transition climatique, réparer les dommages causés et éliminer progressivement les énergies fossiles.

S'il reçoit un accueil enthousiaste auprès de toutes les parties qui s'étaient manifestées en faveur de son aboutissement, cet accord ne suscite pas, chez nous, le même accueil. La société française est encore sous le choc des attentats, et les partis politiques se montrent davantage préoccupés par les échéances électorales qui arrivent. L'angoisse climatique qui, depuis, ronge la jeunesse, est alors à peine exprimée. Les écologistes ne siègent plus au gouvernement et rechignent à reconnaître un apport décisif à la lutte qui est la leur. La gauche radicale, quant à elle, est à ce moment-là bien loin d'embrasser la cause de la planète, s'arcboutant sur une logique productiviste et l'abandon du nucléaire ! Enfin, les critiques par nature font la fine bouche en déplorant le caractère non contraignant de l'accord. En résumé, ce qui aurait dû être considéré comme un acte fondateur et majeur du quinquennat est tout au plus perçu comme un simple succès diplomatique.

La gauche a le génie, tout relatif, de gratter ses blessures jusqu'au sang plutôt que de revendiquer fièrement ses avancées, pour être au moins douce avec elle-même.

De l'espoir à la réalité

Sur les 60 engagements que j'avais présentés aux Français en mai 2012, 75 % ont été réalisés. Mais que signifie, politiquement, cette arithmétique ? François Mitterrand, au terme de son premier mandat, n'avait-il pas atteint le même taux de « performance » (pour ses 110 propositions), sans davantage convaincre au terme de sa mandature ? Si la gauche applique l'essentiel de son programme, son électorat est enclin à oublier ce qui a été accompli pour mieux déplorer ce qui n'a pas pu l'être. Sans compter les espérances hors d'atteinte, mais contenues lors de chaque alternance, celles qui ne reposent sur rien de précis, sauf sur l'utopie d'un effacement soudain du réel qui rendrait dès la victoire le monde idéal forcément possible. Le temps du pouvoir, plus lent et pragmatique, jure avec celui de l'espérance, inhérent à l'enquête.

J'ai pu mesurer cet écart dès le début de mon mandat : « Le changement, c'est maintenant », tel était mon slogan de campagne de 2012. Ce formidable appel devient vite une impérieuse injonction : le changement, « c'est tout de suite ! » me répondent les Français lorsque je viens à eux. Ainsi, lors d'un déplacement à la foire de Châlons-en-Champagne, fin août 2012, des dizaines de militants CGT, au demeurant plutôt cordiaux, viennent-ils m'accueillir avec un panneau : « Le changement, c'est pour quand ? » Je suis pourtant installé depuis trois mois à l'Élysée... Une mise en jambes pour ce qui me concerne. Une éternité pour eux, qui font face, comme ils le peuvent, à la rigueur du temps et croient au pouvoir démiurgique du sauveur présidentiel. J'explique alors à ces manifestants encore débonnaires que les décisions seront prises en conjuguant le rythme du travail parlementaire et les vertus du dialogue social. Mais ce rappel des procédures de la démocratie n'est déjà plus audible. Le temps politique est devenu celui de l'immédiat. Les meilleures formules de campagne, celles qui frappent les esprits et stimulent les adhésions, sont désormais autant de boulets que l'on traîne. Le changement, c'est une promesse de chaque jour.

À peine le gouvernement Ayrault investi, en juillet 2012, il subit déjà de la part de la droite – et aussi d'une partie de la presse – un procès en immobilisme qui le condamne avant même qu'il ait commencé son travail. Partir en vacances, même pour quelques jours, devient une défection devant la réalité. Commander un rapport, une procrastination. Corriger une promesse, un abandon. Dialoguer, une hésitation ! Nos détracteurs nous rendent ainsi collectivement responsables de la situation laissée par nos prédécesseurs.

Le candidat « normal » relève du même malentendu.

Je n'ai jamais nié la nature exceptionnelle de la fonction. Je ne connais d'ailleurs pas, sous la Ve République, de mandat présidentiel qui ait été « normal ». Tous ont été marqués par des crises, des catastrophes et des ruptures. L'idée qu'il puisse y avoir un exercice tranquille du pouvoir et une conduite apaisée de l'appareil d'État m'est toujours apparue comme une vue de l'esprit. Mais la maîtrise de soi comme de ses équipes et le sens du dialogue m'ont toujours paru être la meilleure méthode pour traverser les épreuves. C'est quand on y manque que les difficultés surgissent.

La loi Travail ne méritait pas ça

La fin de mon quinquennat a été marquée par une contestation qui s'est cristallisée autour de deux textes fort différents, dans leur motivation comme dans leur nature. Ceux-ci, je dois l'admettre, ont bousculé la gauche dans ses certitudes.

Le projet de loi El Khomri se fonde sur un rapport confié à Robert Badinter et à un professeur de droit social, Antoine Lyon-Caen. L'idée générale est de favoriser le dialogue social au plus près des travailleurs, c'est-à-dire au sein même de l'entreprise, et d'adresser un double message nullement contradictoire : de sécurisation pour les salariés, de souplesse pour les entreprises (avec un barème consultatif pour les indemnités prud'homales, une clarification des règles de licenciement économique et une simplification des modalités de recours aux plans sociaux). Il s'agit d'inciter ces dernières à recruter davantage en CDI, tout en facilitant, en cas d'impératif lié à la conjoncture économique, leur rupture. La loi accorde également de nouveaux droits pour les salariés. Elle crée le compte personnel d'activité, qui individualise des droits dans un cadre collectif et introduit pour la première fois dans la législation du travail un droit à la déconnexion visant à réguler l'utilisation des outils numériques lors des périodes de repos.

La ministre Myriam El Khomri – une femme remarquable, dotée d'un grand courage et d'une solidité qu'elle marie à la bonne humeur – devient la cible de tous les opposants. Certains prétendent qu'elle met fin à la hiérarchie des normes et affaiblit les protections salariales alors qu'elle les renforce par la règle de l'« accord majoritaire », FO affirme qu'elle fait la part belle aux thèses de la CFDT alors qu'elle parle à toutes les confédérations, d'autres, notamment au patronat, lui reprochent de ne pas imposer un plafond aux indemnités prud'homales et de fixer des limites aux licenciements économiques alors que les ordonnances de 2017 seront précisément celles qui donneront des gages au MEDEF.

Sa tâche est compliquée par l'annonce, avant toute discussion parlementaire, du recours au 49-3, dès le 18 février 2016, dans le cadre d'un entretien qu'elle accorde aux *Échos* et qui est corrigé par Matignon sans mon accord. Cette évocation d'une procédure décriée braque inutilement le Parlement et donne le sentiment que le gouvernement, doutant de sa majorité, projette de passer en force.

La préparation de cette loi a également souffert du contexte. Le pays est mis à l'épreuve des attentats terroristes, et le Parlement a dû légiférer à marche forcée sur les moyens de lutte contre ce fléau. Fatigué d'avoir été sollicité sur des sujets douloureux, il aspire à revenir à des débats plus apaisés. Les rivalités syndicales ont fait le reste. La CGT s'oppose à toute loi sur le droit du travail, la CFDT marque comme toujours son ouverture et Force ouvrière (FO) semble jouer avec le groupe socialiste dans l'espoir d'édulcorer le texte et d'infliger au gouvernement, mais aussi à la CFDT rivale, un recul forcé. FO montrera paradoxalement plus de compréhension et d'indulgence à l'égard des ordonnances Pénicaud, qui annuleront une bonne part des dispositions les plus favorables aux salariés de la loi El Khomri et introduiront un barème obligatoire, avec un plafond particulièrement bas pour le calcul des indemnités prud'homales.

J'admets néanmoins une double erreur. De moment, d'abord. La fin d'un mandat n'est pas la période la plus appropriée pour mener une réforme de cette ampleur sur des sujets aussi sensibles. De méthode, ensuite. La négociation a été réduite à quelques jours, et la CFDT n'a pas été, dans un premier temps, entendue, notamment sur le barème des indemnités prud'homales, alors que Laurent Berger m'avait clairement indiqué que c'était une ligne rouge pour son organisation. Le respect du partenaire est la condition d'un dialogue social fructueux.

Le regrettable débat sur la déchéance

Au lendemain des attentats du 13 Novembre, lors du congrès du Parlement réuni le 16 à Versailles, je mesure les fissures qui se creusent dans le pays, les risques de déchaînement des passions et la peur qui peuvent en découler. J'entends alors adresser à la nation un message de fermeté et d'unité.

La France est en guerre contre le terrorisme. Elle doit, à l'extérieur comme à l'intérieur, renforcer la lutte, et cela sans rompre avec ses principes. Dans la recherche d'un consensus, je déclare que nous devons pouvoir déchoir de sa nationalité française un individu condamné pour une atteinte aux intérêts fondamentaux de la Nation ou un acte de terrorisme, même s'il est né français, dès lors qu'il bénéficie d'une autre nationalité.

Le Parlement, par son accueil, marque une large adhésion à l'ensemble de ce discours, y compris sur ce point. Le 17 décembre, le Conseil d'État, dans son avis sur le projet de loi d'élargir la procédure de déchéance aux binationaux nés en France, au-delà des naturalisations[41], nous conduit à restreindre le champ de la déchéance en ne retenant que les crimes terroristes et à utiliser la voie constitutionnelle. Dans le cas contraire, la loi risquerait de s'opposer à « un éventuel principe fondamental reconnu par les lois de la République interdisant de priver les Français de naissance de leur nationalité ». Je juge bon de retenir ces deux propositions.

Le 27 janvier 2016, Christiane Taubira, garde des Sceaux, qui s'était tue au moment de l'annonce, démissionne. Je l'estime trop pour ne pas la comprendre.

Durant le débat parlementaire, Emmanuel Macron, alors ministre de l'Économie, évoque un « inconfort philosophique ». Ce qui ne l'empêchera pas, sept ans plus tard, devenu président, de vouloir étendre, par une loi simple (celle sur l'immigration), la déchéance de nationalité à d'autres infractions, avant que le Conseil constitutionnel ne censure cette disposition.

---

41. La déchéance de nationalité est limitée aux personnes naturalisées depuis moins de dix ans – quinze ans en cas de terrorisme – si celles-ci sont condamnées pour un acte constituant une atteinte aux intérêts fondamentaux de la Nation.

Au terme du débat, la version de l'Assemblée n'évoque plus les « binationaux », alors que celle du Sénat les réintroduit, la loi ne devant s'appliquer qu'à ces derniers. Je constate l'impossibilité de parvenir rapidement à un texte commun entre les deux Chambres et déplore les surenchères des uns et des autres. Le 30 mars, je constate qu'une « partie de l'opposition est hostile à toute révision constitutionnelle » et retire le projet.

Je n'ai jamais pensé que la déchéance pouvait être conçue comme un moyen de dissuader les terroristes de commettre leur forfait. Perdre leur nationalité n'a aucune conséquence fâcheuse pour eux, puisqu'ils sont prêts à perdre la vie. Elle comporte, en revanche, une portée symbolique qui a la force de l'évidence. Si notre pays est en guerre, comment un Français peut-il, en effet, attaquer ses propres compatriotes ? Et pour quelle raison craindre l'extension de la déchéance dès lors que la Constitution ne retient que les actes commis par les terroristes, et jugés comme tels par les tribunaux ? La déchéance de nationalité n'est pas, de surcroît, une novation ; elle est déjà prévue, dans notre droit, pour les nationaux qui ne sont pas nés en France.

Il reste que, de bonne foi ou non, les parlementaires craignent de créer deux catégories de Français. Beaucoup disent redouter que l'exécutif ne cède à l'émotion et ne mette le doigt dans un engrenage liberticide. Ainsi la proposition qui, au lendemain des attentats, à Versailles, avait fait consensus engendre-t-elle, à Paris, trois mois plus tard, une discordance insupportable. Voilà une nouvelle leçon du pouvoir : on ne légifère pas dans l'émotion, encore moins dans le domaine constitutionnel. Je l'admets, et recommande à tous d'y réfléchir.

Mais j'insiste. On ne méconnaît pas l'État de droit en dépossédant de la nationalité française un terroriste qui a rompu le contrat avec le pays auquel il appartient, et auquel il fait la guerre. Mais on ne doit jamais établir une distinction entre les citoyens !

La « normalité » face à l'exceptionnel

Évoquer une « présidence normale », ce n'est sûrement pas laisser imaginer qu'il suffira de garder notre équilibre et notre cap pour arriver mécaniquement à destination. La « présidence normale » consiste à déployer une autorité naturelle sans qu'il soit nécessaire de revendiquer une verticalité hautaine, de la représenter, flamberge au vent, par des coups d'éclat intempestifs, ou de la manifester par un protocole monarchique mettant de côté les citoyens. La « présidence normale » est au service d'une République humaine, celle qui rassure par son calme mais qui, face aux épreuves, montre sang-froid et fermeté. J'ai toujours considéré que la distance érigée en méthode se transformait vite en défiance susceptible de dégénérer en système. J'ai également dénoncé cette façon de s'exposer qui, à force de prétendre créer une intimité, devient une exhibition. C'est cet alliage entre simplicité dans la forme et hauteur dans la prise de décision qui caractérise, à mes yeux, la fonction présidentielle. Je n'y suis pas toujours parvenu, mais, en particulier dans les épreuves, je m'y suis toujours efforcé pour rassurer, apaiser et décider.

Si fidèle que soit l'exécution d'un programme et si sincère que soit la volonté de son chef d'orchestre de le mettre en œuvre, il y a bien plus que les contraintes de la réalité pour le conduire à amender ou à en rabattre par rapport aux intentions initiales. Il y a le surgissement de l'imprévu – et non de l'imprévisible –, plutôt l'irruption des mouvements de l'Histoire, ceux qui font déborder des fleuves jusque-là canalisés et qui conduisent les gouvernants à renverser l'ordre des priorités.

Comment imaginer, en mai 2012, que j'aurais à faire intervenir les forces françaises au Mali huit mois plus tard, puis en Centrafrique pour arrêter, à la demande des Africains eux-mêmes, des colonnes de djihadistes ou pour prévenir un massacre ? Même prévenu de la menace terroriste, comment prévoir qu'une longue partie de mon quinquennat serait consacrée à l'éradication de ce fléau et à la protection de nos citoyens jusqu'à appeler l'armée pour l'assurer ? Comment anticiper, malgré toutes les informations dont je disposais avant d'entrer à l'Élysée, la formation d'une alliance entre la Russie et la Chine, offrant à Vladimir Poutine l'occasion de prendre sa revanche sur l'Occident en utilisant les vides laissés par les Américains ainsi que les maladresses et les fragilités d'une Union européenne peu préparée aux conflits, surtout si elle en était elle-même l'enjeu ? Pourtant, c'est cette faiblesse qui se fait jour devant mes yeux lorsque, en août 2013, Barack Obama refuse de nous suivre pour punir Bachar al-Assad après qu'il a utilisé des armes chimiques contre son peuple, franchissant allègrement la ligne rouge tracée par le président américain lui-même. Ce renoncement n'a pas été sans rapport avec la déstabilisation de l'Ukraine par la Russie dès 2014.

Et puis, il y a les impondérables. Le plus souvent, les défauts humains, mais surtout les défaillances politiques.

Comment gérer l'« affaire Cahuzac[42] » ? Un scandale à nul autre pareil ! Un ministre délégué chargé du Budget et, à ce titre, de la lutte contre la fraude fiscale, lui-même accusé de détenir un compte à l'étranger. Le ridicule le dispute à l'insupportable. C'est d'autant plus accablant que je me suis présenté devant les Français en revendiquant l'« exemplarité » dans la gestion des affaires du pays, l'érigeant en règle de gouvernement. Ces révélations constituent un « outrage fait à la République ». Mais au-delà de la « faute impardon-

42. Le site d'information en ligne Mediapart accuse le ministre d'avoir possédé des fonds non déclarés à l'étranger. Le jour de l'ouverture d'une information judiciaire, le 19 mars, la présidence de la République annonce le départ du ministre du gouvernement.

nable » reconnue plus tard par son auteur et du « choc » que le mensonge a encore amplifié, je décide d'en tirer très vite des conclusions utiles pour la réputation de notre pays et pour l'image de nos élus auprès des Français. Cette épreuve a été l'occasion de faire du mal un bien. C'est ainsi que les moyens de la justice se voient renforcés par la création du Parquet national financier (voué à mieux combattre la corruption) et l'installation d'une Haute Autorité de la transparence. Ce sont aujourd'hui des acquis unanimement salués.

Le poison intérieur

C'est au moment où la moralisation de la vie politique prospère que la structure partisane se met à défaillir.

Cette désagrégation avait débuté à droite dès 2013 (avec le duel Coppé-Fillon pour la présidence des LR), et s'amplifie avec le lancement des primaires pour la désignation de son candidat.

À l'automne 2016, le Parti socialiste, avec les fameux « frondeurs », connaît un processus plus lent, mais tout aussi pernicieux. Ces derniers souhaitent, au nom de statuts adoptés en 2010 dans un tout autre contexte[43], m'imposer une primaire qui n'a aucun sens pour un président de la République sortant. Cette déconstruction des appareils politiques constitue l'un des facteurs qui conduiront Emmanuel Macron à se lancer dans une candidature présidentielle *a priori* sans perspective sérieuse de victoire, puisqu'il ne dispose d'aucune structure, ni d'un parti, ni d'une quelconque force militante – hormis une équipe de « marcheurs » dépourvus de toute expérience.

Un président – nous le savons encore mieux aujourd'hui – doit, pour mener à bien sa politique, disposer d'une majorité

43. Ils prévoyaient notamment qu'un an avant l'élection présidentielle un conseil national fixerait les modalités et l'organisation de la primaire.

soudée à l'Assemblée nationale. La mienne a été constituée par les élections législatives qui se sont tenues au lendemain de ma victoire. Nette (320 députés, soit une marge de 40 sièges pour une Assemblée qui en comporte 577), elle a donné aux « frondeurs » une capacité d'action ou, plus exactement, de nuisance.

Ceux-ci expriment une sensibilité dans la filiation des courants du PS et comptent à peine une trentaine de députés. Une telle fraction est admissible dans une majorité telle que je la conçois, c'est-à-dire acceptant le débat et le compromis. Mais tel n'est pas l'esprit de ce groupe qui assume éhontément la rupture, au risque avéré de scier la branche sur laquelle nous sommes tous assis. Le premier accroc survient avec le pacte budgétaire européen, à l'automne 2012[44], le suivant au sujet du CICE, le crédit d'impôt accordé aux entreprises. Au printemps 2014, un nouveau pas est franchi avec leur abstention lors du vote du programme de stabilité, qui n'est rien d'autre que la traduction de nos engagements européens. Au mois de juin suivant, les frondeurs dénoncent, dans un texte baptisé l'« Appel des 100 », la loi de financement de la Sécurité sociale[45]. En août, ils refusent de voter la confiance au second gouvernement Valls[46], puis, deux mois plus tard, réitèrent lors du vote du budget pour 2015. Ils affichent ensuite nettement leur opposition à la « loi Macron » « pour la croissance, l'activité et l'égalité des chances », notamment en ce qui concerne le travail du dimanche, ce qui oblige le Premier ministre à recourir au 49-3 en février 2015 pour faire adopter le texte. Même attitude l'année suivante, avec la « loi travail ». Une fraction des députés se calent sur la position de la CGT et

44. L'ironie de l'histoire veut que plusieurs de ces frondeurs deviennent plus tard membres des gouvernements d'Emmanuel Macron.

45. Ils blâment un « transfert de charges des entreprises vers les ménages, financé par le gel des pensions et des prestations sociales ».

46. Dont sont écartés Arnaud Montebourg, Benoît Hamon et Aurélie Filippetti.

de FO, ignorant celle de la CFDT, qui soutient le texte. Le 10 mai 2016, Manuel Valls décide de recourir à nouveau à l'article 49-3. Aussitôt, 28 socialistes signent une motion de défiance contre leur propre gouvernement. Démarche inédite sous la Ve République. Si elle a considérablement nui à notre action, et largement contribué à dégrader notre image auprès de l'opinion, elle ne s'est traduite par aucune faveur de l'électorat pour ses auteurs, sauf à considérer que la gauche radicale en a été, pour un temps, la bénéficiaire.

Cette « fronde » a surtout jeté un voile sur les résultats concrets de notre action. Car le redressement ne s'est nullement effectué au détriment de la justice sociale. Au contraire : le départ en retraite à 60 ans a été restauré pour les carrières longues (plus de quarante-deux ans de cotisation), la pénibilité au travail a été prise en compte pour le calcul des droits, le compte personnel de formation a été élargi, la couverture maladie universelle a été généralisée, la prime d'activité a été rehaussée, les prestations sociales ont été revalorisées pour les familles modestes ainsi que pour les parents isolés, et le tiers payant a été introduit. Parallèlement, le RSA a été augmenté dans le cadre du plan de lutte contre la pauvreté, la garantie jeunes a été mise en place et la protection universelle maladie dès l'âge de 12 ans a permis de délier l'affiliation à la Sécurité sociale du travail.

L'ultime décision

Le 1er décembre 2016, j'annonce par une adresse aux Français que je ne suis pas candidat au renouvellement de mon mandat. J'avais sans doute trop rapidement fixé la fin de l'année pour faire connaître ma décision. Je pensais que c'était le bon moment pour éclairer les Français sur mes intentions, d'autant que la droite venait de désigner en novembre, par une primaire citoyenne, son candidat, en l'occurrence François Fillon[47]. J'avais conditionné en 2015 mon éventuelle candidature à l'inversion de la courbe du chômage. C'était l'enjeu même du mandat qui s'achevait. Tous nos efforts y avaient été consacrés, à travers une série de dispositifs portant sur l'offre comme sur la demande, sur la formation comme sur l'investissement, sur les jeunes comme sur les séniors. Les résultats avaient tardé à venir mais, à partir de 2015, la courbe s'était inversée et, depuis, le taux de chômage ne cessait de diminuer et le nombre des emplois créés ne cessait de croître. Dès lors, j'étais fondé à solliciter un nouveau mandat. Là ne se situe donc pas la raison de mon renoncement. Davantage dans la déclaration de candidature à la présidentielle d'Emmanuel Macron le 16 novembre à Bobigny[48]. Il avait préparé de longue date son opération tout en restant au gouvernement, puis l'avait quitté et avait attendu ma propre décision. Il a l'inélégance de préciser que sa détermination est « irrévocable » et qu'elle ne fléchira pas, même si je suis moi-même candidat. À cet instant, je pense que, sans appui partisan, elle ne résistera pas si le Parti socialiste est uni derrière son candidat. C'est là que le bât blesse. Alors que la droite vient de trouver son champion, que l'extrême droite de Marine Le Pen s'est renforcée depuis 2012[49] et que la cavalcade d'Emmanuel Macron bouscule le jeu, le PS ne trouve rien de mieux que de vouloir organiser une primaire citoyenne, comme en 2012, en invitant le président en exercice à y participer. C'était absurde. J'avais essayé de convaincre Jean-Christophe Cambadélis d'abandonner cet

47. Il l'avait largement emporté sur Alain Juppé avec plus de 66 % des suffrages exprimés.

48. Emmanuel Macron, pour justifier sa démarche, avait dénoncé « une organisation politique qui vit pour elle-même, plus préoccupée par sa survie que par les intérêts du pays ».

49. Elle a réuni près de 25 % des voix aux élections européennes de 2014 et, un an plus tard, elle a été tout près de remporter la PACA et les Hauts-de-France.

exercice, ou plutôt de dissuader les éventuels postulants de s'y présenter mais, malgré ses appels à la raison, il n'y était pas parvenu. Certains annonçaient même qu'ils engageraient une procédure devant les tribunaux si les statuts du parti n'étaient pas respectés.

Quand la division atteint ce niveau d'irresponsabilité et de perte du sens commun, elle annonce bien plus qu'une défaite, elle préfigure une déroute. C'était non seulement priver le président sortant de la possibilité de défendre son bilan et d'amorcer un temps nouveau, mais c'était aussi l'exposer à des critiques et à des contestations venant de son propre camp, puisque la primaire citoyenne donnait une opportunité à des électeurs, pas forcément de gauche, de l'éliminer.

Ce qui faisait la force et la cohésion d'un grand parti, condition première d'une campagne présidentielle, n'était plus au rendez-vous. Se présenter dans ces conditions, c'était la probabilité de ne pas arriver au bout et la certitude de ne pas gagner à la fin. Je ne méconnais pas non plus l'impopularité qui ne m'a jamais quitté tout au long de mon mandat, sauf quand les épreuves ont conduit le pays à faire bloc autour du chef de l'État. Je n'ai cependant pas fait de cette embarrassante compagnie une contrainte pour la poursuite de mon action. J'ai pu faire des choix majeurs pour la Nation et exercer toutes les prérogatives de la fonction présidentielle sans être entravé par la dispute que je rencontrais dans ma propre famille politique ou dans celle que la droite entretenait à mon endroit ou encore par la relation controversée que j'avais établie avec l'opinion.

Par expérience, je sais que celle-ci est volatile et qu'elle peut se renverser dans une campagne électorale quand elle est bien menée. L'adversaire contribue, par le danger qu'il présente, à mobiliser la gauche. C'est pourquoi j'ai regretté de m'être prononcé aussi tôt car, en janvier 2017, les conditions politiques avaient profondément changé, avec les révélations sur les affaires concernant son candidat et avec l'échec des primaires du PS qui annonçait son futur éclatement. Mais il était trop tard et ce processus a fait deux heureux : Emmanuel Macron, qui a joué de son ambiguïté – ancien ministre et candidat antisystème –, et Jean-Luc Mélenchon qui, face à l'effondrement de la social-démocratie, a pu faire valoir les attraits de la gauche radicale et de sa fonction tribunicienne.

Pour ma part, j'ai déploré ne pas pouvoir défendre mon action, mais je restais lucide sur la configuration politique qui se dessinait : les deux forces qui avaient structuré la vie politique depuis le début des années 1970 venaient brutalement de s'affaisser, laissant l'espace à des structures gazeuses dont l'existence se confond avec le destin de leur chef. La dissolution de l'Assemblée nationale, prononcée le 9 juin 2024, et les résultats des élections législatives qui suivirent nous ont offert les conditions de recomposer le paysage politique. C'est à cette tâche que je me consacrerai désormais. Et c'est le sens de ma présence aujourd'hui à l'Assemblée nationale.

Devoir d'inventaire

Mes gouvernements ont réussi là où ils n'étaient pas forcément attendus, tant la gauche, souvent dans son histoire, a été contrainte de céder sous la pression économique et financière, et tant elle est perpétuellement mise en cause pour son laxisme en matière de sécurité. Or, sur ces deux enjeux, les socialistes ont montré vertu, rigueur et efficacité. Ils ont redressé à la fois les comptes et la compétitivité, ils ont tenu bon devant les attaques terroristes et les menaces qui pesaient sur notre cohésion nationale. Ils n'ont rien cédé face à toutes les crises ! C'est un acquis majeur pour la suite. Ils auraient dû le comprendre. Nous avons, en revanche, déçu là où nous étions espérés : l'école, notamment, et la destruction des disparités territoriales. Mais au total, la croissance est revenue, l'investissement a progressé, l'économie a recréé des emplois, la construction de logements a atteint un niveau record (500 000 contre 250 000 aujourd'hui), la régulation du marché immobilier a été renforcée, la négociation collective a été stimulée, les droits sociaux ont été élargis, les protections sociales ont gagné en efficacité, la pauvreté et les inégalités ont été contenues et ont parfois même régressé, la politique fiscale ayant mis fortement à contribution les privilégiés au bénéfice des plus démunis.

Sans doute la gauche n'a-t-elle pas suffisamment fait valoir son action. Des réformes se sont succédé tout au long de la mandature à un rythme soutenu, heurtées par l'actualité, affaiblies par les critiques intérieures, ce qui a pu fausser leur perception. En les ramassant dans les « 100 jours », ou durant les premiers mois, comme l'avait fait François Mitterrand à son arrivée au pouvoir en 1981, ou bien avant lui Léon Blum, avec des mesures fortes comme les congés payés ou la retraite à 60 ans, le bilan eût pu paraître plus spectaculaire, au risque de la pause ou du tournant.

Mais ce qui importe, c'est la trace laissée, et les changements majeurs amorcés. Je m'inscris résolument dans l'héritage laissé par la gauche à la France depuis plus d'un siècle. J'ai voulu en raconter les apports fondamentaux sans en masquer les faiblesses et les divisions : la défense de la République, l'invention de la laïcité, la construction de l'Europe pour et par la paix, la longue marche vers l'égalité sociale et sociétale, l'intégration de l'écologie dans nos choix. L'Histoire est au service de l'avenir. À condition que rien ne soit oublié et que tout reste à inventer.

Postface

En 2017, la candidature d'Emmanuel Macron avec ses ambiguïtés puis son élection à la présidence de la République sur le thème du dépassement des clivages, loin de favoriser la construction d'une force sociale-démocrate, contribuent à fragmenter encore davantage le Parti socialiste et favorisent l'émergence d'une radicalité autour de la personne de Jean-Luc Mélenchon. Comme souvent après une défaite, les socialistes – ou ce qu'il en restait – ont ajouté à la mauvaise conscience de ne pas avoir gouverné suffisamment à gauche la tentation de solder un passé jugé trop lourd à porter en renonçant peu à peu à la culture de gouvernement.

Plutôt que de dresser un « inventaire » du quinquennat qui s'achevait pour valoriser ce qu'il avait produit de mieux tout en mettant en jugement ses erreurs commises ou ses insuffisances constatées, le Parti socialiste s'est réfugié dans les actions valeureuses de ses groupes parlementaires et dans ses bastions locaux pour se lover dans une union de la gauche qui le traitait en partenaire subalterne, pour ne pas dire en passager supplicié à chaque épreuve électorale – notamment lors de la présidentielle de 2022[1].

1. La candidate socialiste Anne Hidalgo obtint à peine 1,7 % des voix à l'élection présidentielle. C'est le score le plus bas de l'histoire du PS.

La création de la NUPES (Nouvelle Union populaire écologique et sociale) pour le scrutin législatif de 2022 fut conçue par LFI comme une aumône destinée à sauver les députés survivants au prix d'une humiliation et d'un effacement du socialisme français. Seulement 70 circonscriptions sur 577 lui furent réservées et il lui était interdit de présenter des candidatures sous son label dans toutes les autres. Il dut passer sous les fourches caudines de son allié en adoubant Jean-Luc Mélenchon comme Premier ministre en cas de victoire de la NUPES.

En quelques années, le PS avait ainsi abandonné sa première place à gauche et cédé sur le plan idéologique, au point de renoncer à revendiquer son identité sociale-démocrate et son engagement européen[2]. Il souffrait des outrances et des excès de la gauche radicale. Il cherchait à s'en distancer lors de chaque polémique sans parvenir à rompre avec elle. Il suivait en maugréant la ligne d'une opposition frontale, poursuivant la chimère d'une candidature unique de la gauche à l'élection présidentielle pour 2027.

Résistant au mieux dans ses grandes villes, sauvegardant la gestion de ses cinq grandes régions et animant près d'une trentaine de départements, le socialisme français paraissait inéluctablement s'étioler. Il ne parvenait guère à justifier sa présence tant il doutait de la réalité du lien qui l'unissait encore au pays comme de la pertinence de ses réponses dans un contexte social agité[3]. Son défaut d'incarnation, qui ne l'exonérait pas du réveil de ses querelles internes, amplifiait encore le sentiment d'une gauche inexorablement aspirée par sa frange la plus extrême.

---

2. Le programme de la NUPES, sans rompre avec l'ancrage européen de la France, laissait clairement entendre une désobéissance aux traités, notamment sur les questions budgétaires.

3. Les réformes successives des retraites mobilisaient de nombreux salariés, après que les gilets jaunes avaient refermé les pulsions révolutionnaires françaises.

Il a fallu des événements extérieurs dramatiques pour qu'une prise de conscience se produise et qu'une prise de distance s'opère. La guerre en Ukraine, que Jean-Luc Mélenchon n'avait pas vu venir (trop occupé à prétendre que la Russie de Poutine et l'Alliance atlantique s'équivalaient dans les responsabilités du déclenchement de la guerre du Donbass), conduisit les socialistes à prendre clairement parti pour l'aide à l'Ukraine et la dénonciation de Poutine. Par la suite, la tragédie du 7 octobre 2023 et la difficulté pour Jean-Luc Mélenchon à considérer explicitement le Hamas comme une organisation terroriste ont creusé un fossé entre LFI et le PS qui n'a jamais véritablement disparu.

Les confusions sciemment nourries entre le peuple israélien et le gouvernement de Netanyahou ainsi que l'antisionisme de quelques-uns, jamais loin d'un dérapage antisémite, ont obligé les socialistes à mettre en suspens la NUPES puis à la laisser s'éteindre. La campagne européenne réussie de Raphaël Glucksmann, assumant une claire appartenance à la social-démocratie et refusant la brutalisation du débat politique au risque de polémiques incessantes avec des responsables insoumis, a fini de convaincre le PS qu'il n'avait rien à perdre à sortir de sa tanière pour revendiquer son héritage, et tout à gagner à affirmer franchement sa volonté de redevenir la première force au sein de la gauche. Le score réalisé – près de 14 % le 9 juin 2024 – autorisait la formulation de cette nouvelle ambition et la reconstitution d'une famille de pensée capable de présenter, de façon autonome, un projet pour l'élection présidentielle de 2027.

La dissolution de l'Assemblée nationale par Emmanuel Macron le 9 juin a pour un temps interrompu ce processus. L'urgence de nouer une union des forces de gauche dès le premier tour et l'espoir de faire revivre un nouveau Front populaire dans l'adversité ont convaincu les quatre composantes jusque-là séparées d'élever dans la hâte un barrage face à l'extrême droite et de mettre en forme un programme dont l'ampleur est inversement proportionnelle au temps qu'il a fallu pour l'écrire.

Plutôt que de s'en tenir à quelques mesures dans le cadre d'une alliance défensive, le Nouveau Front populaire a préféré ajouter à des engagements immédiats sur le pouvoir d'achat, la fiscalité, les retraites et les services publics de nombreuses promesses portant sur l'ensemble de la politique gouvernementale et vouées à englober la totalité de la législature, alors que l'échéance de 2027 borne forcément leur portée. Les économistes les plus indulgents ont cru y voir une démarche de relance keynésienne dont les effets sur la croissance sont susceptibles de financer une bonne part des réformes. Les plus libéraux ont dénoncé son caractère dispendieux, omettant un peu trop commodément les largesses du « quoi qu'il en coûte » et la montée continue de la dette publique durant la présidence d'Emmanuel Macron (98 % du PIB en 2017, 112 % en 2024).

Malgré un total des voix de gauche inférieur à 30 % au premier tour du scrutin le 30 juin, c'est-à-dire moins qu'aux européennes (elles avaient, avec des listes séparées, atteint 33 % des suffrages), le Nouveau Front populaire a pu, au second tour, surgir et devenir la première force politique du pays (avec près de 190 sièges), ce qui lui a donné le droit de revendiquer le pouvoir, tout en étant conscient que ses gains étaient également dus à l'efficacité du Front républicain entre les deux tours.

Mais 2024 ne pouvait être une réplique du printemps 1936.

Certes, des analogies et des similitudes existent. C'est face à une menace d'extrême droite, au lendemain du 6 février 1934, que l'union des gauches s'était réalisée, contre toute attente, d'abord à partir d'un mouvement venu de la base militante, puis au sommet. Le Parti communiste avait alors accepté de changer de stratégie et cessé de vouer aux gémonies la social-démocratie, les socialistes s'étaient ralliés à cette exigence d'unité et les radicaux avaient suivi.

Plus de quatre-vingts ans plus tard, devant la montée du RN et le risque de son accession aux responsabilités du pays, toute la gauche s'est hâtée de constituer un Front, d'édifier une digue, tout en offrant une alternative à la reconduction de la majorité présidentielle. Elle l'a néanmoins bâtie en quatre jours, quand le Front populaire avait pris plusieurs mois à la construire, en lien avec les forces sociales et la société civile.

Mais, dans les deux cas, l'alliance est davantage conçue comme une défense de la République et une préservation des positions de chacune de ses composantes que comme une démarche cohérente, préparant avec méticulosité et soins l'exercice du pouvoir. C'est cette ambiguïté qui a permis, dans les deux cas de figure, de surmonter les contradictions entre les coalisés, de mettre sous l'éteignoir les conflits, ouverts ou latents, et de mêler des inspirations fort différentes comme des personnalités longtemps jugées incompatibles.

En 1936, il s'agissait d'agréger des radicaux, étroitement associés aux cabinets qui se succédaient chaotiquement depuis 1924, des socialistes, hostiles à toute participation au pouvoir sauf à en prendre la direction, et des communistes, alignés sur l'URSS et dont l'attitude fluctuait selon les directives du Komintern. En 2024, le Nouveau Front populaire accueille des Insoumis, encore dominants par le nombre de circonscriptions attribuées mais de moins en moins convaincants en raison de leurs méthodes et de leur ligne, des socialistes, en regain d'influence, des écologistes, oscillant entre la défense de la planète et celle de leurs propres intérêts, et des communistes, réduits dans la négociation à la portion congrue. L'essentiel est d'être uni pour arracher le plus de sièges possible. En 1936, dans le cadre d'un désistement républicain automatique au deuxième tour ; en 2024, dans la configuration d'une candidature unique dans 577 circonscriptions. C'est cette mécanique qui va faire la victoire du Front populaire et le succès électoral du nouveau !

J'ajoute que, dans les deux configurations, le choix du chef de gouvernement ne va pas de soi. Tout est renvoyé au nombre de députés que chacun des groupes est susceptible de faire élire. Et c'est parce que la SFIO, en 1936, dispose du contingent le plus nombreux que Léon Blum accède à la présidence du Conseil alors que les radicaux espéraient que leur chef, Daladier, soit dans cette position. Le Parti communiste, en forte progression, sait quant à lui qu'il ne peut formuler cette ambition et qu'il doit, pour ne rien compliquer et surtout pour ne pas se compromettre, adopter la tactique du « soutien sans participation ».

En 2024, cette règle ne peut pas prévaloir. Jean-Luc Mélenchon, à défaut de lui-même prétendre à la fonction de Premier ministre, interdit de prime abord toute solution hors du giron de LFI. Quant aux socialistes, qui doublent leur nombre de députés après le scrutin du 7 juillet, ils peinent à convaincre leurs alliés qu'ils représentent la seule formule acceptable pour obtenir du président qu'il nomme un Premier ministre au nom du Nouveau Front populaire. Après quinze jours d'atermoiements et d'empêchements, il a été convenu de proposer, pour faire pression sur Emmanuel Macron, une personnalité venant de la société civile sans qu'elle ait été, malgré ses indéniables qualités, préparée à cette responsabilité.

En 1936, la campagne du Front populaire était inspirée par la figure de Léon Blum et c'était vers lui que ses électeurs se tournaient logiquement pour espérer une suite à la victoire envisagée. En 2024, le Nouveau Front populaire a délibérément présenté un programme sans incarnation malgré les vaines tentatives de Jean-Luc Mélenchon.

Dès lors, la comparaison entre les deux situations révèle des différences majeures. Dans un régime parlementaire, c'est la majorité absolue qui donne, au moins pour un temps, au Front populaire le droit de gouverner. Elle tiendra bon et Blum ne sera d'ailleurs renversé que par le Sénat. En revanche, un cartel comme celui du Nouveau Front populaire – quand bien même dispose-t-il de l'assise la plus importante à l'Assemblée par rapport à tous les autres groupes – ne peut briguer le pouvoir que s'il bénéficie de la neutralité des autres formations représentées au Parlement ou, à défaut, de leur incapacité à voter ensemble une motion de censure. C'est cette situation qui a permis à Emmanuel Macron de déclarer éhontément que nul n'avait gagné les élections législatives sans dire explicitement que lui-même les avait perdues.

Une autre différence majeure tient à la réaction de la société. En juin 1936, un mouvement irrépressible et inventif emporte une large partie du pays, les usines, les bureaux, les lieux de culture... avant même que le gouvernement Blum ne soit formé ! En juillet 2024, rien de tout cela ! Pas de manifestations pour pousser à la formation d'un gouvernement de gauche, pas d'agitations spontanées pour arracher par la rue ou par la grève des conquêtes sociales que cette perspective pouvait ouvrir. Les Jeux olympiques de Paris ont engendré les seules mobilisations populaires enregistrées. Au-delà des saisons, l'Histoire ne se répète pas, même si les mots gardent leur caractère symbolique ou magique, et si les références demeurent dans l'esprit public, comme pour continuer d'appeler à un monde meilleur.

Enfin, c'est le rapport à la responsabilité qui diverge entre les deux périodes. En 1936, Léon Blum se convainc d'exercer le pouvoir. Pour des raisons intérieures (lutter contre les ligues et répondre aux besoins sociaux des Français) et extérieures (assurer la paix et conforter nos alliances européennes face aux menées d'Hitler et de Mussolini), il assume de diriger le pays dans le respect du droit et des institutions et d'intégrer les risques inhérents à toute action publique, y compris celui d'être impopulaire. Les radicaux ne se posent pas la question d'être ou de ne pas être dans les ministères car ils représentent à eux seuls la continuité de l'État. Le Parti communiste de Maurice Thorez, quant à lui, est inquiet du maximalisme de certaines minorités socialistes, et appelle à la modération pour faire vivre le plus longtemps possible l'expérience[4], tant elle participe de la stratégie, voulue par Moscou, du front unique face à la menace nazie. C'est ainsi que le Front populaire a pu transformer le pays, laissant sa trace dans l'Histoire jusqu'à aujourd'hui.

En 2024, les Insoumis, en dépit de leurs proclamations, n'envisagent l'occupation du pouvoir que pour une période nécessairement courte, pendant laquelle des ruptures doivent avoir lieu avec l'appui d'un grand mouvement social, lequel ne s'est pas manifesté alors qu'en 1936 il avait tout emporté. Mais au fond d'eux-mêmes, c'est l'accélération du calendrier présidentiel qu'ils ont à l'esprit, et donc le blocage pour forcer à la démission le chef de l'État. Les écologistes, dans une version irénique de la vie politique, pensent que, bien que minoritaires, il est possible de porter une alternative au sein d'une Assemblée largement hostile à ce qu'ils représentent. Seuls les socialistes sont convaincus qu'un espace démocratique est possible s'ils l'incarnent dans le respect des engagements pris auprès des citoyens comme auprès de leurs partenaires de gauche, et dans l'esprit du Front républicain. Le malentendu était originel, il ne pouvait être levé que par un sursaut qui n'est jamais venu. Il aurait pu venir d'une personnalité capable d'apparaître comme une incarnation, adoubée par les différentes sensibilités, acceptable pour le chef de l'État et fédératrice pour les Français.

Mais la position consistant à revendiquer le « tout le programme et rien que le programme » du Nouveau Front populaire réduit les chances de nouer un éventuel compromis,

4. Marceau Pivert et son fameux « tout est possible ».

même texte par texte. Les prochains mois nous diront ce que la gauche est capable de faire dans ces circonstances inédites. À elle de montrer son utilité, fût-ce sans le pouvoir, en retenant de cette expérience une leçon pour la suite : si la majorité est encore relative pour l'union des gauches, elle ne deviendra absolue que lorsque les idées portées par la social-démocratie (la cohésion sociale, la transition écologique, le renouveau démocratique et l'engagement européen) auront été capables de s'imposer en son sein et dans le pays. Là est la condition de l'espoir et le plus grand défi pour gouverner demain.

Paris, le 24 juillet 2024.

Chronologie des grandes réformes de la gauche

1899

22 juin – Entrée d'Alexandre Millerand dans le « gouvernement de défense républicaine » de Pierre Waldeck-Rousseau. C'est le premier socialiste à participer au pouvoir.

1900

Le 30 mars, puis le 30 septembre, deux lois limitent la durée journalière du travail à 10 heures dans les usines où travaillent des enfants, à 12 heures dans celles où il n'y a que des adultes.

1901

1er juillet – Vote de la loi sur les associations. Prévue à l'origine pour encadrer les congrégations « du point de vue des services qu'elles peuvent rendre », elle inaugure un vaste mouvement associatif, et permet la création de nombreux partis politiques.

1902

27 avril-11 mai – Victoire du Bloc des gauches (1902-1905). Constitution de la délégation des gauches dans laquelle figure un acteur majeur, Jean Jaurès.

1904

Août – Le congrès de la IIe Internationale, à Amsterdam, condamne toute participation socialiste à un « gouvernement bourgeois ».

1905

23 avril – Fondation de la Section française de l'Internationale ouvrière (SFIO).

Décembre – Vote de la loi de séparation des Églises et de l'État.

1906

16 octobre – La « charte d'Amiens », adoptée par la CGT, souligne l'indépendance du syndicalisme par rapport aux partis et à l'État.

1914

13 juin – René Viviani, socialiste indépendant, devient président du Conseil.

31 juillet – Assassinat de Jean Jaurès.

Août – Entrée de Jules Guesde et de Marcel Sembat au gouvernement de l'Union sacrée.

1917

Novembre – Départ des instances socialistes lors de la constitution du gouvernement Clemenceau.

1920

25-30 décembre – Congrès de Tours. Création de la Section française de l'Internationale communiste (SFIC), devenue Parti communiste-SFIC (PC-SFIC, futur PCF) l'année suivante, et scission de la minorité, qui maintient la Section française de l'Internationale ouvrière (SFIO), futur Parti socialiste.

1921

27 décembre – Scission de la CGT et naissance de la CGTU (par antithèse, « unitaire »), minorité d'obédience communiste, adhérente de l'Internationale syndicale rouge (ISR).

1924

4-11 mai – Victoire du Cartel des gauches.

14 juin – Formation du ministère Édouard Herriot.

1925

10 avril – Chute du ministère Herriot devant le « mur de l'argent ».

1926

10 janvier – Congrès extraordinaire de la SFIO à la coopérative la Bellevilloise, au cours duquel Léon Blum distingue l'« exercice » de la « conquête » du pouvoir.

Juillet – Chute d'un nouveau ministère Herriot et fin du Cartel des gauches.

1933

14-17 juillet – 30e congrès national de la SFIO. Exclusion des néosocialistes (« Ordre, Autorité, Nation ») et de leur chef Marcel Déat, qui prônent la participation au pouvoir, un programme commun avec le Parti radical et une plus grande intervention de l'État dans la sphère économique, notamment par le recours au plan.

1934

6 février – Violentes émeutes orchestrées par les ligues d'extrême droite à Paris. Édouard Daladier, à peine investi, doit démissionner le lendemain.

27 juillet – PC et SFIO signent un pacte d'unité d'action.

1936

12 janvier – Programme du Rassemblement populaire ratifié par 99 organisations.

Début mars – Réunification de la CGT et de la CGTU.

3 mai – Victoire électorale du Front populaire. Début et extension des grèves et des occupations d'usines, parfois jusqu'à la fin juillet.

4 juin – Formation du gouvernement Blum. Trois femmes deviennent sous-secrétaires d'État.

7-8 juin – Accords de Matignon : création de contrats collectifs de travail, les futures conventions collectives ; reconnaissance de la liberté d'opinion et du droit pour les travailleurs d'adhérer à un syndicat professionnel ; hausse des salaires ; création de délégués du personnel.

11 juin – Vote d'un « congé annuel payé » (deux semaines et distribution de billets de train avec 40 % de réduction pour les départs en vacances).

12 juin – Institution de la semaine de travail de 40 heures.

24 juin – La loi sur les conventions collectives de travail concerne les salaires les plus bas, l'apprentissage, le règlement des différends. Une loi de février 1937 étendra le dispositif à l'agriculture.

Juillet-août – Nationalisation des industries aéronautiques et de l'armement.

9 août – Loi Jean Zay : passage de l'âge de la scolarité obligatoire de 13 à 14 ans.

15 août – Création d'un Office national interprofessionnel du blé (ONIB), pour réguler les cours du blé et assurer un revenu décent aux agriculteurs. Le prix du quintal va doubler.

26-28 août – Loi sur l'insaisissabilité et l'incessibilité des allocations de chômage. Loi sur la bonification des retraites des ouvriers des mines.

31 décembre – Loi sur « les procédures de conciliation et d'arbitrage dans les conflits collectifs du travail ».

1937

14 février – Léon Blum annonce la « pause ».

21 juin – Démission de Léon Blum après le refus du Sénat de lui accorder les pleins pouvoirs financiers.

31 août – Une convention prévoit la fusion des cinq grandes compagnies ferroviaires au sein de la SNCF, société anonyme mixte régie par le code du commerce, créée le 1er janvier 1938.

1938

13 janvier – Démission des socialistes du cabinet Chautemps.

13 mars – Formation du second gouvernement Blum. Il chute dès le mois suivant.

1940

10 juillet – Vote des pleins pouvoirs à Philippe Pétain par 569 voix contre 80 (et 20 abstentions). Fin de la IIIe République.

1942

19 février – Procès de Riom et plaidoirie de Léon Blum, qui sera livré aux Allemands le 5 avril 1943.

1943

27 mai – Première réunion du Conseil national de la Résistance (CNR).

1944

15 mars – Adoption du programme d'action du CNR.

9 septembre – Nouveau Gouvernement provisoire de la République française (GPRF), présidé par le général de Gaulle,

trois mois après sa création (3 juin). Il s'étend des « divers droite » au PCF, en passant par les radicaux et la SFIO.

14 décembre – Nationalisation des ressources énergétiques dans la foulée de la création des Houillères nationales du Nord et du Pas-de-Calais.

1945

16 janvier – Nationalisation des usines Renault pour « collaboration économique » et création de la Régie.

22 février – Création des comités d'entreprise dans les établissements de plus de 100 employés.

29 avril – Élections municipales. Les femmes votent pour la première fois de leur histoire.

26 juin – Nationalisation d'Air France.

4 octobre – Mise en place de la Sécurité sociale.

21 octobre – Référendum de l'Assemblée constituante : sont approuvés le maintien de De Gaulle au pouvoir (à 66 %), ainsi que le principe d'une nouvelle Constitution (à 96 %) et de la tenue d'élections législatives. La gauche dispose de la majorité absolue. Le PCF (26 %) est le premier parti de France, talonné par le MRP (23,9 %) et la SFIO (23,4 %).

2 décembre – Nationalisation du crédit.

1946

29 janvier – Gouvernement tripartite (MRP-SFIO-PCF), fondé sur une « charte de collaboration », dirigé par le socialiste Félix Gouin, après le départ du général de Gaulle.

25 février – Rétablissement de la loi sur les 40 heures hebdomadaires, supprimée sous Vichy, et majoration des heures supplémentaires.

8 avril – Nationalisation du gaz et de l'électricité avec la création de deux établissements publics, EDF et GDF, pour gérer la production, le transport et la distribution

de l'électricité et du gaz, sous la houlette du ministre communiste de la Production industrielle, Marcel Paul.

13 avril – Loi modifiant le statut du fermage et du métayage (allongement des baux et distinction entre exploitation et propriété du sol).

25 avril – Nationalisation des grandes compagnies d'assurances.

26 avril – Nationalisation des Houillères, qui deviennent les Charbonnages de France.

16 mai – Loi sur les comités d'entreprise.

11 septembre – Vote de la loi sur l'assurance vieillesse.

11 octobre – Création de la Caisse nationale des lettres, ancêtre du Centre national du livre.

13 octobre – Adoption de la Constitution de la IVe République par référendum.

19 octobre – Loi instituant un statut général des fonctionnaires.

16 décembre – Formation d'un gouvernement de transition exclusivement socialiste dirigé par Léon Blum.

1947

16 janvier – Élection de Vincent Auriol à la présidence de la République. C'est la première fois qu'un socialiste accède à la magistrature suprême. Celui-ci nomme le socialiste Paul Ramadier à la présidence du Conseil. Le gouvernement est tripartite (PCF-SFIO-MRP).

4 mai – Exclusion des ministres communistes. Fin du tripartisme.

Novembre – Démission du gouvernement Ramadier et grandes grèves.

19 décembre – Scission de la CGT, et naissance de la CGT-FO le 12 avril 1948.

1953

3 juin – Discours de Mendès France à l'Assemblée nationale : « Gouverner, c'est choisir. »

1954

7 mai – Chute de Diên Biên Phu.

18 juin – Mendès France investi président du Conseil. Soutien socialiste sans participation.

20-21 juillet – Accords de Genève mettant fin à la guerre d'Indochine.

31 juillet – Autonomie accordée à la Tunisie lors du discours de Carthage.

1er novembre – Toussaint rouge, début de l'insurrection en Algérie.

1955

5 février – Chute du ministère Mendès France.

1956

1er février – Guy Mollet président du Conseil.

6 février – Accueil houleux de Guy Mollet à Alger.

12 mars – Vote des pouvoirs spéciaux en Algérie.

23 mars – Loi-cadre Defferre sur l'outre-mer.

27 mars – Promulgation de la troisième semaine de congés payés.

23 mai – Démission de Mendès France du gouvernement.

Fin juin – Loi instaurant le minimum vieillesse.

Début novembre – Fiasco de l'expédition de Suez.

1957

21 mars – Signature des traités de Rome instituant la Communauté économique européenne (CEE) et la Communauté européenne de l'énergie atomique

(Euratom). Ils seront ratifiés par l'Assemblée en juillet suivant.
21 mai – Chute du gouvernement Guy Mollet.

1958

1er juin – Investiture du général de Gaulle. Guy Mollet ministre d'État.
14 septembre – Création du Parti socialiste autonome (PSA).
21 décembre – Le général de Gaulle élu premier président de la Ve République.

1959

9 janvier – La SFIO quitte le gouvernement Debré.

1960

3 avril – Fondation du Parti socialiste unifié (PSU).

1964

Début novembre – La CFTC (Confédération française des travailleurs chrétiens) devient la CFDT (Confédération française démocratique du travail).

1965

10 septembre – Création de la Fédération de la gauche démocrate et socialiste (FGDS) au service de la candidature à l'élection présidentielle de François Mitterrand, qui met en ballottage le général de Gaulle (décembre).

1969

4 mai – Naissance du Nouveau Parti socialiste au congrès d'Alfortville, et candidature de Gaston Defferre à l'élection présidentielle de juin, où il obtient 5 % des voix malgré son ticket avec Pierre Mendès France.

1971

11-12 juin – Congrès d'Épinay. François Mitterrand élu premier secrétaire.

1972

27 juin – Signature du Programme commun de gouvernement entre le PS et le PCF, puis le Mouvement des radicaux de gauche (MRG).

1974

Mai – Candidat unique de la gauche, François Mitterrand frôle la victoire contre Valéry Giscard d'Estaing à l'élection présidentielle (49,2 % des suffrages contre 50,8 % au second tour).

1977

14 septembre – Rupture du Programme commun.

1978

Mars – Défaite de la gauche aux élections législatives.

1979

21-25 avril – Congrès socialiste de Metz. Victoire de François Mitterrand face à Michel Rocard.

1981

10 mai – François Mitterrand élu président de la République. Pierre Mauroy Premier ministre.

23 juin – Entrée de quatre ministres communistes au gouvernement.

10 août – Loi Lang sur le prix unique du livre.

18 septembre – Vote de la loi Badinter abolissant la peine de mort.

2 octobre – Loi autorisant les radios privées locales.

18 décembre – Loi sur la nationalisation de grandes entreprises et de banques.

1982

13 janvier – Adoption par ordonnance des 39 heures et de la cinquième semaine de congés payés.

3 mars – Promulgation des lois Defferre sur la décentralisation.

27 juillet – Suppression du délit d'homosexualité dans le code pénal.

29 juillet – Loi Fillioud sur la liberté de communication audiovisuelle.

1983

1er avril – Entrée en vigueur de la retraite à 60 ans.

30 juillet – Création d'une Haute Autorité de l'audiovisuel.

Août-novembre – Vote des quatre lois Auroux sur le droit du travail.

1984

18 juillet – Laurent Fabius Premier ministre. Les communistes quittent le gouvernement.

1986

20 mars – Victoire de la droite aux élections législatives. Jacques Chirac devient Premier ministre de la première cohabitation.

1988

8 mai – Réélection de François Mitterrand à la présidence de la République. Michel Rocard Premier ministre.

12 octobre – Vote du revenu minimum d'insertion (RMI).

6 novembre – Référendum sur la Nouvelle-Calédonie.

1989

Janvier – Création du Conseil supérieur de l'audiovisuel.

10 juillet – Loi d'orientation sur l'éducation. Création des IUFM (instituts universitaires de formation des maîtres).

9 novembre – Chute du mur de Berlin.

1990

15 janvier – Loi sur le financement des partis politiques.

15-18 mars – Congrès de Rennes. Il souligne les déchirements du Parti socialiste.

4 décembre – Création d'un ministère de la Ville.

29 décembre – Création de la contribution sociale généralisée (CSG).

1991

15 mai – Édith Cresson devient Première ministre.

7 novembre – Annonce de la délocalisation en province de 2 500 emplois d'organismes publics (ENA, Seita, commissariat général au Plan...).

18 décembre – Dans le cadre de la politique industrielle, regroupement de diverses activités (technologies de pointe, nucléaire civil, électronique) au sein de la nouvelle société Thomson-CEA.

1992

7 février – Signature du traité de Maastricht.

22 mars – Déroute de la gauche aux élections régionales (37,2 % des suffrages pour l'opposition RPR-UDF, contre 18,3 % pour le Parti socialiste). Vingt régions sur 22 passent à droite.

2 avril – Nomination de Pierre Bérégovoy à Matignon.

1993

28 mars – Défaite de la gauche aux élections législatives. Le groupe socialiste est réduit à à peine 60 députés. Édouard Balladur est à la tête du deuxième gouvernement de cohabitation.

1er mai – Suicide de Pierre Bérégovoy.

1995

7 mai – Élection de Jacques Chirac à la présidence de la République face à Lionel Jospin. Alain Juppé devient Premier ministre.

1996

8 janvier – Mort de François Mitterrand.

1997

Avril – Dissolution de l'Assemblée nationale.

3 juin – Victoire de la gauche plurielle aux élections législatives.

4 juin – Lionel Jospin devient Premier ministre.

20 août – Création des « emplois-jeunes ».

1998

10 février – Première loi sur les 35 heures.

28 juin – Révision constitutionnelle sur la parité hommes-femmes adoptée par le Parlement.

27 juillet – Vote de la loi sur la couverture maladie universelle (CMU).

15 novembre – Adoption du PACS (pacte civil de solidarité).

2000

19 janvier – Loi relative à la réduction négociée du temps de travail.

24 septembre – Référendum sur la réduction à cinq ans du mandat présidentiel.

13 décembre – Loi relative à la solidarité et au renouvellement urbain (SRU).

2001

20 juillet – Création de l'allocation personnalisée d'autonomie (APA).

2002

1er janvier – Entrée en vigueur de l'euro.

21 avril – Lionel Jospin écarté du second tour de l'élection présidentielle.

2007

Candidature socialiste de Ségolène Royal à l'élection présidentielle. Nicolas Sarkozy élu avec 53 % des suffrages.

2011

Octobre – Primaires du Parti socialiste. François Hollande désigné avec 56 % des voix sur 2,7 millions de votants.

2012

6 mai – Élection de François Hollande à la présidence de la République.

15 mai – Jean-Marc Ayrault devient Premier ministre.

2 juillet – Décret sur les carrières longues et le départ à la retraite à 60 ans.

Juillet – Renforcement de l'ISF et alignement de la fiscalité du capital sur celle sur le travail, adoption de la taxe sur les 75 % pour les revenus supérieurs à 1 million d'euros.

Octobre – Annonce de la réforme progressive des rythmes scolaires (semaine de 4,5 jours).

6 novembre – Pacte pour la croissance, la compétitivité et l'emploi (CICE).

25 novembre – Plan global contre les violences faites aux femmes.

31 décembre – Création de la BPI France, banque publique d'investissement.

2013

11 janvier – Accord sur la réforme du marché du travail, qui instaure la généralisation de la complémentaire santé.

17 mai – Promulgation de la loi sur le « mariage pour tous ».

11 octobre – Création de la Haute Autorité pour la transparence de la vie publique (HATVP).

2014

24 mars – Loi ALUR, dite « loi Duflot », sur l'accès au logement et l'encadrement des pratiques abusives.

31 mars – Manuel Valls Premier ministre.

13 novembre – Loi antiterroriste qui vise à empêcher les Français projetant de participer à des activités terroristes à l'étranger de partir.

2015

30 novembre-11 décembre – Accords de Paris lors de la COP 21.

31 décembre – Passage de 22 régions à 13.

2016

26 janvier – Loi Touraine sur la modernisation du système de santé.

8 août – Loi El Khomri sur le travail, la modernisation du dialogue social et la sécurisation des parcours professionnels.

7 octobre – Loi pour une République numérique (droit à la disposition des données numériques personnelles).

6 décembre – Bernard Cazeneuve devient Premier ministre.

Bibliographie sélective

Ouvrages généraux

AGULHON Maurice, *La République. De Jules Ferry à François Mitterrand. 1880 à nos jours*, Hachette, 1990.

BECKER Jean-Jacques et CANDAR Gilles, *Histoire des gauches en France*, vol. I et II, La Découverte, 2004.

BERGOUNIOUX Alain, *Des poings et des roses. Le siècle des socialistes*, La Martinière, 2005.

— et GRUNBERG Gérard, *L'Ambition et le Remords*, Fayard, 2005.

— et COHEN Daniel (dir.), *Le Socialisme à l'épreuve du capitalisme*, Fayard/Fondation Jean-Jaurès, 2012.

HALIMI Serge, *Quand la gauche essayait. Les leçons du pouvoir, 1924, 1936, 1944, 1981*, Agone/Éléments, 2017 (3e éd.).

JULLIARD Jacques, *Les Gauches françaises, 1762-2012*, 2 vol., Flammarion, 2012.

RIOUX Jean-Pierre, *Les Enfants de Jaurès*, Odile Jacob, 2022.

TOUCHARD Jean, *La Gauche en France, 1900-1981*, Seuil, 1981.

WINOCK Michel, *Le Socialisme en France et en Europe. XIXe-XXe siècle*, Seuil, 1992.

—, *La Gauche en France*, Perrin, 2006.

—, *Gouverner la France*, Gallimard, « Quarto », 2022.

— (dir.), *Les Figures de proue de la gauche depuis 1789*, Perrin, « Tempus », 2022.

Bloc des gauches

Berstein Serge et Milza Pierre, *Histoire de la France au XXe siècle*, t. I : *1900-1930*, Perrin, « Tempus », 2009.
Bredin Jean-Denis, *Joseph Caillaux*, Gallimard, « Folio », 1985.
Caillaux Joseph, *Mémoires*, Perrin, 2024.
Ducange Jean-Numa, *Jean Jaurès*, Perrin, 2024.
Duclerc Vincent, *L'Affaire Dreyfus*, La Découverte, 1994.
Rioux Jean-Pierre, *Jean Jaurès*, Perrin, « Tempus », 2014.

Cartel des gauches

Becker Jean-Jacques et Berstein Serge, *Victoire et frustrations 1914-1929*, Seuil, 1990.
Berstein Serge, *Histoire du Parti radical*, 2 vol., Presses de Sciences po, 1980, 1982.
Bonnefous Édouard, *Cartel des gauches et Union nationale (1924-1929)*, PUF, 1960.
Herriot Édouard, *Jadis, d'une guerre à l'autre*, t. I : *1914-1934*, Metvox/Histoire, 2019.
Jeanneney Jean-Noël, *Leçon d'histoire pour une gauche au pouvoir. La faillite du Cartel (1924-1926)*, Seuil, 1977.
Néré Jacques, *Le Problème du mur d'argent, les crises du franc (1924-1926)*, La Pensée universelle, 1985.
Nordmann Jean-Thomas, *Histoire des radicaux*, La Table ronde, 1972.
Paul-Boncour Joseph, *Entre deux guerres. Souvenirs sur la IIIe République*, t. I : *Les luttes républicaines 1877-1918*, Plon, 1945 ; t. II : *Les lendemains de la victoire 1919-1934*, Plon, 1945.

Front populaire

Berstein Serge, *Léon Blum*, Fayard, 2006.

Birnbaum Pierre, *Léon Blum. Un portrait*, Seuil, 2016.

Borne Dominique et Dubief Henri, *La Crise des années 30*, Seuil, 1976.

Colin Philippe, *Léon Blum, une vie héroïque*, Albin Michel/ France Inter, 2023.

Duroselle Jean-Baptiste, *Politique étrangère de la France. La décadence (1932-1939)*, Imprimerie nationale, 1979.

Gaillard Jean-Michel, *Les 40 Jours de Blum*, Perrin, 2001.

Greilsammer Ilian, *Blum*, Flammarion, 1996.

Lacouture Jean, *Léon Blum*, Seuil, 1977.

L'Œuvre de Léon Blum. Mémoires. La prison et le procès. À l'échelle humaine (1940-1945), Albin Michel, 1955.

Meltz Renaud, *La France des années 1930. Les épreuves de la République*, Seuil, « Points », 2023.

Monier Frédéric, *Le Front populaire*, La Découverte, 2002.

Ory Pascal, *La Belle Illusion. Culture et politique sous le signe du Front populaire*, Plon, 1994.

Vigreux Jean, *Le Front populaire*, PUF, « Que sais-je ? », 2011.

La Libération

Auriol Vincent, *Mon septennat 1947-1954*, Gallimard, « Témoins », 1970.

Azéma Jean-Pierre, *De Munich à la Libération 1938-1944*, Seuil, 1979.

Berstein Serge, Cépède Frédéric, Morin Gilles et Prost Antoine, *Le Parti socialiste entre Résistance et République*, Publications de la Sorbonne, 2000.

Berstein Serge et Milza Pierre, *L'Année 1947*, Presses de Sciences po, 2000.

Duhamel Éric, *Histoire politique de la IVe République*, La Découverte, 2000.

Elgey Georgette, *Histoire de la IVe République, de 1945 à 1957*, Robert Laffont, « Bouquins », 2018.

Moch Jules, *Confrontations*, Gallimard, 1952.

Rioux Jean-Pierre, *La France de la IVe République*, t. I : *L'ardeur et la nécessité (1944-1952)* ; t. II : *L'expansion et l'impuissance (1952-1958)*, Seuil, « Points », 1980.

Sadoun Marc, *Les Socialistes sous l'Occupation. Résistance et collaboration*, Presses de la FNSP, 1982.

Winock Michel, *La France libérée (1944-1947)*, Perrin, « Tempus », 2024.

Pierre Mendès France

Bédarida François et Rioux Jean-Pierre (dir.), *Pierre Mendès France et le mendésisme*, Fayard, 1985.

Faure Edgar, *Avoir toujours raison… c'est un grand tort. Mémoires I*, Plon, 1982 ; *Si tel doit être mon destin ce soir. Mémoires II*, Plon, 1984.

Lacouture Jean, *Pierre Mendès France*, Seuil, 1981.

Guy Mollet

Guy Mollet, un camarade en République (colloque), Presses universitaires de Lille, 1987.

Lefebvre Denis, *Guy Mollet. Le mal aimé*, Plon, 1992.

Rioux Jean-Pierre, *La France de la IVe République*, t. II : *L'expansion et l'impuissance (1952-1958)*, Seuil, « Points », 1983.

François Mitterrand

ATTALI Jacques, *Verbatim, I, II, III*, Fayard, 1991-1995.
BACQUÉ Raphaëlle, *L'Enfer de Matignon. Ce sont eux qui en parlent le mieux*, Albin Michel, 2008 ; rééd. Seuil, « Points », 2010.
BERGOUNIOUX Alain et FULLA Mathieu (dir.), *Michel Rocard, Premier ministre. La 2e gauche et le pouvoir*, Presses de Sciences po, 2020.
BERSTEIN Serge, MILZA Pierre et BIANCO Jean-Louis, *François Mitterrand. Les années du changement 1981-1984*, Perrin, 2001.
BERSTEIN Serge (avec RIOUX Jean-Pierre pour le t. II), *La France de l'expansion*, Seuil, 1995.
DEBRAY Régis, *Loués soient nos seigneurs. Une éducation politique*, Gallimard, 1996.
FABIUS Laurent, *Les Blessures de la vérité*, Flammarion, 1995.
FAVIER Pierre et MARTIN-ROLLAND Michel, *La Décennie Mitterrand*, 4 vol., Seuil, 1990-1999.
GIESBERT Franz-Olivier, *Le Président*, Seuil, 1990.
HUCHON Jean-Paul, *Jours tranquilles à Matignon*, Grasset, 1993.
JOFFRIN Laurent, *La Gauche en voie de disparition. Comment changer sans trahir*, Seuil, 1984.
LACOUTURE Jean, *Mitterrand. Une histoire de Français*, Seuil, « Points », 1998.
MAUROY Pierre, *Épreuves*, Plon, 2003.
PFISTER Thierry, *Les Socialistes*, Albin Michel, 1977.
—, *La Vie quotidienne à Matignon au temps de l'union de la gauche*, Gallimard, « Folio », 1986.
RIOUX Jean-Pierre, *Tombeaux pour la gauche*, Presses de Sciences po, 1996.
SCHEMLA Élisabeth, *Édith Cresson, la femme piégée*, Flammarion, 1993.

SCHNEIDER Robert, *La Haine tranquille*, Seuil, 1992.
VÉDRINE Hubert, *Les Mondes de François Mitterrand. À l'Élysée (1981-1995)*, Fayard, 1996.

Lionel Jospin

AMAR Cécile et CHEMIN Ariane, *Jospin & Cie. Histoire de la gauche plurielle, 1993-2002*, Seuil, 2002.
BECKER Jean-Jacques (avec ORY Pascal), *Crises et alternances, 1974-2000*, Seuil, 2002.
FAVIER Pierre et ROTMAN Patrick, *Lionel raconte Jospin. Entretiens*, Seuil, 2010.
JOSPIN Lionel, *L'Impasse*, Flammarion, 2007.
—, *Construire l'alternance (1971-1997)*, entretien avec Émeric Bréhier, Le Bord de l'eau/Fondation Jean-Jaurès, 2022.
MALGORNE Sylvie, *Duel au sommet*, Seuil, 2002.
MURACCIOLE Florence et LECLERC Gérard, *Jospin. L'énigme du conquérant*, JC Lattès, 2001.

François Hollande

BAZIN François, *Rien ne s'est passé comme prévu*, Robert Laffont, 2017.
CAZENEUVE Bernard, *Chaque jour compte. 150 jours sous tension à Matignon*, Stock, 2017.
GANTZER Gaspard, *La politique est un sport de combat*, Pluriel, 2018.
HOLLANDE François, *Les Leçons du pouvoir*, Stock, 2018.
JOUYET Jean-Pierre, *L'Envers du décor*, Albin Michel, 2020.
RAFFY Serge, *Le Président. François Hollande, itinéraire secret*, Pluriel, 2012.

Index

Remerciements

Ce livre que l'actualité éclaire d'une lumière plus crue encore n'aurait pu voir le jour sans la proposition de Benoît Yvert et la bienveillance de son équipe, particulièrement Emmanuel Hecht, Anne Hémion et Athina Ysos. Qu'ils en soient tous remerciés.

Table

Pour en savoir plus
sur les Éditions Perrin
vous pouvez consulter notre site Internet

www.editions-perrin.fr

lisez!

et nous suivre sur les réseaux sociaux

Editions Perrin

@EditionsPerrin

@editionsperrin

#lisez! engagé
www.lisez.com
Pour plus d'information :
Imprimé sur du papier issu de forêts gérées durablement.

Achevé d'imprimer en août 2024
dans les ateliers de Normandie Roto Impression s.a.s.
N° d'impression : 2403866

Imprimé en France